世界宗教理念史 卷三

從 穆 罕 默 德 到 宗 教 改 革

Histoire des croyances et des idées religieuses/Ⅲ

De Mahomet à l'âge des Réformes

默西亞·埃里亞德（Mircea Eliade）著

董強　譯

作者簡介

默西亞・埃里亞德（Mircea Eliade, 1907-1986）

　　羅馬尼亞宗教史家。一九二八年在布加勒斯特大學（University of Bucharest）獲得哲學碩士學位。論文是關於義大利文藝復興時期的哲學家，從費奇諾（Marcilio Ficino）到布魯諾（Giordano Burno）。之後獲得獎學金到印度留學，在加爾各達大學（University of Calcutta）跟隨 Surendranath Dasgupta（1885-1952）研究梵文和印度哲學，在喜瑪拉雅山的 Rishikesh 隱修院住了半年。一九三三年，埃里亞德回到羅馬尼亞完成其博士論文《瑜伽：論印度神祕主義之起源》，獲得博士學位，並在布加勒斯特大學擔任助理教授，教授亞里斯多德和庫薩努斯的形上學、宗教史和印度哲學。

　　二次大戰之後，埃里亞德到索邦高等研究院（École Pratique des Hautes Études）擔任客座教授，至此他便以法文寫作。一九五六年，埃里亞德到美國芝加哥大學執教，一九五八年接任宗教系系主任。創辦《宗教史》（History of Religions）和《宗教雜誌》（The Journal of Religion）等期刊，並且擔任《宗教百科全書》（Macmillan's Encyclopedia of Religion）主編。

　　埃里亞德逝世於一九八六年四月二十六日，他所主編的《宗教百科全書》是世界最重要的宗教百科。主要作品有《宗教史論叢》（TraitÉ d'histoire des religions, 1949）、《永恆回歸的神話》（Le Mythe de l'éternel retour, 1951）、《聖與俗》（Le Sacré et le Profane, 1956）和《薩滿教》（Le Chamanisme er les techniques archaïques de l'extase, 1961）。

譯者簡介

董強

一九六七年生於杭州，一九八七年畢業於北京大學法語系，之後進入武漢大學法語系博士班。一年後以優異的成績受法國文化部邀請赴法留學，期間因「天安門事件」一度輟學。一九九二年入法國社科院，隨捷克作家米蘭・昆德拉研究美學。兩年後轉攻神祕主義詩歌與當代藝術。一九九七年答辯研究神祕主義詩人兼畫家亨利・米肖題為《論米肖詩歌與繪畫空間中的內與外的概念》論文，獲最佳評語，得博士頭銜。為法國作家協會成員、專業翻譯、書法家與出版社顧問，譯著豐富。

目錄

〈出版緣起〉

朝聖者的信仰之旅

林宏濤

　　台灣社會正面臨各種矛盾的新衝擊。醜陋的資本主義經濟和環保的覺醒在做拉鋸戰；教育和資訊之普及是史上未有的，而精神世界卻也愈加的空洞。在宗教信仰上，人們都只殘留著原始的無知。我們從歷史和傳統中失了根，在和宗教的對話上，我們失去了應該有的精神底蘊，就像我們和自然、社會以及個人的互動越來越疏離一樣。在某方面，我們的文化是後退到某個蒙昧時代的原點上。

　　然而人類對超越界的渴望和上古史一樣的久遠，也始終存在於深層的靈魂之中。在遠古時代，或是現代的某些部落裡，宗教不只是人與超越者的關係，也是對於世界乃至宇宙的認知進路。文明化的歷程使得人類朝聖的動機更加多元化；無論是在集體潛意識中遺傳下來的衝動、對崇高的造物者的震懾或受造感、或是對生命終極關懷的探索、苦難的解脫，甚至只是在紛擾的現代生活中尋找一個桃花源，儘管這些內在的聲音在城市和慾望的喧囂中顯得特別微弱，但是人們對超越界的追尋卻始終沒有停止過。

　　在彼岸的是諸神，在塵世的是人類，而宗教是人和神相遇的地方。它也是神人互動的歷程。在這朝聖之旅當中，我們有說不完的感動、恐懼和迷惑；而世界不同角落的人們也以不同的方式和不同形式的神祇溝通交往。因為宗教既是社會的，也是個人內心的；宗教曾經既是社會結構的穩定性形式，也是個人心靈的寄託。在個人主義的現代社會裡，宗教更是內在化為生命意義和存在故鄉的自覺探索。

　　除了生命價值和根源的追尋以外，道德的實踐，人格的成就，和淑世的理想，更是宗教的存在根據。從字源學看 religio（拉丁文的宗教）的可

能意義，可以了解宗教的倫理面向，它可能是 religere（忠誠的事奉和歸屬），或是religare（與自身的源泉或終點相連），而因為人可能遠離他的故鄉，所以它也可能是 reeligere（重新選擇去活在這源泉或終點裡）。如此我們便形構了一個生動的宗教圖式：人虔誠的遵循神的誡命，藉以與神同在，而人也會墮落，因此也會悔罪回頭。在許多宗教，如佛教、耆那教、拜火教、猶太教、基督教、以至於伊斯蘭教，倫理一直是他們的重要課題。法句經說：「諸惡莫作，眾善奉行，自淨其意，是諸佛教。」釋迦牟尼觀察緣起法的生死流轉，依八正道而解脫，以世間正行端正自己，清淨自己的行為而得正覺，這是人類精神自由的完美典範。理性主義興起後，宗教的道德意義由德性的實踐到道德良知根源的反省，進而推及生命的愛，新的人文主義從這堅實的倫理世界獲得源頭活水，或許也是宗教的新生。

《人與宗教》系列叢書，就像每個朝聖之旅一樣，試著從宗教的各個面向去體會人和宗教的對話歷史，使人們從各種信仰思維中沉澱下來，理性地思考「宗教是什麼」的基本問題。我們將介紹宗教學的經典作品，從神學、宗教心理學、宗教社會學、宗教哲學、比較宗教學到宗教史，為有興趣研究宗教現象的讀者基礎的文獻；另一方面，我們也想和讀者一起分享在世界每個角落裡的朝聖者的經驗，可能是在修院、寺廟、教會裡，也可能在曠野、自然、城市中，也包括他們在工作和生活當中對生命的體會。

在各個宗教裡，朝聖有個重要的意義，那就是暫時遠離生活的世界，經過旅行的困頓和考驗，最後到達聖地，那裡是個神聖的地方，是心靈的歸鄉。我們希望在《人與宗教》的每一本書裡，都能和讀者走過一次朝聖者之旅。

前 言

　　這第三册書拖延許久方得問世，主要是由於我的健康問題：近來視力繼續減弱，再加上老毛病關節炎又犯了，所以寫作變成一件相當困難的事。我必須和以前的幾位學生，也是我現在的同事一道合作，才能完成《世界宗教理念史》的最後一部分。

　　讀者肯定會發現，我改變了在第二册《前言》中預定的計畫。我把基督教教會史一直寫到了啓蒙時代，並把關於印度教興起、中世紀中國以及關於日本宗教的篇章放到了最後部分。我花了四章的篇幅寫歐洲四世紀到十七世紀之間的宗教信仰、宗教理念與宗教機構，但我並沒有強調一般西方讀者比較熟悉的現象（比方說經院哲學、宗教改革），而是花了更多的筆墨在一般教材所忽略的現象上面，包括異教、異端、神話，以及民間信仰、巫師、煉金術、祕傳思想等。這些宗教活動，一旦放置到它們本身的精神背景之下，也就顯得有意義而且有時也不乏眞知灼見。不管怎樣，它們是歐洲宗教與文化史上不可或缺的一部分。

　　《世界宗教理念史》最後一册很重要的一部分介紹了美洲、非洲和大洋洲的古老宗教和傳統宗教。在最後一章裡，我將試著分析現代社會中的宗教創造性。

　　我要感謝查爾斯·亞當斯教授（Charles Adams），他認眞閱讀了第33與第35章，並向我提出了寶貴的意見；我也要向令人懷念的已故友人亨利·高爾彬（Henry Corbin）致意，書中關於什葉派（Shi'ism）與伊斯蘭神祕主義的闡釋是以他的解釋爲基礎。我也要感謝我的同事和朋友安德烈·拉

考克教授（Andre Lacocque），他仔細地校讀了本冊的全文。我還要感謝
我的出版商和朋友，讓盧克‧比杜帕耀（Jean-Luc Pidoux-Payot），感謝他
的耐心，以及他自始至終對本書的關注。

　　我的妻子對我的支持，對我的愛以及奉獻，使我能夠戰勝身體不適與
疾病帶來的疲憊與氣餒。應該說，多虧了她，本書才得以問世。

默西亞‧埃里亞德

1983 年 4 月於芝加哥大學

第三十一章

古代歐亞大陸宗教：土耳其蒙
古民族、芬蘭烏戈爾民族、波
羅的海斯拉夫民族

241. 獵人、游牧民族、戰士

(9) 　　土耳其蒙古民族歷次凶猛外侵──從四世紀的匈奴，一直到帖木爾（Tamburlaine，1360-1404）──可以說遵循著歐亞大陸遠大的獵人神話模式，在大草原中像鷹一樣地追捕獵物。不管是匈奴騎兵，還是阿瓦爾（Avars）、土耳其或是蒙古騎兵，他們以迅捷而出其不意、殺戮不留活口的方式，摧毀城池、搶劫村莊，完全像是在草原上追逐鹿群、或是攻擊牧民羊群的狼一樣。當然，軍事首領們都知道這種行為的戰略意義以及它的政治後果，然而對於獵人的典型──食肉動物──的神祕崇拜，則扮演了重要的角色。許多阿爾泰（Altai）部落都把一隻具有神力的狼看作是自己的祖先（第10節）。

　　在歷史上「大草原帝國」的出現可謂是光彩奪目，然而它們多少有些短命，這一點至今仍讓歷史學家們困惑不已。確實，在西元374年，匈奴人將東哥德人（Ostrogoths）徹底擊敗於聶斯特河（Dniester），導致其他日耳曼民族的大遷移。最後，匈奴人以匈牙利平原為起點，洗劫了許多神聖羅馬帝國的省份。阿提拉（Attila）攻陷了中歐的大片土地，在他去世之後不久（453），匈奴人出現內部分裂，無所適從，從歷史上消失。同樣，成吉思汗在二十年內（1206-1227）創立的龐大蒙古帝國在後繼者的經營下，不斷擴展（西元1241年後他們據占東部歐洲，西元1258年後占領波
(10) 斯，伊拉克和安那托利亞〔Anatolia〕，西元1279年又占領了中國），但在攻占日本失敗之後（1281）便一蹶不振。土耳其人帖木爾（1360-1404）自以為是成吉思汗的繼承者，可算是最後一代以食肉動物為楷模的偉大征服者。

　　有一點必須知道，所有這些在中亞大草原上馳騁的「野蠻人」，對文明民族的某些文化成果與宗教習俗並非無動於衷。況且，正如之後將看到的，他們的祖先們，即遠古時代的獵人與游牧牧民從很早開始就接受了南亞某些地區的發現。

　　持阿爾泰語言的許多民族占據了遼闊的領土：西伯利亞、伏爾加（Volga）流域、中亞、中國的北部與東北部、蒙古與土耳其。我們可以區分出三個主要的分支：⑴土耳其語（維吾爾族〔Uigur〕、查加泰族〔Chagataï〕）；⑵蒙古語族（卡爾梅克族〔Kalmyk〕、蒙古族、布里亞特族〔Buryat〕）；⑶滿族的通古斯族（Tungus）。①

　　阿爾泰民族的原始居住區很可能是在今天西藏與中國之間圍繞著阿爾泰山與青海的大草原，最遠可往北延伸至西伯利亞的泰加（Taiga）森林。阿爾泰語系的各個民族，以及芬蘭烏戈爾（Ugrian）族人，在北部地區從事打獵與捕魚，在中亞地區從事游牧，在南部地區的則以農作為生，規模較小。

　　從史前時代開始，歐亞大陸的北部地區就受到來自南方各種文化、手工發展與宗教思想的影響。西伯利亞地區馴養鹿，很有可能是受到草原上飼養馬的影響。史前時代的商業中心（比方說，奧涅加湖〔Onega〕中的鹿島）和冶金中心彼爾姆（Perm），在西伯利亞文化的發展中扮有重要的角色。接著，亞洲的中部與北部逐漸地受到了源自美索不達米亞、伊朗、中國、印度、西藏（喇嘛教）、基督教（景教〔Nestorianism〕）、摩尼教等宗教思想的影響，最後還有伊斯蘭以及其後俄羅斯東正教的影響。

　　然而，有一點必須指明，這些影響並未能明顯改變那些原始的宗教結構。那些舊石器時代獵人們特有的信仰與習俗，依然存在於歐亞大陸北部。在許多情況，我們都可以從喇嘛教、伊斯蘭教或基督教的外表下找到原始的宗教神話與觀念。②因此，儘管有各式各樣的混合，我們還是可以看出一些觀念特徵：對天神的崇拜，認為它是眾人的首領；一種特殊的字 (11)

① 認為存在著一個烏拉爾阿爾泰語系，其中包括匈牙利語與芬蘭語的假設已被推翻。

② 目前我們擁有的文字資料數量少而且年代晚，在公元前二世紀中國的記載中曾提到；而在公元四世紀拉丁與拜占庭歷史學著作中也有一些（特別關於阿提拉的出征）；還有在蒙古奧爾克洪的遠古石刻，在成吉思汗征服之後流傳的文字，加上馬可波羅的遊記（十三世紀）以及最初天主教傳教士的遊記。十八世紀起才出現了歐洲人寫的關於歐亞大陸信仰與習俗方面比較完整的資料。

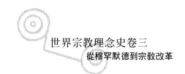

宙起源模式；與動物之間一種神祕主義的親密感；還有薩滿教（shaman-ism）。然而，中亞與亞洲北部宗教的主要特質還是在於不同的信仰觀點融合一體的結構。

242. 騰格里：「天之神」

在阿爾泰語系民族的所有神祇當中，最為重要也最為知名的肯定是騰格里（Tängri，蒙古人和卡爾梅克人把它寫成 Tengri，布里亞特人寫成 Tengeri，伏爾加流域的韃靼人寫作 Tängere，貝爾底爾人〔Beltirs〕寫成 Tingir）。「騰格里」既指「天」，又指「神」，屬於土耳其與蒙古語詞彙。它「在亞洲的史前時代就已存在，有自己特殊的歷史。透過時間與空間的轉變，它在各種文明之間廣泛流傳。可以說二千年來人們都知道它的存在，整個亞洲大陸都有人在使用這個詞彙，從中國邊境到俄國南部，從堪察加（Kamchatka）到馬爾馬拉海（Sea of Marmara）；它被阿爾泰的「多神教徒」用來指他們的神祇與最高之神。在土耳其人與蒙古人的歷史中，所有為他們逐步接受的重要世界宗教（基督教、摩尼教、伊斯蘭教等）」也保留騰格里一詞。③

「騰格里」一詞表示神。在公元前二世紀的匈奴人那裡，就可以找到這位偉大天神的痕跡。文獻中他被形容為「崇高」（üsä）、「潔白而美好」（kök）、「永恆」（möngkä），而且充滿了「力量」（küc）。④古土耳其奧爾克洪（Orkhon）的碑文（七至八世紀）中寫道：「創造了上面的藍天與下面的黑土之後，在它們之間出現了人類的子孫。」⑤我們可以把天地的分隔看作是宇宙的起源。關於宇宙起源說的含義，包括視騰格里為創世者，在這裡僅有一些影射，未有名言。但是阿爾泰的韃靼人以及雅

(12)

③ Jean-Paul Roux, "Tängri, essai sur le ciel-dieu des peuplesalta ïques" (first article), p. 49.

④ Cf. ibid., second article, p. 200.

⑤ Ibid., p. 221.

庫特人（Yakuts）認定他們的神是創世者。而且，依照布里亞特人的觀念，諸神（騰格里）創造了人，人一直幸福地生活，直到魔鬼們在大地上散播了疾病與死亡。⑥

不管怎麼說，宇宙秩序以及世界與社會的組織，還有人類的命運都由騰格里決定。因此，任何君主都必須從上天那裡得到他的權力。在奧爾克洪的碑文中，我們可以讀到下列文字：「騰格里曾將我父列爲大汗……騰格里賜予我帝國，同一位騰格里又將我封爲大汗……。」⑦確實，就跟中國模式一樣，大汗是一位天子（第 128 節），君主是天神的使者或代表。通過君主，對騰格里不得侵犯的崇拜得到保證。「當混亂開始出現，當各大部落分崩離析，當一統帝國消亡後（正如我們現在的狀況一樣），騰格里這曾經輝煌一時的天神，就成爲「退位神」（deus otiosus），讓位給次要的天神們，或者自身四分五裂（化爲無數個小騰格里）。在連君主都沒有的時候，天神就漸漸爲人淡忘，民間崇拜開始變得重要，並占首要地位。」⑧（蒙古人有九十九位騰格里，大都有確切的名稱並且各職所司。）

天神與崇高的統治者轉化爲「退位神」，是一個到處可見的普遍現象。就騰格里的情況來看，他分解爲許多神或被其他的神所替代，似乎與帝國的分裂密切相關。但類似的過程在無數的歷史關聯下也屢見不鮮（參見 Eliade, *Traité*，第 14 節以下）。 (13)

騰格里沒有受供養的廟宇，也無法確認他是否曾以雕像的形式呈現過。成吉思汗在他那場與布卡拉（Boukhara）伊斯蘭教教長著名的討論中指出：「整個宇宙都是神的居所，爲什麼要指定一個特殊的場所（比如麥

---

⑥ 參閱我在 *Chamanisme*, (2d ed.) p. 71, n. 4 引用的資料。在蒙古人的民間宗教信仰中，騰格里「創造了一切」，包括火與牛奶等。Cf. W. Heissing, *La religion des Mongols*, p. 404。但這不能看作是一般意義上的宇宙起源說。

⑦ J.-P. Roux, "Tängri" (third article), p. 27。同樣的信仰在蒙古人時代也可以找到，「他透過永恆天的權力與力量成爲可汗」；R. Grousset, *L'Empire des Steppes*, p. 182。

⑧ J.-P. Roux, "La religion des Turcs de l'Orkhon des VII° et VIII° siècles" (first article), p. 20.

加）讓它居住呢？」

　　普世皆同，阿爾泰族群的天神也是無所不知的。蒙古人在立誓言的時候總說：「願天為證！」軍事首領們會登上山巔（那裡被視為世界的中心），向天神祈禱，或在每次征戰之前獨處於帳篷裡（有時候連續三天，就像成吉思汗所做的一樣），這時他的士兵們則祈求天神的庇佑。騰格里通過大自然的現象來表達他的不滿：例如彗星的出現、荒年、水災。這時候如蒙古人或貝爾底爾人會向他祈求，舉行祭典並以馬、牛和羊為祭禮。向天神獻祭是普遍的現象，特別是當出現自然災難與疾病的時候。

　　在中亞與亞洲北部，還有其他一些地區，騰格里的無數分身又跟其他的神祇合而為一（如暴風之神、宇宙富饒之神等），因此在阿爾泰，白烏爾干（Bai ülgän，即「巨力之神」）被騰格里凱拉可汗（Kaira Khan，即「無限仁慈的天神」）所取代，人們並向後者獻祭馬匹。（第 248 節）⑨

　　遠離塵世而且萬事不管是其他天神的特點，例如通古斯人的布加神（Buga，即「天」、「世界」之神）沒有任何崇祀，雖然他是無所不知的，但他從不插手介入人類的事務，連壞人也不懲罰。而雅庫特人的烏楞神阿義・托庸（Urün Ai Toyon）住在第七層天，掌管一切，但只做好事，從不懲辦惡人。⑩

243.　世界的結構

(14)　　阿爾泰民族的宇宙觀以及宇宙起源論非常有意思：一方面，它們保存了古老的成分，這在許多傳統文化中都能看到；另一方面，在漫長的融合進程中，它們流傳至今的各種形式不斷吸收外來的些思想，並加以轉化與重新闡釋。更重要的是，它們的宇宙觀與亞洲流傳最廣的宇宙起源神話有

⑨　關於烏拉爾地區神的名字，如「首領」、「大師」、「父親」、「創世主」、「大帝」、「光」等，見 Eliade, *Traité d'Histoire des Religions*, §18; cf. Uno Harva, *Die religiösen Vorstellungen der altaischen Völker*, pp. 104ff.。

⑩　見 Eliade, *Traité*, §18; Harva, *Rel. Vorstell.*, pp. 151ff.。

所不同。當然，我們也要考慮到目前掌握的資料相當不一致，因爲宇宙起源的神話主要是在民間流傳，這一點非常重要，之後會再加以說明。

亞洲和世界許多地區一樣，將宇宙的結構大致分爲三層——天、地與地獄，這三層由一個中心軸串聯。這個軸穿過一個「開口」，一個「洞」；正是通過這個開口，諸神可以降臨地界，而死者進入地下；也正是通過這一「開口」，薩滿的靈魂可以在上天下地的旅行中上升或墜落。諸神的世界、人的世界以及地獄統治者與死者的世界，這三個世界被想像成上下相疊的三個層級。⑪

許多阿爾泰民族把天想像成是一座帳篷；銀河是這座帳篷的縫接，而星辰則是透光的小孔。諸神可以打開帳篷觀看大地，所以就出現了流星。天也像是一個罩子，它與大地邊緣的銜接處並非天衣無縫，所以大風有時就會從縫隙中吹進來。而通過這些狹窄的縫隙，英雄們或者其他受上天眷顧的人便能溜進天上。在天的中央極星散發光芒，它就像支撐帳篷的木樁一樣支撐著天篷。蒙古人、布里亞特人稱它爲「金柱」；西伯利亞的韃靼人稱它爲「鐵柱」，以及特雷烏特人（Teleuts）則稱它是「太陽之柱」。⑫

可想而知，這個宇宙觀是人類居住的世界這個小宇宙的翻版。世界之 (15)
軸透過具體的形式表達出來，它是承載整個房屋的柱子，或是被稱爲「世界之柱」的孤立樁木。當住所的形式有所改變時（從屋頂是圓錐形的草屋到蒙古包），柱子的神話與宗教形式也隨之變化，轉換成通煙用的頂孔。這一出煙孔正好相應於「天屋」中的那個開口，也符合極星在穹蒼上造成的洞。這種象徵意義的流傳相當廣泛，⑬它的基本想法就是相信可與上天直接交流。從宏觀宇宙的層面來看，這種交流是藉由一根軸（木柱、高山

---

⑪ 這一意象之外，他們還認爲這個世界是由一個動物（烏龜或魚）支撐著的，才不致於落入大洋中。Cf. Harva, *Rel Vorstell.,* pp. 22ff.。

⑫ 見我在 *Chamanisme,* (2d ed.) pp. 212ff.中引用的材料。布里亞特人認爲星星是一群馬，而極星則是圍住馬的樁子，阿爾泰語族與烏戈爾語族的人都相信這一點。Cf. ibid., p. 212, n. 6。

⑬ 這一點可在許多古老或高度發展的民族中見到，如埃及、印度、中國、美索不達米亞、希臘等。Cf. Eliade, *Le Chamanisme,* pp. 213ff.中的參考書目。

或樹木等）；以微觀宇宙的層面來看，它由住所中一根居中的柱子或帳篷
頂端的一個小洞而具象化；也就是說，**每個人的住所都位於「世界中
心」**，或者說，所有的祭壇、帳篷或屋舍都可能打破層級的約束，而與神
有所交流，甚至（比方說薩滿們就是這樣）經由開孔而上達天庭。

我們已經提到好幾次，關於「世界中心」流傳最廣的神話圖像是「宇
宙之山」和「世界之樹」（這在史前時代就已出現；第 7 節）。在阿爾泰
族群和亞洲許多地區都可以發現這些圖像。阿爾泰的韃靼人認為他們的白
烏爾干神位居天中，高坐在一座金山之上。阿巴坎（Abakan）的韃靼人稱
它為「鐵山」。蒙古人、布里亞特人、卡爾梅克人把這座山叫做Sumbur、
Sumur 或者 Sumer，顯然是受到印度的影響（即神話之山「須彌山」
〔Meru〕），但這並不意味著他們原先不知道這一古老而普遍的象徵意
義。⑭至於世界之樹，它出現在亞洲許多地方，並在薩滿教中扮演著舉足
輕重的角色。從宇宙觀的角度來看，世界之樹聳立於世界中心，即位於世
界的「臍眼」上，它最高的分枝觸及白烏爾干神的宮殿。世界之樹將宇宙
間的三層領域連在一起，因為它的樹根深入大地的最深處。

(16) 依照蒙古人與布里亞特人的說法，諸神（騰格里們）以大樹的果實為
食。阿爾泰的其他民族認為，孩子在出生之前，他們的靈魂就像小鳥一般
棲息在世界之樹的枝頭，然後由薩滿將他們從那裡帶到世上來。⑮薩滿的
鼓就是用世界之樹的木頭製成的。薩滿蒙古包的裡裡外外都描摹了這棵
樹，他們還把樹畫在鼓上。之後我們將看到（第245節），在薩滿儀式中，
巫師會騎上一根樺木枝，這在阿爾泰的薩滿看來，就代表真正地爬上了世
界之樹。

244. 創世的曲折變遷

⑭ 見 Eliade, *Le Chamanisme,* pp. 216ff.中的例子和參考書目。
⑮ 見 ibid., pp. 49, 220ff.；我們在非洲和印度尼西亞可以看到同一神話主題；cf. p.
273, n. 56。另外一個主題關於命運之書與命運之樹，很可能是源於美索不達米
亞；cf. Ibid., pp. 273-74。

在中亞與亞洲北部民族中關於宇宙起源最著名的神話，儘管有形式上的差別，幾乎已流傳到全世界。它具有古老的特質（第7節）以及相當普遍的流傳性，除了亞洲以外，我們還可以在雅利安時期與前雅利安時期的印度、東南亞、北美洲等地看到此一神話。它在歷史過程中經歷了多樣的轉變，這讓它成爲宗教史學家最感興趣的問題之一。爲了呈現出中亞地區（以及歐洲東部地區，第250節）此神話版本的特殊面貌，在此先對神話的原始形式加以說明。最初的場景總是大同小異，即創世之前的大水，故事的發展有以下幾種可能性：⑴爲了要取一塊可以用來創造世界的泥土，上帝化身爲動物潛入深水；⑵上帝派遣一隻兩棲動物（水鳥）去做這件事；或者⑶他讓一隻偶會化爲鳥形的動物潛入深水，當時上帝並不認識這隻動物，之後將發現那是他的敵人。

第一種版本出現在印度教中（一位大神——生主〔Prajāpati〕、梵天〔Brahmā〕、毘濕奴〔Viṣṇu〕——化作野豬，潛入水底，讓大地重見天日；第二個版本流傳很廣（前雅利安〔pre-Aryan〕時期的印度、阿薩姆〔Assam〕、北美洲等；在這一版本中要注意的一點是，潛入深水的動物與造物主之間沒有任何的敵對與衝突）；只有在亞洲與東歐，這種潛水創世的過程發展出「二元」敵對的含義。 (17)

在不同的土耳其語族那裡，最後兩個版本發生混合的現象。有一個布里亞特的神話敘述，松波布爾干（Sombol-Burkan）站在初始世界的大洋上，他看到了一隻能潛水的鳥，就命令它深入水中。他用鳥帶回來的泥土，創造了大地。根據其他的版本，布爾干接著用泥土創造了人類。⑯韃靼人有這樣一個神話：白天鵝勒伯德（Lebed）遵照上帝的命令，用喙啣回一些泥土。上帝便用這泥土創造了平整而光滑的大地。直到多年以後才出現了魔鬼，他造出了沼澤地。⑰

照阿爾泰地區韃靼人的說法，起初世界只是一片汪洋大海。上帝與

---

⑯　見拙作 "Le Diable et le Bon Dieu,"（在 *De Zalmoxis à Gengis Khan,* pp. 81-130），其中分析了一些布里亞特和雅庫特的變化版本。

⑰　W. Radlov, cited in "Le Diable et le Bon Dieu," pp. 103.

「人」都以黑鵝的身形，一起在水中游。上帝派人到水底尋找泥土，但是「人」在嘴中保留了一些泥土，當大地開始擴張，人嘴中的泥土也隨著膨脹起來。他只得將它吐出來，於是就變成了沼澤。上帝對他說：「你犯了罪，你的子民將是邪惡的。我的子民將是虔誠的；他們能見到太陽與光明。他們將稱我為庫爾比斯坦（Kurbystan）（即奧瑪茲〔Ohrmazd〕），而你是埃爾利克（Erlik）。」⑱

　　非常明顯的，此處與伊朗的觀念相融合，而整個潛水創世的景象則幾乎原封不動地保留了下來。「人」之所以會跟地獄之王埃爾利克克汗（Erlik Khan）是同一人，那是因為第一位人，即神話中人類的祖先同時也是第一位死者（全世界都可以見到這個神話主題）。

　　到了蒙古人那裡，這個神話版本的變化就更為複雜。奧奇爾瓦尼（Očirvani）（也即金剛手〔Vajrapani〕）和扎崗・敘庫爾蒂（Tšagan-Śukurty）從天降入初始世界的汪洋中，奧奇爾瓦尼命令他的夥伴潛入海底，帶些泥土回來。然後他們用泥土堆在一隻烏龜的背上，之後兩人就都睡著了。這時魔鬼敘爾穆斯（šulmus）出現了，他想淹死他們，但是他越推他們，大地就變得越來越大。

　　根據第二個變化的版本，奧庫爾曼（Očurman）生活在天上，他想創造大地，就尋求一名夥伴。他找到了扎崗・敘庫爾蒂，並派他以他的名義去尋找粘土。但後來扎崗變得狂妄自大，他大喊：「沒有我，你根本找不到泥土！」結果，泥土就從他的手中滑落。他再度潛入海底，而這一次他真的以奧庫爾曼的名義帶回了淤泥。在創造大地之後，敘爾穆斯就出現了，他要求一部分土地，只要他的杖尖能碰著那麼大小的土地就夠了。敘爾穆斯用手杖擊地，便出現了許多蛇。⑲這種神話將兩個二元主題相互融

⑱　Radlov, cited ibid。這一神話後來講述了如何創造人。埃爾利克要求一塊用他的木棍可以覆蓋住的土地，他用木棍敲打土地，地上鑽出了有害動物。最後，上帝發遣他至地下。在埃爾利克與上帝之間的衝突並不一定意味著一種「二元」概念，在古哲學的記載中，埃爾利克是死亡之神；cf. Annemarie V. Gabain, "Inhalt u. magische Bedeutung der alttürkischen Inschriften"。

⑲　Potanin, cited ibid p. 105。

合或重疊：⑴敵人和對手就是潛入水中的英雄；⑵在創造大地之後，壞人不知從那裡冒出來，並要求一部分土地，或者威脅毀壞大地。

潛水創世的故事也出現在芬蘭烏戈爾民族、西部斯拉夫民族與東歐。我們後面還會探討這神話中為什麼有強化「二元對立」的情況，並為它的起源試著做出解釋（第 250 節）。目前，我們需要確定的是，正是從第三步驟開始——即當造物主讓具有人形的助手潛入海中時，出現了可能的戲劇性分化，而最後成為「二元」的宇宙觀。潛水與創世過程中出現的種種曲折主要是為了說明創世的不完善性，這包括死亡的出現，藉此可以說明高山、沼澤以及魔鬼的「誕生」和惡的存在。

但是，正因為不是**造物主本人**潛入深海去尋找創造大地的物質，而是他的助手或僕從完成這項任務，才有可能在神話中藉由這個情節，加入一個附屬、對立或敵對的因素。也因為創世主的典型助手成了他的「侍從」、「夥伴」，最後又成了他的敵人，這種漸進的轉變才有可能形成一種「二元」觀點。[20]我們後面還會看到這個「二元」的闡釋在「民間」的神話中起了很大的作用。（第 251 節）

關於創造人的各種神話也強調了邪惡對手的作用。在許多神話故事 (19) 中，上帝用黏土造了人，並賦予他靈魂。但在中亞與亞洲北部，這故事還有一段意想不到的戲劇性插曲：上帝在造好了第一批人的身體之後，叫一隻狗守護著他們，然後就上天去為他們找靈魂。當他不在的時候，埃爾利克出現了，他向狗保證如果讓他接近那些人，他就給它一身毛（當時狗還只有裸露的皮），於是他便用唾液弄髒了人。布里亞特人認為若不是上帝的敵人乍爾姆（Cholm）弄髒了人，人類是不會有疾病與死亡的。依照阿爾泰神話的另一個版本，埃爾利克趁上帝不在的時候，騙了狗，並讓人的身體動了起來，給了他們生命。[21]在這些例子中可以看到一種不顧一切要為上帝脫罪的企圖，要免除他對於人類疾病與死亡的責任，以及對於人類

---

[20]　Cf. Eliade, "Le Diable et le Bon Dieu," pp. 126ff..

[21]　Harva, *Rel. Vorstell.*, pp. 114ff。在芬蘭烏戈爾語族中我們也可以看到類似的傳說。

罪惡靈魂的責任。

245. 薩滿與薩滿的入會禮

讓我們簡要地重述一下這些神話幾個主要元素：一個最高的天神變成了「退位神」或者化身為無數（騰格里和九十九個分身）；一個創世的上帝，他的創造物（世界與人）都因一名撒旦般狡猾對手的介入而被破壞；還有人類脆弱的靈魂，以及魔鬼與惡靈造成的疾病與死亡；宇宙的三個層級（天、地、地獄），同時涵蓋了一個有時是非常複雜的神話地理結構（好幾層天，好幾層地獄，無論是上天或下地都需要熟知路徑）。喚醒對這些元素的記憶，將有助於我們理解薩滿為什麼在中亞與亞洲北部的宗教中占有重要的地位。實際上，薩滿既是神學家又是惡魔學家；既是出神經驗的專家，又是醫師；是狩獵的好幫手、村落與牲畜的守護者、引導亡靈前往陰間的嚮導，同時在某些社會中又是學者與詩人。

(20) 所謂的「薩滿教」是一個古老的宗教現象（似乎從舊石器時代起就存在），分布範圍極廣（在非洲比較罕見）。嚴格來說薩滿教主要盛行於亞洲中部、北部與北極的一些地區。在亞洲地區薩滿教受到許多外來的影響（伊朗、美索不達美亞、佛教、喇嘛教），但仍不失其原貌。

薩滿的多種才能來自於他的入會經驗。他在入會期間經歷許多嚴厲的考驗，深深體會到人類靈魂的脆弱並學習保衛靈魂的方法；他也親身體驗過各種疾病所造成的痛苦，並能從中找出病因；他經歷過一次儀式性的死亡，墮入地獄，有時也上天。總之，薩滿所有的才能都來自他個人的體驗以及對「靈性」的了解；他能很快地與任何「靈魂」熟稔起來，包括活人與死者的靈魂、神祇與魔鬼，以及常人肉眼無法看到居住在宇宙三大空間裡的無數形影。

要成為一位薩滿往往有三種途徑：(1)出於自發的使命感（出於「召喚」或者「上帝的遴選」）；(2)經過薩滿行業的家族傳承；(3)個人的決定或者少數是由部落挑選。無論是經由哪種途徑，一位薩滿只有在接受了雙

重教育之後才能得到承認：一種是屬於出神一類的教育（夢境、幻覺、鬼魂附身等等）；另一種是屬於傳統的教育（學習薩滿神奇的本領、掌握各種鬼神的名稱與功能、熟悉部落的神話、家源譜系與祕密語言等）。這雙重教育由鬼神與薩滿長老傳授，它構成了入會禮的內容。這一儀式可以是公開的，但沒有公開的儀式並不意味著沒有完成入會，它也可以在初入會者的夢中或者在他的出神經驗中進行。

一個人具有神祕使命的徵候是很容易看出來的。一位將成爲薩滿的人舉動總有異於常人的地方：他變得愛好幻想，喜歡獨居，常一個人到林中或者無人的地方游蕩，出現幻覺，會在睡夢中唱歌。在潛伏階段中有時候會出現相當嚴重的症狀，例如在雅庫特族中，年輕人變得暴躁易怒，而且很容易失去神智，會一個人躲到森林裡去、吃樹皮、跳入水中或火中、用刀自殘等。㉒如果是繼承家族傳統的情況，突然改變行爲是薩滿人選的主要跡象；這表示巫師祖先的靈魂已選中家中某位年輕人。 (21)

這人忽然變得心不在焉，愛好幻想，需要獨居，並出現一些預言性很強的幻覺，有時還會沒來由地失去知覺。在這種時候，布里亞特人認爲靈魂被其他精靈勾走了；它被護送到天上的宮殿裡，薩滿祖先將教授他這一職業的本領、神的形貌、鬼神的名字以及如何崇拜他們。這是入會禮的第一步，之後靈魂才能再度附體。㉓

這神祕使命也意味著一種嚴重的個人危機，這危機本身發揮了入會禮的作用。要知道，任何入會禮，不管是什麼樣的性質，都有一段與人隔離的階段，以及一定程度的考驗甚至折磨。年輕的薩滿出於一種「被遴選」的恐懼而招致疾病纏身，在此關聯中痛苦也獲得「入會疾病」的意涵。疾病所引發的脆弱感與孤獨感在這種情況下，因一種神祕死亡的象徵意義而

㉒　見 cited in Eliade, *Le Chamanisme*, pp. 45ff. 中引用的例子。

㉓　從 19 世紀中葉開始，許多人試圖通過一種精神病的説法來解釋西伯利亞與北極地區的薩滿教現象，這是錯誤的。一方面，未來的薩滿並非都有精神上的問題；另一方面，他們當中有的病人正是因爲治癒了才成爲薩滿的。入會禮就等於是一種治病過程；它可理解爲一種新的心理整合。見 Eliade, *Le Chamanisme*, pp. 36ff.; idem, *Mythes, reves et mystère*, pp. 105ff.。

加重：因為，接受超自然的「神召」，意味者被遴選者覺得已被神與魔的力量所拋棄，也就是說時時刻刻他都必須面對死亡的威脅。這些薩滿候選人的「瘋狂」症狀，他們的「心理混亂」，表示一個世俗之人正在「解體」，而一個新的人格即將誕生。

通常在傳統的入會禮之後，很快便會出現「疾病」的症狀，被遴選者的痛苦可與入會的折磨相比擬。就像在成人禮儀式中少男少女被惡魔般的「上師」殺死一樣，未來的薩滿看到自己被「疾病的惡魔」給碎屍萬斷。儀式性的死亡在病人身上宛如一場地獄之行。他在夢中目睹自己被肢解，(22) 他看到魔鬼如何割下他的頭，挖去他的眼睛等。依照雅庫特人的說法，一群精靈把未來的薩滿帶到地獄，在一間屋子中將他關上三年。就在那裡，他接受入會禮：精靈們割掉他的頭，把它放置在一邊（因為見習的薩滿必須親眼目睹自己粉身碎骨），然後把他的身體剁成的碎片，再將碎片交給主掌各種疾病的惡魔。

只有先經歷過這些，未來的薩滿才能得到治癒各種疾病的能力。之後，他們的骨頭又覆蓋上新的肉，有時候，還可以得到新的血。一些薩滿說道，在他們經歷入會禮的疾病時，巫師祖先會用箭刺穿他們的身體、割下他們的肉並卸下他們的骨頭，好清洗一番；有時甚至將他們開膛破肚，吃他們的肉，喝他們的血，或烹煮他們的身體，還將他們的頭放到鐵砧上去錘打。生病期間，大約持續三至九天，他們躺在蒙古包裡或者某個無人之處，毫無意識就如死去了一般。有些病患似乎還停止呼吸，險些就被人埋葬。最後，他們又甦醒過來，不但有一副全新的軀體，並從此具有巫師的才能。[24]

一般來說，當薩滿學徒失去意識躺在蒙古包裡時，他的家人就向一名薩滿求救，這名巫師在病人重生之後成為他的導師。在其他情況下，學徒經歷了「入會禮的肢解」後，就出門去尋找一位大師，以學習薩滿的本領。這種教導純屬祕傳性質的，學徒有時是在出神的狀況下受教；換言

---

[24]　見 *Le Chamanisme*, pp. 45ff., 73ff., 102ff.中所引用的例子。

之，薩滿採用和魔鬼與精靈一樣的方式教導他的學徒。在雅庫特族中，老師帶著學生的靈魂出發進行一次漫長的出神之旅。他先爬上一座高山，從山頂老師指引學生的靈魂觀看山下分岔的道路，有各種各樣的小徑通往山巔，那正是隱藏著折磨人的疾病所在。

然後老師將學生的靈魂引入一間屋子。在那裡，他們穿上薩滿的服裝，一起進行薩滿教的儀式。老師教導學生如何辨別襲擊人體各部位的疾病，以及如何治癒它們。最後，他將學生引向更上層的世界，即天神所在之處。從現在開始，新的薩滿擁有「神聖化」的身體，可以從事這項職業。㉕

在布里亞特人、高爾第人（Goldi）、阿爾泰人、通古斯人和滿族人那裡也有公開的入會禮。布里亞特人的儀式可以說是最有意思的，儀式中最重要的就是攀升的部分。蒙古包中豎立了一根堅固的樺木，樹根插在火爐的爐膛內，頂端冒出帳頂的出煙孔。這根樺木被稱為「大門的守護神」，因為它為薩滿打開進入天庭的大門。學徒開始爬樹，一直爬到樺木的頂端，從出煙孔爬出去，並高聲呼喊，以求神助。 (23)

然後，整個在場觀禮的人群便前往另一處。在那裡，前一天晚上就為這場儀式打下了許多樺木椿子，在一根樺木旁準備了一頭祭獻的公羊。學徒上身赤膊，把羊血抹在頭上、眼圈和耳朵上，而其他的薩滿則不停地敲鼓。接著薩滿大師爬上一根樺木，並在樹頂刻上九道痕。學徒也追隨巫師，爬上樺木。在爬的過程中，他們全部進入（或假裝進入）出神狀態。有一種說法是，學徒必須攀上九根樺木，如樺木上所刻的九道痕，象徵著九重天。㉖

㉕ G. V. Ksenefontov, cited in *Le Chamanisme,* p. 105.

㉖ *Le Chamanisme,* pp. 106-111, following N. N. Agapitov, M. N. Changalov, and Jorma Partanen。正如烏諾‧哈爾（Uno Harva, *Rel Vorstell.,* pp.492ff.）所言，這一儀式讓人想起密特拉（Mithraic）宗教的一些儀式。比方說，透過一頭公羊的血去淨化巫師的作法很像牛血淨身（taurobolium）的儀式，還有巫師通過樺木棍上天，很像入會禮中祭司爬上一個代表七層天的七級梯子（第 217 節）。正如我們已經看到的，古代近東對中亞與西伯利亞大部分地區的影響很明顯，而且布里亞特薩滿的入會禮也很可能受到這些想像的影響。但還是要補充一點，世界之樹的象徵以

這種入會禮表示，薩滿學徒透過向天上攀升，得以入會受教。此外可知，藉由一棵樹或是一根木樁攀升上天是阿爾泰族薩滿入會禮的主要部分。樺樹或是木樁與世界中心那棵聯結宇宙三大區域的樹或是柱子有相同的作用。總而言之，在薩滿教中樹木和宇宙之樹有著同等重要的地位。

246. 薩滿教的神話與儀式

關於薩滿起源的神話，主要強調兩個非常有意義的主題：(1)「第一位薩滿」是由上帝（或者天神們）創造出來的；(2)但是由於他的惡念，天神們就把他的法力大大減弱了。按照布里亞特人的說法，騰格里們決定給人類一名薩滿，以便跟各種惡靈造成的疾病與死亡抗爭。他們首先派遣了一隻鷹；鷹看到一位入睡中的女人，便跟她發生了關係。這名女人生下一個兒子，成為「第一位薩滿」。雅庫特人也有同樣的傳說，但鷹的名字叫「至尊者」，「阿義」（即「創世主」）或「阿義‧托庸」（「光的創造者」）。根據人們的想像，阿義的子孫是棲息在「世界之樹」枝頭上的小鳥精靈；在樹巔上的雙頭鷹，可能就是阿義‧托庸本人。[27]薩滿的祖先們（他們的靈魂在選擇學徒以及入會禮中扮演重要的角色）都是這位鷹形至尊者所創造「第一名巫師」的後代。

然而，在當今薩滿教中巫師祖先的角色在有些人看來是每況愈下了。根據布里亞特人傳統，早期薩滿的法力直接來自於天上的神靈；只有在當代，他們才由薩滿祖先那裡獲得神奇的本領。[28]這也說明了對於薩滿教墮

及通過樺木棍升上天的入會禮儀式在受到美索不達米亞和伊朗文化的影響前就已存在了。

[27] 參見 *Le Chamanisme*, pp. 71-72. 中引用的資料。當阿義‧托庸創造第一位薩滿的時候，他在自己的天庭裡種植了一棵有八根枝幹的樺樹，在這些枝幹上布滿了小巢，裡面住著創世主的孩子們，他還在地上種了三棵樹。因此薩滿也擁有一棵樹，他在某種程度上依賴於那棵樹的生命；cf. ibid., p. 72, nn. 2, 3。在啟蒙儀式期間，有些薩滿會在夢中到宇宙之樹旁邊，而樹巔則通往世界之主。

[28] L. Sternberg, "Divine Election," p. 495。在蒙古人那裡，薩滿也完全依從他們的祖先；cf. Heissig, "Les religions de la Mongolie," pp. 354ff.。

落的想法在亞洲與北極地區都相當普遍。以前，「最早的巫師們」真的可以駕馭「馬匹」（也就是他們的鼓）在雲端馳騁，並擁有幻化成任何形體或創造奇蹟的本領，而這都是他們的後繼者望塵莫及的。布里亞特人把這種墮落歸咎於「第一位巫師」的驕傲與壞心腸，因為他居然敢跟上帝作對，難怪上帝要大大減弱他的法力。㉙我們也可以在推究人類病因的神話中解讀出這種二元論信仰的間接影響。

薩滿教巫師在集體的宗教生活中扮演至關重要的角色，但不是全面性的。巫師並非祭師，㉚在慶生或結婚的典禮中他不會出現在祭壇，除非發生什麼無法預料的特殊事情時；比方說不孕或者難產。相反地，在所有與靈魂經驗有關的儀式上，薩滿一定會出現：如疾病（也就是靈魂的失落或者被惡魔附身）與死亡（亡靈必須被引導至另一世界裡去）。在亞洲其他地區，當獵物開始減少時，人們會求助於巫師，此外也會求助他們的出神本領（如算命或預測等）。㉛ (25)

拉德洛夫（Radlov）對阿爾泰地區馬祭儀式的描述已成經典。每個家庭都經常舉行這個祭祀典禮，整個儀式持續兩到三個晚上。康姆（kam，即薩滿）在草地上搭起一個新的蒙古包，裡面放置了一根樹葉被摘光的樺木，上面有九道刻痕。在開場儀式之後，巫師為馬祝福，然後開始宰馬，在幾個助手的幫助下，他打斷馬的脊背骨，並留意不濺出任何一滴血。在向祖先與保護神靈獻祭之後，大家開始烹煮馬肉並將馬肉吃掉，這也是儀式的一部分。

的第二部分是比較重要的，在第二天晚上進行。康姆穿上他的薩滿神服，向許多神靈召喚，這是一個漫長而複雜的儀式，最後以「升天」告終。巫師一邊敲鼓，一邊喊叫，並作出許多動作表示自己升上天界。進入了出神狀態之後（?!），他攀爬上樺木的前幾道刻痕，一層接著一層經過

㉙　Cf. *Le Chamanisme*, p. 70.

㉚　正如之後將會看到的，在阿爾泰語族那裡薩滿本人親自祭馬，他這樣做是因為必須把死者的靈魂送到白烏爾干那裡。

㉛　見 *Le Chamanisme*, p. 154ff. 中的參考書目。

不同的天界，直至第九層天，或是如果他的法力夠深厚的話，可直上第十二層天，甚至更高處。當他到達法力可及的頂巔時，巫師停下來，開始召喚白烏爾干神：

> 你，烏爾干啊，你創造了人類……
> 你，烏爾干啊，你讓六畜興旺！
> 不要讓我們墮入苦難呀！
> (26) 不要讓我們見到柯爾摩斯（Körmös）（惡魔）。
> 不要讓我們落入他的手中……
> 不要因為我的罪過而懲罰我啊！

　　巫師從白烏爾干神那裡得知祭祀是否被接受，並得到關於氣候與收成的預言。接下來是「出神」狀態的高潮：巫師精疲力竭，倒在地上。過一會兒以後，他揉揉眼睛，好像從沉睡的夢中醒來一樣，久別重逢似地向眾人致意。[32]

　　巫師既可以上天界，也可以下地獄。下地獄的儀式困難得多，它可以是垂直方向進行的，或是水平方向的，而它也可以是雙向垂直的（即先下後上）。在前一種情況中，巫師好像一級一級連下七級「階梯」，或者七個地下層級，也就是「普塔克」（pudak，即「障礙」之意）。他由祖先和輔助他的神靈陪伴著，每穿過一層「障礙」，他就形容一遍那一層地獄的面貌。在第二層「障礙」，他彷彿聽到了金屬的聲音；在第五道「障礙」，他聽見潮水與風聲；最後，到了第七層「障礙」，他就看到埃爾利克克汗的宮殿，是用石頭和黑色泥土建造的，四周都有防禦工事。薩滿在埃爾利克面前誦念一段長長的禱文（其中也提到那位「在天上」的白烏干爾神）；最後他回到蒙古包中，向助手們講述他此行的成果。

　　第二種下地獄的方式，先是橫向的，然後是垂直的，這要複雜得多，

---

[32]　See Radlow, *Aus Sibirien*, 2, pp. 20-50, 摘要見 *Le Chamanisme*, pp. 160-165ff.。

也更具戲劇性。薩滿師騎著馬穿越沙漠與草原，登上「鐵山」，再奔馳一段時間之後來到「大地冒煙的洞口」，即另一世界的入口。在下去的時候，他先遇到一片大海，越過一座細如髮絲的橋，㉝經過罪人備受折磨痛苦的地方，然後又是騎馬馳騁，一直到達埃爾利克可汗的住所前。雖然有惡犬看門，還有守衛，他還是進入門內，與「死者之王」的會面得費盡力氣藉由許多手勢來表示，包括許多嚇人詭異的情節。薩滿獻給埃爾利克許 (27)
多禮品，最後又獻上酒。死神漸漸喝醉，並變得和善起來，不僅為他祝福，還許諾他家畜興旺等。薩滿興高采烈地回到地面上，這次不是騎馬，而是騎鵝。他揉揉眼睛，就像剛睡醒一樣。人家問他：「一路上還好吧！有收穫嗎？」他回答道：「非常愉快的一趟旅行，我受到很好的招待！」㉞

　　我們馬上就可以看到，這些出神狀態下的地獄之旅在阿爾泰民族的宗教與文化中發揮十分重要的作用。薩滿們進行這樣的旅行是為了從「死者之王」那裡得到祝福，能有更多的家畜，更好的收成（就像上面所舉的例子一樣），但更主要的目的是指引死者亡靈、尋找或拯救病人被魔鬼監禁的靈魂。基本情節大致相同，但其中戲劇性的細節則因民族而異。不管是獨自一人，還是有助手相伴，薩滿以表情或手勢表現出下地獄的艱難情形。剛到地獄的時候，亡靈們會阻撓新到的靈魂入內，巫師就必須向他們獻上「生命之水」，整個場面因此活潑起來，有時甚至變得有些荒誕。

　　還有的情況是，在經過許多冒險之後，薩滿來到死者之國，在無數的亡靈中找到他指引前來靈魂的近親，以便將他託付給他們。一旦回到地上，薩滿向每位在場的人轉達他們死去親人的問候，有時甚至分發帶回的小禮物。㉟

　　但是，薩滿的最主要的任務還是治病。一般來說，人們認為疾病的原因就是靈魂迷失了，或被「偷走了」。薩滿去尋找靈魂，抓住它，讓它再

㉝　為了讓他的過橋顯得更為逼真，他會搖晃一下，險些跌倒。他在大海的深處看到無數掉下去巫師的屍骨，因為一個犯了罪的人是無法逾越這座橋的。

㉞　Potanin, summarized in *Le Chamanisme,* pp. 168-170.

㉟　見 *Le Chamanisme*, pp. 174-176 中引用的例子。

回到病人體內。有時疾病有雙重原因：靈魂被竊，同時更因魔鬼附身而導致病情更爲嚴重。於是薩滿的治療工作便包括尋找靈魂並將惡魔驅離病體。在很多情況中，尋找靈魂成了非常精彩的一齣戲，薩滿先從水平方向開始出神的旅行，以確認靈魂並沒有在附近或遠方的地區走失），然後他開始垂直下地獄，找到囚禁靈魂的那個惡魔，最後成功地將靈魂從他手中搶救回來。㊱

247. 薩滿教的意義與重要性

(28)　　總的來說，薩滿在捍衛整個部落靈魂的健全上扮演著重要的角色。他們是打擊魔鬼的高手，能抗禦魔鬼又能治癒疾病，還能解除魔咒。在亞洲某類的薩滿教中可以看到許多只有戰士才用的東西（比方說盔甲、長槍、弓箭、長劍等），這說明了與人類眞正的敵人魔鬼抗戰的必要性。從整體上來看，我們可以說薩滿保衛生命、健康、後代、「光明的世界」，並抵抗死亡、疾病、不育、不幸以及「黑暗的世界」。

　　我們現在已經很難想像這樣一個鬥士在古老的社會中究竟代表了什麼意義。至少有一點是可以確定的，即人類在這個陌生的世界中並不孤單，他們受到惡魔以及邪惡力量的包圍。除了神，以及超自然的生靈（人們會向他們祈禱與祭獻），還有「神聖專家」的存在，他們能「看到」各種神靈，可以上天與諸神相會，也可以下地獄與魔鬼、疾病以及死亡搏鬥。薩滿捍衛整個部落靈魂健全的主要功能來自於：讓人們有安全感，在看不見世界裡的居民所造成危險時刻中，有人可以幫助他們度過難關。知道團體中的一員可以看到一般人看不到的東西，並帶回超自然世界詳盡的第一手訊息，這是多麼大的安慰啊！

　　正因爲薩滿能夠在超自然的世界裡旅行，並**看見**超自然的存有者（神、魔鬼）以及死去的亡靈，所以對於提供關於**死亡的知識**有很大的貢獻。關

㊱　見 ibid., pp. 180ff.中引用的例子。

於「陰間地理」的各種描述，以及許多死亡神話的主題，很有可能都來自於薩滿的出神經驗。巫師在陰間所看到的風景以及在出神狀態下旅行中遇到的人，都由巫師本人在出神時或之後詳細地講述出來。這樣一來，死亡這一未知而又可怕的世界開始具體成形，各種特殊的類型組成一個完整而封閉的世界；最後，它形成自己的結構，並且隨著時間讓人覺得熟悉且容易接受。 (29)

這時死亡世界的居民變得是**看得到的**；他們有了自己的面貌、個性，甚至還有個人的生平故事。漸漸地，死者的世界變得可以辨識，死亡本身也有了價值，特別是作為一種過渡儀式通往精神性的存在。所以整體而言，薩滿自出神狀態的旅行中帶回許多故事，為死者的世界增添豐富的形式與人物，並將這個世界予以「精神化」。

薩滿在另一世界的冒險，以及在出神狀態中上達天界下入地獄遭受的考驗，都讓人聯想起民間故事人物的冒險經歷和史詩文學中的英雄。很有可能，若將史詩文學中大部分的素材、主題、人物、意象和固定情節加以分析，到最後都會發現它們來自於出神經驗，也就是說它們取材自薩滿在超自然世界中旅行與冒險的故事。

比方說，布里亞特人的英雄穆蒙托（Mu-monto）代替父親下了一趟地獄，回到人間之後，描述了罪人遭受的折磨。韃靼人那裡也流傳著這樣一則故事，在薩彥（Sayan）草原的韃靼人中有一名勇敢的女孩庫白柯（Kubaiko），為了要將兄弟被魔鬼砍下的頭帶回人間，她深入地獄。在克服了許多困難，並親眼目睹懲罰各種罪孽的酷刑之後，庫白柯來到地獄之王的面前。地獄之王向她保證，如果她能順利通過一個特定的考驗，就可以將她兄弟的頭帶回去。韃靼人史詩文學中的其他英雄也都經歷過類似的入會考驗，而且總是有一趟地獄之旅。㊲

也有可能，出神之前心曠神怡的感覺是抒情詩歌的源泉之一。薩滿在心神恍惚的準備階段敲起了鼓，呼喚那些輔助他的鬼神，並說著一種「祕

㊲　Ibid., pp. 177ff..

密語言」或是「動物的語言」，他還會模仿動物的叫聲，特別是鳥兒的歌聲。如此他將自己帶入所謂的「第二狀態」，開啟豐富的語言創造力，並引發出抒情詩歌的節奏。此外，我們也不能忘記巫師儀式中極富戲劇性的奇觀，它是日常生活經驗世界中獨一無二的一齣「好戲」。

(30)　　薩滿們展示他們魔法般的本領（玩火以及其他的「奇蹟」），揭露了另一個世界，一個有神、有巫師的神奇世界，在這個世界中，一切都是可能的，死者復活重返人間，活人死去後又活了過來。人會消失，然後又馬上現身，「自然的定律」不復存在，一種超人類的「自由」明顯地表現出來，而且恍如當下。這樣的奇觀在「原始」社會中產生的共鳴是可以想像的。薩滿們的「神蹟」不僅確立傳統宗教的結構，而且還刺激並豐富了人們的想像力。消除了夢境與現實之間的障礙，打開通往神祇、死者與靈魂世界之窗。[38]

248.　亞洲北部以及芬蘭烏戈爾民族的宗教

本書的宗旨主要在於分析宗教的創造，基於此，只能概括地介紹屬於古西伯利亞語系、烏拉爾（Uralian）語系和芬蘭烏戈爾語系民族的宗教現象。不是說他們的宗教缺乏趣味性，而是說它們許多元素特徵（如天神與退位神們、潛水創世的神話以及二元對立，還有薩滿教等）都與阿爾泰民族相似。

因此，比方說葉尼塞人（Yenise）（凱特人〔Kets〕）的埃斯神（Es），埃斯的意思是「天」與「天神」（參見騰格里）。根據阿努欽（Anutchin）的說法，埃斯是肉眼無法見到的，因為根本就沒有人見過他；見過他的人也都成了瞎子。埃斯是宇宙的創造者以及主宰，同時他也創造了人。埃斯心地好又是萬能的，但他對人世間的事情不感興趣。「他把這些事情交給次神、英雄或是偉大的薩滿去做」。他不接受崇祀；人們也不

---

[38]　Ibid., pp. 395-97..

用向他祭獻或祈禱。儘管如此，他還是保護著這個世界並幫助人類。㊴尤卡吉爾人（Yukagirs）的庫德巨（Kudjü，即「天」之意）是一位行善之神，但他在宗教生活中不起什麼作用。㊵科里亞克人（Koryaks）稱他們最高的神爲「天上的唯一」、「崇高的主人」、「守護神」、「存在者」，㊶但他並不直接影響人。 (31)

更重要也更爲人所知的，要數薩莫耶德人（Samoyeds）那裡的努姆神（Num）。根據最早的資料（卡斯特倫〔M. A. Castren〕），努姆住在天上，掌管風雨，他看見並知道世上發生的一切；他獎賞行善之人，懲治作惡之人。㊷其他的研究者強調他善良與法力無邊的一面，但又會補充說，努姆在創造了世界、生命與人類之後，將他的力量讓給次於他的諸神。最近，雷赫蒂薩羅（Lehtisalo）有新的佐證研究資料；努姆住在第七層天上，太陽是他的眼睛，沒有圖像能表現他，人們向他祭獻馴鹿。㊸在薩莫耶德人接受了基督教時（1825-1835），基督教傳教士摧毀了數千個具有人形的神像，有些有三或七張的臉。既然照大多數證人的說法，對努姆並沒有圖像崇拜，所以可以得出合理的結論，這些偶像是薩莫耶德人的祖先與各種不同的神靈。然而，也有可能那個有好幾張臉的神（因爲這樣他才能什麼都看見，什麼都知道）指的就是太陽，而太陽就是努姆的主要化身。㊹

薩莫耶德人那裡最爲普遍關於宇宙起源的神話，也跟亞洲中部與北部的所有地區一樣，一個鳥形的動物，上帝的助手或敵人，深潛到海裡。努

㊴ Anutchin, 翻譯與摘要見 Paulson, "Les religions des Asiates septentrionaux," pp. 50ff.。

㊵ Jochelson, 見 Paulson, ibid., pp. 53ff.中的引述與評論。

㊶ Cf. *Traité*, p. 65。見 ibid.中關於天神名字的例子（如在切雷密斯人〔Cheremis〕或奧斯加克人〔Ostyaks〕那裡等。）

㊷ Castren, *Reiseerinnerungen*, 1, pp. 253ff..

㊸ A. C. Schrenk and Lehtisalo, 摘要見 Paulson, "Les religions des Asiates septentrion-aux," pp. 61ff.。

㊹ Cf. Pettazzoni, *L'onniscienza di Dio*, p. 383。關於天神的太陽神特性，見 Eliade, *Traité*, §37.

姆神先後派了天鵝、鵝、「北極跳水鳥」和勒魯鳥（ljuru）到海底找泥土，只有勒魯鳥喙上沾著一點泥回到海面。當努姆創造了大地之後。「從某個地方」來了一位「老者」，請求允許他在土地上休息一會兒，努姆同意了。但第二天清晨，他發現老人正在島邊毀壞土地。他於是命令老人離開，老人請求得到一些他的木杖尖可以覆蓋的土地。他得到了土後，就消失在木杖所擊出的洞裡，老者宣稱從此他要住在那裡，並把人擄到洞裡去。驚訝之餘，努姆發現自己犯下的錯誤，他原以為老人要住在那一小塊土地之上，沒想到他要住在那塊土地之下。⑤

在這則神話中，努姆不再是全知的：他根本不知道老人的存在和他的意圖，原來老人是將死亡帶到人間的「邪惡者」。在切雷密斯人（Cheremis）和伏姑人（Voguls）那裡可以見到神話的其他版本，更強調創世的「二元」性質。⑥但是這「二元」的一面在芬蘭人、愛沙尼亞（Estonians）和莫爾多維亞人（Mordvins）那裡更為明顯：就是魔鬼本人，在上帝的命令下，潛入深海中，但他在嘴中偷藏了一些泥土，藉此他後來造出了高山與沼澤。⑦

至於這些地區的薩滿教，大致上就跟我們剛剛講到亞洲薩滿教的結構相同（第 245 至 247 節）。值得一提的是，芬蘭文學創作的靈感常得自於薩滿教的思想觀點。在由埃里亞斯‧蘭羅特（Elias Lönnrot）編纂的芬蘭民族史詩《卡勒瓦拉》（Kalevala，1832）中，主角的名字是瓦伊那魔伊能（Väinämöinen），意為「永恆的智者」。瓦伊那魔伊能的出生是超自然的，他能進入出神狀態，有預言能力，會無數魔法，他同時還是詩人、歌者與豎琴手。他所經歷的各種冒險，以及他的兩名夥伴——鐵匠伊爾瑪利能（Ilmarinen）和武士勒名卡伊能（Lemminkäinen）——的經歷讓人不斷

(32)

---

⑤　Lehtisalo, 摘要見 Eliade, *Zalmoxis à Gengis Khan,* p. 101. 在薩莫耶德人的另一則神話中，從一開始便呈現了努姆與死神之間的對立，ibid., p. 102。

⑥　Cf. ibid., pp. 100-101.

⑦　Ibid., pp. 86-88 中介紹了不同版本。

聯想到亞洲薩滿的輝煌英雄事蹟。[48]

　　在狩獵與漁業的社會裡，保護各類動物的神靈和「動物之主」扮演重要的角色。動物像人一樣，每個動物都有一個靈魂，有些民族如尤卡吉爾人認為，在抓住動物的靈魂之前是無法殺掉它的。[49]阿依努人（Ainus）和吉利亞克人（Gilyaks）會在打死狗熊後，將它的靈魂送回「源頭」。動物之主既保護獵物，又保護獵人。打獵本身就是一個複合的儀式，因為獵物被認為具有超自然的力量。[50]這些信仰與儀式的重要性在於它們極其古老 (33)
的一面（這包括在南、北美洲和亞洲）。它告訴我們人與動物世界之間神祕的統一性，在舊石器時代獵人身上就可以看到這種魔幻兼宗教的概念（第 2 節）。

　　對動物之主與保護神的信仰在農業社會中幾乎已經絕跡了，但在斯堪地那維亞地區（Scandinavia）依然存在，這一點相當特殊。更重要的是，許多超自然人物與神話主題凸顯了動物魔幻兼宗教的力量，它們都還可以在游牧民族的信仰中，特別是在農耕民族的民間傳說中找到，不管是在歐洲其他地區還是在亞洲西部。這確證了在歐洲不同的農業社會中，古老的觀念至少遺留到二十世紀初期。

249. 波羅的海民族的宗教

　　波羅的海的三大民族，立陶宛人、拉脫維亞人與古普魯士人，尤其是後者在與條頓騎士的改教與征服的長期戰爭中被大量殺戮，完全消失在日

---

[48] Cf. Martti Haavio, *Väinämöinen, Eternal Sage,* esp. pp. 83ff., 140ff., 230ff。關於烏戈爾語族的薩滿教，見 Eliade, *Le Chamanisme,* pp. 182ff.。

[49] Cf. Paulson, *Die primitiven Seelenvorstellungen der nordasiatischen Völker,* pp. 174ff.; idem, "The Animal Guardian," passim..

[50] Cf. Eveline Lot-Falck, *Les rites de chasse chez les peoples sibériens,* passim; Paulson, "Les religions des Asiates septentrionaux," pp. 71ff.; idem, "Les religions des peuples finnois," pp.170ff.

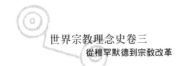

耳曼殖民者的人潮裡。拉脫維亞人和立陶宛人也被日耳曼人所征服，而且至少在名義上，於十四世紀改信了基督教；然而，他們還是保留了自己的宗教傳統。直到十六世紀初，路德教派的傳教士們才不斷征討異教。然而波羅的海民族的風俗習慣與民間藝術保留了一部分古老遺產，成為了解傳統宗教的珍貴來源。⑤尤其彌足珍貴的是那些「戴那斯」（dainas）詩句（即四行的短詩），以及跟農作、婚姻與死亡有關的儀式，還有民間故事。

(34)　　　波羅的海的地理形勢有助於這些傳統的保存（我們可以聯想到在庇里牛斯山、阿爾卑斯山、喀爾巴阡山（Carpathian）以及巴爾幹地區遺存了那麼多的古老信仰與習俗），但這並不會排除他們的鄰居（包括日耳曼人、愛沙尼亞人、斯拉夫人）還有近四個世紀以來基督教對他們的影響。

　　　雖然波羅的海的三大民族在供養的神、宗教的觀念與實踐上有著一定的區別，但為了方便敘述，我們還是一起介紹三者。首先要注意到的是，波羅的海沿岸的民族保了古老印歐天神的名字，戴歐斯（deiuos）。拉脫維亞人稱之為 dievs，立陶宛人叫 dievas，古普魯士人叫 deivas，都是上帝的意思。在改信了基督教之後，同一個詞就用來稱聖經中的上帝。在拉脫維亞民族的民間傳統中，眾神家庭中的父親蒂福斯（Dievs），住在天上一座高山的農莊裡，但他經常來到人間，跟農夫們一起耕作，參加每季為他舉行的祭典。蒂福斯制定了人間的秩序，決定人的命運，並審察人類的道德生活。⑤然而，蒂福斯不是最高的神，也並非最重要的神。

　　　在立陶宛雷神稱作佩爾庫納斯（Perkūnas），在拉脫維亞則叫作佩爾

----

⑤　我們目前擁有的書面資料（傳教士與高級僧侶們的編年史報告）有時候提供有用的訊息，但在引用時必須非常謹慎。他們當中大多數人不懂波羅的海地區的語言；另外，他們根據當時基督教歷史描述先入為主的觀念與宣傳去介紹各民族的「異教」。

⑤　見 Harold Biezais, *Die Gottesgestalt der lettischen Volksreligion*, above all pp. 90ff., 182ff.

庫翁斯（Pērkons），[53]他也住在天上，但經常降臨到地上跟魔鬼搏鬥（這一點可以看出基督教的影響）。他是一位非常厲害的戰士，又是諸神的鐵匠，他主管雨季，因此也操控土地是否肥沃豐饒。在農民的生活中，佩爾庫納斯或佩爾庫翁斯扮演最重要的角色，在旱災或者瘟疫流行的時候，人們會向他祭獻。按照十六世紀流傳下來的說法，在風暴來臨時，人們向他獻上一塊肉，然後祈禱說：「哦，佩爾庫納斯啊，不要打擊我們，求求求你。哦，神啊！我向你獻上這塊肉。」這也是在暴風雨期間，原始社會民族向天神祭祀的古老儀式（參見 *Traité*，第 14 節）。

在波羅的海民族的神殿中占有一席之地的還有太陽女神索爾（Saule）（研究者早就指出她與吠陀教中的索麗亞〔Sūrya〕有相似之處）。她被想 (35)
像成既是母親又是年輕女子。索爾在天上的高山上也有一座農莊，就在蒂福斯農莊的旁邊。有時候，這兩個神互相鬥爭，一打就是三天。索爾賜福大地，幫助受苦的人並懲罰惡人。每年夏至是她最重要的節慶。[54]在拉脫維亞民間宗教傳統中，索爾是月亮之神梅耐斯（Mēness）的妻子；月亮之神好像也是戰神。所有的天神都有馬匹；他們騎馬在天上的高山旅行，或乘坐馬車來到人間。

地上的神大多數是女性。拉脫維亞人把「大地之母」叫作哲門瑪德（Zemen māte），立陶宛人則叫哲米娜（Zemyna）；立陶宛人也稱「大地之主」哲梅帕蒂斯（Zemēpatis）。但母神的數量占大多數：比方說，森林之母梅扎麻德（Meza māte；立陶宛人稱梅黛娜〔Medeine〕），而她的本尊會放射化為很多分身，如花園之母、田園之母、海灣之母、百花之母、蘑菇之母等，關於水神方面也出現同樣的情況（水之母、潮之母）。此外我們還知道有擬人化的神，例如在氣象現象（雨之母、風之母），以及人

---

[53] 瑪拉拉斯（Malelas）的編年史中（1261）中提到過佩爾庫納斯，十六世紀許多基督教作者也曾多次提及。關於佩爾庫納斯，參閱 H. Biezais, *Die himmlische Götterfamilie der alten Letten,* pp. 92ff., 103ff. 中的資料與批評分析。

[54] 見 Biezais, *Die himmlische Götterfamilie,* pp. 183ff., 303ff.中關於索爾崇拜的部分。

類活動方面（睡眠之母）。正如烏斯耐爾（Usener）指出的，[55]這麼多的神群讓人想起羅馬宗教特有的現象（第 163 節）。

在拉脫維亞人那裡，最重要的女神是賴瑪（Laima，字根是 laime，即「幸福」、「好運」之意。）她主要是主宰人類命運的女神，每個人出生時她就決定了他們的命運。此外賴瑪也管婚姻、收成的豐饒以及畜牲的興旺。儘管賴瑪與聖母馬利亞後來融合為一，她還是一個古老宗教形象的代表，很可能源自於拉脫維亞異教的遠古時期。[56]

(36) 在人們接受基督教信仰之前，公開的崇祀活動主要是在森林中進行。特定的樹、泉水或地方是神聖的，有神祇居住其中；因此，人類不能靠近這些地方。整個聚落族群帶來祭品並置於露天、小樹林中或是其他神聖的地方。澡堂也被看作是一個神聖的空間，包括屋中「神明的角落」。至於廟宇的真正意義，我們所知有限。神殿遺跡經考古挖掘出土，是木製的，半徑為五公尺左右；神像放置在中心。

至於是否有一群神職人員，同樣地不能確定。相關資料提到了「巫師」、預言家以及能進入出神狀態的人；他們都具有很高的威望。西元 1249 年，條頓軍團的騎士們脅迫古普魯士人簽訂一份條約，這是關於波羅的海地區宗教的第一份書面文獻。條約中要求戰敗的古普魯士人放棄殉葬的方式，即不許在火化或土葬死者時，讓馬匹與侍者一同陪葬，或連同武器、衣服與其他貴重物品一起下葬。[57]此外，亦不得在收成之後向神祇庫爾奇（Curche）或其他神貢獻祭品；也不許輕信有靈視能力的吟遊詩人（杜力索納〔tulissones〕或者力佳治納〔ligaschones〕），他們在葬禮上讚美死者的生平事蹟，並聲稱親眼見到死者乘著馬匹在空中朝向另一個世界飛去。

----

[55] Cf. Usener, *Die Götternamen*, pp. 79-122.
[56] 見 Biezais, *Die Hauptgöttinnen der alten Letten*, above all pp. 179-275.中的比較研究。關於跟聖母馬利亞的宗教融合現象，見 ibid., pp. 279ff.。
[57] 這一古老的風俗（在遠古的美索不達米亞、中國與錫特人那裡）直到十五世紀仍然可見。

　　與亞洲的薩滿非常相似，這些「具有靈視能力的吟遊詩人」就是一群能進入出神境界的魔法師或術士。很有可能的是，在葬禮接近尾聲時，由他們陪伴死者的靈魂進入另一個世界。就像在別處一樣，基督教教會的權威人士認為，波羅的海民族的出神本事以及魔法的運用是從魔鬼那裡學來的。事實上一般來說，出神或者變成動物身形的出神經驗就是一種宗教行為（或者可以稱為「白色的魔法」）；例如薩滿就會變成一隻動物去與精靈搏鬥。

　　十七世紀的立陶宛也有類似的信仰。有一位老人被指控有變身為狼的魔力，於是他承認自己就是個狼人，一到聖露西亞之夜（Saint Lucy）、聖靈降臨節（Pentecost）和聖約翰之夜（Saint John），他就與同夥一起變成狼，前往「大海的盡頭」（即地獄），然後在那裡與魔鬼和巫師打鬥。老人解釋說，狼人可以變成狼，進入地獄中找回被巫師們偷走的財物、家畜、穀物以及各種果實。狼人臨終時，他們的靈魂升上天堂，而巫師的靈 (37) 魂將被魔鬼抓入地獄。狼人是「上帝之犬」，假如沒有他們的積極干預，魔鬼早將大地洗掠一空。⑱

　　在波羅的海民族那裡，葬禮與婚禮的儀式有許多類似之處，這再度證明了他們宗教信仰的古老。這種喪禮與婚禮儀式的相似性一直到本世紀初，還可在羅馬尼亞以及巴爾幹半島那裡找到。同樣古老的信仰就是認為蒂福斯、索爾和賴瑪有時會打扮成農民在田裡勞動，這在歐洲東南部的民間信仰中可以見到。

　　總結來說，波羅的海地區的宗教有下列幾項特徵：(1)相信有許多神的家族存在；(2)太陽神與暴風雨神扮演重要的角色；(3)生育、命運之神（賴瑪）以及其他大地之神的特殊意義，其中以女性居多；(4)在忠誠於上帝的「好魔法師」與魔鬼侍從的巫師之間有一場爭鬥，它是在類似出神的狀態中進行的。

　　儘管混合了基督教信仰，這些宗教形式仍有古老的本質；它們有印歐

---

⑱　參見拙作 *Occultisme, sorecllerie et modes culturelles,* pp. 103-105。

（帝福斯、索爾、佩爾庫納斯）以及歐亞文化的傳統（賴瑪、哲門瑪德）。波羅的海地區的宗教就跟斯拉夫地區與芬蘭烏戈爾地區的宗教一樣，具有極高的研究價值，就是因爲它的古老性可以由民族誌以及民俗學研究中得到印證。確實，正如瑪麗佳・金普塔斯（Marija Gimbutas）所說，波羅的海地區民間信仰早發源於基督教之前，它的源頭是「那麼的古老，肯定可以追溯到史前時代，至少到鐵器時代，其中的一些元素甚至可以溯及更早的幾千年以前。」⑤⑨

250. 斯拉夫民族的異教信仰

斯拉夫民族與波羅的海民族是最後一批進入歐洲的雅利安語民族。斯拉夫人先後被錫特族（Scyths）、薩爾馬特人（Sarmatians）和哥德人（Goths）統治，並在超過千年的歷史中，被迫居住在聶斯特河和維斯拉河（Vistula）之間狹隘的範圍內。但從五世紀起，歐洲被匈奴、保加利亞人與阿瓦爾人（Avars）破壞，使得斯拉夫各部落四散外流，漸漸在中歐與東歐落腳。⑥⑩他們民族的名字——斯拉夫（Sclavini）在六世紀正式出現。考古研究的陸續發現，讓我們對許多居住在俄羅斯和波羅的海斯拉夫人的物質文明以及宗教習俗與信仰掌握了詳盡的資料。但是關於古老斯拉夫人宗教僅有的一些文獻來源是在基督教興起之後；這些資料自有其價值，不過它記載的已是衰落了的民俗異教的狀況。然而，正如我們之後將會看到的，對於民間信仰與儀式的仔細分析可讓我們掌握原始斯拉夫宗教的特徵。

赫爾蒙德（Helmold）寫於西元 1167 到 1172 年間的《斯拉夫年鑒》

(38)

---

⑤⑨　M. Gimbutas, "The Ancient Religion of the Balts," p. 98。並非所有學者都接受民間文學這種詮釋方式。參見關於「戴那斯」四行短詩古老價值的爭辯，關於目前的研究發展見下文，第 249 節。

⑥⑩　關於某些斯拉夫部落與源於阿提拉的游牧民族，cf. Gimbutas, *The Slavs*, pp. 98ff.。

（*Chronica Slavorum*）為我們提供了寶貴的資料。在列舉了些神祇的名字與職能之後——我們將會介紹這些神——赫爾蒙德確定斯拉夫人並不反對「在天上只有一個神」，但他們認為這個神「只對天上的事情感興趣」，他把統治地上世界的權力交給由他所創造並較他低一級的神祇。赫爾蒙德把這個神叫作「神之前身」（prepotens）以及「衆神之神」（deus deorum），但他不是人的上帝；他管理其他神，他跟大地已沒有任何關係。⑥所以，這個神成了「退位神」，就像在阿爾泰民族和芬蘭烏戈爾民族那裡可以看到的過程一樣，這一現象在印歐人種那裡也能見到（參見吠陀教中的特尤斯〔梵文 Dyaus，意為天〕，第 56 節）。

至於別的神，最完整的名單可以在《基輔年鑑》（*Chronicle Kiev*）中找到，也稱《耐斯脫爾年鑑》（*Chronicle of Nestor*），於十二世紀成書。年鑑作者以憤怒的筆調簡短地提到在偉大君主伏拉捷米爾（Vladimir）時期（978-1015）俄國部落中出現的異教。他提到了七個神——佩倫（Perun）、弗洛斯（Volos）、克豪爾斯（Khors）、達茲波格（Dazhbog）、斯特立波格（Stribog）、斯瑪爾格魯（Simarglŭ）和默高什（Mokosh）——並說：「人民向他們提供祭品……並把兒子、女兒帶到祭壇前，祭獻給這些魔鬼們。」⑥

借助一些其他的補充材料，我們至少可以將幾位神祇的結構與功能部分加以重組。佩倫為所有的斯拉夫部落所崇拜；可以通過民間傳統以及地 (39) 名的研究找到他的痕跡。他的名字有印歐語系淵源（詞根為 per/perk，是「打擊」、「產生亮光」的意思），表明他是一位暴風雨之神，相當於吠陀教中的雨神（Parjanya）以及波羅的海地區的佩爾庫納斯。他看上去非常像佩爾庫納斯，人們認為他是一位高大健壯的男性，有著一把紅鬍子，手持斧頭或鎚子，遇見惡鬼時便揮舞他的武器。

有一個日耳曼部落把佩倫視同為托爾（Thor）。斯拉夫語中許多字、

---

⑥　Helmond (ca. 1108-1177), *Chronica Slavorum,* 1, chap. 83.

⑥　這些段落的翻譯出自 Brückner, *Mitologia Slava,* pp. 242-243,以及 *Die Slawen,* pp. 16-17。

詞、片語，在詞源上與皮奧倫（piorum）相關，例如在波蘭語中即指雷與閃電。他也經常出現在斯拉夫民族的地名中。㊻和基督教興起之前歐洲傳統中的其他暴風雨神一樣，橡樹是他的祭品。根據拜占庭歷史學家普羅科匹厄斯（Procopius）的說法，人們向他獻祭公雞，並在大型節慶中向他獻祭公牛、公熊或者公羊。在基督教民間傳說中，佩倫被聖以利亞（St. Elijah）所取代，他是一個有著白鬍子的老人，坐在燃著熊熊烈火的戰車中越過天際。

弗洛斯或維勒斯（Veles）是帶角牲畜的神，可以在立陶宛語中找到對應（Velnias，現在意指魔鬼，而維勒 Vēlē 是「死亡陰影」的意思），也可以在克爾特語（Celtic）中找到類似的含義（塔西佗〔Tacitus〕的書中提到過克爾特人的女預言家維勒達〔Veleda〕）。㊽根據羅曼‧雅克慎（Roman Jakobson）的看法，㊾弗洛斯衍生自印歐語系民族共同的神祇，可與婆樓那（Varuṇa）相提並論。而克豪爾斯這一神名是從伊朗語的 Khursid，即代表太陽的人形神衍生過來的。斯瑪爾格魯也是源於伊朗；雅各布森將他跟波斯的 Sîmourg，即獅身鷹頭鷹翼的神獸相比擬。斯拉夫人可能是向薩爾馬特人借用這個名稱，因為他們把神獸稱為 Simarg。

達茲波格神從詞源上說是「給予財富者」（斯拉夫語中「dati」是「給」的意思；「bogŭ」即「財富」，但也有「神」，即財富來源之意），這一位神也是太陽。至於斯特立波格，我們對他幾乎一無所知，在一段古老的俄國文字《伊戈爾之詩》（*The Poem of Igor*）裡說風是他的孫子。㊿在《耐斯脫爾年鑑》中提到的最後一位神默高什，很可能是富饒女

(40)

㊻　見 Gasparini, *Il matriarcato slavo*, pp. 537ff.中引用的例子。

㊽　十五到十六世紀的基督教魔鬼學可以證明，許多並出現在地名中；Gimbutas, *The Slavs*, pp. 167ff.; idem, "The Lithuanian God Velnias," pp. 87ff.

㊾　見 "The Slavic God Veles and his Indo-European Cognates"；Jaan Puhvel, "Indo-European Structure of the Baltic Pantheon," p. 85。

㊿　它的詞源無法確定；有人認為它與斯拉夫語詞根「srei」，即「顏色」之意有關或是源於伊朗語詞根「srira」，「美麗」之意，用來形容風但也可指太陽的光彩；cf. Gimbutas, *The Slavs*, p. 164。

神。在十七世紀的時候，俄國教士們問農民：「你去了默高什那裡嗎？」捷克人在乾旱之時也呼喚她的名字。⑥⑦有些中世紀的文獻提到了洛德神（Rod，這一神名跟動詞「roditi」，與「生產」有關）和羅哲尼莎（ro-zhenitsa，即「母親」、「子宮」、「財富」之意），她們跟斯堪地那維亞地區的諾爾（Norns）一樣都是仙女。很有可能，羅哲尼莎仙女是古老的地獄女神或地獄之母瑪蒂細拉眞爾佳（Matisyra zemlja）女神（意謂「潮濕大地之母」）的各種化身，對這位女神的崇祀一直持續到了十九世紀。

我們也掌握波羅的海地區大約十五個神的名字，在這一地區，斯拉夫異教一直維持到了十二世紀。最重要的神名為斯萬特維特（Svantevit 或 Svetovit），他是魯根島（Rügen）的守護神，在阿爾科納（Arkona）有他的神殿，神像高達八米。⑥⑧詞根「斯萬特」（svet）原意為「力量」。斯萬特維特既是戰神又是土地的保護神。在魯根島上同時接受崇拜的神還有雅洛維特（Jarovit）、魯杰維特（Rujevit）以及波羅維特（Porovit）。前兩位神的名字表示有曆法上的功能。雅洛（jaro）來自雅魯（jaru），為「年輕、熱情、勇敢」之意，所以代表「春天」；⑥⑨而瑞努（ruenu）是秋季月份的名稱，那正好是年輕動物交配的時期；普拉（pora）則是「盛夏」的意思。

多頭神的現象可以在某些印歐民族中發現（比方說高盧人的三頭神，有兩個或三個頭的色雷斯〔Thrace〕騎士），在芬蘭烏戈爾民族那裡也可得見（第 248 節），原始的斯拉夫民族與他們有許多相似之處。多頭的象徵意義是非常明顯的，它代表了神的無所不知，這是天神以及太陽神的特

---

⑥⑦ Brückner, *Mitologia Slava*, pp. 141ff..

⑥⑧ 1168 年此廟被毀，魯根島上的其他神殿，以及雷德高斯特山（Riedegost，雷特拉地區〔Rethra〕）上建的一座廟在十二與十三世紀相繼被毀，因為當時民眾被迫改信基督教。

⑥⑨ 雅洛維特的神父以他的名義宣稱：「我是你們的神，我用草覆蓋你們的田地，用葉子覆蓋你們的森林。田地與森林的作物，以及所有對人有用的東西都在我的權力下生長。」(Helmold, *Chronica Slavorum*, 3, 4)

性。我們可以推測出，西部斯拉夫人的最高神祇——他有各種現身方式出現（特立格拉夫〔Triglav〕，斯萬特維特，魯杰維特〔Rugievit〕）——是一位太陽神。⑦之前曾提及在東部斯拉夫人那裡，克豪爾斯與達茲波格神都是等同於太陽的。

(41)

另一個神斯瓦洛格（Svarog，而在西部斯拉夫則是 Svarožic）是達茲波格的父親；他被迪特瑪・馮・梅澤堡（Thietmar von Merseburg，十一世紀初）認為是最高的神祇。照傳統說法，火——不管是天火還是家火——是斯瓦洛格的兒子。在十世紀，阿拉伯旅行家阿爾瑪素迪（Al-Masudi）留下了斯拉夫人敬奉太陽的記載。他們建起了一座廟宇，在拱頂中央開了一個小口觀察太陽的升起。⑦然而，在斯拉夫民族的信仰與習俗中，月亮（它是陽性的）明顯地比太陽更重要（太陽是中性的，但可能源自一個陰性詞或女人的名字）。人們向月亮祈禱，稱它為父親或祖父，以求得豐收與健康，而當現月蝕出現的時候，大家都悲痛萬分。⑦

251. 古斯拉夫人的儀規，神話和信仰

想把斯拉夫宗教史作一完整的陳述是不大可能的，然而我們可以理出大致幾個主要層次，並指出它們在樹立斯拉夫民族的精神上所作出的貢獻。除了印歐傳統的繼承，以及芬蘭烏戈爾人和伊朗人的影響，我們仍可找出更為古老的層面。伊朗詞彙波格（bog，「財富」之意，但也指「神」）取代了印歐神帝福斯，而波羅的海地區則將這名稱保存下來（第248 節）。前面我們已提到其他源自伊朗文化的衍生詞彙，⑦至於跟芬蘭

⑦　Cf. R. Pettazzoni, *L'onniscienza di Dio,* pp. 343ff. 這一假設因為馬在卜算中的神聖作用而變得更為可信。

⑦　Cf. F. Haase, *Volksglaube und Brauchtum der Ostslaven,* p. 256.

⑦　見 Evel Gasparini, *Il matriarcato slavo,* pp. 597ff. 中所收集的資料。

⑦　我們可以加上「ray」這一詞彙。在用來指涉基督教中的「天堂」之前，它跟「bog」（即「財富」之意）有同樣的含義。

烏戈爾民族信仰與風俗的相似性，可歸結於他們在史前時代即有接觸，或者他們有相同的傳統根源。比方說，我們已注意到西部斯拉夫人與芬蘭烏戈爾人他們神殿結構上的相似性，以及各種神與精靈常有多頭的形象。⑭

　　有一個在印歐語系所沒有而在斯拉夫人中非常普遍的習俗，就是雙重埋葬。⑮在死者安葬三年、五年或七年以後，把死者的骨頭掘出來，清洗一遍，並裹到一層巾布（ubrus）裡，然後再拿回家，暫時安放在家中懸掛著神像所謂「神聖的角落」裡。這條巾布具有魔法與宗教的價值，因為它跟死者的頭顱與骨頭接觸過了。原本，在「神聖的角落」也放置一部分死者的骨頭。這種非常古老的做法（在亞洲與非洲都能見到），在芬蘭人那裡也可以發現。⑯ (42)

　　斯拉夫人另一不為印歐傳統所知的風俗是 snochačestvo，也就是父親有權與他未成年兒子的未婚妻同房，或是在成年兒子出遊很久的情況下跟他的媳婦同房。奧托・席拉德（Otto Schrader）曾經將斯拉夫人這一習俗跟印歐語系民族施行的「搶親制」（adiutor matrimonii）相比較。但是，在印歐人那裡，將女兒或妻子臨時轉讓是在父親或丈夫的主導下進行的，他們是在行使父親或丈夫的權威；這種轉讓只有在丈夫知情或同意的情況下才可以發生。⑰

　　古老斯拉夫社會的另一大特徵，就是所有人都是平等的。團體中的成員都具有百分之百的權利；因此，所有決定都須經過大家一致同意。最早的時候，mir 一詞既指「集體聚會」，又指決定的「一致性」；這就解釋

---

⑭　見 Gasparini, *Il matriarcato slavo,* pp. 553-579. 中所收集的資料，但如前所述（第250 節），多頭神的特性在別的印歐民族中也有所見。

⑮　只在受斯拉夫人影響的民族，如日耳曼、羅馬尼亞和歐洲東南部的其他民族中才能見到。

⑯　Cf. Gasparini, "Studies in Old Slavic Religion: Ubrus"; idem, *Il* matriarcato Slavo, pp. 597-630.

⑰　Cf. *Il matriarcato Slavo*, pp. 5ff.。Gasparini 還提到了其他非印歐的特點，包括母姓婚姻（pp. 232ff.）、至少在斯拉夫南部出現的母系部落（pp. 252ff.）、**舅舅的權威**（pp. 277ff.）以及妻子定期回娘家的習俗（pp. 299ff.）。

了爲什麼這詞現在既可以用來指和平又可以指世界。依照佳思帕利尼（Gasparini）的說法，mir 一詞指的是一個階段，在那個階段中團體的每一名成員，不管是男人還是女人，都具有相同的權利。[78]

(43)   和歐洲的其他民族一樣，斯拉夫人的宗教民間傳說、信仰與風俗或多或少保存了基督教化之前的異教傳統。[79]斯拉夫人普遍接受關於森林之靈（俄語稱爲 leshy；白俄羅斯語稱爲 leshuk）的觀念具有特殊的意義，森林之靈能爲獵人們保證足夠數量的獵物。這裡涉及到的是一個非常古老的神類：動物之主（第 4 節）。後來森林之靈便成爲家畜的保護神。同樣古老的信仰是某些森林神（domovoi）在人們建造房屋的時候潛入屋內。這些神有好的、也有壞的，主要住在支撐房屋的樑柱裡。

民間神話傳說更清楚地顯示了許多基督教之前古老觀念的遺存。在此我們只舉一個最著名同時也最能說明問題的例子，即先前提過（第 244 節）關於潛入深海去尋找創世之土的神話，這在整個中亞及亞洲北部地區都有流傳。後來在斯拉夫民族與歐洲東南部的傳說中也可以見到這個傳說，並染有基督教色彩。這則神話遵循一個非常有名的模式：在初始的汪洋大海上，上帝遇見了撒旦，命令他潛入深海中帶回創世的泥土。但是魔鬼在嘴裡（或在手中）藏了一些泥土（或沙子）。當大地開始變大，這幾顆泥沙就變成了高山和沼澤。

這個神話的俄語版本有一個特點，就是魔鬼、有時還包括上帝是以水鳥的形狀出現的。大家都知道，鳥形魔鬼源於中亞。在《底伯里亞德海的傳說》（*Legend of the Tiberiad Sea*）中（這是一部僞聖書，由十五世紀和十六世紀的手稿所編成），上帝在空中飛翔，看見了水鳥形狀的撒旦。另有一個版本敘述上帝和魔鬼以一白一黑兩隻能潛水鴨子的形象出現。[80]

與中亞地區同一創世神話的其他版本相比，斯拉夫的版本和東南歐的版本更強調上帝和魔鬼的二元對立。有些學者把這種上帝透過魔鬼的幫助

---

[78]   Ibid., pp. 472ff..

[79]   見 Gasparini, ibid., pp. 493ff., 597ff. 提供並分析的資料。

[80]   見 Eliade, *De Zalmoxis à Gengis Khan*, pp. 97ff.。

而創造世界的看法，解讀成一種鮑格米勒派（Bogomil）的信仰表現。此一
教派流行於十至十五世紀，認為上帝生了兩子，各名為撒旦與耶穌。撒旦
墮落為惡的代表；耶穌則是善的代表，善與惡經常爭鬥，而惡終將為善所
消滅。這個有關鮑格米勒派的假設遇到許多問題。首先，這一神話在任何
鮑格米勒派的書籍中都找不到。更重要的是，在鮑格米勒派思想保存了好
幾個世紀的地區（如塞爾維亞〔Serbie〕、波士尼亞〔Bosnie〕、赫塞哥維 (44)
納〔Herzegovina〕、匈牙利等地）均看不到這一神話。[81]另外，在烏克
蘭、俄國和波羅的海地區從未出現過鮑格米勒派的思想，但在那裡照樣可
以看到這個神話的不同版本。

　　最後，如我們所見，這一神話出現最密集的地區是中亞與亞洲北部。
有人假設這一神話起源於伊朗，但是在伊朗並沒有潛海創世的神話。[82]還
有，如之前提到的，在北美、雅利安時期與前雅利安時期的印度以及東南
亞也都有這一神話的蹤跡。

　　總而言之，這是一則古老的神話，中間歷經過多次的重新闡釋與評
價。它在歐亞地區、中歐以及東南歐極為廣泛的流傳可以證明，它符合民
眾靈魂的深層需求。一方面，神話讓人知道世界是不完美的，從一開始就
存在著惡，藉此上帝不必負擔創世的最大失誤。另一方面，它揭發了早在
遠古時代就縈繞在人類宗教想像中有關上帝的一些困擾：上帝是「退位
神」（這在巴爾幹半島的傳說中尤其明顯）。人們就是這樣來解釋生命的
矛盾與痛苦，以及上帝與魔鬼的夥伴——甚至是友誼——關係。

　　我們一再強調這則神話有許多原因。首先，它的歐洲版本形成了一個
「完全的神話」；它不光敘述世界的創造，還解釋了死亡與疾病的起源。

---

[81]　在德國與西方民間創作中並無此神話。而清潔派和帕塔里尼派（Patarini）將許多
　　　源於摩尼教和鮑格米勒派的民間主題一直傳到法國南部、德國和庇利牛斯山；Cf.
　　　De Zalmoxis à Gengis Khan, pp. 93ff.

[82]　然而，我們可以在一般人認為是祖文教派（Zurvanite）傳統（第213節）的伊朗
　　　傳統中找到兩個基本主題：上帝（基督）與撒旦的友情，以及在巴爾幹傳說中，
　　　創世之後上帝變得神智無力；cf. *De Zalmoxis à Gengis Khan*, pp. 109ff.

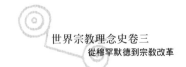

另外，假如我們考慮到其他版本，這神話顯示了一種漸進式的「二元化」過程，可以跟其他類似的宗教思想相比較（印度，第195節；伊朗，第104和213節）。不同的是，我們這裡看到的是民間傳說，不管它們的源頭在哪裡。換句話說，對此神話的研究可讓我們理解民間宗教的一些觀念。東

(45) 歐人民在改信了基督教很久之後，仍透過這則神話來傳達世界的現況以及人類的處境。基督教從來沒有否認過魔鬼的存在，而魔鬼在創世時所扮演的角色是一種「二元化」的創新，它讓這些傳說歷久不衰，並且廣為流傳。

很難確定古斯拉夫人是否還有其他類似伊朗或諾斯替派（Gnostic）的二元觀念。對本書來說重要的是，一方面闡明了古老神話及宗教結構在基督教歐洲人民信仰中的持續性；另一方面則強調，對宗教歷史來說，古老宗教遺產以及它在民間層次上的重新評價，自有其重要性。

第三十二章
反聖像風暴前的基督教教會
（八至九世紀）

252. 「羅馬不朽……」

(46)　　胡格・特雷沃爾洛佩爾（Hugh Trevor-Roper）寫道：「古文明的結束，地中海偉大文化——希臘與羅馬文化——的徹底崩潰，是歐洲歷史上最重要的問題之一。至於造成這種崩潰的原因，何時開始發生的，眾說紛紜。有一點可以確定的是，大約從三世紀開始，就出現了一個緩慢而無法挽回的過程，直到五世紀在西歐正式結束。」①

　　關於帝國的腐敗，以及古代世界衰亡的原因，大家都認為與基督教有關，現在仍有人持此看法；更確切地說，是與基督教的盛興以及將它正式定為國教有關。在本章節中，我們不去涉及這艱深又微妙的問題。我們只想提醒一點，早期使徒反暴政、反帝國的論點在君士坦丁接受基督教之後就已淪喪，若不是基督教推動軍事活動崇尚好戰的話。（第 239 節）

　　更重要的是：君士坦丁決定接受基督教，並在博斯普魯斯（Bosporus）地區建立新首都，以便保存古典的希臘與拉丁文化。②但是顯然，帝
(47) 國的基督教化帶來的有利後果並沒有使當時的人受益。特別是在 410 年 8 月，哥德人的首領阿拉里克（Alaric），他本人雖是基督徒，但追隨的是基督教的亞里烏派（Arian），他占領並洗劫了羅馬，屠殺了一批市民。從軍事與政治的角度來看，這事件儘管嚴重，還稱不上是大災難，因為當時的首都是米蘭，但這一消息震驚了整個帝國。可想而知的是，當時的宗教精英以及文化與政治階層異口同聲地將此歸咎於放棄傳統的羅馬宗教而選擇基督教。③

------

① Hugh Trevor-Roper, *The Rise of Christian Europe*, p. 33.

② 「誰能猜想這個世界與基督教會會變得怎麼樣，假如羅馬帝國沒有接受基督教，假如君士坦丁沒有在蠻族入侵與穆斯林占領期間繼承羅馬法和希臘文化？在十二世紀重新發現羅馬法是歐洲振興的重要一步。但當時發現的羅馬法是保存在查士丁尼皇帝時代拜占庭版本的羅馬法。」(ibid., p. 34)同樣，在十五世紀對希臘作品的重新發現導致了文藝復興。

③ 見 P. de Labriolle, *La réaction païenne;* Walter Emil Kaegi, *Byzantium and the Decline of Rome*, pp. 59ff., 99ff.。

　　正是爲了回應這一指控，希波（Hippo）的主教奧古斯丁（Augusti-nus）在西元 412 與 426 年之間，撰寫了他最重要的著作《天主之城：駁異教徒》（ *De civitate Dei contra paganos* ）。該書主要是對非基督教的批判，也即對羅馬的神話與宗教機構的批判；後來對西方宗教思想產生了深遠影響的歷史神學即遵循此批判。實際上，奧古斯丁並不重視整個世界歷史，正如當時的普遍理解。在古代的帝國之中，他只引用了亞述（Assyria）和羅馬（XVIII 27，23）。儘管他的知識極其淵博，所涉及的題材很廣，奧古斯丁實際上對兩件事感到困惑。對他這位基督教徒來說，這兩件事開創了歷史並確定了歷史，即亞當的原罪以及人類透過上帝得以贖罪。他擯棄了世界的永恆或是永恆回歸的理論，對此他並未費心反駁。

　　世界是由上帝創造的，它有終結的時候，因爲時間是線性的，又是有限的。在最初始的墮落之後，唯一重要的就是上帝的道成肉身。歷史的神聖眞理出現在《聖經》中，因爲猶太人的命運顯示歷史的意義，並循著確定的目標，即人類的解脫（IV 3；V 12，18，25）。總之，歷史就是亞伯（Abel）與該隱（Cain）的屬靈後代之間鬥爭的過程（XV，1）。

　　奧古斯丁區分了六個時期：⑴從亞當到洪水；⑵從挪亞到亞伯拉罕；⑶從亞伯拉罕到大衛；⑷從大衛到占據巴比倫；⑸從流亡到耶穌的出現；⑹第六個時期一直持續到基督的第二次出現。④所有這些歷史時期都隸屬 (48) 於「地上之城」（civitas terenna），是由該隱的罪惡開始的，而與它相對的卻是「天主之城」（Civitas Dei）。地上之城大都有「虛榮」這一特徵，是短暫且會毀滅的，靠著代代相傳而得以延續。天主之城永恆而不朽，照耀著「眞理」，是精神重生之地。在歷史的世界裡，正義者如亞伯是走向解脫的朝拜者。羅馬帝國的職責與它存在的理由就是要維護和平與正義，以便將福音傳播到全世界。⑤

----

④　奧古斯丁並不去計算耶穌再臨人間的確切日期，而他的同胞拉克坦提烏斯（Lac-tantius, 240-320）認爲應該在西元 500 年左右。

⑤　*Civ. dei* 18. 46. 照奧古斯丁的說法，國家與皇帝制並非魔鬼的產物，但它們是原罪的結果。

奧古斯丁不同意當時某些基督教學者的觀點，他認為帝國的繁榮與教會的發展之間並無必然的關聯。他不斷地重複，基督教徒應期待天主之城對地上之城的最終勝利。而勝利不會在歷史的時間中實現，這一想法正好與那些千禧年說的信奉者唱反調。也就是說，即使整個世界全部信了基督教，地球與歷史也不會有什麼改變。值得注意的是，《論天主之城》（De Civitate Dei）的最後一章（第二十二章）講述到肉身的復活。

對於阿拉里克毀壞城池之舉，奧古斯丁提到羅馬在過去也曾遭遇類似的破壞；他還強調羅馬人本身也征服並剝削過許多其他的民族。總之，奧古斯丁那句名言是這麼說的：「羅馬若沒有罪惡是不會遭到破壞的！」也就是說，人的品質才能保證城市的恆久，反之則不可能。

到了西元 425 年，即奧古斯丁逝世前五年，他完成了《論天主之城》的寫作。當時阿拉里克的行為已被遺忘了，西羅馬帝國途窮日暮，在接下(49)來的四個世紀中，基督徒經歷了帝國的分裂與西歐的「野蠻化」，對他們而言奧古斯丁的著作意義深遠。《論天主之城》徹底斷絕了教會與垂死羅馬帝國之間的歷史關聯。既然基督徒的真正目標是尋找救贖，而唯一可以確信的是「天主之城」的最終勝利，那麼所有的歷史災難就不再有屬靈上的重要性。

在西元 429 年夏天和 430 年春天，汪達爾人（Vandals）穿越了直布羅陀海峽（Gibraltar），破壞了茅利塔尼亞（Mauritania）和努米底亞（Numidia）。直到西元 430 年夏天 8 月 28 日奧古斯丁去世之日，他們仍然占據希波。一年之後，整個城池被洗劫一空，部分付之一炬。羅馬帝國在非洲占領的地區從此滅亡。

253.　奧古斯丁：從塔加斯特到希波

正如許多宗教創始人、聖者或者神祕主義者如佛陀、穆罕默德、聖保羅，密勒日巴（Milarepa）和羅耀拉的依納爵（Ignatius of Loyola）一樣，聖奧古斯丁的傳記可以幫助我們了解他的思想世界。他生於塔加斯特（Tagaste），這是一座受羅馬帝國控制的非洲小城。父親是非基督徒，母親是基督徒。奧古斯丁在修辭學方面接受了完備的教育。之後，他信仰摩尼教，並持續了九年之久。他的妾爲他生了唯一的兒子阿德奧達圖斯（Adeodatus，意神所賜）。他前往羅馬，希望在那裡找到教職。兩年之後，他的資助者，當時非基督徒精英的領袖西馬庫斯（Symmachus）派他到米蘭去。在這段期間，奧古斯丁放棄了摩尼教，開始狂熱地研究新柏拉圖主義。在米蘭，他接近大主教安布羅斯（Ambrose），這位主教在教會與宮廷都有極高的威望。就在此前不久，教會組織進行了改革，其結果一直維持到十世紀：女人不能當傳教士或神職人員，不能參與宗教活動，如捐獻聖餐或宗教課程等；教士與俗衆之間的區分明確；大主教的地位崇高。

不久，奧古斯丁的母親莫尼卡（Monica）前來與他一起生活，很可能是她說服了奧古斯丁與他的小妾分手（但沒多久奧古斯丁就又另納了一名妾）。由於佈道以及安布羅斯的榜樣，還有奧古斯丁對新柏拉圖主義的深入研究，最終使他作出決定，不再接近女色。在西元386年夏季的某一天，他聽到鄰居花園中一個孩子的聲音說道：「拿起書本，好好地讀！」（tolle, Lege!）奧古斯丁於是拿起《新約》，他的視線停在〈羅馬書〉（13：13-14）中的一段：「行事爲人要端正，好像行在白晝，不可荒宴醉酒、不可好色邪蕩、不可爭競嫉妒。總要披戴主耶穌基督，不要爲肉體安排，去放蕩私欲。」 (50)

西元387年的復活節，安布羅斯爲他主持洗禮。他並決定舉家遷返非洲，但他的母親在奧斯提亞（Ostia）去世，他的兒子阿德奧達圖斯也在三年後過世。在塔加斯特，奧古斯丁與他的同道們建立了一個半僧侶式的團體，希望能夠致力於沉思與研究。而當他到西波旅行的時候，他被任命爲該市的教士與輔理主教，之後他接替了主教的職務。直到他去世之前，在他的演說、信件以及卷帙浩繁的著作中，奧古斯丁一直捍衛教會的整體性，以及基督教教理的深化。他被人公允地認爲是西方神學家中最偉大、最影響深遠的一位。然而，在東方的教庭中，他的影響並不大。

在奧古斯丁的神學體系中，我們可以看到他的性格以及個人心理歷程

的深深烙印。儘管他擯棄了摩尼教，他還是保留了對人「惡」的本性一種唯物的看法，並認為這是原罪的結果，而且隨著性而傳下來。而新柏拉圖主義的影響具有決定性。對奧古斯丁來說，人是「一個操縱身體的靈魂，當奧古斯丁以一個基督徒的身分說話時，他強調人是靈魂與肉體合一的整體；而在哲學上，他提出柏拉圖的定義。」⑥主要是他感情豐富的性格，以及他那持續不斷、但成果不彰的欲望交戰，讓他更讚美神恩，並益加堅定對得救預定論（predestination）的想法（第255節）。

奧古斯丁在放棄了寂靜的自修生活，接受了教士以及主教的責任之後，就一直在信徒團體中生活。他比任何一位神學家都還強調與教會一起走向解脫之路。因此，直到他生命中的最後一刻，他仍在為維護教會的統(51)一而努力。對奧古斯丁來說，教會的分裂就是最大的罪惡。他絲毫不猶豫地說自己相信福音書，因為教會命令他去相信。

254. 奧古斯丁的偉大先驅俄利根

奧古斯丁致力寫作的時期，正是基督教神學的百花齊放的巔峰。第四世紀的後半葉可以說是教會神父們的黃金時代。當時知名或聲望略小的神父們——如該撒利亞的巴西流（Basil of Caesarea）、拿茲亞奴的額我略（Gregory Nazianzus）、尼薩的額我略（Gregory of Nyssa）、若望・克里索斯托（John Chrysostom）、本都的埃瓦格里烏斯（Evagrius Ponticus）等——都與安布羅斯一樣，在教會平和的環境中長大並完成他們的作品的。當時的神學依然為希臘教會神父所主宰。正是阿塔納西烏（Athanasius）為了反對基督教的亞里烏派，提出了聖父與聖子同性同體（homoousia）的理論，後來在為尼西亞（Nicaea）的大公會議（ecumenical council）正式接受。然而，他們當中最有智慧最大膽的一位，俄利根（Origen），卻絲毫

⑥ Etienne Gilson, *Christian Philosophy in the Middle Ages,* p.74. 這一定義原出現在柏拉圖的《阿爾西比亞德》（*Alcibiades*），後來為普羅丁沿用，奧古斯丁便是在這作品中發現的。

沒有得到他應有的聲望，儘管他是唯一可以與奧古斯丁相提並論的神學家，他是在死後聲望與影響力才有所提高。

俄利根出生於亞歷山大城的一個基督教家庭，他很早就因與眾不同的天賦，熱情與創造力而出類拔萃，他致力於教會生活，有責任心、又有才幹、知識淵博。他先在亞歷山大城任職，然後去了該撒利亞。他堅信聖經與福音書的啓示絲毫不必畏懼柏拉圖的哲學，他受教於著名的阿蒙牛斯·薩卡斯（Ammonius Saccas），二十年後，他成了普羅丁（Plotinus）的老師。俄利根認爲神學家必須了解並接受古希臘文化，以便與非基督教的知識精英以及受古典文化洗禮的新基督教徒溝通交流。他這種做法，超前了第四世紀末的普遍情況。

他的著作非常豐富：⑦包括語文學（他的《六文本合參》〔Hexapla〕奠定了聖經批評的基礎）、衛道（《駁塞爾索》〔Contra Celsum〕）、釋經（許多重要的注釋都流傳下來了）、講教、神學和形上學等。但這些著作中有一大部分已經失傳了。除了《駁塞爾索》以及一些重要的注釋和講教文字之外，我們還可以讀到《論祈禱》（De oratione），《殉道者的告誡》（Exhortatio ad martyrium），以及神學論文《論本原》（De (52) Principiis），後者無疑是他最重要的作品。照優西比烏（Eusebius）的說法，俄利根爲了擺脫情欲，過分直接地去理解馬太福音書中的一段文字，⑧並在一生中宏揚殉道者的考驗與死亡。處決德西烏斯（Decius）期間，他被送入監獄，西元 254 年死於酷刑的折磨。

從俄利根開始，新柏拉圖主義正式滲入了基督教思想。俄利根的神學體系是一種天才式的建構，對後人產生極大的影響。但是，正如之後將要看到的，他的某些想法過於大膽，被別有用心的人所曲解。按照俄利根的想法，上帝聖父是超越的、無法理解的，他創造永恆的聖子。聖子的圖

---

⑦　哲羅姆（Jerome）列舉了八百部作品，但他又補充說龐斐留斯（Pamphilius）列舉了二千部作品。

⑧　「因爲有生來是閹人、也有被人閹的、並有爲天國的緣故自閹的，這話誰能領受、就可以領受。」（〈馬太福音〉19：12）這發生在西元 210 年之前。

像,是既可理解又不能理解的。通過邏各斯(Logos),上帝創造出許許多多的純智性(logikoi),並賦予它們生命與意識。但是,除了耶穌之外,所有的這些智性都遠離了上帝。俄利根並未解釋疏遠的原因,他提到可能 (53) 是馬虎、厭煩與遺忘的原故。總之,是純智性失落的無辜所引起。在遠離上帝的同時,它們就成了「靈魂」(psychai;《論本原》II,8,3)。聖父依據它們錯誤的嚴重程度,給予它們天使、人或者魔鬼的肉身。

於是,出於自由的決定,但也緣於上帝的恩典,這些墮落的靈魂開始朝聖之旅,目的是要回到上帝的身邊。實際上,俄利根認為靈魂並沒有因為原罪而喪失選擇善或惡的自由(這一想法後來為皮拉吉烏斯〔Pelagius〕所接受並受到再次闡明,第255節)。因為全知全能的上帝事先就知道各個靈魂選擇的方向(《論祈禱》,第五至七章)。藉由強調自由選擇的救贖功能,俄利根擯棄了懷疑論者與某些非基督教哲學家的得救預定論。肉身固然是種懲罰,但它同時也是上帝顯現自我的方式,而靈魂也透過肉身向上提升。

世界的劇碼就像是一條從無辜走向經驗的道路,一條經過靈魂考驗通往上帝的朝聖之路。靈魂獲救就是回到初始的完美狀態,此為「清除說」(apokatastasis,即「恢復一切事物」)。而最終的完美優於初始的完美,因為它不再遭到傷害,也就是終極的(《論本原》II,11,7)。在這一刻,靈魂得到的是「再生的肉身」。藉由旅行的比喻、自然信仰以及對抗邪惡的描述,基督徒的精神旅程在俄利根的筆下顯得異常生動。最後,俄利根認為一個完美的基督徒可以認識上帝,並通過愛而與之融為一體。⑨

俄利根在世的時候就受到各方的批判,在他去世後很久,仍為一些神學家所抨擊。在查士丁尼(Justinian)大帝的要求下,他在西元553年的第五次大公會議上受到正式的譴責。主要是他人類學的視野以及「清除說」的觀念令許多神學家不安。他們指責他比較像哲學家與諾斯替教,而

---

⑨ 見 *De principiis* in "Sources Chrétiennes," vols. 252, 253, 268, 269。Rowan A. Greer, *Origen* 中有一部分文本的翻譯與注釋。關於神學體系問題見 ibid., pp. 7-28。

不太像基督教神學家。「清除說」意味著一種普遍的救贖，同時意味著魔鬼也有靈魂可以獲救；更有甚者，它把基督的事業放置到一個具有普遍意義的宇宙過程中。但是，必須考慮到俄利根的時代，特別是他結論的暫時性。俄利根自認全心全意在為教會服務；他的許多宣言以及自身的殉道，都非常明確並堅定地證明了這一點。⑩不幸的是，俄利根的作品大量流失，很難去釐清究竟哪些是他本人、他的弟子或追隨者的著作。儘管部分的教會階層蔑視他的思想，他還是對卡帕多西亞（Cappadocian）的教士們發揮了影響力。多虧了聖巴西流（Basil the Great）、拿茲亞奴的額我略與尼薩的額我略，俄利根神學思想的精華部分得以在教會內部保存下來。除了卡帕多西亞人，他還影響了本都的埃瓦格里烏斯、託名戴奧尼索斯（Dionysius the〔Pseudo〕-Areopagite）和若望・卡西安（John Cassian）等人，尤其是關於神祕主義經驗以及基督教僧侶制度方面的思想。

但是，對俄利根的排斥使得基督教會失去了普遍化以及讓基督教神學與其它宗教思想體系（比方說印度宗教思想）對話的機會。他的大膽假設與「清除說」思想可以被看作是最有創新意義的末世論思想之一。⑪　　　　(54)

255.　奧古斯丁論戰的態度 —— 聖恩與得救預定論

397 年奧古斯丁被任命為大主教後，他開始撰寫《懺悔錄》。他因青年時期的回憶而不安，「深深為他所犯下的罪感到恐懼」（X，43，10）。因為「敵人已完全控制了我的意志；它像一條鏈子，將我緊緊地縛住」（VIII，5，1）。這種寫作可以被看作是一種治療：目的在於達到自我的合一。這部書既是一部精神自傳，又是一段長長的祈禱文，通過祈禱，奧古斯丁希望能徹底了解上帝的神祕本性。「我只是灰燼與塵埃，但是，請

---

⑩　例如，*First Principles* (1, para. 2)：「我們堅持一點，那唯一且可以確信的真理絲毫不會違背教會與使徒的傳統。」
⑪　千年之後，西方教會拒絕接受約雅敬和艾克哈特大師的思辨，這讓當時的人失去了解這一思想的可能性。

讓我說！感謝你的聖恩，而不是眾生，能讓我一吐為快。」（Ⅰ，6，7）他以祈禱的形式向上帝說話：「我心中的上帝」，「喔！我遲來的喜悅！」「我溫柔的上帝。」「我聽命於你！」「施予我所愛！」⑫

奧古斯丁提到了他本人的罪惡與年輕時的種種過失——偷吃梨子、拋棄小妾、在一位朋友去世後對生活絕望——不是為了敘述這些軼事，而是要向上帝坦誠，並意識到這些事情的嚴重性。《懺悔錄》中激動的語調至今仍令讀者感動，正如它當時感動了彼特拉克（Petrarch）和數個世紀之後的其他學者。⑬今天它是奧古斯丁唯一在全世界被廣為閱讀的著作。大家經常提到《懺悔錄》是第一部「現代的書」。

(55) 但是，對於五世紀的教會來說，奧古斯丁可遠遠不止是《懺悔錄》一書的作者。首先，他是偉大神的學家，是抨擊異端、反對分裂主義的傑出鬥士。他最初的爭辯是針對摩尼教和多納圖斯派（Donatist）。奧古斯丁年輕的時候，曾經被摩尼教所吸引，因為其中二元論的思想讓他可以解釋惡的起源，以及惡似乎力量無窮的一面。後來，他擯棄了摩尼教，但是惡的問題依然困擾著他。從聖巴西流開始，基督教的神學家們通過否定惡的本體現實，解決了這個問題。聖巴西流把惡定義為「缺乏善。因此，惡並不具有特別的物質性，而表現為靈魂的一種缺陷」（《六日談》〔*Hexameron*〕，Ⅱ，5）。同樣，在柏斯拉的提圖斯（Titus of Bosra，卒於370）與若望‧克里索斯托（344-407左右）那裡，惡也是「缺乏善」。

在西元388至399期間所撰寫抨擊摩尼教的五篇論文中，奧古斯丁運用了與上述想法一致的觀點。所有上帝創造的都是真實與存在的，因此，自開始就是「善」的。惡不是物質，因為它沒有善的特徵。透過區別上帝的統一、全能、善以及存在這世上的惡，以達到維護它們的目的，不過這

---

⑫ 見 Peter Brown, *Augustine of Hippo,* pp. 167, 180 中的參考書目。《懺悔錄》題目本身是很重要的，對奧古斯丁來說，「懺悔」意味著「對自己的指控；對上帝的稱頌」。（ibid., p.175）

⑬ 特別在彼特拉克之後，人們開始引用那著名的段落：「我尚未墜落愛河，但我已愛上了愛情……我尋找墜入愛河的時機，因為我瘋狂地愛著愛情。」（3，1，1）

像是一種絕望的企圖。在東歐以及中亞地區關於創世的神話中，可以看到這種區別上帝與惡的類似努力。（第 251 節）關於「缺乏善」這一說法至今天仍然困惑著基督教的神學家們，但它一直未被信徒大眾理解和接受。在奧古斯丁那裡，反對摩尼教的爭論⑭堅定了他對人類徹底墮落的觀念；摩尼教的一些悲觀主義以及物質主義的痕跡出現在他關於聖恩的神學理論中。

在西元 311 到 312 年之間，努米底亞以大主教多納圖斯（Donatus）為首的多納圖斯派開始分裂。當時正處於戴克里先（Diocletian）宗教迫害之後的和平時期。多納圖斯派成員們把在迫害期間或多或少有些動搖的教士成員趕出教堂。他們認為，如果教士有罪，他們所進行的聖事就沒有意義。然而，奧古斯丁反駁說，教會的神聖性與教士以及信徒的完美無疵毫無關聯，全視通過聖事得到的聖恩而定，而且，聖事的神聖作用和接受聖事者的信念無關。為了避免出現分裂，奧古斯丁長年致力於多納圖斯派成員與教會的和解，但未能成功。 (56)

最激烈、也最具影響力的爭論，是他與皮拉吉烏斯及其弟子的爭辯。皮拉吉烏斯是一位年事已高的英國僧侶，他在西元 400 年到達羅馬。對於當時基督徒的行為與道德觀他深不以為然，於是開始從事改革。他本人無可挑剔的苦行生活以及淵博的知識很快就讓他享有聲譽。西元 410 年他與幾個弟子到北非避難，但未遇上奧古斯丁。於是他前往東部的省份，他在那裡和在羅馬時一樣的成功。西元 418 到 420 年間去世。

皮拉吉烏斯對人的智慧，特別是人的意志，有無限的信心。他教導人說，如果能實踐苦行的美德，每一位基督徒都能達到完美的境界，也就是成為聖人。人必須對他自己的罪惡負責，因為他有從善戒惡的選擇能力；也就是說他具有「自由的意志」。正是基於此一原因，皮拉吉烏斯不接受亞當的後代全然自動有原罪的說法。「假如說罪是天生的，那它就不是來自於意志；假如罪來自於意志，那它就不是天生的。」嬰孩洗禮的目的不

⑭ 主要的文本出自 Claude Tresmontant, *La métaphysique du christianisme,* pp.528-49。

是要洗去原罪，而是要讓新生兒得到基督的聖愛。對於皮拉吉烏斯來說，聖恩在上帝的啓示中，特別是耶穌基督的啓示。基督的教導成爲一種模範，值得基督徒仿效。整體而言，在皮拉吉烏斯的神學理論中，就某層意義看來，人是他自身救贖的主導者。⑮

(57) 皮拉吉烏斯主義並沒有持續太久，中間也經歷了不少波折。在許多次的宗教會議中皮拉吉烏斯被開除而後又得到平反。一直到西元 579 年奧倫吉（Orange）的宗教會議，才徹底將皮拉吉烏斯主義判爲異端，其主要依據是奧古斯丁在西元 413 到 430 年間撰寫的批判文章。和他與多納圖斯派的爭辯一樣，奧古斯丁首先抨擊皮拉吉烏斯嚴格的苦行生活以及道德上的完美主義。奧古斯丁的勝利是教會的一般階層對抗苦行生活與改革的勝利。⑯奧古斯丁賦予上帝的聖恩與全能重要的意義，這與《聖經》的傳統一脈相承，並不會對大眾的虔誠信仰產生負面的影響。至於得救預定論的具體內容，只有精英階層感興趣。

俄利根指出，神聖的意旨（也就是上帝的預知性）並不能解釋人類行爲的原因，對於人的行爲，人有完全的自由，並且必須爲其負責。從並不妨礙人的自由的神聖預知性想法，轉變到得救預定論的神學理論，就是靠原罪的神學概念來完成的。安布羅斯就已經指出，耶穌基督經過童貞生子而誕生，以及原罪透過性關係世代傳遞，這兩者之間有一種因果關係。對西普里安（Cyprien，200-258）來說，嬰孩的洗禮是必不可缺的，因爲洗禮可以讓他們脫離原罪。

奧古斯丁接受了前繼者們的想法，加以深化並延伸。他特別強調，聖恩是上帝的自由，無需任何外在的必要性。既然上帝是至高無上的——任

---

⑮　很有可能，皮拉吉烏斯最優秀的弟子庫萊斯圖斯（Coelestus）讓他的思想具體成形。照米蘭的保羅（Paulinus of Milan）的說法（他在西元 411 或 412 年反駁這一異端），皮拉吉烏斯思想主要宣稱亞當被創時是一個凡人，即使他不犯罪也會死亡。只有亞當一人爲他的罪所累，並非整個人類。孩子們的狀況與亞當墮落之前一樣；更重要的是，在耶穌基督之前，就存在著絲毫沒有任何罪完全純潔的人。

⑯　Cf. Brown, *Augustine of Hippo*, p. 348..

何一切都是他從無到有創造出來的，那麼，聖恩也是至高無上的。這種上帝至高無上、全能與聖恩的觀念在得救預定論中得到了最充分的體現。奧古斯丁把得救預定論定義為：「上帝對他未來作品的安排，既不可欺，也不可改。」（《*Perseverantia*》XII，41）但奧古斯丁又說，得救預定論跟一般非基督教的宿命論又絲毫不相干：上帝懲罰人是為了表現他的憤怒，顯示他的全能，整個世界的歷史成了上帝行為的舞台。某些人可以得到永恆的生命，有人則受到永恆的懲罰——在這些人中，包括未洗禮即夭折的嬰孩。得救預定論的雙重性——上天堂還是下地獄——在奧古斯丁看來是無法理解的。既然原罪是通過性關係而傳遞下來的，⑰那麼它就是普遍、不可避免的，正如生命本身一樣。教會就是由一定人數的聖者所構成，他們在創世之前就被指定來拯救人類。 (58)

　　透過爭辯的思考訓練，奧古斯丁提出的一些說法，雖然沒有完全被教會所接受，但也在西方的神學中掀起無止盡的爭論。有人將這一嚴酷的神學比做是非基督教的宿命論。此外，奧古斯丁的得救預定論在基督教的普世論中掀起波瀾，因為根據基督教的普世論思維，上帝引導所有人得到救贖。人們指責奧古斯丁的不是他關於聖恩的教理，而是將聖恩與某種特定的得救預定論相結合；許多人正確地指出，上帝的預知性理論並未顧及針對奧古斯丁得救預定論的詮釋所引發的各種反駁。⑱

　　在此引用當今一位知名天主教神學家的結論：「奧古斯丁反對摩尼教，他維護了人的自由與責任。奧古斯丁反對摩尼教擯棄了惡的責任，並歸罪於『自然』或者是一個神祕的『原則』。從這一點上來看，奧古斯丁對基督教的貢獻是正面的。但是，奧古斯丁提出的代替理論是否讓人完全滿意？奧古斯丁關於原罪的詮譯不也受到後世的相同的批評？人現在所犯的罪惡……如果套用奧古斯丁的理論，現在的人難道不應該負起責任？透

---

⑰　**像是一種性病一樣**，Jaroslav Pelikan, *The Emergence of the Catholic Tradition* (100-600), p. 300。

⑱　見 Pelikan, ibid., pp. 325-326 **中的精闢分析**，以及 "Nature and Grace," pp. 278-331 **中的篇章**。

過最早的一對男女所傳遞下來的罪惡不是一種近似『本質』的東西？……
聖奧古斯丁告訴我們，在第一人身上，人類就有肉體上的惡習。這難道不
是一種對罪惡遺傳的唯物觀念，一種肉體有形的想像，由相同的遺傳因子
所控制？人並未受到生物學上的牽制，在一個初生嬰兒身上，罪惡既非藏
在他的細胞組織中，也未與生俱來在他的心理機制中。罪惡的遺傳，是通
過他所接受的教育，也通過他所接受的思維方式和道德模式。奧古斯丁關
(59)　於未經洗禮就夭折嬰孩的可怕懲罰理論，說明了教堂中最偉大的天才，最
淵博的學者，也有矛盾與衝突……。十六個世紀以來，我們在教會中，一
直承受著聖奧古斯丁的偉大與軟弱，既享受著他的果實，又負擔著他的錯
誤。」⑲

256.　對聖者的崇祀：殉道、聖人遺物、朝聖

　　奧古斯丁有很長一段時間，公開反對殉道者的崇拜，他並不太相信聖
人們實現的神蹟，並譴責聖人遺物的交易與流通。⑳但在西元 245 年，聖
司提反（Sanit Stephen）的遺物運到了希波，神蹟般地治癒了許多病人，
使得奧古斯丁改變了看法。在西元 425 到 430 年間發表的演講，以及《論
天主之城》的第二十二章中，奧古斯丁試圖解釋聖人遺物的功用，並詳細
地記錄它們的種種奇蹟。㉑

　　自二世紀末以來，對殉道者的崇拜為教會所接受。但在對基督徒的大
迫害期間，以及君士坦丁大帝重建和平之後，基督「見證人」的遺物獲致

---

⑲　Tresmontant, *La métaphysique*, p. 611; note 40 中，作者引用了一段萊布尼茲
　　（Leibnitz）的文章，說明這一問題並沒有任何解決：「靈魂怎麼會被原罪（即所
　　有的罪惡的根源）所污，假如不是上帝的不公，將它加諸於靈魂的身上？」（*Es-
　　sais de Théodicée,* p.86.）

⑳　西元 401 年左右，他指責某些僧侶「販賣殉教者的肢體，而且假如他們是真的殉
　　教者」。（*De opere monachorum,* cited by Victor Saxer, *Morts, martyrs, reliques,* p.
　　240.）

㉑　Cf. ibid., pp. 255ff..

的意義令人感到不安。有些主教認爲這種過分的崇拜隱藏了非基督教勢力抬頭的危險。確實，非基督徒的葬禮儀式與基督徒對死者的崇拜有些關聯；比方說，死者入葬日過後，在墓地上舉行的宴席以及每年忌日的儀式。

但很快人們就察覺到這一古老儀式「基督教化」的一面。對基督徒來說，在墓地進行的宴席預示了末世天堂的盛宴。對殉道者的崇拜延續了這一傳統，其區別是它不再是一個家庭儀式，全體教區都參與，儀式進行的時候有主教在場。更重要的是，對殉道者的崇拜有一個新的元素，是非基督教社會所沒有的。殉道者超越了人的生存條件；他們爲耶穌基督而犧牲，無論在天上或地上，他們都較接近上帝，他們的遺物被視爲是神聖的。殉道者不僅可以幫人在上帝面前說話——他們是上帝的「朋友」，而且他們的遺物還能創造神蹟，治癒那些不治之症。殉道者的墓地以及遺物自成一奇特之處，在那裡天與地以一種異常的方式進行交流。㉒ (60)

這種崇拜跟英雄崇拜不一樣。在非基督徒那裡，這兩種崇拜——對神與對英雄——是截然不同的。（第95節）英雄在死去之後，與神徹底地分開了；而殉道者的身體則讓那些崇拜它的人接近上帝。這種對肉體的宗教狂熱從某種角度上來說與上帝道成肉身的教理密切相關。既然上帝以耶穌基督的道成肉身，那麼任何殉道者爲上帝受折磨至死，他們的肉身便被神化。他們遺物的神聖性與領聖體的神祕儀式基本上有一種平行的關係，既然麵包和酒是基督肉身與血的神化物，殉道者的身體因以身作則的死亡而被神化，因爲他們實際效仿了耶穌基督。一種同形的機制因爲殉道者身體的無限分化而被加強，何況人們可以無限地擴大遺物的範圍：衣服、物品、油甚至是塵土，只要它們與殉道者的墓地相關，或與殉道者的身體有所接觸。

到了六世紀，對殉道者的崇拜變得非常普遍。在東羅馬帝國，這種過分的虔誠對教會的領導階層來說，有時變成了一種障礙。四、五世紀在敘利亞有兩種類型的教堂：長方形教堂和「殉道院」。㉓這些殉道院的外形

㉒　Peter Brown, *The Cult of the Saints*, pp. 3ff..
㉓　H. Grabar, *Martyrium*.

有所不同，它們是圓頂的，㉔中央有專門放置聖人遺物的祭壇。儘管教士階層抵制了很長一段時間，仍有各種特殊的儀式，特別是祭獻貢品、祈禱，以及宣揚殉道者榮耀的讚歌，都是在這些位於教堂中央的祭台（mensa）四周進行的。祭祀儀式還包括夜間漫長的祭禮，可以一直延續到凌晨。這些儀式令人感動，並帶著悲愴的色彩，信徒們期待神蹟的發生，並圍繞著祭台舉行宗教晚宴和餐會。㉕教會組織盡力讓對聖者及其遺物的崇拜轉移到對基督的服務上。之後，到了五、六世紀，許多天主教堂購得殉道者的遺物；有些情況下，人們還在教堂內部為這些聖者設置一個專門的小殿，一個殉道殿，以示尊崇。同時，也有人致力於將殉道院轉變為正式的教堂。㉖

　　在同一時期──從四世紀末到六世紀──對遺物的狂熱崇拜也開始在西羅馬帝國蔓延開來。但這一崇拜大部分是由主教們控制、鼓勵進行的。主教是這一民間崇拜熱情的真正「指使者」（Peter Brown）。殉道者的墳墓，在墓地中越來越顯眼，雖然墓地位於市郊，卻成了地區的宗教中心。墓地開始有了前所未有的吸引力與號召力。諾拉的保羅（Paulinus of Nola）自詡在聖費立克斯（Saint Felix）的墳墓周圍蓋起許多相連的建築物，以致於外鄉人把它們看作是一座新城。大主教的權力便體現在這些新的「城外之城」中。㉗正如聖哲羅姆（Saint Jerome）所寫的，當城裡人崇拜聖者的時候，「整個城市都換了地址」。㉘

㉔　Cf. E. Baldwin Smith, *The Dome*, pp. 95ff..

㉕　這是一種頑固的習俗，儘管教會反對還是保存了下來。西元 692 年特魯爾斯（Trullo）的宗教會議又一次禁止了這一習俗。

㉖　Baldwin Smith, *The Dome*, pp. 137, 151.

㉗　Brown, *The Cult of the Saints*, p. 8 中的文章。

㉘　*Movetur urbs sedibus suis*（*Ep.* 107, I）; Brown, p.42。我們可以將這些「城市外的城市」與馬爾他（Malte）的巨石陵墓相比較，特別是哈爾·薩爾費尼（Hal Salfieni）著名的陵墓。若想到這些陵墓不僅僅是陵墓，而且還包括教堂、廟宇和做為隊伍行進以及其他儀式的場地時，其相似性就更為明顯。當然這種形態上的相似並不意味著信仰的相近。

　　和東方一樣，許多儀式都是在墓地周圍進行的，那裡成了遊行與朝聖的好去處。遊行與朝聖在地中海地區的宗教史上是一件創新之舉，因為在 (62)
這種公開的儀式中，基督教允許婦女與窮人參與。遊行的儀式與隊伍象徵性別與各社會階層的整合；男女、貴族、奴隸、富人、窮人、當地人與外地人都聚集在一起。當聖人的遺物被正式引入一座城市的時候，人們對它的歡迎與禮遇和皇帝來巡視時一樣隆重。

　　每一次發現遺物（通過夢境或是幻覺）都會掀起一場巨大的宗教熱潮；它被看作是來自神意的大赦。㉙這種現象對教士間的爭辯有決定性的作用。比方說安布羅斯發現了聖熱爾韋（St. Gervase）和聖普羅泰（St. Protais）的遺物。朱絲蒂娜皇后（Empress Justine）原本要求將新的長方型大教堂歸阿里烏教徒使用；但安布羅斯保住了教堂，因為他要將聖物放在祭壇下。

　　對於殉道者的崇拜主要受到苦行的影響（Brown，p.27）。對諾拉的保羅來說，聖費立克斯既是主人又是朋友（patronus et amicus）；對他來說聖費立克斯辭世之日是他的重生之日。在墓地，人們可以讀到關於殉道者苦難的文字。聖者生活與死亡的模範行徑再度清晰地呈現在眼前，時間失去了它的意義，聖者彷若活在當下，崇拜者期待神蹟再次出現：治癒病人、驅魔、擊退敵人並保衛大眾。能夠在「神聖地」入葬是基督徒的真正願望。大家希望自己的墳墓盡可能地靠近聖者，這樣聖者就可以在末世後的審判為死者說話，保護死者。在殉道院下面，或者在緊靠著殉道院之處，人們發掘出了許多緊挨在一起的墳墓。

　　聖人遺物的無限分割與衍生，以及從帝國的一處運送至另一處，對於基督教的傳播有很大的貢獻，並維持基督教意識的一致性。當然，濫用、竊盜、宗教與政治上的明爭暗鬥也因而與日俱增。在高盧和日耳曼地區很少出現聖物，便從外地特別是羅馬運來。在加洛林王朝（Carolingian，740-840）最初幾代國王統治時期，許多羅馬的聖者和殉道者被運到了西

㉙　Cf. Brown, *The Cult of the Saints*, p. 92.

(63) 方。據統計，大約在九世紀末的時候，所有的教堂都擁有（或應當擁有）
聖物。㉚

　　隨著時間的推移，儘管崇拜聖物逐漸具有大眾性，但它仍未失去偉大
的特質。這種崇拜說明了「物質的美化」，它在某種程度上符合日後德日
進（Teilhard de Chardrin）的大膽的學說：虔誠奉獻的擁護者對物的崇拜
不僅讓天與地相連，並讓人更接近上帝；因為一直都是上帝在引導人們去
「發現」聖物，並使奇蹟發生的。另外，在崇拜中隱藏著矛盾（比方說，
殉道者既在天上，又在墳墓裡，或存在肉身的某一部分中），這使得信徒
們對於似是而非的思想習以為常。確實，相對於上帝道成肉身、三位一體
以及聖事的神學理論，我們可以把對聖物的崇拜看作是一種易於理解（即
可以為大眾接受）的平行現象。

257.　東方教庭以及拜占庭神學的盛興

　　公元四世紀期間，西方與東方教庭之間的分歧日趨明顯。比方說，拜
占庭教庭設置了大主教的職位，其地位高於主教以及城區主教。在君士坦
丁堡的宗教會議上（西元 381 年），東方教庭聲稱擁有四個大教區，每個
教區都是大主教的所在地。這導致君士坦丁堡──或者間接來看，皇帝─
─跟羅馬之間的關係變得很緊張。由於他們擁有聖安得烈（Saint Andrew）
的遺物，而聖安得烈又是「第一位被召喚之人」（因此地位比聖彼得〔Sa-
int Peter〕重要），所以君士坦丁堡自稱至少跟羅馬平起平坐。在接下來幾
個世紀裡，關於基督教的爭論以及教士間的爭吵多次造成這兩大教庭的對
立。本書只提及導致最終分裂的爭論（第 302 節）。

　　在最早的基督教大公會議上，只有幾個「教父」的代表參加。「教
(64) 父」這一稱號是西歷斯（Siricius，西元 384-399 年在位）自封的，意思是

㉚　Cf. Patrick J. Geary, "The Ninth Century Relic Trade," pp. 104ff.。主教樂意接受這
　　種聖物的傳遞，因為羅馬的聖物能提高羅馬作為帝國首都和基督教中心的威望。

所有主教的「父親」，而非他們的「兄弟」。但是羅馬方面還是支持了對亞里烏派提出的新譴責，在西元 381 年於君士坦丁堡召開的第二次大公會議上，以及對聶斯脫留（Nestorius）的譴責，在西元 431 年於以弗所（Ephesus）召開的第三次大公會議上。第四次大公會議西元 451 年在卡爾西登（Chalcedon）召開，反對基督一性論（monophysitism），[31]教皇利奧一世（Leo I）針對新的信仰認知提出一條律則，東方教皇表示同意，因為這跟聖濟利祿（Saint Cyril）的想法一致。「我們只承認唯一的、同一的基督，他是聖子、是聖主、是上帝的獨子，結合了兩種天性，不容混淆，不容分離獨立，兩種天性的差異絲毫未因結合而消失，其特徵反而得以保留，並聚集在同一人、同一個實體身上。」

這一律則集傳統基督學之大成，但卻未回答因基督一性論引起的問題。五世紀末，特別是六世紀，卡爾西登會議的象徵意義引起各方的反應。一部分東方基督教派人士並未完全接受這一說法，無可避免地這導致信仰基督一性論教會的分裂。[32]圍繞著基督一性論的手吵與各種揣測長達幾世紀之久，既無結果，又枯燥乏味。

現在先看看東方教庭以及它們如何漸漸產生自己獨特的結構。首先，在拜占庭的禮拜儀式中出現了不同發展，如教士富富麗堂皇的一面，及儀式性與藝術性的輝煌成就。像神祕教派一樣，整個禮拜儀式的進行過程只有內部人士才能參加。偽名戴奧尼索斯如此告誡那些見證了上帝神祕的人：「不許將神聖的神祕儀式與其他的神祕儀式相混淆，否則就是褻瀆神靈。一定要謹慎，嚴守神聖的祕密……。」（《教階體制》〔*Peri tes ekklesiastikes hierarchias*〕I，1）在特定的時刻，聖像屏的簾幕會被拉開；在之後幾個世紀中，聖像屏與教堂中各殿完全分開。

「教堂內部的四個部分代表四個主要的方向。教堂內部象徵著宇宙。

---

[31] 持耶穌一性論的人認為，雖然耶穌是由「兩個特性（神性與人性）形成的」，但在混合性中只剩下一個特性；因此，「道成肉身的特性是唯一的」。

[32] 君士坦丁堡的第五次和第六次大公會議（西元 553 和 680 年）向耶穌一性論信徒作了讓步。

(65)　祭壇是天堂，位於東方。聖堂的正門被稱作『天堂之門』。在復活節一周的整個宗教活動中，這扇門都是敞開的；這個習俗的意義在復活節法則中有非常清楚的解釋：基督從墳墓中起身，為我們打開了天堂的大門。相對的，西邊是幽暗的受苦之地，是死亡的居所，是亡靈永恆的聚集地，他們等待著能夠再生，等待著最後的審判。教堂的中間部分是大地。根據科思瑪斯・印笛高普羅斯泰斯（Cosmas Indicopleustes）的說法，大地是長方形的，有四壁圍繞，上有穹頂。所以教堂內部的四個部分象徵四大地理方位。」㉝作為宇宙的象徵，拜占庭教堂代表世界並將之神聖化。

　　在詩人與作曲家羅曼・梅洛德（Romanos Melodus，六世紀）的時代，宗教詩歌與唱經達到了極高的水準。此外，副祭事在神職人員與信徒之間扮演中間傳遞者的角色。副祭事引導祈禱的程序，並在禮拜儀式的關鍵時刻給予參與者指示。

　　東方基督教值得注意的創新出現在神學上，特別是神祕主義神學。誠然，拜占庭的宗教思想在某種程度上遮掩了它的「獨創性」，因為每一個神學教師都竭力去繼承、保護和捍衛由教皇傳下來的教理。神學因而僵化。一旦出現新的思想，就有異端之嫌；「創新」幾乎成了「瀆神」的同義詞。㉞這種明顯的單調性（不斷重複教父們傳遞的思想）可以視為停滯與枯竭的徵兆，且如此長達數世紀之久。

　　然而，東方神學的核心理論，特別是神化（theosis）的思想，具有極大的獨創性，儘管它是以聖保羅（Saint Paul）、聖約翰福音書以及其他的聖經文本為依據。救贖與神化的相似性來自上帝道成肉身的神祕現象。根據精修聖人馬西莫（Maximus the Confessor）的說法，上帝創造了人，其
(66)　繁衍具有神聖和非物質的可能性；性欲與死亡是原罪的結果。邏各斯的道成肉身使得人的神化成為可能，但只有靠上帝的恩典才能實現。這解釋了在東方教會中內心祈禱（後來變成了「連綿不斷的祈禱」）、反省以及僧

㉝　Hans Sedlmayr, *Die Entstehung der Kathedrale,* p. 119; W. Wolska, *La Topographie chrétienne de Cosmas Indicopleustès*(Paris, 1962), p. 131.

㉞　Jaroslav Pelikan, *The Spirit of Eastern Christendom.*

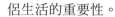

侶生活的重要性。

神化過程之前或期間，會經歷一種神祕的光。其實沙漠中的教父們，已有明亮之光照耀下的出神體驗。那些僧侶們「散發著聖恩的光芒」。當一個隱居的僧侶專心致志地祈禱時，整間密室被照得透亮。[35] 同樣的傳統（祈禱、神祕的光、神化）在一千年之後，再度出現在阿托斯聖山（Mount Athos）「靜修派」（Hesychastic）的僧侶們中。他們宣稱體會到無源之光的喜樂，這所引發的爭論讓偉大的思想家額我略‧帕拉馬斯（Gregory Pala-mas，十四世紀）提出關於阿托斯聖山無源之光的神祕主義神學理論。

在東方教庭中，我們可以看到兩種互補的傾向，雖然表面上是對立的，而且隨時間的流逝而日趨明顯。一方面是，信徒團體的教會地位與角色；另一方面是，苦行僧與沉思者的優勢地位。西方的神職社會對苦行僧與神職者都持有保留態度，在東方，一般信徒和教會的領導者都對他們很尊崇。

唯一對西方神學產生影響的東方神學，是戴奧尼索斯（也稱託名戴奧尼索斯）的思想。對他真正的身分與生平，我們一無所知。他可能是五世紀敘利亞的一位僧侶，但由於一般認為他與聖保羅是同時代，因此他便擁有使徒般的威望。戴奧尼索斯的神學從新柏拉圖主義與尼薩的額我略那裡獲得靈感。對於戴奧尼索斯來說，最高的準則——儘管它是無以名狀、絕對、超越個人與非個人之上的——其實是通過事物本質的階層與可以見得的世界產生關聯。三位一體首先是單一與眾多之間終極合一的象徵。如此戴奧尼索斯避開了耶穌的基督一性論，以及卡爾西登的律則。

在《論神明之名》（*De Divinis Nominibus*）一書中，他考察神性的顯現問題，在《論天上品級》（*De Caelesti Hierarchia*）一書中，他考察神性如何通過不同階級的天使來表現。但真正給他帶來無比聲望的是一部小冊子，題為《論奧祕神學》（*De Mystica Theologia*）。在基督教神祕主義歷 (67) 史上，我們在這裡第一次看到諸如「神聖的不可知」以及「不可識」等說

---

[35]　參見 Eliade, *Méphistophélès et l'Androgyne*, pp. 68ff. 中引述與評論的文本。

法，指涉靈魂邁向上帝的晉升過程。託名戴奧尼索斯提到了「神聖的幽暗
發出超越實質的光」，「超越光明的神聖幽暗」；他拒絕接受任何神的屬
性，「因為說上帝是生命或是善，跟說上帝是空氣或石頭一樣，並沒有哪
一種說法更具真理。」這樣，戴奧尼索斯為否定神學打下了基礎，令人想
起奧義書的名言：「無！無！」（第81節）

　　尼薩的額我略在此之前已將某些類似的看法表述得更為深刻、更全
面。但是戴奧尼索斯的威望使得它們廣為僧侶接受。託名戴奧尼索斯的作
品很早就被翻譯成了拉丁文，在九世紀又被愛爾蘭僧侶伊利基那（Scotus
Erigenus）重新翻譯；這一譯本使戴奧尼索斯在西方頗為知名。他的思想
被懺悔者馬克西穆斯所接受並加以深化，而馬克西穆斯被看作是「七世紀
知識最淵博與開放的思想家，也可能是拜占庭教會最後一位具有獨創性的
思想家」。[36]精修聖人馬西莫以教材的形式寫了關於戴奧尼索斯神祕主義
論文的注釋，也被伊利基那翻譯成拉丁文。後來，這一整套的譯文——原
著加上精修聖人馬西莫的注釋——讓託名戴奧尼索斯的著作廣為流傳，影
響了眾多的西方神祕主義者和神學家，其中包括清谷的伯納（Bernard of
Clairvaux）、多瑪斯・阿奎納（Thomas Aquinas）以及庫薩努斯（Nicholas
of Cusanus）。[37]

258.　對聖像的崇拜以及反聖像運動

　　造成反聖像運動（八至九世紀）嚴重危機的原因，可從政治、社會和
神學等多方面探討。一、二世紀的基督徒們完全遵循〈十誡〉的禁令，沒
有製造聖像。但是，三世紀初在東羅馬帝國，禁令就不再受到重視，宗教

[36]　H. C. Beck, cited by Pelikan, *The Spirit of Eastern Christendom*, p. 8. 魏內・埃勒特
　　　（Werner Elert）認為他「可能是那個世紀唯一帶有獨創性的思想家」；梅耶道爾
　　　夫（Meyerdorff）認為他是「拜占庭神學的真正創始人」。

[37]　Deno John Geanakoplos, *Interaction of the 'Sibling' Byzantine and Western Cultures
　　　in the Middle Ages and Italian Renaissance*, pp. 133ff..

聖像（受《聖經》啓發而製作的圖像或場景）開始在墓地或信徒們聚集的 (68)
大殿裡出現。這種現象與聖物崇拜的發展密切相關。在四到五世紀，聖像
開始增多，崇拜也增加。在這兩個世紀中，對聖像的批評與捍衛日趨明
顯。贊同聖像的主要論點是聖像的教育意義──特別是對不會讀寫的人而
言──及其救贖的特質。到了六世紀末與七世紀中，聖像完全成為尊敬與
崇拜的對象，不僅出現在教堂中，在私人家中也是如此。[38]人們在聖像前
祈禱、跪拜或擁抱聖像，甚至攜帶聖像參加某些特定的儀式。在這一時
期，顯現神蹟的聖像數量越來越多，代表一種超自然力量的源泉，作用在
於保護城池、宮殿與軍隊。[39]

正如恩斯特‧基欽格（Ernst Kitzinger）所指出，這種對圖像超自然力
的崇拜，說明人們相信圖像與它所表現事物之間的關聯性，這是六、七世
紀聖像崇拜現象中最重要的一點；聖像是「神聖的延續，是神聖的一個器
官」。[40]

西元 726 年，皇帝君士坦丁五世正式禁止崇拜聖像；西元 754 年，在
君士坦丁堡討論聖像熱潮的宗教會議上斥其為異端。主要的神學依據是在
聖像崇拜中暗藏了個人崇拜。在第二次舉行的反聖像宗教會議中則以基督
學研究的名義擯棄聖像崇拜。因為若要描繪出耶穌的形象，就不可能不去
表現神性（這將褻瀆神靈）；而若想要描繪出不可分離的人性與神性，就
很難不落入只表現出人性一面的危險中（這就是異端）。[41]相反，只有聖
體才展現基督真正的「形象」，因為它由聖靈所啓發，因此，聖體與聖像 (69)
不同，它兼具神聖與物質的層面。[42]

---

[38]　Cf. Ernst Kitzinger,“The Cult of Images in the Age before Iconoclasm,”p. 89。

[39]　其中最為著名的有伊德薩城（Edesse）中的耶穌聖像，據說抵擋了一次波斯人的
攻擊。西元 727 年，對掛在皇宮青銅大門上基督聖像的破壞標誌了聖像毀壞運動
的開始。

[40]　Kitzinger,“The Cult of Images,”p. 104。聖人的聖像上有聖靈存在；ibid., pp.
140ff.。

[41]　Pelikan, *The Spirit of Eastern Christendom,* p. 129。Cf. Stephen Gero, *Byzantine
Iconoclasm during the Reign of Constantine V.* p. 74.

[42]　Gero, p. 78; Pelikan, p. 109.

　　在推崇聖像崇拜的神學家中，思想自成體系且廣為眾人接納的是大馬士革的聖若望（John of Damascus，675-749）和斯圖狄烏斯隱修院的狄奧多爾（Theodore the Studite，759—826）。這兩位主要依據託名戴奧尼索斯的思想，強調精神與物質之間的關聯。大馬士革的聖若望寫道：「你們本身是看得見的，怎麼可以去敬仰看不見的事物呢？」他反對聖像崇拜中激烈的「精神主義者」將他們與古代的諾斯替教徒歸為一類；諾斯替教徒認為基督不是肉身的，而是來自天上的。㊸在上帝道成肉身之後，上帝成為可以看得見的，因此《舊約》中不得描繪上帝的禁令也就消除。所以那些否認基督可以藉由聖像來表現的人，便否認了上帝道成肉身這一事實。這兩位作者又指出，圖像不可能在本質上與實體上都跟它的原型一模一樣。圖像表達的只不過是一種相似性，在反映原型的同時，又與它保持距離。因此，當反聖像者說聖體是一種「圖像」的時候，他們便瀆神；因為，聖體在本質與實體上都與基督相一致，聖體即耶穌，而非他的「圖像」。㊹

　　在涉及到聖人的聖像時大馬士革的聖若望寫道：「當聖人在世的時候，他們充滿了聖靈，他們去世之後聖靈的恩典未曾遠離他們的靈魂，也一直縈繞著他們的墳墓與神聖的圖像。」㊺當然，對聖像的崇敬不能與對上帝的崇敬一樣。但是聖像與其他透過耶穌基督神化的地方與物件屬於同一範疇。這些地方與物件接受了上帝的能量，藉由他們我們得到上帝的救贖。在今天這個時代，聖像的地位如同耶穌讓門徒親眼看到並讚嘆的各種神蹟。㊻

　　整體而言，正如聖物讓天與地之間的連結成為可能，聖像將那一段美(70)妙的初始世界帶入當下，在那個時候，基督、聖母與聖使徒們跟一般人生活在一起。雖然聖像對信徒的影響力不及聖物，但是信徒很容易取得，在

㊸　Pelikan, p. 122.

㊹　Cf. ibid., p. 119; N. Baynes, "Idolatry and the Early Church," p. 135.

㊺　相關的分析見 G. Mathews, *Byzantine Aesthetics*, pp. 103ff.。

㊻　相關分析見 Pelikan, p. 121。如福音傳教士以言語描寫耶穌，所以也能以金色的聖像去描繪他；cf. ibid., p. 135。

最簡陋的教堂中或普通人的家裡都可以見到。更重要的是，對它們的凝視沉思將引領人進入一個象徵的世界中。因此，聖像可以補充並加深文盲者的宗教教育。（確實，在整個東部歐洲的農業人口中，這項任務是由聖像來完成的。）

此外，從政治與社會因素來看，反聖像運動確實不當。一方面，反聖像運動者確實不知或者故意忽視聖像的象徵功能，而另一方面，也有支持者為了自身利益利用對聖像的崇拜，以達到提升威望、確保某些教會機構的優勢或財富的目的。

第三十三章
穆罕默德以及伊斯蘭教的興起

259. 阿拉，阿拉伯人的退位之神

(71)　　在世界性的宗教創始人中，穆罕默德是唯一留下大略生平資料的人。①這不意味著我們就能洞悉他的心路歷程。然而，我們所掌握關於他的歷史資料是彌足珍貴的，一方面，這可以幫助我們了解他的生活以及對他的先知生涯起了決定性作用的宗教體驗，另一方面，這也有助於釐清當時阿拉伯世界的文明狀況以及麥加的社會政治結構。這些資料無法刻劃出穆罕默德本人的個性，也無法說明他的傳教為何能如此成功，但可以讓我們認識到這位先知的創造力。要了解一位世界性宗教的創始人，掌握足夠豐富的歷史材料是非常重要的；藉此我們可以更加體認宗教天才的強大力量；換句話說，我們能更清楚地看到一位宗教天才如何充分利用他所處的歷史背景，使得他的宗教訊息廣為傳播並被接納，甚至改變了歷史的進程。

　　穆罕默德大約在西元 567 到 572 年間生於麥加，他屬於強大的古來氏（Quraysh）部落。六歲時，他成為孤兒，先由祖父、後來則由伯父阿布‧
(72)　塔里布（Abû Tâlib）扶養。②二十五歲那年，他成為一名富裕寡婦哈蒂嘉

---

①　最重要的資料是《可蘭經》（阿拉伯語「佈道」，「說教」之意）以及通過傳統口頭流傳下來的材料（阿拉伯語稱為 al-Hadîth，即「話語」，「說話內容」之意）。但有一點要強調，這些歷史來源並不都是可靠的。

②　穆罕默德的出生以及童年已被美化，就像所有的救世主神話一樣。他母親懷孕時，聽到一個聲音說他兒子會是整個民族的首領和先知。在他出生的時候，一道閃亮的光照亮了整個世界（參見查拉圖斯特拉、大雄〔Mahāvira〕與佛陀出生的故事；第 101 節、第 147 節、第 152 節）。他出生時與小山羊一樣乾淨地行了割禮，而臍帶也已割了。他一生下來，就抓起一把土，眼望天空。在麥地的一名猶太人知道先知已降臨人間，轉告他的同行者。他四歲那年，兩名天使把穆罕默德摔在地上，打開他的胸膛，從他的心臟裡取出了一滴黑血，並用他帶來盛在金杯中融化的雪水洗淨他的肉臟。（參見《可蘭經》94：1，「難道我沒有為你而開拓你的胸襟嗎？」這一啟蒙儀式正是薩滿啟蒙儀式的特點。）在十二歲那年，他隨著阿布‧塔里布的一支商隊到敘利亞，在波斯特拉（Bostra），一位基督教僧侶在穆罕默德肩上看到他肩負先知使命的神祕記號。Tor Andrae, *Mohammed:*

（Khadîja）的僕從，並隨商隊旅行到達敘利亞幾次。不久，西元 595 年左右，他娶了他的女僱主，儘管年齡上的差距（那時哈蒂嘉已四十歲），這是一段幸福的婚姻。穆罕默德在哈蒂嘉去世後又娶過九個妻子，但在她健在時，一直只跟她一起生活。他們有七個孩子；三個兒子，但都夭折了，四個女兒（其中最年幼的名叫法第瑪〔Fâtima〕，嫁給了穆罕默德的堂兄弟阿里〔Alî〕）。哈蒂嘉在這位先知的生活中占有一席之地，正是她在他宗教召喚的考驗中支持並鼓勵了他。

西元 610 年左右，穆罕默德有了最早的宗教感悟，他在此之前的生活，我們並不太清楚。傳統的說法是，他在洞穴和其他荒僻的地方度過長期的「精神隱居」（tahanuth），在當時阿拉伯多神教的信仰中並沒有這種做法。穆罕默德很有可能在旅行期間見過或聽過基督教僧侶徹夜不眠、禱告或冥想，這讓他留下深刻的印象。哈蒂嘉的一名堂兄弟是基督徒，另外，在阿拉伯城市裡，人們也能聽到一些關於基督教傳教的內容，不管是東正教還是各個教派（比方聶斯脫留派〔Nestorian〕、諾斯替教派），以及希伯來人思想與宗教實踐的內容。但在麥加基督教教徒很少，大多數社會地位低下（很可能是阿比西尼亞〔Abyssinian〕奴隸），而且缺乏文化教育。當時有很多猶太人都聚集在雅特里伯（Yathrib）（也即後來的麥地那〔Medina〕），我們將會看到（第 262 節）穆罕默德在很大程度上依靠了他們的支持。 (73)

然而，在穆罕默德的時代，阿拉伯中部地區的宗教似乎並未受到猶太、基督教的影響。儘管它已開始衰落，但還是保持了閃語族多神信仰的結構。宗教中心是麥加。這一地名在托勒密王朝（Ptolemaic，二世紀）的《天文學大全》（Corpus）中就被提到，稱為麥可瑞巴（Makoraba），這是一個從薩巴語（Sabaean）的「神殿」（Makuraba）衍生出來的字。也就是說，最初的時候，麥加是一個儀禮中心，圍繞著它才漸漸發展出城市。

The Man and His Faith, pp. 34-38; W. Montgomery Watt, *Muhammad at Mecca*, pp. 34ff.。

③在劃為聖地的中央（稱為希馬〔Hima〕），矗立著克爾白（Ka'ba，意為「立方物」）神殿，這是一個沒有屋頂的露天建築，在一側嵌有著名的黑色之石，它被認為是從天而來的。圍著黑石繞圓圈，不管是在前伊斯蘭時期或是現在，都是每年前往距離麥加幾公里處的阿拉法特城（Arafat）朝聖時的重要儀式程序之一。

一般認為這塊黑石的主人是阿拉（Allah，本意為「真主」；同一名稱被猶太人和阿拉伯基督徒用來指稱基督教中的上帝）。但是那時候阿拉已經成為一個「退位之神」；對他的崇祀只限於獻祭一些麥種和畜牲，人們將阿拉和其他地方性神祇並列，同時祭拜。④更為重要的神是阿拉伯中部地區的三大女神：麥那特（Manat，命運之神），拉特（Allat，阿拉陰性的形式）和烏扎（Al'Uzza，力量女神）。她們被認為是「阿拉的女兒」，在民眾中聲望極高，就連穆罕默德本人一開始也犯了把她們視作神與人的中間人的錯誤，後來他也進行修正。

總的來說，在伊斯蘭教時代之前的宗教有些接近於公元前六世紀巴勒斯坦地區的民間信仰，就像尼羅河上游象島（Elephantine）的猶太亞拉美人（Judaeo-Aramaic）殖民地資料的記載一樣。和耶和華（Jahweh）並列共祀的還有伯特利神（Bethel）、哈朗伯特利神（Harambethel）、阿拉特女神（Arat）以及一位收成豐饒之神。⑤在麥加，神殿的聖事活動由權貴(74)家庭的人員來主持；各種職責都是以父傳子的方式延續，且報酬優渥。當時似乎尚未建立神職的體制，雖然阿拉伯語中的卡欣（Kâhin）一詞跟希伯來語中的「教士」（Kóhên）一詞同出一源，但它指的是「先知」、「預言家」，他在神靈附身的情況下，可以預知將來、找回丟失的物件或者走

③ 這一過程是非常普遍的；見 Paul Wheatley, *The Pivot of the Four Quarters* (Chicago, 1971)。

④ 見 J. Henninger, *Les fêtes de printemps chez les Sémites,* pp. 42ff.。

⑤ Cf. A. Vincent, *La religion des Judéo-Araméens d'Éléphantine* (Paris, 1937), pp. 593ff., 622ff., 675ff..

失的駱駝群。⑥

在穆罕默德時期唯一的一神論者是詩人和有靈視能力的人，被稱為哈尼夫（hanîf）。他們其中有些人受到了基督教的影響，但是基督教中相當重要的世界末日一說（後來在伊斯蘭教中也至關重要），對他們以及當時大部分的阿拉伯人來說都是前所未聞的。⑦

在穆罕默德的先知生涯開始之前，他經歷了一連串的「出神」體驗，可以看作是天啟來臨前的一種預兆。在《可蘭經》53:1-18，他提到了最早一次的出神體驗：「這只是他所受的啟示，教授他的，是那強健的、有力的，故他達到全美。他在東方的最高處，然後他漸漸接近而降低，他相距兩張弓的長度，或更近一些，他把他所應啟示的啟示他的僕人。」（4-8）。在一棵棗樹旁，穆罕默德又一次看見他：「眼未邪視，也未過分；他確已看見他的主的一部分最大的跡象。」（17-18）。在《可蘭經》81:22-23中，穆罕默德又一次提到這幻覺：「你們的朋友，不是一個瘋人，他確已看見那個天使在明顯的天邊。」⑧

後來，這種幻覺也伴隨著聲音，即聽覺上的天啟，《可蘭經》只承認聽覺上的天啟才是真正源自神的。穆罕默德最早的神祕主義經驗，對於他的先知生涯有著決定性的影響，這些透過伊伯納・伊斯哈克（Ibn Ishâk，歿於 768）的記錄流傳下來。其中提到，穆罕默德每年都要去隱居的洞穴裡，有一次他睡著了，加百列（Gabriel）來到他身邊，手裡拿著一本書，命令道：「讀一遍！」穆罕默德不肯，天使就把書「壓在他的嘴和鼻孔上」；力量很大，他差點就要窒息了。直到第四次，天使命令他「讀一遍！」的時候，穆罕默德才反問他：「我該讀什麼？」於是天使就回答他說：「你應當奉你的創造主的名義而宣讀，他曾用血塊創造人。你應當宣 (75)

---

⑥　在他開始佈道之前，穆罕默德經常被人指責是受到了精靈（jinn）的啟發。

⑦　Cf. Tor Andrae, *Les origines de l'Islam et le christianisme,* pp.41ff. 。古阿拉伯宗教的一神論傾向早就由 J. Wellhausen 分析過了，J. Wellhausen, *Reste arabischen Heidentums,* pp. 215ff. 。

⑧　除了特別標明之外，本書引用的《可蘭經》是馬堅中譯本。

讀，你的主是最尊嚴的，他曾教人用筆寫字，他曾教人知道自己所不知道
的東西。」（96:1-5）

於是穆罕默德開始誦讀，最後天使離開了他。「我醒過來了，心中似
乎銘刻下什麼東西。」穆罕默德離開了洞穴，剛走上山路，他就聽到一個
聲音在叫他。「喔穆罕默德！你是阿拉的使徒，我就是加百列。我抬頭望
向天空，朝他看去，就見到加百列在天邊兩腿交叉地坐著。」天使又對他
重複了同樣的話，穆罕默德就一直看著他，不能動彈。「不管我往天空那
個方向望去，他都在那裡。」⑨

這些體驗的真實性好像是得到確認的。⑩穆罕默德一開始對天使的抗
拒，讓人聯想到薩滿以及許多的神祕主義者和先知也是在接受召喚時，顯
得十分的猶豫不決。《可蘭經》沒有提到在洞穴中的幻覺，很可能為了要
避免受人指責先知在當時是被精靈附體了。但《可蘭經》中的其他暗示確
證了這感應的真實性。⑪當天使命令人「誦讀」的時候，隨之而來的常常
是強烈的顫抖、發高燒或寒慄。

260. 穆罕默德，「真主的使徒」

大約有三年的時間，穆罕默德將他早期接受到的神諭只告訴哈蒂嘉和
幾個特別親密的朋友，如他的堂兄弟阿里，他的養子扎伊德（Zaïd）和兩
個未來的伊斯蘭政教合一的領袖哈里發（caliphate），奧特曼（'Uthman）
和阿布・巴克爾（Abû Bakr）。後來，天使的啟示中斷了，穆罕默德經歷

⑨　Ibn Ishâk, translated by Andrae, *Mohammed,* pp.43-44。其他版本見 Blachère, *Le pro-blème de Mahomet,* pp. 39-40.

⑩　有些現代歷史學家認為這兩個階段──在洞穴裡一般的幻覺與天使加百列出現在
　天空的幻覺──並不屬於同一種體驗；cf. Andrae, *Mohammed,* pp.45，但這一看法
　並不完全成立。

⑪　「你不要搖動你的舌頭，以便你倉卒地誦讀它。集合它和誦讀它，確是我的責
　任。」（《可蘭經》75：16-17）也就是說，任何個人隨心所欲的添加或減少都是
　不被允許的。

了焦慮和失落的階段。但是一個新的神諭又給了他信心：「你的主沒有棄 (76)
絕你，也沒有怨恨你……；你的主將來必賞賜你，以至你喜悅。」（93:
3-5）

西元 612 年，穆罕默德在一次幻覺中接到命令，向大眾公開他所受到
的天啟，隨後他就開始了他的傳道活動。從一開始他就強調眞主的力量和
仁慈，因爲他從「一血塊」創造出人。（96:1；80:17-22；87:1）眞主教會
了他《可蘭經》，「並教人修辭」；（55:1-4）眞主創造了天、高山、大
地和駱駝。（88:17-20）藉由描述自己的命運，他讚美聖主的善良之處：
「難道他沒有發現你伶仃孤苦，而使你有所歸宿？」（93:6）他將世間一
切事物的暫時性與眞主的永恆性相對照：「凡在大地上的，都要毀滅；惟
有你的主的本體，具有尊嚴與大德，將永恆存在。」（55:26-27）然而，
令人驚訝的是，穆罕默德在他早期的演說中，只有一次提到眞主的統一
性：「你們不要以別的神靈與真主同受崇拜」；（51:51）但這也可能是後
來才加上去的。⑫

他傳道的另一主題是即將來臨的最後審判以及死者的復活。「當號角
被吹響的時候，在那時，將有一個艱難的日子。那個日子對不信道的人
們，是不容易度過的。」（74:8-10）這在別的古老篇章中也有提到幾次，
但關於最後審判最完整的說法出現在：「當天綻裂……；當地展開，並拋
其所懷，而且變爲空虛……；人啊！你必定勉力工作，直到會見你的主，
你將看到自己的勞績。至於用右手接過功過簿者，將受簡易的稽核……；
至於從背後接受功過簿者，將叫苦連天，入於烈火之中」。（84:1-12）

在許多後來的篇章中，穆罕默德描繪了世界末日的情景：山被移掉
了，在一起熔化掉，成爲灰燼；穹蒼四分五裂，月亮與星辰都將熄滅，從
天上墜下來。穆罕默德還提到宇宙性的大火災：「火焰和火煙將被降於你 (77)
們，而你們不能自衛。」（55:35）

---

⑫　見 Bell, *The Qur'an*; Watt, *Muhammed at Mecca*, p.64。一開始，《可蘭經》的內容
是靠記憶流傳的，但是當多神論者反對的呼聲高漲時，人們便將它付諸文學；cf.
Blachère, *Le problème de Mahomet*, pp. 52ff。

第二聲喇叭響起，死者從他們的墓中出來，便復活了。整個復活的過程是在一眨眼的工夫完成的。在崩塌的天幕後面，將出現真主的聖座，由八名天使持著，四周有天兵護衛。人們聚集在聖座之前，善良人在它的右邊，壞人在它的左邊。於是最後的審判開始了，一切以記錄在人類行為之書的事實為依據。以前的預言家們會被召集在一起作證，證明他們早就宣告了一神論，與對當世人的警告。不相信的人們將會受地獄酷刑的懲罰。⑬

然而，穆罕默德更強調的是信徒們在天堂的快樂。這種快樂是屬於物質性質的：清澈的小河、果實纍纍的樹木、山珍海味、「珍珠一般美麗」的年輕人獻上甘美的飲料，還有阿拉一手創造的貞潔處女。（56:26-43）穆罕默德不講在地獄中受煎熬或在天堂享樂的「魂」或「靈」。肉體的復活事實上是一種新的創世。既然在死亡與審判之間是一段沒有意識的時間，復活的人會覺得審判是在死去之後馬上進行的。⑭

穆罕默德宣稱「在真主之外，別無他神！」的時候，並未想到要再創立一種新的宗教。他只不過是想「喚醒」他的同胞，說服他們只去崇敬阿拉，因為人們已經承認阿拉是天與地的創始人，是豐收的保證；（29:61-63）人們在遇到危機與重大苦難時呼喚他的名字，（29:65；31:17；69）而且在審判中「他們指真主而發出最嚴重的誓言」。（35:42；16:38）此外阿拉還是「黑色之石」的聖主。在最古老的篇章中，穆罕默德要求他
(78) 同部落的成員古來氏人，「故教他們崇敬這天房的主，他曾為飢荒而賑濟他們，曾為恐怖而保祐他們。」（106:3-4）

然而，很快也出現了反對的聲浪，大多是一些欲加之罪何患無辭的控告。伊伯納・伊斯哈克說，當先知奉阿拉之命，宣布真正的宗教「伊斯蘭」（即「順從」之意）到來的時候，他的同胞們剛開始並不反對，因為

---

⑬ 然而要強調一點，它們比某些佛教或基督教的描述還是稍好一些。同時要提出，在普遍的穆斯林末世學中有許多《可蘭經》中並不存在的主題（比方說，墓中的懲罰、在地獄之上的橋與火湖等）。

⑭ 犯了罪的人可以發誓說他們只在墓中待了一天或一個小時，見《可蘭經》10：46ff.；46:34ff.。

他並沒有說他們神的壞話。據傳說，在《可蘭經》53:20 之後，出現關於三大女神拉特、烏扎和麥那特的語句：「她們是崇高的天之女神，人們渴望得到她們的幫助。」但是後來穆罕默德清楚認識到這些是撒旦教給他的，於是就用下面的句子取而代之：「這些偶像只是你們和你們的祖先所定的名稱，真主並未加以證實。」

這一事件有其特殊意義，原因有二。首先，它表明了先知的真誠，他承認自己在昭示神諭時，曾被撒旦所騙。⑮其次，他改了兩個句子，說明了真主的無上威力與絕對的自由。⑯事實上，《可蘭經》是唯一一部可以自由改撰某些天啓內容的聖書。

對於古來氏部落的富裕權貴來說，放棄「異教」就等於失去了特權。另外，承認穆罕默德是真主的真正使者，也就意味著承認他在政治上的權力。更為嚴重的是：由先知宣告的啓示將他們多神論的祖先打入永恆的地獄，對一個傳統的社會而言，這是一種令人無法接受的觀念。而對大部分的民眾來說，主要的反對原因來自於穆罕默德「平庸的生活」。「這個使者怎麼也吃飯，也往來於市場之間呢？為何真主不派一個天神降臨他，而與他同為警告者」。（25:7）人們嘲笑他的「天啓」，他們認為若不是穆 (79) 罕默德自己發明出來的，就是被小精靈們引誘的。尤其是宣布世界末日的來臨，以及人體的復活引起了公眾的譏諷。而且，隨著時間的推移，預示的世界末日災難仍遲遲未至。⑰

人們也指責他沒有產生任何的奇蹟。「我們絕不信你，直到你為我們而使一道源泉從地下湧出，或者你有一座園圃，種植著椰棗和葡萄，你使

---

⑮　很可能，穆罕默德把這三位女神當作是神與人中間傳達的天使；事實上，伊斯蘭教接受對天使的信仰，而且後來在什葉派中，天使神學發揮了很大的作用。（第281節）但是，穆罕默德意識到了女神（即天使）的介入會威脅到他的純一神論，就將這兩句去掉了。

⑯　「凡是我所廢除的，或使人忘記的啓示，我必以更好的或同樣的啓示代替它。難道你不知道真主對於萬事是全能的嗎？」（《可蘭經》2：106）

⑰　穆罕默德強調世界末日是不可避免的；他並沒有確切地說這一事件會在什麼時候發生，雖然有些篇章讓人猜想在他活著時就發生。

河流貫穿其間……；或者你請真主和眾天神來（與我們）見面……；或者你升上天去，我們絕不信你確已升天，直到你降示我們所能閱讀的經典。」（17:90-93）

261. 出神的天堂之旅以及聖書

總之，人們要求穆罕默德登天並帶回一本聖書來證實他預言使命的真實性。也就是說，穆罕默德必須遵循摩西，丹尼爾（Daniel），以諾（Enoch），摩尼（Mani）和其他使者的榜樣，登上天與上帝相會，並從上帝手中接過天啓的聖書。這些故事都是正統猶太教和猶太末世學說，以及撒馬利亞人（Samaritans）、諾斯替教成員和曼底安派（Mandaeans）所熟識的。它們的起源一直可以上溯到美索不達米亞神話中的國王恩蒙杜拉其（Emmenduraki），這是一種傳統的皇家意識型態。[18]

因為有越來越多不信道人的指責，穆罕默德的反駁與辯護也隨之不斷增加。就跟他之前的許多先知與使徒一樣，其中也包括他的對手，穆罕默德自認是「上帝的使徒」（即使者）[19]；他為他的同胞們帶來神聖的啓示。

(80)《可蘭經》就是「以明白的阿拉伯語」（26:195）寫成的啓示；它是每一位麥加居民都能懂的聖書。假如他們仍然執迷不信教，那表示他們在神聖的跡象前仍然是瞎子，（23:68）究其原由就是驕傲與漫不經心。（27:14；33:68）而且，穆罕默德清楚地知道在他之前由上帝派遣的使徒也都遭遇到了類似的考驗：如亞伯拉罕、摩西、挪亞、大衛、施洗者約翰、耶穌。（21:66 以下與 76 以下）

登天也是一種對不信教者的回應。「讚美真主，超絕萬物，他在一夜

---

⑱　見 G. Widengren, *The Ascension of the Apostle and the Heavenly Book*, pp. 7ff. and passim; idem, *Muhammad, the Apostle of God, and His Ascension*, pp. 115 and passim。

⑲　Cf. Widengren, *Muhammad*, pp. 16ff.。這一說法在古代近東非常流行，後來什葉派的伊瑪目們也經常用它；cf. ibid., chap. 2。

之間，使他的僕人，從禁寺行到遠寺。我在遠寺的四周降福，以便我昭示他我的一部分跡象。」（17:1）傳統上認爲，這一次的夜間旅行發生在西元617或619年；穆罕默德騎上有對翅膀的牝馬布拉哥（al-Boraq），拜訪了地上的耶路撒冷，一直到達了天上。對於這次出神狀態中進行的旅行，後來的文獻資料有詳盡的報導，但描述皆不盡相同。有人說，先知在他的牝馬上，上觀天堂，下察地獄，最後接近阿拉的聖座。這次旅行的時間很短，穆罕默德在出發時打翻的一罐水還沒有完全淌乾，他就已經回到了屋裡。

另外一種說法裡出現了一個梯子，在天使加百列的領導下，穆罕默德一直爬到天堂的門口。他走到阿拉面前，阿拉親口告訴他，在許多先知中穆罕默德被挑選中，而且他是阿拉的「朋友」。眞主給了他《可蘭經》，還教導了一些祕傳的學問，這些學問穆罕默德不能告訴他的信徒們。[20]

這次出神狀態中進行的旅行在後來的伊斯蘭神祕主義和神學中發揮了重要的作用。它說明了穆罕默德和伊斯蘭教精髓的一面，也就是從現在開始，以往流傳下來的基本行爲、思想與神話儀式性的想像將融入於新興宗教的合成形式中。我們剛剛看到了，伊斯蘭傳統是如何賦予古老聖書一種 (81) 新的價值與意義，而這一聖書是由一位使徒在登天的旅行中獲得的。我們後面還會介紹伊斯蘭教、猶太教以及其他宗教傳統相互衝擊交流的結果，其中還包括與一個非常古老的「世俗」傳統，即對黑色之石的崇拜。

262. 向麥地那遷徙

穆罕默德與信徒們的處境變得越來越艱困，麥加的權貴們決定剝奪他

[20] 見 Widengren, *Muhammad,* pp. 102ff.中的翻譯與注釋。關於巴格哈維（Al-Baghevi）和素宇提（Snynti）的翻譯，見 Arthur Jeffrey, *Islam,* pp. 35-46。有些學者認爲，但丁在寫《神曲》的時候參考了關於米拉吉（mîr-râj）阿拉伯語文獻的拉丁譯文。見 Asin Palacios, La escatologia musulmana en la Divina Commedia; E. Cerulli, *Il "Libro della Scala"*。

們隸屬於各部落的權利。而一名阿拉伯人的唯一保護就是來自於對部落的從屬。穆罕默德先受到了他伯父阿布·塔里布的保護，雖然他伯父一輩子也沒有信過伊斯蘭教。但是，在阿布·塔里布去世之後，穆罕默德的兄弟阿布·拉哈布（Abû Lahab）革除了先知的權利。因古來氏部落的強烈反對而導致的問題，在神學層次上可以解釋為：正是阿拉本人要求如此的；對多神教的盲目堅持從一開始起就是由阿拉決定的（16:39；10:75；6:39）。與不信伊斯蘭教者的決裂已無法迴避：「我不崇拜你們所崇拜的；你們不崇拜我所崇拜的！」（109:1-2）

　　西元 615 年左右，穆罕默德讓一批大約七十到八十名伊斯蘭教徒遷移到一個基督教的國家去，即阿比西尼亞，一方面是為了使他們免遭迫害；另一方面也是因為他擔心出現某種內部分裂。[21]雖然穆罕默德一開始時認為自己是被派來讓古來氏部落的人信教的，現在他開始接觸到游牧民族與兩個綠洲城市塔伊夫（Tâ'if）和雅特里伯的居民。在塔伊夫的游牧民族及貝都因人（Bedouins）那裡，他失敗了，但是與雅特里伯城（後來成了麥地那城）居民的接觸給了他很大的鼓舞。穆罕默德於是決定遷徙至雅特里伯，因為那裡的傳統宗教沒有遭到經濟或政治利益的破壞，而且那邊有許多猶太人，也就是說有許多一神教的信徒。

　　另外，這一綠洲城市在經歷一場長期的內部戰爭之後元氣大傷。其中有些部落認為一名威望不是建立在流血戰爭上、而是建立在宗教上的先知可以超脫於既存族群關係的影響，扮演仲裁者的角色。其中一個有影響力的部落已在相當程度上信仰了伊斯蘭教，並堅信上帝派遣穆罕默德來傳遞訊息給阿拉伯人。

(82)

　　西元 622 年，在一次前往麥加朝聖的機緣中，一個由雅特里伯七十五名男子、二名女子組成的代表團祕密會見了穆罕默德，並宣誓為他而戰。信徒們隨後分散成小組，離開麥加，前往雅特里伯。穿越大沙漠（三百多公里）的路途持續了九天。在岳父阿布·巴克爾的陪同下，穆罕默德與最

㉑　Watt, *Muhammad at Mecca*, pp. 115ff..

後一批人一起出發上路。9 月 24 日，他們到達了考巴（Qoba），麥地那附近的一個小村莊。「遷徙」終於成功了。不久之後，先知進入麥地那，並由他的座騎一頭雌駱駝選定將來新居的地點。一年之後，信徒們聚集祈禱的房子才建成，此外也為先知的妻妾們建造了房屋。

穆罕默德在麥地那的宗教和政治行為完全不同於麥加時期。這一轉變在「遷徙」之後口述的《可蘭經》篇章裡清楚可見，它們主要論及對信徒團體的組織工作[22]以及建立宗教與社會機構。伊斯蘭的神學結構在先知離開麥加時就已經完成了，但是，在麥地那先知確定了崇拜的規則（祈禱、齋戒、施捨、朝聖）。從一開始起，穆罕默德就表現出高度的政治智慧。他成功地將來自麥加的穆斯林「移民者」與麥地的信徒「輔助者」融合在一起，並成為他們唯一的首領。對部落的忠誠也因此而廢除了。

從此之後，只存在一個穆斯林團體的神權社會。在大約是西元 623 年頒布的憲法中，穆罕默德命令「移民者」和「輔助者」形成同一個族群，並有別於其他族群；但他同時也明確規定其他組織以及三個猶太部落的權利與義務。當然，並非麥地那的所有居民都對穆罕默德的做法感到滿意，而他的政治威望隨著他在軍事上的勝利與日俱增。但真正使他的決定深入人心的是天使為他帶來新的啟示。[23]　(83)

穆罕默德在麥地那對當地三個猶太部落的反應深感失望。在遷徙之前，穆罕默德把耶路撒冷選為祈禱的朝向點，這與猶太傳統一致。一到麥地那之後，他又仿傚了一些其他的以色列猶太儀規。在初到麥地那三年口授的《可蘭經》篇章表明了他規勸猶太人改信伊斯蘭的努力：「信奉天經的人呀！在眾天使（的統道）中斷之後，我的使者確已來臨你們，為你們

---

[22]　關於這一詞彙的意義及歷史，見 F. M. Denny, "The Meaning of *Ummah* in the Qur'ân"。

[23]　當遷移者們進行了第一次攻擊的時候，麥地那人大呼瀆神，因為他們沒有遵守「聖月」不開戰的戒律（623 年 12 月）。這時候穆罕默德收到了聖諭：「禁月內作戰是大罪；妨礙主道，不信真主，妨礙（朝覲）禁寺，驅逐禁寺區的居民出境，這些行為，在真主看來，其罪更大。」（《可蘭經》2：217）

闡明教義，以免你們將來說：『沒有任何報喜者和警告者來臨我們。』」
（5:19）穆罕默德說如果猶太人接受他爲先知，他將允許他們繼續保留傳
統。㉔但猶太人對他還是充滿敵意，他們指出《可蘭經》中的錯誤，證明
穆罕默德根本不懂《舊約》。

　　西元 624 年 2 月 11 日，決裂終於爆發了。穆罕默德當時又獲得了一個
新的啓示，命令穆斯林在祈禱的時候，不能朝向耶路撒冷，而應朝向麥加
（2:136）。憑著直覺穆罕默德宣布「黑色之石」是由亞伯拉罕和他的兒子
伊斯瑪埃爾（Ishmael）豎立的（2:127）。只不過是在祖先們犯了罪過之
後，聖地才爲盲目的偶像崇拜者所占據。從此之後，「阿拉伯世界有了它
的廟宇，它比耶路撒冷的廟宇更爲古老。這一新世界有它的一神教……。
藉此，伊斯蘭永遠回到它的源頭，雖然曾經一度背離它。」㉕

　　這一決定的宗教與政治後果是巨大的：一方面，阿拉伯統一的未來得
以確保，另一方面，後來圍繞著「黑色之石」的思考，㉖在最古老、也是
最眞實一神教的影響下，導向了有關聖地的神學。從現在開始，穆罕默德
(84) 脫離了猶太教和基督教。這兩個「聖書的宗教」並沒有能夠保持它們最初
時期的純質性，這就是爲什麼上帝派遣了最後一位使者，而伊斯蘭教則注
定要繼基督教而起，正如基督教繼猶太教而起一樣。

263.　從放逐到勝利

　　爲了能夠生存下去，穆罕默德與跟隨的「移民者」們必須襲擊麥加的
商隊。西元 627 年 3 月，在巴爾（Badr），他們打了第一次勝仗。他們損
失了十四人，而偶像崇拜者損失七十人，並且另外俘虜了四十人。他們獲
得了大量的戰利品，以及俘虜的贖金，穆罕默德將它們公平地分給了戰

㉔　Cf. Watt, *Muhammad at Mecca*, pp. 199ff..

㉕　Blachère, *Le problème de Mahomet*, p. 104.

㉖　見，e.g., Henry Corbin, "La Configuration du Temple de la Ka'ba comme secret de la
　　vie spirituelle"。

士。一個月之後，穆罕默德命令三個猶太部落中的其中之一離開麥地那，並扣留了他們的房產與財物。

次年，穆斯林在烏呼德（Uhud）被麥加一支據稱有三千人的隊伍擊敗，穆罕默德本人也受了傷。在這場宗教游擊戰爭中最具決定性的是「濠溝」戰役：在一名波斯人的建議下，穆罕默德的士兵在綠洲城市的各個要道挖了濠溝。據說，兩個星期後四千名麥加人仍無法攻下麥地那，最後，一股龍捲風將他們吹得四處奔散。在圍城過程中，穆罕默德發現一些已改信伊斯蘭教的人還有喬拉伊扎人（Qurayza），即留在麥地那的最後一批猶太人，他們的行跡可疑。在取得最後勝利之後，穆罕默德指責猶太人是叛徒，並將他們全部處死。

西元628年4月，一個新的啟示（48:27）讓穆罕默德確信他的信徒們可以前往「黑色之石」朝聖。儘管有些人猶豫不前，信徒們的隊伍還是往聖城出發。雖然沒有能夠進入了麥加，但是穆罕默德還是將這未竟之功轉為勝利。他要求信徒們立誓，對他這位上帝的直接代表保有絕對的忠誠（48:10）。他需要這樣的誓言，因為不久之後，他與麥加人簽定了停戰合約，這合約看來雖然有些屈辱，但允許他在一年之後，帶著信徒前去麥加朝聖。更重要的是，古來氏部落的人保證穆斯林至少十年的和平。

西元629年，在兩千名信徒的追隨下，穆罕默德踏入了暫時被多神崇拜者放棄的城池，並進行朝聖的儀式。許多貝都因部落，甚至古來氏部落中的權貴階層代表也開始皈依伊斯蘭。同年，穆罕默德派遣了一支遠征隊伍前往穆塔（Mu'ta）這座處於拜占庭帝國邊境的城市。這次遠征雖然失敗了，但他的威望絲毫未減。穆塔代表了伊斯蘭傳教必須遵循的基本方向；這一點，穆罕默德的後繼者們都非常了解。(85)

西元630年1月，穆罕默德以麥加人支持具有敵意的部落為藉口，中斷了和麥加人的合約，他帶著一萬人的隊伍，浩浩蕩蕩進入麥加城，不費氣力占據了整個城池。「黑色之石」廟中的多神塑像被毀，聖地被淨化，所有的多神特權全被廢除。一旦成了聖城之主之後，穆罕默德表現出了極大的寬容。除了六個最為凶狠的敵人被處決之外，他禁止士兵對居民復

仇。出於政治直覺，穆罕默德並未將神權國家的首都定在麥加；在完成了朝聖之後，他又回到了麥地那。

次年西元 631 年，穆罕默德並沒有去朝聖，而是派了阿布‧巴克爾代表他前往。這一次，藉由新的啟示，穆罕默德宣布了對多神教的全面戰爭。「真主及其使者對於以物配主者是無干的……當禁月逝去的時候，你們在哪裡發現以物配主者，就在那裡殺戮他們……如果他們悔過自新，謹守拜功，完納天課，你們就放走他們。真主確是至赦的，確是至慈的。以物配主者當中如果有人求你保護，你應當保護他，直到他聽到真主的言語，然後把他送到安全的地方。這是因為他們是無知的民眾。」（9:3-6）㉗

西元 632 年 2 到 3 月之間，彷彿在預感的驅使下，穆罕默德去了一趟麥加；這是他的最後一次朝聖。這一次，他鉅細靡遺地寫下祈禱的所有儀規，至今仍被人遵從。這時天使向他口述了阿拉的話：「今天，我已為你們成全你們的宗教，我已完成我所賜你們的恩典，我已選擇伊斯蘭做你們的宗教。」（5:3）據說，在這一次「永別的朝聖」快結束時，穆罕默德高呼：「上帝啊！我是否完成了我的使命？」這時人群回應：「對！你已圓滿地完成了使命！」

(86)

回到麥地那之後，在西元 632 年 5 月底，穆罕默德病倒了；他於八月去世，死於他最心愛妻子阿伊莎（Aïsha）的懷中。這一消息令人大為震驚；有些人不肯接受先知過世的事實，他們相信跟耶穌一樣，穆罕默德上了天。他的身體並沒有被葬在墓地裡，而是葬在阿伊莎的一間房子中，至今還有一塊紀念碑。對穆斯林而言，這紀念碑跟「黑色之石」一樣的神聖。阿布‧巴克爾被選為哈里發，成為先知的後繼者，他向信徒們說：「假如有人崇拜穆罕默德，那麼他確實死了；假如有人崇拜真主，那麼，穆罕默德還活著，而且永遠不死。」

㉗ 穆罕默德在另一場合提醒擁有聖書的一神論者與人民，必須遵守「《托拉》和《福音書》，以及你們的主所降示你們的經典……信道的人、猶太教徒、拜星教徒、基督教徒，凡確信真主和末日，並且行善的人，將來必定沒有恐懼，也不憂愁」。（《可蘭經》5：68-69）

264. 《可蘭經》的信息

在世界宗教史上還找不出一個可以與穆罕默德的事業相較的例子。占領麥加、建立一個神權國家，這都證明了他的政治天分不亞於他的宗教天分。確實，當時的社會背景，尤其是麥加權貴階層的自我矛盾性，對穆罕默德相當有利。但這無法解釋穆罕默德的神學、傳教以及他所獲得的成功，也無法解釋他的持久性創造：伊斯蘭教和穆斯林的神權政治。

無可置疑的是，穆罕默德直接或間接地知道一些猶太教與基督教的觀念與行為。若涉及到基督教教義本身，他所知有限。他提到耶穌和馬利亞，但又強調他們沒有神性，（5:16-20）因為他們是被創造的。（3:59）有好幾次他提到耶穌的孩提時代、他的奇蹟以及使徒（他稱他們為「輔助者」）。跟一般猶太人的看法不同，穆罕默德否認耶穌在十字架上死去，這與諾斯替教派和幻影論派（Docetists）的見解相同。[28] 所以，他不承認耶穌的救世主身分，否認《新約》傳遞的信息以及基督教的聖禮儀式和神祕主義。 (87)

先知提到基督教的三位一體：上帝—耶穌—聖母馬利亞；他很可能知道阿西比尼亞一神教會的存在，那裡的人過分地崇拜馬利亞。[29] 另一方面，也可以看到聶斯脫留教派的影響；比方說，他相信死亡使靈魂處於毫無知覺的狀態，而為信仰而殉道的人馬上進入天堂。同樣，關於天啟是循序漸進的看法也為猶太教、基督教與諾斯替教派所共有的。

但是，沒有一種外來的影響可以解釋穆罕默德的宗教使命以及他的教理的結構。在宣布最後的審判即將到來，而人在上帝的神座前是孤立無援

[28] 「他們沒有殺死他，也沒有把他釘死在十字架上……。他們對於這件事，毫無認識，不過根據猜想罷了。……不然，真主已把他擢升到自己那裡。」（《可蘭經》4：157-158）

[29] Cf. Andrae, *Les origines de l'Islam*, pp. 209-10。還必須考慮到一點，即用來指「神智」的詞在某些閃語語系中是陰性的。

的時候，穆罕默德說明了部落關係在宗教上的無用性。但是，他讓個體重新進入一個具有宗教性質新的團體，被稱為烏瑪（ummah）。藉此，他創立了阿拉伯國家，同時又使得穆斯林可以不斷擴張，超越了種族與民族的界限，並擴大信徒團體。之前長期存在的部落紛爭，從此變成為以阿拉為名義、為一神教的勝利對抗異教徒所進行的戰爭。然而，對游牧部落的征戰，尤其在與麥加人打仗的過程中，穆罕默德重視巧妙的和談更甚於武力，從而為他的後繼者哈里發們樹立了良好的榜樣。

最後一點就是，穆罕默德向他的同胞們啟示了《可蘭經》，使他們與另外兩個擁有「聖書的人民」處於同等地位，把阿拉伯語提升為高尚的儀禮與神學語言，並使它慢慢成為一種具有普世文化意義的語言。

從宗教形態學角度來說，穆罕默德傳播的信息，以它在《可蘭經》中所表述的形式，代表了絕對一神教的最純粹表現。阿拉是上帝，唯一的上帝；他完全是自由、全知全能的；他是大地與上天的創造者，任何存在物都是他創造的，而且「他在創造中增加他所欲增加的」。（35:1）正由於(88)這種永不停止的創造，黑夜與白天才得以輪換交替，雨水從天上落下，也才會有「利人航海的船舶」。（2:164）也就是說，阿拉主管的不光是宇宙的節律，還包括人類的作為。他是行動自由的，並依其意志行事，他一人就可完全決定他所作的一切。阿拉擁有自我矛盾的自由空間，可收回成命，只要想想《可蘭經》中的幾個篇章就可了解。（第 260 節）

人是軟弱的，不是因為他有原罪，而是因為他只是一個受造物；而且，他身處在一個重新神聖化的世界裡，這世界是上帝向他最後一位先知啟示後才出現的。任何行為──生理的、物理的、社會的、歷史的──僅因上帝才得以發生，所以得接受上帝的主宰。世界上沒有任何東西是自由的、是獨立於上帝的。但是，阿拉是仁慈的，他的先知所啟示的宗教遠比原先存在的兩個一神教更為簡單。伊斯蘭沒有教會組織，也沒有祭祀活動。崇拜可以在任何地方進行；不必在神殿中進行。㉚

⸻

㉚　然而，信徒們必須在星期五的中午在一個公眾場合集合，見《可蘭經》62：9。

　　整個宗教生活是由一些有法律性質的機制來規範，它們被稱為「信仰五柱」。最重要的柱子是沙勒（shalât），即法定的祈禱，包括一天五次的叩頭；第二柱是察卡（zakât），即義務性的濟貧；第三柱為撒溫（sawn），指的是在整個齋戒月期間，從日出到日落不進食；第四柱叫哈吉（hajj），即朝聖麥加，第五柱沙德特（shahâdat）是信念的宣讀，即不斷重複：「只有阿拉是眞神，穆罕默德是阿拉的使者。」③

　　由於人是脆弱的，《可蘭經》並不鼓勵禁欲，也不鼓勵僧侶生活。「亞當的子孫啊！每逢禮拜，你們必須穿著服飾。你們應當吃，應當喝，但不要過分，眞主確是不喜歡過分者的。」（7:31）總而言之《可蘭經》中所言，不是針對聖人或完善之人，而是對所有的人。穆罕默德把法律允許的妻子數目定為四人（4:3），但並未確定妾與奴隸的數目。③至於社會階層上的差距是被接受的，但在穆斯林的大團體中，所有信徒都是平等的。奴隸制雖然沒有被取消，但奴隸們的情況比在羅馬帝國時期有所改善。 (89)

　　穆罕默德的「政治」很接近《舊約》許多篇章所形容的，它是由上帝直接或間接地啓發而成的。整個世界的歷史是上帝永不停止的顯現；甚至不信伊斯蘭者也是依上帝意志而得到暫時的勝利。為了讓整個世界都皈依一神教，完全而長久持續的戰爭是無法避免的。無論如何，戰爭要比叛教或無政府主義好。

　　前往「黑色之石」——它被視為「阿拉的住所」——朝聖並進行各種儀式好像與穆罕默德所傳播的絕對一神教相矛盾。其實不然，正如之前所指出的，穆罕默德希望能將伊斯蘭融入到亞伯拉罕的傳統中。和《可蘭

---

③　在《可蘭經》中找不到這一說法，但類似的文字隨處可見；cf. Watt, *Muhammad at Mecca*, p. 308。

③　針對歐洲人的批評，一些東方學者反駁說相對於伊斯蘭教之前異教中性方面的無政府主義已有一大進步。這對伊斯蘭的「辯護」，在社會學與道德上來講是有價值的，但從《可蘭經》神學角度來看是無用的，甚至瀆神的。因為啓示的任何一個細節無需被「辯護」。

經》中出現的各種象徵和戲劇情節一樣，如聖書、穆罕默德升天、天使加百列等，朝聖在未來的神學與神祕主義學說中不斷地被重新闡述與評價。同時也不能忽略穆罕默德留下的「口述」傳統，它也促使了許多解釋與揣測的形成。阿拉一直保持唯一的神的地位，穆罕默德也一直是最好的先知，但是和猶太教與基督教的情況一樣，伊斯蘭最後也接受了一定數量的中介人與傳遞人。

265. 伊斯蘭進入地中海與近東地區

　　與希伯萊人和羅馬人一樣，伊斯蘭教徒——特別是在最初階段的伊斯蘭教時期——認為歷史事件是神聖歷史的一部分。最初的哈里發們贏得一系列輝煌的軍事勝利，首先保證了伊斯蘭的繼續存在，然後又為伊斯蘭的勝利奠定了基礎。事實上，穆罕默德去世所引起的危機，幾乎使這新興宗教滅絕。依照後來大多數穆斯林所接受的傳統說法，穆罕默德並沒有指明

(90) 誰是他的繼承者。阿布‧巴克爾，即他最寵愛妻子阿伊莎的父親在穆罕默德入葬之前就被選為哈里發。同時，大家又都知道穆罕默德對阿里的倚重，即他女兒法蒂瑪的丈夫，他同時又是穆罕默德僅有兩個孫子哈桑（Hasan）和侯賽因（Husayn）的父親；所以穆罕默德可能希望阿里成為他的繼承人。

　　但是，為了維護伊斯蘭團體的統一，阿里和他的追隨者們接受了阿布‧巴克爾的哈里發地位；因為巴克爾年事已高，阿里很快就會繼位。當時最重要的是避免伊斯蘭的致命危機。貝都因部落其實已逐漸脫離，而阿布‧巴克爾立刻發起幾次遠征又將他們臣服。緊接著，這位哈里發攻打敘利亞，當時它是拜占庭統治下的一個富裕省份。

　　阿布‧巴克爾在兩年之後，即西元634年去世，但他已經任命他手下的一名將軍歐麥爾（'Umar）為繼承人。這位偉大的戰略家在位期間（634-644），穆斯林在戰爭中勢如破竹，所向披靡。在耶爾穆克（Yarmuk）一戰中，拜占庭人大敗，西元636年棄守敘利亞。西元637年安提阿（Antioch）被攻陷，同年，薩珊王朝（Sassanid Empire）崩潰。西元 642 年他征服了埃及，西元 694 年攻占了迦太基（Carthage）。在七世紀結束前，伊斯蘭已經統治了北非、敘利亞、巴勒斯坦、小亞細亞、美索不達米亞和伊拉克，只有拜占庭還在抵抗，但它的領土已縮小。㉝

　　儘管這些史無前例的軍事勝利，伊斯蘭團體的統一還是受到很大的威脅。歐麥爾被一名波斯奴隸刺傷，傷勢過重而死。他死前指定六名同伴選出他的繼位者。這六位沒有選阿里以及他的信徒（即「阿里派」或什葉派〔由 Shî'ah 音譯而來〕），而是選擇了先知的另一名女婿奧特曼（644-656）。奧特曼屬於烏瑪亞（Ummayah）貴族部落，這部落以前是穆罕默德的敵人。他把帝國最重要的職位給了來自麥加的權貴，後來他被在埃及和伊拉克駐軍的貝都因人刺殺。阿里被麥地那人推舉為哈里發，對於什葉派來說，在先知穆罕默德和他後代的家庭之外，沒有任何人可以成為穆罕默德的繼承者，所以阿里被他們視為第一位真正的哈里發。 (91)

　　但是，阿伊莎和許多麥加首領指責奧特曼遇害與阿里有關。這兩方打了起來，這就是「駱駝之役」，因為這場戰役牽涉到阿伊莎的駱駝。阿里將他的首都定在伊拉克的一座軍營城市，但是敘利亞的總督穆阿威葉（Mu'âwiya）不承認他是哈里發。穆阿威葉是先知的岳父，以及奧特曼的表兄，他將《可蘭經》掛在長槍尖上舉起。阿里接受由聖書來仲裁的條件，但是，由於他的代表的無能與不得力，他不得不放棄他的要求。在這軟弱表現之後，他被一些戰士所棄，那些人後來被稱為哈瓦利吉派（Khârijites），即「分裂派」。西元 661 年，阿里被人謀殺，他的追隨者人數已不多，還是宣布他的長子哈桑為哈里發。當時穆阿威葉已在耶路撒冷被敘利亞人選為哈里發，他說服了哈桑放棄哈里發的位子。

　　穆阿威葉是一位智勇雙全的軍事首領，又是一名智慧型的政治家；他

㉝　許多人認為阿拉伯這種不斷的攻占是最後一次動搖西方羅馬帝國的野蠻入侵。然而，與野蠻人不同的是，阿拉伯人駐紮在沙漠邊緣的城市兼軍營裡。只要繳納一定的貢物，歸順的民族可以保持他們的宗教與習俗。但後來情況就改變了，一大批的城市居民，首先是高層職員們與智識階級開始信仰伊斯蘭教。

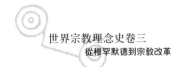
重組帝國，並創建了哈里發的第一個王朝，伍麥葉王朝（Umayyads）（661-750）。但是西元 680 年，阿里的第二個兒子侯賽因全家在伊拉克的卡巴拉（Karbala）被殺害，如此便失去了統一伊斯蘭的最後一次機會。什葉派人對於這次的殺戮一直耿耿於懷，在往後好幾個世紀掀起了無數暴動，每次都被在位的哈里發血腥鎮壓。直到十世紀初，什葉派才獲准在穆哈蘭（Muharram）期間，即伊曆一月的頭十天進行公開悼念伊瑪目（Imâm）侯賽因悲劇性死亡的儀式。㉞

(92)　　就這樣，在先知穆罕默德去世三十年後，伊斯蘭團體分裂成了三部分，而且至今依然如此。大多數的信徒被稱為遜尼（Sunni），他們是遵守遜奈（sunna），即「實踐」與「傳統」的人，並由在職的哈里發所統治；而什葉派，一直忠實於第一位「真正」的哈里發阿里；還有就是「分裂派」，認為只有整個伊斯蘭團體才有權利選擇首領，並在他犯下嚴重錯誤的時候，將他罷免。正如之後將會看到的（第 35 章），這三派中每一派都或多或少成為穆斯林的宗教機構，為神學和神祕主義學說作出了貢獻。

　　關於早期哈里發創立的帝國歷史，我們在此只提及那些最重要的事件。軍事擴張一直持續到西元 715 年，那一年土耳其人迫使一支阿拉伯軍隊撤出奧克須斯地區（Oxus）。西元 717 年，對拜占庭的第二次海上遠征大敗而歸，死傷慘重。西元 733 年，法蘭克人國王查理·馬特（Charles Martel）在土爾（Tours）附近擊潰阿拉伯人，迫使他們退到庇里牛斯山的另一邊。這代表了阿拉伯帝國軍事霸權的終結。後來伊斯蘭的征戰是由其他民族的穆斯林進行的。

　　伊斯蘭教本身也開始改變它最初的一些結構。其實從很早開始，由穆罕默德所制定的聖戰目標——即使人皈依回教——已越來越被忽視。許多阿拉伯軍隊臣服於多神教徒，而不是讓他們改教，因為這樣可以徵得更多的貢品與稅收。而且，改信了伊斯蘭教的人因被征服而信回教，他們無法享有與征服者穆斯林同等的權利。從西元 715 年開始，在阿拉伯人與改信

㉞　見 Earle H. Waugh, "Muharram Rites: Community Death and Rebirth"。

伊斯蘭教新信徒之間的緊張關係日益高升。新信徒支持任何許諾他們與阿拉伯人同樣平等的暴動。在多年的混亂和武裝衝突之後，伍麥葉王朝在西元 750 年被推翻，代之而起的是麥加的另一支重要家族阿拔斯（Abbāsides）。

新的哈里發主要靠什葉派人的支持而獲得勝利。但是阿里追隨者們的處境並未因此有所改變，而且第二名阿拔斯的哈里發曼舒爾（al Mansur）（754-775）血腥鎮壓了一次什葉派暴亂。但是，阿拉伯人與新信徒之間的區別在阿拔斯王朝下完全消除了。

最初的四個哈里發把首都定在麥地那。但穆阿威葉把帝國的首都建在大馬士革。之後在伍麥葉王朝時代，希臘、波斯和基督教的影響逐漸擴大，這一點尤其體現在宗教與民間建築上。敘利亞最早一批清真寺都採用了基督教教會的穹頂。㉟宮殿、別墅、花園、牆飾與馬賽克拼磚等均模仿近東的希臘模式。㊱ (93)

阿拔斯王朝時代發展並延續了這種融合東方和地中海文化遺產的風格。伊斯蘭發展出一種以官僚機構及商業爲基礎的都市文明。哈里發不再主管宗教；他們深居宮殿，讓烏里瑪（ulamâ）們——神學家和法律專家——去處理信徒們的日常問題。西元 762 年，新首都巴格達的建立代表了阿拉伯統治的終結。巴格達城是圓型，內有一個十字架作爲分隔，是世界的縮影，帝國的中心，四座大城門代表四個方向。由波斯的占星大師決定動土日，選在木星高掛天際的時刻動工，而木星被認爲最能帶來好運。㊲

曼舒爾和他的後繼者們擁有薩珊王朝般盛大輝煌的裝飾與儀式。阿拔斯王朝主要憑藉以波斯人爲主的官僚體制，以及在伊朗軍事貴族中招兵組成的王軍。伊朗人大批改信了伊斯蘭教，在政治、管理和禮儀上又回到薩珊王朝時代的型態。建築主要由薩珊和拜占庭風格所領導。

㉟ Cf. E. Baldwin Smith, *The Dome,* pp. 41ff..

㊱ 見 U. Monneret de Villard, *Introduzione allo studio dell'archeologia islamica,* especially pp. 24ff., 105ff.。

㊲ 見 Charles Wendell, "Baghdad: *Imago Mundi*," p. 122 中所引用的資料。

　　在同一時代，通過古敘利亞語這一媒介，許多希臘哲學家、醫生和煉金術師的作品被翻譯。在哈倫・賴世德（Harun-al-Rashid，788-809）及其後繼者的統治期間，古代後期的地中海文明歷經了帶有阿拉伯風格的第一次文藝復興；它完成了阿拔斯王朝鼓勵吸收伊朗文化的過程，雖然有時兩者間也會發生衝突。㊳後面將會看到（第35章）這些發現與衝突對穆斯林精神的影響。

㊳　當然，這裡指的是伊朗混成體系的創造性思想，參見本書卷二第212節。

第三十四章
從查理曼大帝到約雅敬的西方
基督教

266. 中世紀上半葉的基督教

(94)　　　　西元 474 年，西羅馬帝國的最後一任皇帝羅慕路斯・奧古斯圖盧斯
（Romulus Augustulus）被一個野蠻民族的首領奧多亞塞（Odoacer）所
廢。長期以來，歷史學家公認西元 474 年為古代的結束與中世紀的開始。
直到西元 1937 年亨利・皮雷納（Henri Pirenne）的遺著《穆罕默德與查理
曼大帝》（*Mohammad and Charlemagne*）出版，則提出另一個新的看法。
這位偉大的比利時歷史學家在書中指出一些重要的事實。

　　一方面，在接下來的兩個世紀中，帝國的社會結構繼續存在。另一方
面，六到七世紀期間的野蠻國王們依然沿襲羅馬的方法，以及自帝國繼承
的名位。更重要的是，跟拜占庭以及亞洲的商業往來依舊。照皮雷納的說
法，要到八世紀西方與東方之間才開始斷裂，其緣由就是伊斯蘭教的侵
入。從那時起，西方跟地中海文明的中心隔絕，不斷受到外來的入侵以及
內部戰爭的破壞，真正墮入「野蠻」時代。從戰爭的廢墟中產生的新社會
基礎是鄉村自治，它的表現方式是封建主義。正是查理曼大帝成功地將這
一新的世界——中世紀——組織起來。

　　　　皮雷納的提法引起長期的辯論，①一直到今天，他的學說也只有部分
(95)　被接受。這迫使學者們審查西方中世紀複雜的歷史進程。皮雷納沒有意識
到基督教對西方帶來的深刻變化。其實，正如巴爾克（W．C．Bark）所
說，西歐在西元 300 到 600 年間的歷史，是兩項因素互相交會形成的結果：
⑴是基督教；⑵是各種事件之間的相互撞擊，如經濟的逐漸衰退、羅馬帝
國地方政權的勢力減弱、不斷入侵造成的社會混亂，以及農業社會逐步形
成的自足性。事實上，假如西方沒有遭到分裂，沒有經歷貧窮和腐敗的統
治，教會的影響不會那麼重要。②

　　① 　見 William Carroll Bark, *Origins of the Medieval World*, pp. 7ff., 114ff. 中所引述的批
　　　　評。

　　② 　Ibid., pp. 26-27.

　　在最初的時候，中世紀社會是由先驅人物組成的共同體。本篤會（Benedictine）的僧侶組織即為一範例。西方僧侶制度的創造人，聖本篤（Saint Benedict，480-540）組織了一系列的小團體，他們在經濟上是完全的自給自足。其中一個或是數個修道院的毀滅並不能影響整個制度的存在。東方野蠻游牧民族的入侵，以及接下來北歐海盜的闖入，毀壞了大量的城池與許多文化中心。只有透過修道院，古代文化才能零星地傳承下來。③但是，很少僧侶有閒暇進行研究，他們的主要職責是傳教與救濟貧民。此外，他們還要建造房屋、行醫、冶煉，以及最重要的是務農。正是僧侶們大大改進了農事的工具與方法。④

　　將經濟上高度自給自足的僧侶團體與封建領土制度作個比較。⑤所謂的封建領土制即由領主將土地分給他的下屬，作為下屬提供軍事服務的報償或者預支。這兩種「種子組織」的制度，度過歷史災難而不滅亡，成為新社會與新文化的基礎。鐵錘夏爾（Charles Martel）將許多屬於教會的領地加以「世俗化」，以分配給他的屬民。這在當時是建立強大忠誠軍隊的 (96) 唯一方式，因為沒有任何一位統治者有能力自組軍隊。

　　正如接下來要介紹的騎士制度（第267節）所指出的，封建制度以及它意識形態的來源是日耳曼。⑥由於騎士制度，西方才有可能度過自五世紀起接踵而至的危機與災難。西元800年，查理曼大帝在羅馬由教宗加冕，成為「神聖羅馬帝國」的皇帝。這在半個世紀以前還是難以想像的事。因為皇帝跟教宗之間的衝突十分嚴重，連續幾個世紀國王與諸侯之間的嫉妒猜忌，羅馬帝國的角色與重要性受到破壞而有侷限。我們在此無意去覆述中世紀前期的政治史與軍事史，但有一點要強調的是，所有的社會機制——封建制度、騎士和帝國——都引起宗教上前所未有的創新，它們在拜占

③　西元700年左右，西方文化回到愛爾蘭與諾森伯里亞（Northumbria）的教堂裡。一百年之後正是從那裡開始，學者、神學家、藝術家們開始南下。
④　見 Bark, *Origins*, pp. 80ff. 中相關的創新介紹。
⑤　Cf. Hugh Trevor-Roper, *The Rise of Christian Europe*, pp. 98ff..
⑥　Cf. Carl Stephenson, *Medieval Feudalism*, pp. 1-14.

103

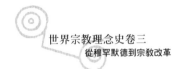

庭世界裡是前所未聞或無法成形的。

　　基於本書篇幅所限，在此將對聖禮與聖體聖事的創新⑦，以及在九世紀被人稱爲「加洛林復興」的宗教元素不多加著墨。⑧而值得一提的是，西方教會在五個世紀中，歷經了改革與腐敗、上升與沉淪、創新與僵化以及開放與包容的交替時期。此處僅舉一例：在「加洛林復興」之後，在十世紀和十一世紀的前半葉，教會的發展因一些腐敗現象而中斷。但隨著額我略七世（Gregory VII）——西元 1073 年被選爲教宗——所主導的「額我略改革」，教會又進入了強盛、輝煌的時代。

　　這種興衰交替現象的深層原因是不可能用三言兩語去說明的。在此只強調一點，即這些興盛與衰亡的時間階段，一方面與對教庭傳統的忠誠有關，另一方面又牽涉到當時對末世的想像以及對一種更眞實、深刻基督教經驗的反思。

　　從一開始起，基督教就受到末世論的影響。除了聖奧古斯丁以外，當時的神學與預言家們長篇累牘地講述世界末日的情形，並孜孜不倦地計算世界末日來臨的日子。反基督徒以及「末日皇帝」的傳說吸引大量的神職人員以及信徒。在第一個千禧年來臨的前夕，世界末日的古老傳說又戲劇性地受到注視，出現許多與世界末日有關的駭人現象，包括各種災難、流行病、飢荒、黑暗的徵兆（彗星的出現、日蝕與月蝕等）。⑨似乎到處都能感受到魔鬼的存在。

　　基督徒們認爲是他們的罪惡招來了這些災難。唯一的保護就是懺悔並向聖人以及它們的遺物求救，而那些生命垂危的人都借助於苦行。⑩一方

(97)

---

⑦　比方說，交換結婚戒指、彌撒的重要意義，從此之後既可以爲生者也可以爲死者進行，還有包括各種祈禱詞的「彌撒經書」等。
⑧　更合適教士階層的教育、加深正確拉丁語的教育、根據本篤會模式進行不同的修道制度改革等。
⑨　Georges Duby, *L'An Mil*, pp. 105ff..
⑩　「正是在西元 1000 年左右，西方教會終於接受了那種古老的信仰，認爲死者繼續存在，雖然看不見，但過著與生者差異不大的生活。」Duby, ibid., p. 76。

面，主教與教士們將信徒聚集在聖人遺物周圍，像僧侶拉烏爾‧格拉柏（Raoul Glaber）所描述的那樣，以求「再度得到和平，重新樹立起神聖的信念」。騎士們手觸聖人遺物，發誓維護和平，說道：「我……發誓不侵犯教堂……。不攻擊教士與僧侶……。不搶奪牛、母牛、豬或羊……。我也不傷害農民或農婦……。」⑪「上帝休戰日」禁止在聖禮日曆上最為神聖的日子裡進行任何的戰爭或爭鬥。

群體朝聖開始風行於世，主要目的地是耶路撒冷、羅馬以及貢波斯坦爾的聖詹姆斯（St. James of Compostella）。拉烏爾‧格拉柏把去耶路撒冷的「神聖之旅」看作是一種對死亡的準備以及贖罪的保證；大多數朝聖者都預言了反基督的到來，以及世界末日的逼近。⑫

但是西元 1033 年，即耶穌基督受難千年過後，基督徒們認為懺悔與自我淨化達到了目的。拉烏爾‧格拉柏提及神恩降臨的種種跡象：「天開始微笑，一片晴朗，春風和暢……。大地萬物回春，果樹成行，再也見不到 (98) 災荒的跡象……。許多病人得到痊癒並聚集在聖人的周圍……。所有神的侍從舉額稱慶，齊聲同讚：和平！永世和平！」⑬

同時，教會的力量再生，特別是在克倫尼（Cluny）的本篤會教堂裡。在西方，到處開始建造聖地，修復大教堂，並有聖人遺物的新發現。派遣至北方以及東方的傳教士數量大增。但最有意義的是，在民間虔誠信仰的壓力下，教會內部出現變革，特別是聖體聖事產生特殊的重要性。僧侶們受到鼓勵成為傳教士，並參與「基督肉身與血液的準備」，以便增加「看得見的世界中神聖的部分」。⑭對十字架的崇敬也大為增強，因為它是基督具備人性的最佳象徵。這種對「肉身的上帝」⑮地位的提高很快透過對聖母的崇拜而更臻完善。

---

⑪ Duby, pp. 171ff..

⑫ Duby, p. 179.

⑬ Duby, pp. 183-84.

⑭ Duby, p. 219.

⑮ 引述自 Duby, pp. 216ff.。

因第一個千禧年而產生的恐懼與期待，促使新的宗教複合體成形，從某種程度上來看，它預示了出現在後五個世紀中的宗教危機與革新。

267. 基督教之前對傳統的吸收與重新詮釋：神聖王權和騎士制度

(99)

對大多數日耳曼的部落來說，皇室的起源與性質是神聖的：各個王朝的創始人都是神的後代，特別是渥登（Wodan）的後裔。[16]王者的「幸運」是他具有神性的最佳證據。國王本人親自主持祈求豐收與勝戰的祭祀儀式；他是民眾與神之間具威望的中間人。假如一位國王為「幸運」——也就是諸神——所拋棄，那麼他就可以被罷黜，甚至被處死，就像瑞典多馬爾德王（Domaldr）因一連串的欠收和饑荒而被幸運拋棄。[17]即使在接受了基督教之後，王族的系譜——即他們是系出渥登——依然具有決定性的意義。[18]

跟在別處一樣，教會嘗試將這信仰融入到基督教神聖的歷史中。因此，某些王族系譜將渥登視為挪亞的兒子，他出生在方舟之中，或者說他是聖母一位表兄的兒子。[19]戰死沙場的國王們——即使是異教徒——也會被看作是殉道的聖者。基督教的君主部分保存了祖先的神化宗教性威望；

---

[16] 英國國王的家庭大部分源自渥登，William A. Chaney, *The Cult of Kingship in Anglo-Saxon England*, pp. 33ff.。斯堪地那維亞的國王們來自英格維神（Yngwi），被認為與弗雷（Frey）是同一人；根據《里格的抒情小詩》（*La de Rig*），海達爾（Heimdal）或者是里格（Rig）是所有國王的祖先。（ibid., p. 19）關於古日耳曼人的王權制，參見本書卷二第 177 節的書目。

[17] See *Ynglingasaga*, chap. 15(18); cf. ibid., chap. 43(47)，其中講述到英格林（Yngling）的么兒因為歉收而成為奧辛（Othin）祭祀品；see Chaney, *The Cult of Kingship*, p. 86。

[18] 英國王族的八支家譜中有七支可以一直上溯到渥登，見 Chaney, p. 29。

[19] 見 Chaney, p. 42 中引述的例子。

他們會親觸影響到收成的種子，以及病人與孩童。[20]為了減低對王族墳墓的崇拜，國王葬於教堂內。

但是，對承認異教傳統最具創意的是將國王提升至「君權神授者」（Christus Domini，意指「敷過聖油的人」）。國王的地位變得不可侵犯；任何想推翻他的陰謀都是瀆神的行為。從此之後，國王的宗教威望不再來自於他的神化淵源，而是來自他的聖性，這使他成為神賦君權的人。[21]十一世紀的一位作者寫道：「基督教國王是耶穌基督的代理人。」「假如一位國王是賢明的，民眾就會幸福、富裕而無往不利。」[22]在對「君權神授者」的崇敬中，可以發現古代異教信仰的痕跡。然而，國王只是民眾與教會的神聖化保護人；之後，他在人與神之間的仲介地位將被教會的層級制度所取代。

在騎士制度（chivalry）的發展上，我們可以看到一種類似相互影響的共生程序。古羅馬史學家塔西佗簡要地介紹了古日耳曼人培養年輕戰士的 (100)
軍事訓練：在全副武裝的戰士中，一位首領或是父親，將盾牌與長槍交給年輕人。從少年時代起，青年戰士就和首領的部下一起練習，但是直到舉行這場儀式後，他才成為一名戰士以及族群的正式成員。塔西佗還寫道，在戰場上，如果其他人比首領還勇敢，他會感到屈辱；而他的部下若表現得比首領怯懦，他們也會覺得屈辱。假如有人在首領戰死後倖存並逃離戰場，他將終身受人蔑視，再無受祿之機。捍衛首領是所有部下的神聖職責。「首領為勝利而戰；戰士為首領為戰。」作為回報，首領給戰士生活保障，戰士有軍事裝備並可分享部分的戰利品。[23]

這一體制在日耳曼部落接受了基督教之後仍繼續保留；它成為封建以

---

[20] Cf. Marc Bloch, *Les rois thaumaturges,* passim; Chaney, pp. 86ff..

[21] 這就意味著國王必須遵命於主教。

[22] 《基督教政治制度的原則》（*Principes d'un régime politique chrétien,*）據稱是大主教伍爾夫斯通（Wulfstone，卒於西元 1023 年）的作品；引述自 Chaney, p. 257。

[23] *Germania,* 13-14. 關於古日耳曼人的軍事啟蒙，參見本書卷二第 175 節。

及騎士制度的基礎。㉔西元 791 年，查理曼大帝的長子路易（Louis）十三
歲時，就從他父親手中接過了戰士的長劍。四十七年之後，路易也交予他
十五歲的兒子「真正的兵器」——長劍。這就是中世紀騎士制度所特有授
予騎士稱號、兵器與盔甲儀式的起源。

　　很難確切說出在西方軍事史、社會史，宗教以及文化史上有重要意義
的騎士制度究竟始於何時。不管怎樣，騎士制度有它完整的「古典」形
式。九世紀在法國引入了高大、健壯的駿馬之後，這些駿馬才可以承受身
披盔甲騎士的重量。雖說騎士最重要的美德是對主人的絕對效忠，㉕但是
騎士也必須保護窮人，特別是捍衛教會。授予騎士兵器、盔甲的儀式也包
括對兵器的賜福（長劍必須放在祭台上）。但是，正如之後將會看到的，
從十二世紀開始，教會的影響才變得重要。

(101)　　在經過學習階段與各種考驗之後，才舉行授予盔甲和騎士稱號的公開
儀式。國王按照儀式規定，將長劍、標槍、馬刺、鎖甲與盾牌一一交給將
成為騎士的青年貴族。青年站在他面前，雙手合攏，有時低頭下跪。最
後，國王用力在他的頸脖上擊一拳或一掌，稱為「頸擊」。這個儀式的起
源和意義仍未有定論。

　　十一世紀以及十二世紀上半葉，是騎士制度的鼎盛期；從十三世紀開
始衰落，到十四世紀之後，只是一種禮儀上的講究和貴族的象徵。然而正
是它的衰敗與頹廢讓騎士制度成了許多文化創作的題材，它們的淵源與宗
教意義是很容易找到的。（第 270 節）

　　當然，塔西佗的簡要描述含蓋宗教的層面：青年正式成為戰士雖然表
明他的軍事啟蒙告一段落，但對首領的絕對忠誠事實上具有宗教的一面。
信仰基督教為傳統古老的儀式帶來新的詮釋與價值，但它從未完全抹殺民
俗傳統的一面。三個世紀之久，教會在騎士儀式中只有些微的作用。但

㉔　封建制度可以定義為僕傭與土地主人之間的合營（也就是說僕傭以他的主人的名
　　義代為管理的土地的年產收入）。
㉕　羅蘭（Roland）被認為是一名真正的英雄，因為他無條件地、甚至不惜以生命為
　　代價，遵守了主僕之間的法則。

是，從十二世紀開始，至少表面上看來是如此，儀式是在神職人員的控制下進行的。即將成爲騎士的青年貴族在懺悔之後，會在教堂內度過祈禱的一夜。第二天清晨，他領受代表聖體的麵包和酒，當他被授予武器時，青年要發誓遵守騎士原則，㉖並作一番祈禱。

在第一次十字軍東征之後，聖地出現了聖殿騎士團（Templars）和醫院騎士團（Hospitalers）兩個軍事團體，保障朝聖者的安全，並照顧傷患。從此以後，有些僧侶在宗教教育之外，還接受騎士的軍事訓練。我們可以在伊斯蘭的「聖戰」、密特拉（Mithra）祕教的入會禮中（第 217 節），以及在基督徒苦行僧自稱爲「神聖的士兵」的語言與隱喻中，看到未來宗教軍事團體的先驅。㉗ (102)

268. 十字軍東征：末世論與政治

啓蒙時代的歷史學家與哲學家——從吉朋（Gibbon）和威廉·羅伯遜（William Robertson）到休姆（Hume）和伏爾泰（Voltaire）——都把十字軍東征（Crusades）看作是一場狂熱與瘋狂的痛苦災難。在當代許多學者也持相同或類似的評價。十字軍東征畢竟是中世紀歷史上的核心事件。「在十字軍東征之前，文明的中心在拜占庭以及阿拉伯哈里發統治的區域。最後幾次東征前，文明的重心移到了西歐。現代歷史正是蘊育於這場文明的西移。」㉘但是這一西歐文明霸權的代價是極其昂貴的，而且主要是由拜占庭以及東歐人民來負擔。

我們關心的主要是十字軍東征的宗教意義。保羅·阿爾方德力（Paul

㉖ 依據文獻有四條法則：每日望彌撒；爲了神聖信仰可以生命爲代價；保護教堂；保護寡婦、孤兒和窮人。其他版本還加上騎士必須幫助「需要他幫助的女士或年輕女子」，並「給女士帶來榮耀……，保護她們的權益」。

㉗ 應當補充一點，宗教騎士的組織在伊斯蘭也發展得很快；cf. Henry Corbin, *En Islam iranien,* vol. 2, pp. 168ff.。

㉘ Steven Runciman, *A History of the Crusades,* vol. 1, p. xi.

Alphandéry）以及阿爾封斯・杜普隆（Alphonse Dupront）已清晰地闡明了十字軍東征的起因以及末世論的結構。「十字軍東征最重要的意義在於，不管是僧侶還是非僧侶都負有一項責任，即解放耶路撒冷……。最明顯的是十字東征對終結所表達的雙重期望：一種時間與人種的終結。在這層意義上，對於同時意味著時間完成的空間而言，這種期望的意義在於，將所有國家聚集到神聖之城亦即世界之母的耶路撒冷。」㉙

　　隨著由領主和皇帝發起的東征遭到不同程度的潰敗，十字軍東征的末世特徵就越來越明顯。第一次東征，也是最爲壯觀的一次，奉拜占庭的皇帝亞歷克西斯（Alexis）以及教宗烏爾班一世（Urbain I）的命令，西元 1095 年隱士彼得（Peter）爲之傳道。在經歷了各種冒險之後（在萊茵河和多瑙河畔的城市屠殺猶太人，法蘭克人的三支隊伍會師君士坦丁堡），十字軍穿越了小亞細亞，儘管首領之間相互猜忌與內訌，還是占領了安提阿、的黎波里（Tripoli）、伊德薩（Edessa），最後占領了耶路撒冷。然而，一世代之後這座被占領的城市得而復失，於是聖伯納（Saint Bernard）又在韋茲萊（Vézelay）鼓吹第二次東征（1145）。一支由法國與日耳曼國王率領的大軍抵達了君士坦丁堡；然而不久之後，它就在以哥念（Iconium）和大馬士革（Damascus）被殲滅。

　　西元 1188 年，弗烈德力克・巴巴羅薩（Frederick Barbarossa）皇帝在梅因斯（Mainz）號召了第三次東征。這一次東征帶有帝國與彌賽亞的性質。法國國王菲力普・奧古斯特（Philip Augustus）以及英國獅心王理查一世（Richard I）追隨號召，但是並不像巴巴羅薩那樣熱切。」㉚東征軍占領了亞克（Acre），直逼耶路撒冷。捍衛聖城的是埃及和敘利亞的傳奇蘇丹薩拉丁（Saladin）。這一次的東征又是慘敗。皇帝本人在亞美尼亞的一條河中喪命；菲力普・奧古斯特趕回法國，將他的同盟英國國王棄於敵營

(103)

㉙　A Dupront, "Croisades et eschatologie," p. 177.

㉚　Paul Alphandéry and A. Dupront, *La chrétienté et* l'idée de Croisade, vol. 2, p. 19。「菲力普・奧古斯特考慮的根本不是出征的勝利，而是他流傳後世的王國。」(ibid.)

而不顧。理查獅心王留在耶路撒冷，得到薩拉丁的允許，讓他的軍隊在聖墓前表達他們的虔誠。

當時有些人認為君主無力解放耶路撒冷是因為達官貴人的行為無恥卑劣。王公貴族與富豪們沒有真心懺悔，當然無法得到天國的沐恩，也無法親臨聖地。聖地是屬於窮人的，他們才是東征十字軍的真正力量。「帝國多次的努力失敗，儘管有所謂救世主降臨的傳說，但仍證明了解放聖地這一任務不能由世間的權勢階級來實現。」㉛當教宗英諾森三世（Innocent III）發起第四次東征時（1202-1204），他親自寫信給納伊的傅爾格（Foulques de Neuilly）。照保羅・阿爾方德力的說法，這位貧窮人民的教士是「十字軍東征史上最為傑出的人物之一」。

傅爾格強烈地抨擊了富人與君主們，並認為苦修與道德改革是東征的根本條件。但傅爾格在西元 1202 年去世，而當時的東征隊伍已經出發，這第四次東征成了歐洲歷史上最黑暗的階段之一。因為，十字軍軍士們受物欲的驅使，又為內訌所累，並沒有前往聖地，而是占領了君士坦丁堡，屠殺居民，並將城中財富洗劫一空。法蘭德斯（Flanders）的國王波多宛（Baudoin）被立為拜占庭的拉丁皇帝，而托馬斯・莫羅西尼（Thomas Morosini）成了君士坦丁堡大主教。 (104)

無需講述最後幾次東征以及那些失敗的結局。要提到的是，巴巴羅薩的孫子弗雷德烈克二世（Frederick II）雖然被教皇開除教籍，在西元 1228 年成功地進入聖地，並從蘇丹那裡占領了耶路撒冷，西元 1229 年他自己加冕為王。十五年之後，耶路撒冷於西元 1244 年落入了馬穆魯克騎兵（Mameluks）的手中，從此之後西方就未能再征服耶路撒冷。在那一世紀結束之前斷斷續續進行了許多次東征，但毫無結果。

誠然，十字軍東征開放了東歐與西歐之間的往來，而且開始了與伊斯蘭教的接觸。但是，沒有這些血腥的征伐，文化交流也是可以進行的。十字軍加強了教宗的威望，促進西部歐洲君主政體的形成與發展。但是，十

㉛　Ibid., p. 40.

字軍東征大大削弱了拜占庭的力量，讓土耳其人長驅直入巴爾幹半島，深入腹地，並嚴重破壞了與東方教會的關係。而且，十字軍成員的野蠻行徑激起了穆斯林對基督徒的憎恨，許多穆斯林統治六個世紀之久的教堂，最終因十字軍東征而被毀掉。

　　然而，儘管十字軍東征的政治化，這群體性的運動始終帶著末日論的色彩。證據之一就是西元 1212 年在法國北部和日耳曼地區，突然出現了許多兒童十字軍。這些運動的自發性看來並無可疑之處。當時有人這麼說：「沒有人教唆他們，沒有來自國外或國內的力量。」[32]那些孩子們的「最大特點就是年幼，非常貧窮，大多是牧童」，[33]他們成群結隊向前邁進，窮人們紛紛加入他們的行列。大概總共有三萬名孩童，一邊高歌，一邊行進。當人們問他們要去哪裡，孩子們就回答說：「去上帝那裡。」據當時一名編年史作者的說法：「他們意圖穿越大海，實現權貴與國王們未能完成的壯舉，奪回耶穌的聖墓。」[34]

(105)

　　教會人士大都反對孩子們的做法。法國孩童的東征以災難收場：到達馬賽之後，他們登上七艘巨大的船隻，但其中兩艘在撒丁尼亞（Sardinia）附近遇到暴風雨而沉船，船上乘客無一倖免。兩名船主出賣了其它五艘船，一直開到亞歷山大港，在那裡，孩子們被船主賣給了撒拉森（Saracen）首領們以及奴隸販子。

　　德國的兒童十字軍東征也有相同的情況。當時的記錄敘述在西元 1212 年「出現了一名叫尼古拉斯（Nicholaus）的孩子，他身邊聚集了許多孩童與婦女。他宣稱，遵循一位天使的指令，他必須前往耶路撒冷，救出上帝的十字架。而且，大海會像以前在以色列人身上發生過的一樣，為他們分出一條道路」。[35]他們沒有任何武裝，從科隆（Köln）地區出發，南下萊茵河，穿越阿爾卑斯山，到達了義大利北部。有些人一直走到熱那亞

---

[32]　Ibid., p. 118.

[33]　Ibid., p. 119.

[34]　Reinier, cited by Alphandéry and A. Dupront, ibid., p. 120.

[35]　*Annales Scheftlearienses,* text cited by Alphandéry and Dupront, ibid., p. 123.

（Genoa）和比薩（Pisa），但最後被驅離。抵達羅馬的人才發現沒有任何正式的宗教機構會支持他們。教宗反對他們的計劃，年幼的十字軍只得打道回府。正如一位編年史家在《卡爾巴桑斯年鑑》（*Annales Carbacenses*）中所說：「他們光著腳，餓著肚子，一語不發地踏上歸途。」沒有任何人幫助他們。另一名證人寫道：「他們當中很多人死於飢餓，屍體橫陳於村莊、公共場合，無人葬之。」[36]

　　阿爾方德力與杜普隆兩人在這些運動中看出，兒童在虔誠民眾中的特殊地位。這是許多因素造成的，既有無辜者的神話，又有耶穌提高了孩童的地位，以及民間對於國王與伯爵進行十字軍東征的反抗心理。同樣的反抗心理出現在早期十字軍東征「塔富爾」（Tafurs）的傳說中。[37]「除非奇蹟發生不然不可能再度征服聖地，而奇蹟只會發生在最純潔的人身上，即兒童與貧者。」[38]

　　十字軍東征的失敗並沒有摧毀末世論的期待。托瑪索・康帕內拉 (106)（Tommaso Campanella）在他所撰寫的《論西班牙君制》（*De Monarchia Hispanica*，1600）一書中，懇求西班牙國王資助再次發起東征，以征服土耳其帝國，並在勝利後建立全世界的君主制。三十八年之後，國王路易十三（Louis XIII）和奧地利安娜（Anne）王后為新生兒——未來的路易十四——慶生時，康帕內拉獻上《贊辭》（*Ecloga*）表示慶賀，文中他預言聖地的收復與世俗制度的改革。照他的說法，年輕的國王將在一千天之內征服整個地球，消滅所有的魔鬼，也就是說臣服所有的不信基督的王國，解放希臘。回教勢力將被趕出歐洲；埃及與伊索比亞將重新信仰基督教，韃靼人、波斯人、中國人以及整個東方都會信仰基督教。

　　全世界的人民將有一個統一的基督教信仰，而這個全新的世界只有一個中心：耶路撒冷。康帕內拉寫道：「教會制是從耶路撒冷開始的，它必

---

[36]　見 Alphandéry and Dupront, ibid., p. 127. 所引述。

[37]　「塔富爾」（流浪者）是一群窮人，他們手持刀、狼牙棒和斧頭，跟在十字軍人後面；cf. Norman Cohn, *The Pursuit of the Millennium,* pp. 67ff.。

[38]　Alphandéry and Dupront, *La chrétienté,* p. 145.

將回到耶路撒冷，在此之前，它會先征服整個世界。」㊴在他後來的論文
《論第一次與第二次再生》（ *La prima e la seconda risurrezione* ）中，康帕
內拉不再像聖伯納那樣，把對耶路撒冷的征服看作是走向天國耶路撒冷的
一步，而把它看作是救世時代的真正降臨。㊵

269. 羅馬式藝術與宮廷愛情故事的宗教意義

　　十字軍東征的時代同時也是偉大精神創作的輝煌時代。在這一時代
中，羅馬式藝術到達高峰，哥特式藝術得到前所未有的發展，艷情詩與宗
教詩篇紛呈，並出現了亞瑟王（King Arthur）傳奇與崔斯坦與伊索德（Tri-
stan and Iseult）的小說。經院哲學與神祕主義獲得大勝，著名大學也在此
時期建立，最重要的修會紛紛出現，巡迴說教之風大興。然而這同時也是
一個充滿禁欲主義與末世論的時代，它們當中大多並非正統，有些明顯屬
於異端。

　　這裡無法一一詳盡介紹這些流派，儘管它們值得大書特書。在此只強
調一點，最偉大的神學家與神祕主義者（從聖伯納〔10901 － 1153〕到艾
克哈特大師〔Meister Eckhart，1260 － 1327〕），以及最具影響的哲學家
（從坎特伯利的安瑟倫〔Anselm of Canterbury，1033 － 1109〕一直到聖多
瑪斯・阿奎那〔1223 － 1274〕，都在這充滿危機與轉型的時代，在這徹底
改變了西方精神世界的時代完成了他們的著作。

　　此外，西元 1084 年成立了加爾都西會（Carthusian Order），西元 1098
年在第戎（Dijon）附近的錫托（Citeaux）成立了西多會（Cistercian），接
著西元 1120 年在普雷蒙特雷（Prémontré）成立了議事司鐸制度。再加上
聖多明我（Saint Dominic，1170-1224）和亞夕西的聖方濟各（Saint Francis
of Assisi，1182-1221）各自創辦的修會，這些修會在之後四個世紀的宗教

㊴　康帕內拉對他《贊辭》第 204 句的注，引述自 Dupront, "Croisades et eschatolo-
　　gie," p. 187。

㊵　Romano Amerio 的新注釋版本（Rome, 1955）p. 72; Dupront, ibid., p. 189。

與思想生活中扮演重要的角色。

接下來將對千禧危機中世紀象徵世界的基本結構進行分析。首先要說明，十一世紀初發展出一個新的社會結構。西元 1027 年左右，大主教拉恩的阿達貝爾特（Adalbert of Laon）寫信給國王，信中說道：「信徒們只形成了一個團體，而我們國家總共有三個團體……。我們原本以為唯一的上帝之屋，現已一分為三：有人在祈禱、有人在征戰、還有人在勞動。這三個共生的部分不容分開……。因此，這群體的三部分仍可看作是一體的，正因如此，法律才能戰勝不義，世界才有和平。」[41]這一模式讓人想起喬治·杜美夕（Georges Dumézil）精采分析過印歐社會的三分現象。（第 63 節）

首先讓我們感興趣的是宗教的、更確切地說是基督教的象徵意義，社會的區分即因它而產生。事實上，世俗與神聖相混合，這種想像可說是所有傳統文化的特徵。一開始這個想像便影響了宗教建築，這點不令人陌生，並體現在基督教長方形大教堂的結構中（第 257 節）。羅馬式的藝術 (108) 同樣表現了這種象徵意義並促進它的發展。大教堂即是「世界的形像」（imago mundi），宇宙象徵意義既統合了這個世界又將它神化。「宇宙是通過神聖的視野而被理解的，不管是宇宙中的石頭或花朵，動物還是人。」[42]

確實，在大教堂中我們看到宇宙中所有的生存方式、生命的各種角度與人類的工作，包括宗教史上的人物與事件，甚至天使、怪物與魔鬼。大教堂的裝飾物涵蓋無窮盡的宇宙象徵意義（太陽、黃道帶、馬、生命之樹），同時又涉及聖經與神話故事的主題（魔鬼、龍、鳳、人頭馬身

---

[41] Duby, *L'An Mil,* pp. 71-75. 在十一世紀，這一模式「表現了對社會的再塑；這個社會包括了由修道制度以及上帝之誡管束的僧侶階層、具有軍事能力的貴族階層，以及一群農業精英，他們透過墾荒與辛勤工作得到提升精神領域的權利」；Jacques Le Goff, *Histoire des religions,* vol. 2, p. 817； by the same author, *Pour un autre Moyen Age,* pp. 80-90; and G. Duby, *Les trois ordres ou l'imiginaire du féodalism,* pp. 62ff.。

[42] M. M. Davy, *Initiation à la symbolique romane,* p. 19.

獸），或者是教育（每月應完成的工作）。[43]我們可以區分出兩個互相對立的世界：一邊是醜陋、畸形、妖魔鬼怪般的東西，[44]另一邊則是榮光中的基督、教會（以女人來代表）以及自十二世紀以來在民間信仰中地位越來越重要的聖母。這種對立是真實的，它的目的是明顯的。但是羅馬式藝術的精髓正是它那閃爍的想像力，以及將神聖、世俗與想像世界的一切存在匯集在同一個整體中的願望。

本書感興趣的，不只是這樣的圖像對民眾宗教教育的意義，還包括它對想像力與符號思維的激發。觀賞這些豐富多彩的圖像，基督徒可與許多象徵世界相溝通，包括宗教的以及非宗教的。信徒們漸漸進入一個價值與意義的世界，對某些人來說，這些世界變得比日常經驗世界更為「真實」，更彌足珍貴。

圖像、手勢和儀式行為的力量，還有史詩敘事、抒情詩歌以及音樂的作用即在於，領導人類進入一個與真實世界平行共存的想像世界裡，使他經歷原本無法獲致的心理體驗以及精神感悟。在傳統的社會裡，文學與藝術的創造發軔於宗教與準宗教活動。[45]在此不需詳述吟遊詩人的創作以及他們的宮廷愛情觀。而值得注意的是，此類文學帶來了激進的創新，特別是對女人以及婚外情的讚揚，關於這點不只有文化史學者深感興趣。我們知道在中世紀貴族世界中婦女的地位低微，涉及婚姻的經濟或政治因素很少受到重視，而丈夫對妻子的態度普遍粗魯或無所謂。在十二世紀受到禮讚的「真正愛情」意味著一種高層次的、較全面的文化，甚至包含著禁欲與神祕主義色彩，這只有在那些細膩而有學識的女子身上才能找得到。

特別是在當時的波瓦提（Poitiers），我們可以見到這樣的才女，確切地說，在著名阿基坦的埃莉諾（Aliénor〔Eleanor〕of Aquitaine）的城堡

(109)

---

[43]　Cf. ibid., pp. 209ff..

[44]　這讓聖伯納很不快：「在我們的教區內出現這些可笑的魔鬼、令人害怕的美麗和美麗得讓人害怕的東西，這些究竟竟味著什麼？」*Apologia*, 12, 29, as cited by Davy, ibid., p. 210。

[45]　正如深層心理學所指出的，同樣的機制，雖然不再那麼豐富，不再那麼冠冕堂皇，卻也可以在現代世俗化的社會中看到。

裡。這位女士是第一位著名的宮廷愛情詩人波瓦提的威廉（William of Poitiers，1071-1127）的孫女兒，後來成了法國與英國的王后。好幾百名王子、伯爵和騎士們，以及公爵夫人與伯爵夫人們在這一特殊的文化圈子內受到「教育」。主持這一圈子是埃莉諾的女兒，香檳省的瑪麗（Marie de Champagne）。當時還設立了一個愛情法庭，這個特殊的法庭有它的條款，還進行了不少審判，現有史料可查。⑯女人覺得她們可以教導男人，「用一種微妙的新方法體現她們的權力。男人們只有馴服、接受指引與教育的份。埃莉諾指點他們通向貝阿特麗絲（Beatrice）的路。」⑰

詩歌的主題一直是愛情，以一種通俗、但既奔放又隱晦的方式表達出來。貴婦人是已出閣的女子，她知道自己的價值，也關心自己的聲譽。因此，愛情的神祕有決定性的意義。由於各種社會與感情的禁忌，情人被迫與貴婦人分離。詩人一邊讚揚貴婦人的種種優點與特質，一邊低嘆自身的孤觸與痛苦，同時也吐露了他的希望：即使是遠遠地見上貴婦人一面，碰觸她的衣裾，甚至一親芳澤，得到一個吻。

這一長久求而不得的愛情體驗既是禁欲，也是精神體驗的學習過程。 (110)發現完美的女人，以此作為創作的動機，歌頌她的美貌與美德，墜入愛河的情人走進象徵與意象的相似世界中，在那裡身為世俗人的存在得到持續的改變。既使在有些情況下，詩人得到貴婦人全部的愛，也會有相同的轉變過程。⑱因為對於這種步步為營、由禁欲、淨化道德和激情所操控的儀式而言，占有是最終的報酬。

這一情愛遊戲的儀式性特徵是無可非議的。一方面，我們可以發現它與坦特羅派（Tantric）性愛技巧的相似之處，（第39章）因為就字面與相

---

⑯ 出現在 *André Le Chapelain's De arte amandi.* 這篇簡短的論文的翻譯與評注見 *J. Lafitte-Houssat, Troubadours et Cours d'Amour,* pp. 43-65。

⑰ Friedrich Heer, *The Medieval World, Europe, 1100-1350,* p. 137.

⑱ 見 Moshe Lazar, *Amour courtois et Fin'Amors dans la literature du XIIe siècle* 中的資料以及批評分析。況且，香檳省的瑪麗十分清楚地區分了婚姻與愛情「情人之間什麼都互相答應，而且是心甘情願，不計報酬的，而夫婦間出於義務而必須互相忍受對方的意志而不拒絕。」

關性而言，它可以從微妙的生理學，也可以從純精神性的層面加以理解。另一方面，它也可以跟印度教毘濕奴崇拜某些流派的虔誠相較（第 39 章），因爲在那裡，神祕主義體驗是通過一名已婚女子拉達（Rādhā）對年輕的神克里希那（Krishna）的愛情來表現的。這一例子有其獨特意義。首先，它確認了激情情愛的眞實性與它的神祕價值；另外，它有助於區分傳統基督教中「神祕的結合」（unio mystica，此術語指靈魂與耶穌如婚姻般的結合）以及印度教的特殊傳統，後者爲了特別強調由於神祕體驗以及跟世俗道德觀念徹底決裂的絕對性，而脫離受人尊重的婚姻機制，並凸顯它的對立面，即婚外戀情。

270. 祕傳學説與文學創作：吟遊詩人、愛情的忠實信徒以及聖杯的傳奇

二至三世紀的諾斯替教者之後，人們第一次在騎士宮廷詩中讚揚女人的精神尊嚴和宗教價值。[49]按照許多學者的說法，普羅旺斯省的吟遊詩人從西班牙的阿拉伯詩歌中汲取靈感，這些詩歌讚美女子以及她所喚醒的精神之戀。[50]除此還要考慮到十二世紀重新發現並重新評價克爾特人、諾斯替教以及東方思想的元素。另一方面，當時對聖母的崇拜相當普遍，這也間接將女人神聖化。一個世紀後的但丁（Dante, 1265-1321）更將此發揮得淋漓盡致：他把初遇時仍是少女、後來再相遇時已是佛羅倫斯貴族之妻的

(111)

[49] 許多神祕哲學的書籍把神聖的母親視作「神祕主義的靜寂、聖靈與智慧」。「我是居住在光中的思想，我存在於萬物之先，我影響了每個創造物……我是在全部之中看不見的唯一」（Elaine Pagels, *The Gnostic Gospels,* pp. 55ff.）。在一首神祕哲學的詩歌《雷霆，完美的神》（*Thunder, Perfect Mind*）中，一個陰性的力量宣稱：「我既是第一位，又是最後一位……我既是妻子又是處女……我既是母親又是女兒。」（ibid., p. 56）

[50] 見 Menéndez Pidal, *Poesía árabe y poesía europea;* García Gomez, "La lírica hispano-árabe y la aparición de la lírica romance" and the works cited by Claudio Sanchez-Albornoz, "El Islam de España y el Occidente," pp. 178-79, n. 56。

貝阿特麗絲神化了。她比天使與聖人更高一等，不受罪惡的誘惑，幾乎可以與聖母相媲美。她成了人類（以但丁為代表）與上帝之間新的中間人。當貝阿特麗絲準備好在人間天堂出現時，有人高喊：「來吧，自由之女。」《煉獄篇》（*Purgatorio* 31，11）這是〈雅歌〉（4，8）中著名的一段，為教會所採用，而人們只為聖母或教會本身才會唱起這一段。㊶這是將女人神聖化最為顯著的例子。當然，貝阿特麗絲代表的是神學，也就是靈魂獲救的祕密。

但丁寫《神曲》為了解救人類，他不是用理論說教來改變人類，而是藉由駭人的地獄與美好的天堂來震撼讀者。透過典型的例子闡述傳統的觀念，但丁並非唯一的一個人。在傳統觀念中，藝術尤其詩歌是一種方法，不僅能散播形上學或神學的教義，同時也能喚醒並拯救人類。

另一個運動明確凸顯了愛情與女人拯救人類的作用。這一運動的核心 (112)
是文學性的，但實際上包含著玄妙的諾斯替教基礎，甚至一種啓蒙性的儀式。這就是所謂的「愛情的信徒」運動，㊷自十二世紀起可以在普羅旺斯、義大利、法國和比利時看到此一運動的代表人物。愛情的信徒由祕密精神性的民兵所組成，目的在表達對「唯一女人」的崇拜，並啓蒙人類進入「愛情」的神祕世界中。所有的成員都使用一種祕密語言，避免「粗俗的人」掌握他們的學說，如同此運動中最傑出的代表人物之一弗朗切斯科・達・巴爾貝里諾（Francesco da Barberino, 1264-1348）所言。另一名愛情的信徒白細歐的雅克（Jacques de Baisieux）在他的詩歌《愛情值得自豪》（*C'est des fiez d'Amore*）中要求人們「不許洩漏愛情的忠告，一定要隱藏得十分小心」。㊸白細歐的雅克藉由解釋「愛情」（Amor）一詞的意義，

㊶ 在另一處(*Purgatorio*, 33. 10ff.), 貝阿特麗絲將基督的話用到自己身上：「只有短暫時間你們見不到我，然後再等一段時間，你們又能再見到我。」（〈約翰福音〉16：16）

㊷ Cf. Liuge Valli, *Il linguaggio segreto di Dante e dei Fedeli d'Amore;* R. Ricolfi, *Studi su i "Fedeli d'Amore,"* vol. 1.

㊸ 「不可洩漏愛情的默契，而應好好隱藏……」（《愛情值得自豪》，第 499-500 句，as cited by Ricolfi, *Studi,* pp. 68-69）。

來說明愛情啓蒙的精神本質：

> 「A 單獨拆開時意思是無，mor 則為死亡；
> 而一旦將它們相聯結，意指沒有死亡。」[54]

　　「女人」象徵超越性的智能，也就是智慧。對女人的愛能讓人們從因教宗無能而墜入昏暗的基督教世界中清醒過來。事實上，「愛情的信徒」詩文常提到一名「非寡婦的寡婦」，即「智慧的瑪丹娜」，她因爲教宗丈夫獻身於世俗事務、忽略了屬靈生活而成了「寡婦」。

　　應該說，這一運動並非異端，只不過這群人不再承認教宗是基督教社會的精神領袖。我們對他們的入會儀式一無所知，但它應存在，因爲愛情的信徒們組織民兵，並未經常祕密聚會。

(113)　　況且，從十二世紀起，祕密以及隱藏祕密在各種圈子與社會階層廣泛流傳。「愛情的信徒以及許多宗教團體都有自己的祕密語言，而那些小型祕密團體的成員則通過標記和符號，通過顏色與暗號來相互辨認。」[55]「祕密語言」以及各種傳奇人物和神奇故事的創作就構成了準宗教的現象。證據就是在十二世紀，圍繞著亞瑟王發展出關於圓桌武士的小說。此外，直接或間接地受到了阿基坦的埃莉諾和香檳省的瑪麗教育影響的新一代不再欣賞古老的英雄傳奇之歌，查理曼大帝的地位現在被傳奇的亞瑟王所取代。在《布列塔尼傳奇》（*Matière de Bretagne*）詩人們得到大量人物與故事的素材，[56]其中大部分源於克爾特人的傳統，同時又融入其他如基督教、諾斯替教與伊斯蘭教的元素。

　　受香檳省瑪麗賞識的特魯瓦的克雷田（Chrétien de Troyes），他是第一位掀起大眾對亞瑟王傳奇熱情的詩人。對於他的生平，我們幾乎一無所知，只知道他從西元 1170 年左右開始寫作，寫下了五部詩體的長篇小說，

----

[54]　As cited by Ricolfi, ibid., p. 63.

[55]　F. Heer, *The Medieval World*, p. 258.

[56]　亞瑟王、帕西法、藍斯洛；關於「荒原」的主題，彼岸世界的美妙物體等。

其中最有名的是《藍斯洛》（*Lancelot*）、《埃利克》（*Erec*）和《帕西法》（*Percival*）。從研究的框架來看，可以說關於圓桌武士的小說創造了嶄新的神話，它們向聽衆與讀者展現了「神聖的歷史」，以及領導騎士與情人一舉一動的典範人物。另外還需說明的是，關於騎士神話在文化上的影響遠比它的歷史更爲重要。

首先來看看遠古元素的數量和內容，特別是關於啓蒙的儀式非常之多。很多故事都涉及到對神奇物件漫長而曲折的尋找，這包括主人翁進入另一世界的過程。進入騎士團體所必須遵守的規章讓人聯想到進入類似「兄弟會」（Männerbünde）祕密團體的考驗。例如帕西法必須在一個小教堂裡過一夜，那裡躺著一個死了的騎士。當雷聲轟鳴，他看到一隻黑手熄滅了唯一的燭火。(57)這正是典型的入會禮守夜儀式。主人翁必須經歷無 (114)
數的考驗：他得通過一座橋，橋要不是坍塌落水，就是鋒利得像把長劍，或者有怪物或獅子守衛著。之後，在城堡的入口有精靈或魔鬼把門。所有這些戲劇性的情節讓人聯想起通往陰間的黃泉路，以及墜入地獄的重重煎熬。

當活生生的人踏上這樣的旅行時，旅行就像是祕密社團入會禮的一部分。這種冒險之旅是爲了求得長生不死或達到其他的目標。亞瑟王傳奇系列中的人物所經歷的無數考驗都可歸於同一類型：通過考驗後，英雄治癒了國王的怪病、大地回春或是英雄自己成爲國王。

當然其中也能找到一些基督教因素，但並非完全正統。主要還是關於騎士榮譽的神話，以及對女人的極致讚美。(58)這個充滿了入會禮儀式與戲劇情節的文學在當時受到普遍的歡迎，對我們的研究來說是非常的珍貴。人們是那麼津津有味地聽著這些充滿古老入會禮儀式的英雄傳奇故事，證明這樣的冒險故事滿足了中世紀人的內心需求。

---

(57) Jean Marx, *La Légende arthurienne et le Graal,* pp. 218ff.

(58) 比方說，在特魯瓦的克雷田的《藍斯洛》中。至於美麗哀怨的動人的崔斯坦與伊素特的故事，照 R.S. Loomis 的說法，「可以說是中世紀世俗故事中流傳最廣的」。（*The Development of Arthurian Romance,* p. 90）

　　同時也要注意到這些作者希望透過他們的作品，來傳達某些傳統祕傳學說，就像愛情的信徒們所做的一樣，或是傳達信息以「喚醒」讀者，如但丁筆下人物所發揮的功能。關於聖杯（Grail）傳說的象徵意義以及圍繞它的種種戲劇情節就是這種情況。在源於布列敦（Breton）的最早關於亞瑟王的傳奇故事中，聖杯這一題材並未受到重視。直到西元 1180 年左右，聖杯才在克雷田那裡首次出現。正如方里埃斯（J. Vendryès）所說：「儘管克爾特文學豐富多彩，沒有任何一個文學作品可以為聖杯，這在中世紀文學中有許多變化版本的題材，提供素材。」[59]

(115)

　　然而，提供關於聖杯最完整故事以及最一致神話的人並非克雷田，而是一位德國騎士，沃爾弗拉姆‧馮‧艾興巴哈（Wolfram von Eschenbach）。艾興巴哈在西元 1200 到 1210 年之間寫了《帕西法》（*Parzival*），並承認他是從普羅旺斯的吉約特（Kiot）那裡聽來的。這部著作的結構比較複雜：第二到第十二章，以及第十三章的一部分是依據克雷田的版本，但在第十四章，艾興巴哈則對他那位傑出的前任者有所批評，可能是因為他不贊同克雷田講述聖杯的方法。艾興巴哈的小說令人驚訝的是，東方的成份非常多，而且非常重要。[60]

　　帕西法的父親加木雷（Camuret）曾在巴格達哈里發的軍隊裡效命。他的叔叔隱者特雷弗立珍特（Trevrizent）年輕時遊歷過亞洲與非洲。帕西法的姪子是傳教士若望（John），即那位統治「印度」知名又神祕的傳教士國王。而最早寫下聖杯的故事並將它傳給吉約特的，是一位「異教」（穆斯林兼猶太人）智者，名叫弗雷吉塔尼斯（Flégétanis）。

　　今天我們公認沃爾弗拉姆‧馮‧艾興巴哈當時關於東方世界的訊息，包括敘利亞、波斯一直到印度和中國，是既豐富又翔實。他可能是從東征的十字軍士兵和從東方回來的義大利商人那裡聽來的。[61]對本書來說，最

[59]　J. Vendryes, "Le Graal dans le cycle breton," p. 74.

[60]　況且，百分之六十的故事以東方作為情節背景。

[61]　見 Hermann Goetz, "Der Orient der Kreuzzüge in Wolframs *Parzival*." 照這位作者的看法，這部小說為藝術史帶來了全新的重要信息；比方說，沃爾弗拉姆描述了中國絲綢之路（比馬可波羅早一個世紀）、關於巴格達後期哈里發的宮殿，以及卡尼斯蘭（Kanishka）的寶塔等。

珍貴的是艾興巴哈講述到或僅提到與聖杯有關的神話、信仰和儀式。⑫和克雷田不同的是，艾興巴哈強調並稱頌安弗爾塔斯（Amfortas），即漁夫之王的豐功偉績。他是一個騎士團體的首領，這個騎士團體的騎士被稱為「聖殿騎士」，正如歷史上真正出現過的聖殿騎士團成員一樣，他們發誓不近女色。他們是上帝的選民，從事危險萬分的任務。有二十五位貴婦人保護著聖杯。

最近，兩位美國研究學者從聖杯一詞中（Grail 意為杯、瓶、盆）看出它是希臘文「火山口」（krater）的衍生詞。⑬這一詞源能夠解釋聖杯救贖 (116)
的功能。事實上，照《祕教集成》（*Corpus Hermeticum*）第四冊，上帝在一個火山口裡填滿智慧，並將火山口置於地上。他又派遣一名使者，讓他傳言給世人：「有能力做到的你，潛入火山口；相信可以回到創造這座火山口人那裡的你，知道為什麼來到人世。所有相信使者的傳言、並經過智慧洗禮的人，都獲得了知識，並因此成為完美的人，因為他們得到智慧。」⑭

煉金術思想影響了《帕西法》一書的說法是可信的，因為在十二世紀，隨著大批阿拉伯著作的翻譯，煉金術思想開始在歐洲為人所知。⑮至於在煉金術著作中提到知識的啟蒙功能，將在本書另一章節專門論述，（第 210 節）往後還有機會再提到它。

另一方面，祆教徒學者杰航杰爾・柯雅紀（Jahangir C. Coyajee）在西元 1939 年發表的一部著作中，提到聖杯類似伊朗王室聖火的故事，而在亞瑟王傳說與國王凱・高斯勞（Kay Khosraw）的傳奇之間也有相似之處。⑯

---

⑫ 甚至這三個神祕名字——吉約特、特雷弗立珍特和弗雷吉塔尼斯——的詞源也是有特殊含義的；有關此問題研究發展的現狀，參見第 270 節。

⑬ Henry and Renée Kahane, *The Krater and the Grail: Hermetic Sources of the Parzival*, pp. 13ff. 亨利・高爾彬接受這一假設，見其著作 *En Islam iranien*, vol. 2, pp. 143-54。

⑭ *Corpus Hermeticum* 4, 3-6, trans. by Festugière, vol. 1, p. 50.

⑮ Cf. Kahane and Kahane, *The Krater and the Grail*, p. 130ff.

⑯ Cf. Coyajee, in *Journal of the K. R. Cama Institute*, pp. 37-194; 在 Jean Marx, *La légende arthurienne*, p. 244, n. 9 中接受了此一比較。

亨利·高爾賓（Henry Corbin）也恰當地比較了這兩個不同的戲劇情節，伊朗的和西方的，包括騎士制度與啓蒙智慧，但避開了關於柯雅紀提出關於雙方有歷史接觸的假設。⑥⑦在眾多的相似點中，這裡只強調兩點，即雙方的精神騎士制度有相似的結構，以及凱·高斯勞國王與亞瑟王的交疊。⑥⑧此外要補充說明，在沃爾弗拉·馮·艾興巴哈的版本中，帕西法的兒子羅恩格林（Lohengrin）在騎士的伴隨下，將聖杯帶回了印度。

(117)　　不管一般如何詮釋艾興巴哈及其後繼者的著作，聖杯的象徵意義，以及圍繞著它的戲劇情節是相當明顯的。這是一種新的精神上的合成，從中可以發現各種不同傳統的貢獻。在對東方熱情的後面，可以看到人們對十字軍東征的極度失望，以及對宗教寬容態度的嚮往，這種寬容有助於基督教與伊斯蘭教的接近，並對以眞正的聖殿騎士團爲榜樣「精神騎士制度」的懷古之情（即艾興巴哈筆下的聖殿騎士）。⑥⑨

　　聖杯的故事明顯是一種綜合體，既有基督教的象徵（聖餐與標槍），又有源自煉金術的元素。即使不考慮亨利與勒內·卡哈畾（H. and R. Ka-hane）兩人提出來的詞源學是否合理（Grail有火山口之意），通過阿拉伯文著作而重新發現了煉金術看來是無庸置疑的。亞歷山大的煉金術讓人對通過知識的媒介實現啓蒙充滿希望，也就是一種對古老而普遍智慧的希望，這種希望在義大利文藝復興時代達到了頂峰。（第310節）

　　在所有關於亞瑟王的文學中，都無法確認騎士們所經歷的啓蒙考驗是否與眞正意義上的儀式相符合。同樣，我們也不能奢望藉由考證，去證明或否定聖杯被帶到了「印度」或東方的其他地方。正如亞瑟王隱退之地阿

---

⑥⑦　Corbin, *En Islam iranien,* pp. 155-210.

⑥⑧　Cf. Corbin, ibid., pp. 177ff.

⑥⑨　聖殿騎士團在東征時期成了主要的財政來源，他們聚集了巨大的財富，他們的政治威望也相當高。爲了將他們的財富占爲己有，國王菲力普四世（Philip IV）在西元1310年預謀了一次可恥的審判，指控他們缺乏道德，實行異教，兩年之後，教宗克雷芒五世（Clement V）徹底取消了聖殿騎士團制度。

瓦隆島（Avalon），或者是西藏傳統中神奇的土地香巴拉（Shambala），聖杯被帶至東方屬於神話的地域。重要的是聖杯消失的象徵意義；它說明了從某一特定的歷史時期開始，人們已與一種祕密的古老傳統脫節。

圍繞著聖杯而發展出種種戲劇情節至今還在激發人類的想像力與思考。整體而言，聖杯的神話屬於西方宗教史的一部分，雖然它有時似乎也與烏托邦思想史相混淆。

271. 約雅敬：新的歷史神學

約雅敬（Joachim of Fiore，義大利名為Gioacchino de Fiore）西元1135 （118）年生於卡拉布里亞（Calabria），在一次聖地之旅後，他便將自己的一生獻給上帝。他進入了柯拉佐（Corazzo）的本篤會修道院，並在那裡當到院長。長期以來，他致力於讓他所處的修道院進入西多會；但是西元1188年當西多會接納他們時，約雅敬與他的忠實信徒們已一起脫離了柯拉佐修道院。西元1192年他在聖喬瓦尼·迪·菲奧雷（San Giovanni di Fiore）成立了一個新的修會。

約雅敬跟當時最重要的人物均有往來：他與三位教宗會談過（三位教宗都鼓勵他寫下他的預言），並跟獅心王理查相遇（他向獅心王預言了許多事情，包括偽基督已經降生於世）。他於西元1202年3月30日去逝，這位菲奧雷的神父已是基督教世界裡最知名、最有威望的人物之一。但他也有強大的對手，我們將會看到，他們成功地貶損他的地位。他的著作龐大而艱深，包括一系列試圖重新詮釋經文的論述。⑦但是由於圍繞著他的預言出現了許多傳奇說法，有許多偽經書也以他的名義流傳。

然而約雅敬否認自己是預言家，他只承認自己有天賦可以解讀上帝留在歷史以及經文中符號的真正含義。他認為自己能解讀聖史的本領，來自於上帝的指點，有一次是在復活節前夕，又有一次是在逾越節期間。

---

⑦　其中最為重要的十六世紀初在威尼斯發表了。

⑦依照約雅敬的說法，兩個數字 2 和 3 主宰了世界歷史的各個時期⑦：兩部聖書（《新約》與《舊約》），上帝選擇的兩個民族（猶太人與異教徒）以及三位一體中的三者。

(119)　　第一個時期（他用的詞彙是第一個「位」）是《舊約》，是由聖父所主導的，這時宗教的特點是法律的絕對權威所帶來的恐懼。第二個時期是由聖子所主導的，是《新約》以及教會透過恩典神聖化的時代，這時宗教的特點就是信仰。這一時期會持續四十二代，每代大約三十年（依據〈馬太福音〉1：1－17 從亞伯拉罕到耶穌基督經過了四十二代）。按照約雅敬的算法，第二個時期在西元 1260 年結束，屆時出現第三個時期，它由聖靈所主宰，整個宗教生活將獲得充實的愛、歡樂以及精神的自由。但是，在第三個「位」到來之前，偽基督會統治三年半的時間，之間信徒們會經歷最後的、也是最為痛苦的考驗。⑦只有一位非常神聖的教宗以及真正的「屬靈強者」（由兩組宗教團體組成，一組是傳教士，另一組是沉思冥想的隱居者）才能抵擋得住誘惑。第一個時期是以已婚男人為主；第二個時期是以教士們為主；第三個時期則是以精神性很高的僧侶們為主。在第一個時期中，工作最為重要；第二個時期中，科學與紀律最為重要；而第三個「位」則將沉思冥想的參悟視作最高價值。

　　當然，這關於世界歷史的三段模式以及它與三位一體的關係是多層面的，因為約雅敬也考慮到二元的關聯（比方說，基督教歷史上的重要事件《舊約》已預言過了）。而他詮釋的獨創性是無需置疑的。首先，與聖奧古斯丁的想法相反，這位神父認為歷史在經歷了一段挫折之後，會進入到一個快樂幸福，又有屬靈自由的時代。因此，基督教的完美性可以在歷史的未來中達到，這一點是正統的神學無法接受的。因為這裡涉及到的是歷史，而非末世論，證據之一就是第三個時期也會出現敗落，直至衰亡與崩

---

⑦　　見 Bernard McGinn, *Visions of the End*, p. 130。

⑦　　Cf. Marjorie Reeves, *The Influence of Prophecy in the Late Middle Ages: A Study of Joachimism*, pp. 7-11.

⑦　　這裡是指猶太教與基督教關於世界末日的描繪。

潰，因為眞正的完美只在最後的審判之後才會展現。

可以預料的是，正是第三個時期具體的歷史事件引起了教堂的反抗、僧侶的熱情和民衆信仰的狂熱。約雅敬屬於教堂改革大規模運動的一部分，這種改革從十一世紀起就非常活躍。他期待一種眞正的改革，這是世界性的改變，神的意志在人類歷史上完全體現，並非是回到過去。⑭他並不排斥傳統的機制——教宗政權、聖事活動、神職人員——但認爲它們的作用並不太大。教宗的職責與權力大大地打了折扣。⑮在未來由聖靈主宰的教會裡，聖事活動可有可無。⑯至於神職人員並不會消失，但教會的指導工作將交由僧侶，那些眞正屬靈堅強的人。這種指導是屬靈的，並非對教會社會機構的統治與主宰。⑰

這位修道院院長還認爲，在第三個時期，基督的成就會在聖靈的指導下完成。但是這樣的觀念難道不會抹煞基督在拯救靈魂歷史上的中心地位？不管怎樣，約雅敬提出在未來的教會裡精神要超越教會機構，這與十三世紀的優勢力量相對立。從這點來看，約雅敬的觀點徹底批判了他所處那個世紀的教會制度。⑱這位菲奧雷的修道院長其實預示了後來出現的兩大基督教修會，而聖方濟各所創的修會明顯反映了約雅敬的思想。事實上，方濟會的信徒深信聖方濟各透過模範的生活方式、貧窮、謙卑、對所有生靈的普愛，他的生命便實現了基督新降臨的精神。

西元 1254 年在巴黎爆發了「醜聞」，因爲方濟會的成員杰拉多・德・波爾格（Gerardo di Borgo）以《永恆的福音書導論》爲題，發表了約雅敬的三篇文章，並加上了引言和注解。他宣布天主教教會的權威已接近尾

(120)

---

⑭　Cf. McGinn, *Visions of the End*, p. 129.

⑮　McGinn, "Apocalypticism in the Middle Ages," p. 282 修正了 Reeves, *The Influence of Prophecy*, pp. 395-97 中的觀點。

⑯　McGinn, "Apocalypticism," p. 282; 並參閱在注釋 82 中引用的參考書目。

⑰　這就是約雅敬死去半個世紀之後，方濟各派神修派成員仍不懂爲什麼他們沒有實踐「新生活」權利的原因；McGinn, ibid., p. 282.

⑱　McGinn, *Visions of the End*, p. 129.

(121) 聲，不久（1280）就會出現以聖靈爲首更崇尚精神的新教會。巴黎大學的神學家們利用這意想不到的好機會，將托缽的修會列爲異端，並指出他們的危險性。況且，約雅敬已經有一陣子不再是教宗面前的紅人了。西元1215 年他有關三位一體的教理受到批判。在《永恆的福音書導論》的「醜聞」之後，西元 1263 年教皇亞歷山大四世（Alexander IV）也批評了約雅敬的核心思想。

然而，仍然有許多重要的人物尊敬他，比方說但丁讓約雅敬出現在他著作的天堂裡。約雅敬作品的手抄本越來越多，並在西歐廣爲流傳。不管是直接還是間接地，他的思想影響了弗拉蒂切利（Fraticelli）的不發願修士與不發願修女（the Beghards and the Beguines）運動；而在維拉諾瓦的阿諾德（Arnold of Villanova）的作品及其弟子中能見到約雅敬的模式。[79] 之後，到十六世紀末和十七世紀初，第一批耶穌會傳教士發現了約雅敬第三個「位」看法的重要性。他們感覺到了當時出現的問題，以及與邪惡的最終鬥爭迫在眉睫。（而邪惡就是馬丁‧路德！）[80]

我們還可以在費迪南‧萊辛（Ferdinand Lessing）那裡看到約雅敬思想的意外延續，在他的《人的教育》一書中，這位哲學家闡發了一種思想，認爲持續而進步的領悟將匯流入第三時期。[81]萊辛思想的影響更爲廣泛，包括聖西門（Saint Simon）的追隨者、奧古斯特‧孔德（August Comte）以及他關於三個時期的思想。雖然是出於其他原因，費希特（Fichte）、黑格爾、謝林（Schelling）等人也受到約雅敬關於即將來臨、更新歷史的第三時期思想的影響。

---

[79] Cf. Reeves, *The Influence of Prophecy*, pp. 175-241.

[80] Reeves, ibid., pp. 274ff.

[81] 當然，萊辛認爲這是理性勝利的第三時期，通過教育而達到；但在他的觀點中，這同樣也是基督教啓示的實現。他帶著好感與尊敬引用了一些十三與十四世紀熱情的精神家，認爲他們唯一的錯誤就是過早宣告了「新永恆福音」的到來。 Cf. Karl Löwith, *Meaning in History*, p. 208。

第三十五章
伊斯蘭教神學與神祕主義教派

272. 主流的神學基礎

(122)　　　正如我們已經看到的（第 265 節），穆斯林民族（ummah）的整體性在遜尼派（Sunnis，建立在「聖訓」〔sunna〕之上）和什葉派分裂之後就消亡了，什葉派擁戴的是第一個「真正的」哈里發。而且，「從很早開始，伊斯蘭就已分化為數量驚人的派別或學派，互相之間經常爭鬥，有時甚至互相譴責，它們中的每一派都自稱是天啓真理的最佳擁護者。許多已隨歷史的演變而消失或衰敗。然而也有許多（而且經常是最古老的）一直保存到今天，這些具有旺盛的生命力，頗有永久延續下去之勢，新的內容豐富了祖先們遺留下來的信仰與思想」。①

　　　遜尼派過去與現在都代表了伊斯蘭中的主流。它的特點首先就是著重於《可蘭經》與傳統的字義理解，以及具有決定性作用的法令，即「神聖的法則」（shrî'at）。「神聖的法則」的範疇大於西方的法律制度。一方面，它不僅規定信徒與宗教團體及國家之間，還有信徒與上帝之間的關係。另一方面，「神聖的法則」表現出神的意志，如同向穆罕默德作出的

(123)　啓示。事實上，對遜尼派來說，法令與神學是不可分的。神聖的法則來源包括對《可蘭經》的詮釋；「聖訓」（或傳統）建立在穆罕默德的行為與訓誡之上；「公議」（「伊制馬儀」〔ijmâ〕）即穆罕默德的好友以及他們後繼者的共識；「伊智提哈德」（ijtihâd）即個人對聖書中未探討的問題進行思索。但有些學者把類比推理看作是法令的源泉之一，並認為「伊智提哈德」只不過是人們進行這一思維的方法。

　　　對我們來說，無需研究這四個被遜尼派視為經典的法律學派。②所有的學派都使用了被稱為「卡拉姆」（kalâm）的理性方法。「卡拉姆」在阿

---

①　Henri Laoust, *Les schismes dans l'Islam,* pp. v-vi.

②　包括哈納費特派（Hanafite），瑪基特派（Malikite），沙斐派（Shafite）和漢巴力特派（Hanblite）。Toufic Fahd, *L'Islam et les sectes islamiques,* pp. 31ff.中對各派的創始人以及最有代表性的人物作了簡明的介紹。

拉伯語中意指「談話」或「會談」，但最終的作用是界定神學。③最古的
神學家是默塔茲列特人（Mo'tazilite），這是由一群在巴士拉（Basra）的
思想家於伊曆第二世紀中葉依據初代伊斯蘭模式所形成的團體。大家很快
就接受他們的教理，在相當長的一段時間內，這些教理甚至成了伊斯蘭遜
尼派的官方教理。

默塔茲列特派五個教義中最爲重要的是前兩個：第一是「認主獨
一」，即神的唯一性；「眞主是獨特的，沒有任何人、事、物可以與他相
比；上帝旣非肉身，也非個體，他沒有物質，也沒有引人注意的外表。他
超越時間。他不固定在一個地方，或一個生命中；任何凡人的特性與形容
詞都不適合他。他不爲任何條件所制約或限定，他不生育，也不透過生育
來到世上……。他無需模仿，獨立憑空創造了世界。」④根據這推論，默
塔茲列特派否定神的特性，強調《可蘭經》是被創造的；第二是神聖的正
義，它包括了人的自由意志，所以人應爲自己的行動負責。

後三個教義主要涉及到個人的道德問題，以及宗教團體政治組織的問 (124)
題。

到了一定的時候，在哈里發阿瑪姆（al-Ma'mûn）繼位之後——正是這
位哈里發全盤接受了默塔茲列特派的教義並頒之爲國家官方教義，整個遜
尼派團體經歷非常嚴重的危機。團體的統一性多虧了哈里發阿沙立（al-
Asha'rî，西元 260-324 年，伊曆 873-935 年）才得以保存。⑤阿沙立雖然一
直都是默塔茲列特派的支持者，但他在四十歲時在巴士拉的大清眞寺公開

---

③　特別參閱 H. A. Wolfson 的巨著, *Philosophy of the Kalâm*。需要提到的一點是，「摩
　　塔凱力姆」（motakallim）一詞，（即「説話者」之意）衍生出了「摩塔凱力姆
　　們」這一詞，意爲「那些專管卡拉姆學問的人」，也即「神學家」，對有些哲學
　　家來説，比方説法拉比和亞味羅，「摩塔凱力姆們首先是佈道者，他們並不致力
　　於證明一個眞理，而是要通過神學辯證法的所有源泉，去維護他們的傳統宗教信
　　條。」（Henry Corbin, *Histoire de la philosophie islamique,* pp. 152-53.）
④　阿沙立語，Corbin, *Histoire,* p. 158. 參見 Wolfson 的整理説明，見 *Philosophy,* pp.
　　129ff.; cf. also Laoust, *Les schismes, s.v. mu'tazilisme, mu'tazilite*。
⑤　見 Wolfson, pp. 248ff., etc; Laoust, pp. 127ff., 177ff., 200ff.

宣布放棄信仰，後來並致力於調解遜尼派內部各流派的紛爭。針對在字面
上理解《可蘭經》，阿沙立提出理性論證的價值，但他也反對過分推崇理
性的力量。

照《可蘭經》的說法，對「格海布」（ghayb，即看不見的事物、超越
感性與神祕）的信仰在宗教生活中是不可或缺的。「格海布」超出理性論
證的範疇。阿沙立還針對默塔茲列特派，承認在《可蘭經》中關於上帝特
性的形容詞與名字都是正確的。無需知道「是如何進行的」，「信仰與理
性可以並行而不悖」。同時，《可蘭經》不是被創造出來的，因為它本身
是神的話語，而非「在特定時間中人的宣告」。⑥

雖然阿沙立的思想不斷受到來自默塔茲列特派與基本教義派的批評與
反擊，但在好幾個世紀以來，它幾乎是伊斯蘭遜尼派的主流。在這一思想
的諸多貢獻中，其中關於理性與信仰關係的深刻分析特別值得注意。一種
精神上的真相可以通過信仰或理性獲得。「然而，在每一個具體情況下，
更深入方式的條件是那麼的不同，所以無法將信仰與理性混淆在一起，也
不能將一個視為隸屬於另一個。」⑦高爾彬（Corbin）結論說：「阿沙立
的教義因為同時傾向默塔茲列特派與基本教義派，所以是一種超越這兩個
範疇的想像。」⑧在這個領域上，若從顯義轉向隱義，很難發展出關於啟
示的精神詮釋。

(125)

273. 什葉派以及隱義詮釋

與猶太教以及基督教一樣，伊斯蘭教是一種「聖書的宗教」。透過天
使使者向先知穆罕默德口述神訓，真主顯現在《可蘭經》中。從法律與社
會角度來說，信仰的「五柱」（第264節）構成了宗教生活的基本部分。

---

⑥　Corbin, pp. 165ff.

⑦　Ibid., p. 177. 也見 Fazlur Rahman, *Islam,* pp. 91ff; Wolfson, pp. 526ff。

⑧　Corbin, p. 177.「阿沙力主義能夠經歷那麼多攻擊與批評而不敗，那是因為伊斯蘭
　　遜尼教思想認同它。」（p. 178）

然而，穆斯林的理想是理解《可蘭經》「真正」的含義，一種存有學上的真理（haqîqat）。歷年來的先知們，尤其是穆罕默德，他們的文章受到神的啟發，其中宣告了「神聖的法則」。對這些文章可以有各種不同的詮釋，其中最顯著的就是字面上的詮釋。

依照穆罕默德的女婿阿里，即第一位哈里發的說法，「在《可蘭經》中，每一句都有四種含義：顯義（zâhir）、隱義（bâtin）、限制的（hadd）與神聖的（mottala'）。顯義是口頭誦讀的；隱義是屬於內心的理解；限制的意義是對那些允許與禁令的聲明；神聖的旨意，是透過每一句話，讓上帝在人的身上起作用」。⑨這一看法是什葉派所特有的，但它為許多穆斯林的神祕主義與神學者所接受。正如一位偉大的伊朗哲學家納西爾‧霍斯羅夫（Nasîr-e Khosraw）（十一世紀，伊曆五世紀）所說：「以神聖法則為主的宗教是真理顯義的一面；理念則是以神聖法則為主的宗教隱義的一面……以神聖法則為主的宗教是象徵（mithâl）；理念則是被象徵物（mamithûl）。⑩

真理經由啟蒙大師們傳給信徒們。對什葉派信徒來說，最好的精神導師，就是伊瑪目（Imâm）。⑪事實上，《可蘭經》古老精神的詮釋是由伊瑪目向弟子祕密傳授時所作的。這種傳授方式世代相傳，形成了一大部經書（在瑪里思〔Majlisî〕的版本中，有二六卷對開本）。由伊瑪目與什葉派作者們作出的詮釋主要建立在兩個關鍵字的互補上：「坦吉兒」（tanzîl）和「塔維兒」（ta'wîl）。「坦吉兒」指的是以神聖法則為主的宗教，即由天使的口述從上界來到世間神聖啟示的字面意義。相對地，「塔

(126)

---

⑨ Corbin, p. 30。Cf. 參考中世紀基督教神學中四個意義的理論（直面意義、隱喻意義、道德意義和類比意義）。

⑩ Translated by Corbin, p. 17。據說是先知本人的一個誡言：「《可蘭經》具有外在意義和隱藏的意義，一個顯義，一個隱義；而這一隱義又隱藏著一個顯義。」並以此類推，直至第七層隱義；cf. ibid., p. 21。

⑪ 必須知道阿拉伯語中「伊瑪目」一詞原指引導公眾祈禱之人，也就是哈里發本人。在什葉派成員看來，伊瑪目在精神導師職責之外，還代表了最高政治與宗教權威。

維兒」讓人回到起源，也就是說回到神聖啓示的眞正含義，最初的意義。根據一部伊斯瑪儀（Ismaili）著作的說法（第 274 節），「塔維兒」是要讓一件事物回到它的起源。相信塔維兒的人，就不會管一句話的外在形式（即顯義），而讓它回到眞理那裡去」。⑫

　　跟正統派的觀點相反，什葉派成員認爲在穆罕默德之後開始了一個新的周期，即「瓦拉雅特」（walâyat，意爲「友誼」、「保護」）。由於眞主的「友誼」，他向先知以及伊瑪目們啓示了聖書與傳統的祕密意義，因此先知與伊瑪目們能不斷地將信徒們引入神聖的祕密中。「如此看來，什葉派可說是伊斯蘭教中的諾斯替教徒。瓦拉雅特周期是伊瑪目們代替先知的時代，也就是隱義代替了顯義，眞理理念代替了以神聖法則爲主的宗教觀。」（高爾彬，引文同上，p.46）事實上，最初的伊瑪目們希望不必區分顯義與隱義，就能維持以法則爲主的宗教與眞理之間的平衡，但實際的狀況並不容許這種平衡，結果是什葉派的統一性瓦解。

　　在此將簡短介紹這戲劇性分裂的過程。除了哈里發伍麥葉的政治迫害以及正統派法則學者的反對外，什葉派還受到了來自內部分裂衝擊，造成許多派別和分裂主義。因宗教領袖是伊瑪目，即阿里的後代，在第六位伊瑪目雅發・薩迪克（Ja'far al-Sâdik，卒於西元 765 年，伊曆 148 年）去世(127)的那一年，爆發了一場危機。他的兒子伊斯瑪儀（Isma'îl），已經被父親指定爲繼任人選，但卻很早就去世了。一部分信徒們投到他的兒子穆罕默德・伊本・伊斯瑪儀（Muhammad ibn Isma'îl）旗下，並立他爲第七代伊瑪目；他們成了伊斯瑪儀派，或稱七世什葉派。

　　而另一批信徒則把伊斯瑪儀的兄弟穆薩・卡贊姆（Mûzâ Kâzem）看作是第七世伊瑪目，因爲他也是雅發任命的。他的後繼者一直傳到第十二世伊瑪目，穆罕默德・瑪赫迪克（Muhammad al-Mahdîq）。這位伊瑪目在五歲時，即西元 874 年，伊曆 260 那一年，在他父親去世的那一天失蹤。⑬

⑫　*Kalâm-e Pir*, translated by Corbin, *Histoire*, p. 27.
⑬　關於第十二世伊瑪目的消失以及它的後果（特別是精神上的後果），見 Henry Corbin, *En Islam iranien*, vol. 4, pp. 303-89。十二世伊瑪目的消失首先帶來了十年的

他們被稱爲十二世什葉派，或稱伊瑪密亞派（Imâmîya），此派擁有的人數最多。長年來這兩支什葉派的神學專家都對七與十二這兩個數字作了許多詮釋。⑭

　　從法則的角度來看，他們跟遜尼正統派最重大分歧在於以下兩個方面：⑴暫時性的婚姻；⑵允許人們隱藏自迫害時期產生的宗教意見。什葉派這兩個派別的創造性在神學上是很明顯的。之前已提及了隱義解釋與諾斯替教派的重要性。照某些遜尼派神學家以及西方學者的觀點，正是由於伊瑪目的祕密傳授，許多外來的觀念（特別是諾斯替教派與伊朗的思想），得以進入什葉派伊斯蘭教；比方說，一連串不同階段的神性發散（divine emanation）觀點以及在此引入伊瑪目的過程。之後還有靈魂轉生說，以及某些宇宙結構與人類學理論等。但是，在此要強調，類似的情況也出現在蘇非派（Sufism，第 275 節）、喀巴拉（Kabbalah，第 289 節）以及基督教歷史中。在所有這些情況中必須解釋的，不是事實本身──特別是對外來精神思想以及方法的接受與運用這一事實本身，而是對它們的重新詮釋，與對其融合體系所作的說明，有其重要性。

　　另外，伊瑪目的地位也讓大多數正統派紛紛起而批評，特別是因爲有些什葉派將他們的大師與先知等同視之。前面我們已經提到很多關於穆罕默德生平神話般的例子。例如：穆罕默德父親的頭上出現了一道光芒（顯然指「穆罕默德的榮光」）；穆罕默德是「完人」，是神與人類中間的訊息傳遞者，《可蘭經》中有一句，眞主對穆罕默德說：「假如你不存在的話，我就不會創造這個世界！」另外，對於許多神祕主義教團來說，一位信徒的最終目的就是要與先知融合爲一。 (128)

⑭　我們還應當提到第三支分派，即「贊迪亞」派，因第五世伊瑪目贊德（Zaid，卒於西元 724 年）而得名。他們人數很少，更接近遜尼派；事實上，他們並不認爲伊瑪目有超自然力量，這點跟伊斯瑪儀派的人正好相反。（第 274）

但是，對遜尼派教徒來說，伊瑪目無法與穆罕默德並列。他們也承認阿里崇高的地位與高貴性，但不接受除了他以及他的家庭成員之外就沒有合法繼承人的觀念。遜尼派成員尤其否認伊瑪目是受上帝啓示的這種想法，更不能接受伊瑪目是神的顯現的此一觀點。⑮事實上，什葉派人認爲阿里與他的後代是神光的一部分──或者，照另一些人的說法，他們具有神質，但這並未與「道成肉身」的想法相結合。更具體地說，伊瑪目是一種神性的展現，是一種神現（我們可以在一些神祕主義者那裡看到類似的想法，但不特指伊瑪目）。因此，對十二世的什葉派也好，對伊斯瑪儀派成員也好，伊瑪目是眞主與他信徒之間的媒介。他不能代替先知穆罕默德，但他完成前者未竟之業，並與之共享威望。這是一種大膽而又獨特的想法，因爲它讓宗教體驗進入一個新的領域。由於「瓦拉雅特」與「眞主友誼」的存在，伊瑪目可以發現伊斯蘭精神中未受人注意的範疇，並將之傳授給信徒。

274. 伊斯瑪儀派以及對伊瑪目的崇拜。大復活。瑪赫迪

由於有伊萬諾（W. Ivanow）的研究工作，我們才開始對伊斯瑪儀派漸漸有所了解。關於它的早期發展，很少有資料流傳至今。在伊瑪目伊斯瑪儀過世之後，依據傳統的說法有三名隱藏的伊瑪目。在西元 1094 年，即伊曆 487 年，伊斯瑪儀傳統分爲兩派：「東方派」（即波斯的成員），以阿拉穆特（Alamût）軍事基地爲中心（這一基地是位於裏海〔Caspian Sea〕西南部群山中的一個城堡工事）；以及「西方派」，即住在埃及與葉門的成員。

本書並不對伊斯瑪儀教複雜的宇宙結構、人類學與末世論進行分析。⑯此處只想說明一點，根據伊斯瑪儀派作者的觀點，伊瑪目的身體不是肉

(129)

---

⑮　在敘利亞的努薩伊里特人（Nussaïrites）是伊斯瑪儀派的一支，他們認爲阿里比先知更爲重要；有些人還將他神化，但這一觀念爲什葉派人所擯棄。

⑯　主要有初始的組織者、神祕的神祕，還有第一智性、精神上的亞當以及天上與地上兩個階層──依高爾彬的說法，是兩種互相對立的象徵──其存在的形成等

身；正如查拉圖斯特拉（Zarathustra）的身體一樣（第 101 節），他的父母吸入一滴來自天界的露水後生下他。通過伊瑪目的「神性」，伊斯瑪儀的神祕哲學可說明他「精神性的出生」，因而成爲一個「光之廟宇」，即一個純精神性廟宇的支柱。「伊瑪目的神性在於他是由其信徒各種形式的光所組成的神祕體」。（參見高爾彬，引文同上，p.134）

以阿拉穆特城堡爲基地，改革後的伊斯瑪儀敎派的敎理更爲大膽。⑰伊曆 559 年齋月 17 日（即西元 1164 年 4 月 8 日）伊瑪目當著所有信徒的面宣布「大復活」。「他宣告的內容所隱含的，就是一個解脫了所有法則的精神，解脫了一切法則的純精神性伊斯蘭已經到來，這是一種個人的宗敎，因爲它發現先知啓示的精神內容，並使其具有生命力。」（高爾彬，引文如上，p.139）蒙古人於西元 1251 年（伊曆 654 年）占領並摧毀了阿拉穆特城堡工事，但未能使這一活動滅絕；純精神性的伊斯蘭在蘇非派團體內以隱藏的形式繼續存在。

根據改革後的伊斯瑪儀派敎理，伊瑪目的地位比先知還崇高。「十二世什葉派成員認爲末世眞正到來時才會發生的事，在阿拉穆特的伊斯瑪儀 (130) 敎派那裡則被認爲是『現時的』，因爲他們將末世提前，在精神上反抗各種奴役。」（高爾彬，引文同上，p.142）伊瑪目是「完人」，或者說是「眞主的面孔」，所以伊瑪目的知識是「一個人對上帝能有的唯一知識」。照高爾彬的說法，在下面兩句格言中正是永恆的伊瑪目在說話：「先知們去了又來，不斷更替。而我們則是永恆的人」；「眞主的人不是眞主本身；然而他們與眞主是不可分的。」（高爾彬，引文同上，p.144）

因此，「作爲神的顯現永恆的伊瑪目證明了這種本體論：既然他是受

等。Cf. Corbin, *Histoire,* pp. 110-36。有關伊斯瑪儀主義的歷史見 Laoust, *Les schismes,* pp. 140ff., 184ff。

⑰ 阿拉穆特城堡工事和改良後的伊斯瑪儀主義在西方掀起了一場對「殺人犯」（assassin）的民間傳說（這一詞照西爾維斯特・德・薩西（Sylvestre de Sacy）的說法，源自「hashshâshîn」，即「吸大麻者」之意），見 S. Olschki, *Marco Polo's Asia,* pp. 368ff., 以及本書第 274 節參考書目。

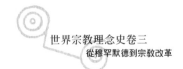

到啟示的，他本身就是相同本質的啟示。他是絕對的人，神的永恆面孔，是神的最高屬性，同時又擁有神最崇高的聲望。就他出現在世間的形體而言，他是最高言語的顯現，是每一個時代真理的守護者，是顯現上帝面孔永恆者的顯現」。（高爾彬，引文同上，p.144-145）

　　此外，相信人的自我認知比對伊瑪目的了解更重要。這是一種對於與隱藏的、不可見的、超越於各種感官之上伊瑪目「相會」的精神性了解。一篇伊斯瑪儀派的作品中有言：「一個人假如未認識他的伊瑪目就死亡，那他的死亡就是無知無覺的。」高爾彬在接下來的幾句話中總結了伊斯瑪儀哲學中最重要的訊息：「伊瑪目曾說：『我與我的朋友們無所不在，不管是在高山上，平原還是在沙漠中，只要他們尋找我，我就會在那裡。如果我向他顯示了我的本質，也就是對於我個人神祕的認知，那麼就不需要任何形體上的親近。這就是大復活。』」（高爾彬，引文同上，p.149）

　　不可見的伊瑪目在伊斯瑪儀教派以及其它什葉派分支的神祕主義體驗中扮演重要的角色。還要補充一點，關於精神導師的神性與聖性的類似觀點在別的宗教傳統中也有所見（印度、中世紀基督教、哈西第教派〔Hasidism〕）。

　　同時要指出的是，關於隱而不現伊瑪目的神話圖像大多與瑪赫迪（Mahdî），那位「嚮導」（也就是「真主所引導的人」）的末世論神話相關。瑪赫迪一詞並未出現在《可蘭經》中，許多遜尼派作者把他看作是歷史人物的化身。[18]然而，真正打動人的是他的末世論。對有些人來說，瑪赫迪就是耶穌（'Isâ），但大多數的神學家把他看作是先知的一名後代。對遜尼派成員來說，瑪赫迪雖然啟動了普遍性的更新運動，但他並不是什葉派成員眼中不可或缺的導師；什葉派人把瑪赫迪視為第十二世的伊瑪目。

(131)

[18]　見 D. B. Macdonald in the *Shorter Encyclopedia of Islam*, p. 310 中的參考書目。關於馬赫迪這一人物的傳奇與信仰方面最有權威、最仔細的介紹，cf. Ibn Khaldûn, *The Muqaddimah* (trans. by Rosenthal), vol. 2, pp. 156-206。

瑪赫迪在末世時代的隱藏與復出對民眾的虔誠態度以及千禧年危機發揮了作用。對有些教派來說（比方說凱沙尼亞派〔Kaisânîya〕），瑪赫迪是穆罕默德・伊本・哈那菲亞（Muhammad ibn al-Hanafîya）。他是阿里與妻子法特瑪以外的另一名女子所生的兒子。雖然他一直活著，但他躺在拉德瓦（Radwa）山上的一座墓中，他的信徒們企盼著他的歸來。就像所有傳統一樣，當末世接近時，人變得異常墮落，而且出現了一些特殊的徵兆，如聖石消失了，《可蘭經》忽然間變成滿頁的白紙，誰呼喚了阿拉的名字，誰就會被殺等。而瑪赫迪的出現對穆斯林來說，將開啓在大地上從未出現過的正義與繁榮時代。瑪赫迪的統治時代會持續五年、七年或九年。很明顯，在災難連綿的時代，人們誠心期盼瑪赫迪的出現。有許多政治家試圖通過自稱是瑪赫迪來獲得政權，甚至還成功了好幾次。⑲

275. 蘇非主義、祕傳派以及神祕主義經驗

蘇非主義是伊斯蘭教的神祕主義流派，同時又是穆斯林祕傳派中最重要的傳統之一。就字源學來看，在阿拉伯語中「蘇非」（sufi）一詞衍生於「羊毛」（suf）；即指蘇非派成員穿的羊毛大斗蓬。從九世紀（伊曆三世紀）開始，這個詞被普遍使用。照傳統說法，蘇非派的精神祖先是穆罕默德的追隨者，例如賽爾曼・發里西（Salmân al-Fârîsi），他是先知家中的理髮師，後來成了精神承傳與神祕主義啓蒙的榜；還有烏瓦伊斯・卡拉尼（Uways al Qaranî），穆罕默德曾多次讚揚他的虔誠。⑳蘇非派的苦行傾向究竟始於何時，我們無法詳細得知，㉑但很可能是在伍麥葉時代建立的。當時，有相當多的信徒對哈里發們一心只想擴充帝國地盤，而無視宗教活 (132)

---

⑲　比方說西元 1885 年蘇丹的瑪赫迪被基欽納（Kitchener）爵士擊敗。

⑳　See L. Massignon, "Salman Pâk et les prémices de l'Islam iranien"; Anne-Marie Schimmel, *Mystical Demensions of Islam*, pp. 28ff.

㉑　在伊曆三世紀，大部分蘇非是可以結婚的；在兩個世紀後，結過婚的蘇非成了極少數。

動的態度深感失望。㉒

最早的苦行兼神祕主義者是哈桑・巴士里（Hasan al-Basrî，卒於西元728 年，伊曆 110 年），他的虔誠與他的悲哀都是有名的；因為他總是想著最後審判的那一天。另一位苦行者易卜拉欣・伊本・阿德汗姆（Ibrâhîm ibn Adham）確定了苦行的三階段：⑴脫離世俗世界；⑵放棄因脫離世俗世界而產生的喜悅；⑶認識到世界是如此的不重要，根本不值得多看一眼。㉓

拉比婭（Râbî）（卒於西元 801 年，伊曆 185 年）是一名被主人解放了的女奴，她為蘇非派帶來對真主無私、全然的愛。愛真主的人不應對天堂或地獄有想像。拉比婭是第一位談到真主的嫉妒的女蘇非：「噢，我的希望，我的安慰，我的幸福！除了你以外，這顆心不可能愛其他的神！」㉔晚間的祈禱對拉比婭來說成了與真主綿長的談情說愛。㉕然而，正如近期的研究成果所證明，㉖雅發・薩迪克（卒於西元 765 年，伊曆 148 年），第六世伊瑪目以及古老派蘇非大師之一，他早就用神聖的愛情字眼來定義神祕主義體驗（「這是一股將人完全吞噬的神聖火焰」）。這證明了在什葉派與第一階段蘇非派之間有一種一致性。

事實上，伊斯蘭隱義的一面即為什葉派所特有。「聖訓」很早就將它
(133) 與蘇非派等同視之。按照伊本・克哈爾頓（Ibn Khaldûn）的說法，「蘇非派成員充滿了什葉派的思想」。同樣，什葉派成員認為他們的教理是蘇非主義的靈感源泉。㉗

㉒　後來，許多蘇非認為「政府」即是「惡」；cf. Schimmel, *Mystical Dimensions,* p. 30。同時也要考慮到基督教僧侶制度的影響；cf. Marijan Molé, *Les mystiques musulmans,* pp. 8ff。

㉓　Schimmel, p. 37.

㉔　翻譯見 Margaret Smith, *Râbî'a the Mystic,* p. 55。

㉕　翻譯見 ibid., p. 27。

㉖　Cf. Paul Nwyia, *Exégèse coranique et langage mystique,* pp. 160ff..

㉗　Cf. S. H. Nasr, "Shi'ism and Sufism," pp. 105ff。同時也要考慮到，在伊斯蘭教的頭幾個世紀裡，很難確定一位作者是遜尼派還是什葉派；ibid., pp. 106-7。當蘇非

　　不管怎樣，神祕主義體驗以及神祕哲學很難進入正統的伊斯蘭教中。一個穆斯林很難、也不敢去想像與阿拉有一種由精神之愛產生的親密關係。對他來說，只要全心信仰眞主，順從法則，並通過聖訓去理解《可蘭經》的教導就夠了。「烏里瑪」一般都具備淵博的神學知識，並對法律瞭如指掌，他們自認是團體中唯一的宗教領導者；然而，蘇非派都是強烈反對理性的人；對他們來說，眞正的宗教知識只有通過個人的體驗，以及與眞主的暫時交融才能獲得。在「烏里瑪」們看來，神祕主義體驗的結果以及蘇非派者對此的解釋，直接威脅到正統神學的基礎。

　　另一方面，蘇非主義的「道路」使得他們必須有「弟子」，包括他們的入會禮，以及教師長期的教導。這種教師與弟子之間的特殊關係往往導致對「大師」與聖人的崇拜。正如胡葉維立（al-Hujwîri）所說：「我們要知道，蘇非主義的原則與基礎，以及對眞主的了解，是建立在聖性上的。」[28]

　　所有這些創新都讓「烏里瑪」感到不安，不僅是因爲他們的權威受到威脅或蔑視。對於正統神學家來說，蘇非派成員簡直就是異端分子。我們可以在蘇非主義中視到新柏拉圖主義、諾斯替教和摩尼教的影響，而這些影響被看作是瀆神且有害的。有些蘇非派者——如埃及的德胡爾努（Dhû'l-Nûn，卒於西元859年，伊曆254年）和努里（al-Nûrî，卒於西元907年，伊曆295年）——被懷疑爲異端分子，在哈里發面前受到指控，而有些大師如哈拉智（al-Hallâj）和索赫拉瓦爾迪（Sohrawardî）最後被處死刑（第 (134) 277、280節）。這導致蘇非派者只能在極爲狹小的信徒圈子中，對一些最可信任的弟子傳授他們的經驗與思想。

　　然而，整個蘇非運動繼續發展，因爲它「能滿足人們的宗教需求，這

大師開始介紹對精神啟蒙和「神的友誼」新注釋時（見下文），便發生什葉派與蘇非派之間的分裂。什葉派蘇非從九世紀，即伊曆三世紀開始消亡，到十三世紀，即伊曆七世紀才重新出現。

[28]　*Kashf al-Mahjûb,* translated by R. A. Nicholson, p. 363; cf. H. A. Gibb, *Mohammedanism,* p. 138。

些部分因抽象的正統派教育而僵化，但在蘇非派者更爲個人化與感情化的實踐中得到了舒緩」。㉙確實，除了少數幾個弟子的祕傳教導之外，蘇非大師們還鼓勵人們進行公開的「精神音樂會」，包括唱宗教歌曲、以樂器奏出音樂（蘆笛、鑼、鼓）、跳神聖的舞蹈、或不斷覆誦神名（dhikr），這一切感動了大衆與宗教界精英。之後還會強調神聖音樂與舞蹈的象徵意義與功能。（第 282 節）不斷覆誦神名有點像東方基督教徒一種名爲「獨白」（monologisto）的祈禱，它的形式侷限在不斷覆誦上帝或耶穌的名字。㉚我們在後面還會看到，（第 283 節）這種覆誦的技巧（以及靜修派者的修持）從十二世紀開始，呈現出非常複雜的形態，包括「神祕主義生理學」以及類似瑜伽術的方式（特殊的身體姿勢、對呼吸的控制與調節、視覺及聽覺的幻象等），這可以看出受到印度影響的可能性。

隨著時間的推移，除了幾個極少數的例外，烏里瑪們所進行的迫害已完全消除。即使在迫害者中最爲固執的人最終也不得不承認，蘇非派對傳播伊斯蘭以及注入新的精神有傑出的貢獻。

276.　蘇非大師：從德胡爾努到提爾米德里

(135)　　　埃及人德胡爾努（卒於西元 859 年，伊曆 245 年）擅長掩飾他的神祕主義體驗。「噢！眞主啊！在公衆場合我稱你爲我的主！但當我獨處時，我稱你我的愛！」根據傳統的說法，他是第一位區分對眞主的直覺知識（「體驗」）和對眞主推論知識的人。「時間一刻一刻地過去，諾斯替教徒變得越來越謙卑，因爲他們離上帝越來越近……。諾斯替教徒並不是神，但既然他們存在著，他們就存在於上帝之中。他們的行動是由上帝引起的，他們的話語是上帝通過他們的嘴說出的。」㉛德胡爾努的文字天份

㉙　Gibb, *Mohammedanism*, p. 135.

㉚　這一祈禱詞在 dhikr 出現前幾個世紀，就被好幾個教士提到過，如聖尼爾斯（Saint Nils）、若望・卡西安、若望・克里瑪克（John Climacus）等；它主要是靜修派的祈禱詞。

不容忽視，他對上帝榮光的讚美詩開啓了神祕主義詩歌藝術的評價。

波斯人阿布・雅希德・彼斯塔米（Abû Yazîd Bistâmî，卒於西元 874 年，伊曆 260 年）並沒有寫過任何書。但他的弟子通過敘述與指導語錄將他教義的主要部分流傳下來。通過一種極其嚴格的苦行，緊緊圍繞著眞主本質問題的沉思冥想，彼斯塔米達到「棄絕自我」（fanâ）的境界，他是第一個這樣說的人。他也是第一個以「米拉吉」（mî'râj，指穆罕默德在夜間的升天，第261節）這一詞來表達個人神祕主義體驗的人，他實現了「完全孤獨」，在某一期間他信仰被愛者、施愛者與愛三者之間的絕對統一性。在出神狀態中，彼斯塔米說出一些「具有神特性的話語」，彷彿他本人就是眞主。「你是如何達到這一步的？我將自身蛻變而出，如一條蛇脫下舊皮；然後我看到自己的本質：我就是我！」或是，「眞主視察宇宙間的一切生命，結果他發現他並不存在其中，只有在我身上他明顯看到自己。」㉜

蔡納（Zaehner）跟許多東方學家一樣，認爲彼斯塔米的神祕主義體驗受到印度的影響，更確切地說是受到查卡爾的維怛（Shankara's Vedânta）的影響。㉝對苦行以及冥想技巧的強調，更容易讓人想到瑜伽。不管怎樣，有些蘇非大師懷疑彼斯塔米是否眞的實現了與眞主的融合。照居耐德（Junayd）的說法，他「只不過在初步階段，他並沒有達到完美的最終境界。」哈拉智則認爲「他確實達到神聖話語的境界」，而且認爲「那些話眞的來自上帝」，但是，繼續下去的路被他的「自我」所阻礙。他這樣說道：「可憐的阿布・雅希德，他不知道自己在何處，也不知道如何讓自己的靈魂與眞主合而爲一。」㉞

(136)

㉛　見 Margaret Smith, *Readings from the Mystics of Islam,* no. 20. Cf. also Schimmel, *Mystical Dimensions,* pp. 43ff。

㉜　L. Massignon, trans., *Lexique technique de la mystique musulmane,* pp. 276ff。也可見 G.-C. Anawati and Louis Gardet, *Mystique musulmane,* pp. 32-33, 110-15。

㉝　R. C. Zaehner, *Hindu and Muslim Mysticism,* pp. 86-134.

㉞　Massignon, p. 280; Anawati and Gardet, p. 114.

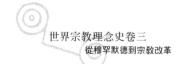

阿布・卡西姆・居耐德（Abû Qâsim al-Junayd，卒於西元 910 年，伊曆 298 年）是巴格達蘇非的真正導師。他留下大量關於神學與神祕主義的論文，尤其值得注意的是，他分析了精神體驗如何導致靈魂與真主融合的過程。在他的解說中，他強調清醒的重要性，並將其與精神沉醉相對立。在經歷了消除自我的出神狀態之後，更重要的是要能有「第二次的清醒」，特別是當人又回復了自我時，會意識到自身的特性已改變他並將他精神化。此外他也知道這是神的現下性產生的影響。神祕主義者的最終目標不是「棄絕自我」，而是在真主中找到「新的生命」（baqâ，即「存留下來的」）。

居耐德堅信神祕主義的體驗無法用理性的詞彙來描述，所以禁止弟子們在沒有這種體驗的人面前談到它（哈拉智正是違反了這一條規定，才受到居耐德的擯棄）。他的論文與信件都是用一種「祕密的語言」撰寫的，對於不習慣他這種教導方式的讀者來說是無法理解的。㉟

另一位伊朗大師胡賽因・提爾米德里（Husayn Tirmidhî，卒於西元 898 年，伊曆 285 年）被人稱為哈基姆（al-Hakîm），即「哲學家」，因為他是蘇非當中首次引用希臘哲學的人。他是一位多產的作家（寫了約八十篇研究），他主要是因《聖性之印》（*Seal of Holiness*）這本書而享有知名度，㊱在這本書中，他使用了一些蘇非派發展出的術語，並被延用至今。蘇非的最高階層被稱為「極地」（qutb），或者是「協助者」（ghauth）。他在書中陳述的神聖階段並非是一種「以愛為主的上下層級關係」，它們牽涉到諾斯替教與聖人的解說。從提爾米德里開始，與諾斯替教的關聯越來越明顯，這為後來的神學思辨鋪路。㊲

(137)　　提爾米德里一再強調了「瓦拉雅特」（即「神的友誼」或精神啟蒙）這一概念。他區分了兩個層次：一個是所有信徒都能達到的「瓦拉雅特」；而另一個是特殊的，只有精神精英才能達到。他們都「很親近真

㉟　Schimmel, pp. 57ff. See also Zaehner, pp. 135-61.

㊱　Massignon, pp. 289-92 中可以找到各個章節的目錄。

㊲　Schimmel, p. 57.

主，並與眞主談話、交流，因爲他們與眞主的關係是一種眞實、超越的融合關係」。然而，正如亨利・高爾彬指出的，「『瓦拉雅特』的雙重概念最初源自於什葉派的教理」。㊳提爾米德里在分析「瓦拉雅特」與預言之間的關係時，提出一結論，他認爲前者比較重要，因爲它是永久的，不像預言只與特定的歷史時代有關。照他的說法，預言時代隨著穆罕默德已經結束，而「瓦拉雅特」時代則將一直延續到時間的盡頭。㊴

277. 哈拉智：神祕主義者與殉道者

西元 857 年，伊曆 244 年哈拉智（胡賽因・伊本・曼蘇爾〔Hussayn-ibn-Mansûr〕）出生於伊朗的西南部。他先接受了兩位精神導師的教導，後來在巴格達遇到著名的大師居耐德並成爲他的弟子（西元 877 年，伊曆 264 年）。哈拉智前往麥加朝聖，實行齋戒與沉默，開始經歷到神祕主義的出神狀態。「我與眞主融合在一起，正如麝香與安息香相混合，又如酒水交融的狀態。」㊵朝聖回來之後，哈拉智爲居耐德所棄，和巴格達大部分的蘇非斷絕來往，並離開達四年之久。後來，當他開始向公眾佈道的時候，不光傳統派的人無法接受，蘇非派也如坐針氈，認爲他不該將「祕密」告訴那些未入門的人。也有人指責他不該「製造神蹟」，（他敢學先知的樣子！）而不像別的大師那樣，只對入門的人展現超能力。後來哈拉智丟棄了蘇非服裝，以便能自由地與平民打成一片。㊶

西元 905 年，伊曆 291 年，哈拉智在四百名弟子的擁護下，進行了第二次朝聖。然後，他開始了一趟漫長的旅行，經過印度、土耳其斯坦（Tur-kestan）、一直到中國邊境。在第三次前往麥加朝聖，並在麥加待了兩年 (138)

㊳ Corbin, *Histoire de la philosophie islamique,* p. 274. See also Nasr, "Shi'ism and Suf-ism" (= *Sufi Essays*), pp. 110ff.

㊴ Corbin（p.275）強調了這一教理跟什葉派預言學的相似性。

㊵ *Dîw'ân,* translated by Massignon, *Lexique technique,* p. xvi.

㊶ L. Massignon, *La Passion d'al-Hallâj,* 2d ed., vol. 1, pp. 177ff.

之後，他返回巴格達（西元 908 年，伊曆 294 年）致力於公眾佈道（瑪西格農〔Massignon〕著，《苦難》〔*Passion*〕1，p.268）。他宣稱與眞主神祕交融是人的最終目的，經由愛來達到這目標。在這種交融中，信徒的行爲被聖化與神化。在出神狀態，他說出了著名的「我即眞理」（等於眞主），這句話讓他受到指控。

　　這一次，反對他的人什麼人都有：護法的學者（指責他爲泛神論者）、政治家（指責他煽動民眾）以及蘇非。讓人費解的是，哈拉智希望以被革出教門的身分受刑。爲了刺激那些僅僅因爲他敢自稱與神交融就致他於死地的信徒，他在曼蘇爾清眞寺上向他們高呼：「眞主已將我的血給了你們；殺了我吧……在穆斯林的世界裡，沒有比殺死我更爲迫切的職責了。」[42]

　　哈拉智這一奇怪的行爲讓人想起麥拉瑪提教團（malâmtîya）。這是一群冥想者組成的團體，爲了眞主的愛，他們故意引起同行的斥責（malâma）。他們不穿蘇非服裝，並學會隱藏他們的神祕主義經驗；他們甚至喜歡以怪異的行爲和看上去瀆神的行徑去激怒信徒。[43]這一現象可以在六世紀之後某些東方基督教僧侶身上見到，在印度南部也有類似情況。

　　哈拉智在西元 915 年（伊曆 301 年）被捕入獄，在獄中待了近九年之久，在西元 922 年（伊曆 309 年）被處極刑。[44]有證人聽到他的遺言：「對出神者來說，那唯一的在他身上得到見證，這就夠了。」意思是說：「對一名出神者來說，重要的是，眞主與他融合爲一。」[45]

　　他的文字作品只有一部分被保存下來；其中包括《可蘭經》注釋的一些片斷、幾封信、一些格言與詩歌，還有一本小書《論神性之統一》（*Kitâb at-tawasin*），主要是探討神性統一與預言哲學。[46]他的詩中充滿一

(139)

---

[42]　*Dîw'ân,* p. xxi.

[43]　後來，某些麥拉瑪提教團越來越蔑視正規宗教，最終淪於放蕩。見 Molé, *Les mystiques musulmans,* p. 73-76 的譯本。

[44]　見 Massignon, *Passion,* vol. 1, pp. 385ff. (the accusation); 502ff. (the trial); 607ff. (martyrdom)。

[45]　*Dîw'ân,* pp. xxi-xxii.

[46]　Massignon, *Passion,* vol. 1. pp. 20ff.; vol. 3, pp. 295ff.有完整而詳盡的評論資料。

種與真主融合強烈的懷舊感。有時候還能在作品中見到一些從煉金術著作中借用來的詞彙（《苦難》3，p.369）或者關於阿拉伯字母祕密含義的思考。

所有這些文學，外加一些別人的對他的描繪，都由瑪西格農詳盡地整理、編輯和分析。從中可以看出哈拉智的信念自始至終是一致的，他對先知也充滿了崇敬。哈拉智走的「路」並不想去摧毀人性，而是要通過痛苦去了解「狂熱的愛」，也就是真主的本質以及創造的祕密。「我即真理！」這句話並不意味著泛神論（當時就有人那樣指控他），因為哈拉智一直強調真主的超驗性。只有在極少的出神體驗中，人才可以跟真主融合。[47]

一位反對哈拉智的神學家對他關於「轉化的融合」概念作了比較確切的陳述，雖然並非完全客觀。這位神學家認為：「（哈拉智強調）如果一個身軀符合禮教的約束，潛心於虔誠的事務上，保證自己不縱欲，克制各種欲望並掌控自己的靈魂，便能接近『那些離（真主）很近的人』。只要他不躊躇，不繼續沉淪，並讓本性純淨超脫於肉體的部分。之後……，聖靈將降臨到他身上，正是聖靈創造了耶穌，馬利亞的兒子。於是他成了『讓所有事物臣服於他的人』，他不再需要其他的東西，只要執行真主的指令；他所有的行為就是真主的行為，他所有的指令就是真主的指令。」[48]

在哈拉智殉難之後，他的聖名不斷提升，遍及整個穆斯林世界。[49]後來他對蘇非以及某些神祕主義神學的影響也日益重要。

(140)

[47] 瑪西格農對哈拉智的神學進行了精闢的分析，Massignon, *Passion,* vol. 3, pp. 9ff.（mystical theology）；63-234（dogmatic theology）中有扼要的介紹，見 Schimmel, *Mystical Dimensions,* pp. 71ff。

[48] 翻譯見 Massignon, *Passion,* vol. 3, p. 48。

[49] 見 *Dîw'ân,* pp. xxxviii-xlv 中關於哈拉智怎樣漸漸為穆斯林團體所接受的簡述。

278. 加扎力與他在卡拉姆及蘇非主義之間的調和

哈拉智的殉道引發許多後果，其中之一就是迫使蘇非必須在公眾場合聲明，他們並未違背正統思想。有些蘇非以怪異的行徑來掩飾他們的神祕主義體驗與神學思想。比方說，施伯力（Shibli，西元 861-945 年，伊曆 247-334）就是如此。他是哈拉智的好友，當哈拉智被吊起受刑示眾時，他還問他關於「神祕融合」的意義。在哈拉智死後，他還活了二十三年。為了讓自己顯得可笑，施伯力自比為一隻蛤蟆。通過他自身近乎瘋顛與富於詩性的話語，他為自己營造了一種「免於受罰的詩權」（瑪西格農語）。他說過：「一個因為真主的種種恩惠而熱愛上帝的人肯定是多神論者」。有一次，施伯力命令他的弟子離去，因為不管到哪裡，他都會與他們在一起並保護他們。⑤⓪

另一名神祕主義者，伊拉克人尼發立（Niffarî，卒於西元 865 年，伊曆 354 年）同樣也用裝瘋賣傻的手段，但不如施伯力故弄玄虛。他可能是第一位宣稱祈禱是神聖賜予的人。「是我在給予；假如我沒有對你的祈禱有所回應，我不會讓你去祈禱。」⑤①

在哈拉智殉道之後一個世紀，有些作者開始介紹蘇非主義的教理與實踐方法。要特別注意後來成為經典關於「步驟」、「站」（maqâmal）、「狀態」（ahwâl）與「道」（tarîqah）的理論。他們區分三個主要的「步驟」：入門者（murid），進步者（salik）以及完美者（kamil）。在精神導師的建議下，入門者必須作許多苦行的練習，從悔過開始，到最後對所有發生在他身上的一切都能欣然接受。苦行與學習構成了一種內心的鬥爭，在導師仔細的監督下進行。至於「站」，則是一種個人努力所能達到

(141)

⑤⓪　見 Schimmel, pp. 78ff.中引用的資料。
⑤①　Ibid., pp. 80ff.中強調這句話與帕斯卡（Pascal）的那句名言相似。

的結果，而「狀態」是上帝無私的賜予。㊿

需要提到的一點是，在九世紀，即伊曆三世紀，伊斯蘭神祕主義有三種關於與真主融合的理論。「這種融合被看作：⑴一種結合（ittisâl 或 wisâl），它排除靈魂與真主合一的想法；⑵一種認同（ittihad），它本身具有兩個不同的含義：一是跟上面所說的一樣，二則表示本性的合一；⑶一種「居住」（hurul），指真主的精神居住到神祕主義者淨化的靈魂中，但兩者並無本性上的混合。正統伊斯蘭的學者只接受在「結合」意義上的融合（或者是類似認同第一個含義的融合），但堅決不接受任何關於「居住」的說法。㊝

正是著名的神學家阿布‧哈米德‧加扎力（Abû Hamîd al-Ghazzâlî）透過他本人的威望使得正統接受蘇非主義。西元 1059 年，也就是伊曆 451 年，加扎力生於波斯東部。剛開始時，他研究官方神學「卡拉姆」，並在巴格達任教。然後他掌握了受到希臘哲學啟發法拉比（Fârâbî）和亞維森納（Avicenna）的思想體系，並在《反駁哲學》一書中對其進行批判。㊞ 在經歷了一次宗教危機之後，加扎力在西元 1075 年放棄了教學，前往敘利亞旅行，參拜了耶路撒冷，還去埃及。他致力於研究猶太教與基督教。研究者指出他的宗教思想受到某些基督教的影響。在敘利亞整整兩年時間內，他追隨蘇非的道路。之後他回到闊別十年的巴格達，很快地又重拾教業。但最後他與一批弟子一道回到家鄉，並在那裡建立神學教育學院和「修院」。他的許多著作已使他聲名遠揚，但他一直未間斷寫作。他在西元 1111 年，即伊曆 505 年辭世，享有各方一致的推崇。

沒人知道誰是加扎力的精神導師，以及他究竟接受了什麼樣的啟蒙。

㊿ 這方面的數字不定。安納瓦迪轉引的一位作者說出了十幾個，其中有愛情、恐懼、希望、欲望、在平和中的寧靜、冥想和確信等；cf. Anawati and Gardet, *Mystique musulmane,* pp. 42ff。翻譯見 ibid., pp. 125-80, and by S. H. Nasr, *Sufi Essays,* pp. 73-74, 77-83。

㊝ Anawati and Gardet, p. 43.

㊞ 這一反駁再受到亞味羅的反駁（見本書第 280 節）。

(142)　但可以確定的是，在經歷了一次神祕主義體驗之後，他發現了官方神學「卡拉姆」的不足之處。他語帶幽默寫道：「那些知道關於離婚特殊解決方法的人，卻不能在精神生活的簡單事物上給你答案，比方說關於面對眞主的眞誠意義，以及信仰上帝的問題。」⑤⑤加扎力在改信了神祕主義，又加入蘇非教派之後認爲，蘇非們的教導不應像祕密般不爲人所知，或只保留給精神精英，而應讓廣大信徒都能從中獲益。

　　他本人神祕主義體驗⑤⑥的眞實性與力量都表現在他的鉅著《宗教科學的復興》（ *The Revivification of the Religious Sciences* ）中。這部大作有四十個章節，書中加扎力依序研究了儀規、風俗與先知的「福音」問題，還有「導致毀滅的事物」，以及引導救贖的事物。在最後一章中，他討論了神祕主義生活的幾個面向。然而，加扎力盡量保持中庸，用蘇非主義的教導去補充法則與傳統，並未賦予神祕主義體驗更高的地位。多虧他的這種態度，《宗教科學的復興》一書爲正統的神學家所接受，並成爲前所未有的權威著作。

　　加扎力是一位多產的作家，涉獵很多領域，同時又是一名偉大的辯論家；他毫不留情地批判了伊斯瑪儀派思想以及各種神祕哲學的傾向。但是，在他某些作品中，關於光的神祕主義思辨又流露出了諾斯替主義的特徵。

　　照許多學者的說法，加扎力並未能成功地「復興」伊斯蘭的宗教思想。「他雖然才華橫溢，但他對伊斯蘭的貢獻並未能阻止在兩、三個世紀之後，穆斯林宗教思想的嚴重僵化。」⑤⑦

---

⑤⑤　見 Schimmel, p. 93 中的引述。

⑤⑥　在他改教之後，加扎力寫了一篇精神性自傳《錯誤的解救者》（ *The Liberator from Errors* ），但並沒有透露他個人的體驗；他主要強調對哲學家的批評。

⑤⑦　Anawati and Gardet, p. 51. 見 Zaehner, *Hindu and Muslim Mysticism,* pp. 126ff. 中加扎力的嚴厲批評。但是高爾彬論證了在亞味羅去世（1198）之後，哲學創造性並沒有因此而停息；哲學在東方繼續發展，特別是在伊朗各種不同的流派中以及在索赫拉瓦爾迪那裡。

279. 最早的形上學學家。亞維森納。西班牙穆斯林哲學

　　希臘哲學與科學方面著作的翻譯在伊斯蘭世界掀起了哲學反思的運 (143)
動。到了九世紀（伊曆三世紀）中葉，除了神學爭論之外，直接源於柏拉
圖和亞里斯多德的著作開始流行（對這兩位的了解也是透過新柏拉圖主義
者的詮釋）。最早的哲學家是阿布・約瑟夫・金迪（Abû Yûsof al-Kindî，
西元 296-873 年，伊曆 185-260），他的作品有一部分流傳至今。⑱除了希
臘哲學，他還研究自然科學與數學。金迪致力於證明純人性知識的可能與
價值。他當然接受由上帝傳給先知們的超自然知識；但是，至少從原則上
而言，人的思想自有辦法去發現上帝啓示的眞理。

　　關於這兩種類型知識的討論——一種是人性的（特別指古代的知
識），一種是受到啓示的（主要是《可蘭經》中的知識）——讓金迪面對
伊斯蘭哲學一系列的重要問題。接下來將提到其中最重要的幾個問題：對
《可蘭經》以及傳統進行形上學與理性詮釋的可能性；上帝與存在本身，
以及獨立於自然條件的創造和新柏拉圖主義發散觀點的初始原因，它們之
間的一秩性；最後，個人靈魂的不朽性。

　　在這些問題中，大膽的哲學家兼神祕主義者法拉比（西元 872-950，
伊曆 250-339）進行了一些討論並得到解答。他是第一位試著將哲學思考
與伊斯蘭相結合的人。他本人也研究過和自然科學（以亞里斯多德的思想
爲核心）、邏輯和政治神學。他發展了源於柏拉圖「理想國」的藍圖，並
描述了理想中的「君王」，他必須具備所有人性與哲學家的美德，就像是
一位「披上了穆罕默德先知外衣的柏拉圖」。⑲我們可以說，通過政治神 (144)
學，法拉比向他的後繼者們指明了如何處理哲學與宗教之間的關係。他的
形上學建立在受造物的本質與存在之間的差異上。「存在」像邏輯中的謂

---

⑱　在西方，他因一些被翻成拉丁文的作品而爲中世紀人所知，如《論智性》（*De in-
　tellectu*）、《論五大元素》（*De Quinque Essentiis*）等等。

⑲　見 Corbin, *Histoire de la philosophie islamique*, p. 230 中的引述。

詞一樣，是「本質的一種偶性」。高爾彬指出，這種說法在形上學的歷史
上有劃時代的作用。他關於睿智及其進程的理論也是非常獨特的。法拉比
同時也非常熱衷神祕主義，他在作品中，不斷爲蘇非主義的術語辯解。

　　亞維森納自己也承認，由於在年輕時讀了一篇法拉比的文章，才懂了
亞里斯多德的《形上學》（*Metaphysics*）。伊本・西納（Ibn Sînâ）西元
980 年（伊曆 370 年）生於布哈拉（Bukhara）附近，在西方以亞維森納的
名字而爲人所知，因爲他的一些作品在十二世紀被譯成了拉丁文。他的早
熟以及淵博的知識在整個阿拉伯世界無人能及。他的鉅著《醫經》
（*Canon*）在幾個世紀內影響了歐洲，今天在東方仍有其重要性。他是一
位勤奮的作者，（他寫的書加起來有二百九十二部之多！）寫了關於亞里
斯多德的評注，包括關於形上學的邏輯、物理學的一部大書，兩部介紹他
本人的哲學著作，[60]還有一部二十卷的百科全書，可惜除了一些片斷之外，
大部分在加茲納的穆罕默德（Muhammad of Ghazna）占領伊斯法罕
（Isfahan）的時候散佚了。他的父親與兄弟都是伊斯瑪儀派的人；至於他
本人，高爾彬認爲他很可能屬於十二世什葉派。（高爾彬，p.239）他在隨
從君主到哈瑪達（Hamada）途中去世，享年五十七歲（西元 1037 年，伊
曆 428 年）。

　　亞維森納繼承並發展了由法拉比所建立關於本質的形上學。存在是創
世的結果，也就是「自我思考的神聖思想的產物。這一神聖存有者對自身
的永久知識正是最初的流出，是第一睿智或稱第一智性」。（高爾彬，p.
240）存在的多樣性是來自這第一智性的連續流出。[61]從第二智性產生出的
(145)　是第一際天（first Heaven）的靈魂推動力；從第三智性中生出這際天超越
塵世的肉身；並以此類推下去。結果就是有十種「天使般的智性」（Angeli

---

[60]　*Le livre des directives et remarques* and *Le livre de Science*, translated by A. M. Go-
　　ichon. 關於亞維森納作品的其他譯文，請參見後文。

[61]　這一過程在 *La métaphysique de Shifâ* (9, 6) 中有描述，由 Anawati 翻譯。

intellectuales）和各種天的靈魂（Angeli caelestes），「它們並不具備感覺能力，卻有純粹想像力」。（高爾彬，p.240）

　　第十智性被認爲是行爲者的、主動的智性；它在亞維森納的宇宙論中占了非常重要的位置，因爲凡俗世界[62]以及眾多的的靈魂就是由之衍生出來的。[63]靈魂是不可視見、非物質和不腐朽的，它在人體腐朽之後仍可以繼續存在。亞維森納非常自豪地以哲學式的論證證明了，就算個體靈魂是被創造的，它亦擁有不朽性。對亞維森納來說，宗教的主要功能就是要保障人類個體的幸福。但是真正的哲學家同時也必定是神祕主義者，因爲他獻身於上帝之愛並尋找宗教的內在真理。雖然只流傳下來一些簡短的參考，亞維森納在他的作品中好幾次提到「東方哲學」，而且每一項幾乎都與人死後的存在有關。他本人的幻覺性體驗爲他三部《神祕的記錄》提供了素材；[64]其內容關於他在出神狀態下神祕的東方之旅。整個旅行由明亮天使所指引。這一題材後來也被索赫拉瓦爾迪所沿用（第 281 節）。

　　本書僅能簡短地介紹安達魯西亞地區（Andalusia）最早的神智學家與神祕主義者，我們須提到伊本・瑪薩拉（Ibn Massara）（西元 883-931 年，伊曆 269-319）。他到東方旅行，途中與祕密傳授圈內的人有不少接觸。隨後，他與幾個弟子一道，開始在科爾多瓦（Cordoba）附近隱居。正是伊本・瑪薩拉組織起西班牙穆斯林的第一個神祕兄弟會。通過伊本・阿拉比（Ibn Arabî）的引述，我們可以重新建構他諾斯替教與新柏拉圖主義的基本教義。

　　伊本・哈茲姆（Ibn Hazm，西元 1013-1063 年，伊曆 403-454）也是出生於科爾多瓦。他是法學家、思想家、詩人，又是一部關於宗教與哲學體系批評史的作者。他著名的詩集《鴿的項鏈》（*The Nove's Neck-Ring*）是從柏拉圖《饗宴》（*Symposium*）的神話中得到靈感的。他關於愛的理論 (146)

---

[62]　見 Goichon, *Le livre des directives*, pp. 430ff。

[63]　照高爾彬 (*Histoire*, p. 243) 的說法，正是因爲這一「行動的智性」具有天使的形象，才使所謂「拉丁的亞維森納主義」失敗。

[64]　見 Corbin, *Avicenne et le récit visionaire* 中的翻譯與精闢的評論。

與第一位行吟詩人阿基坦的威廉九世（William IX of Aquitaine）的《歡樂的知識》（*The Gay Science*）有引人注意的類似之處。⑥此外，更爲要重的是他關於宗教與哲學體系的研究論文。以擁有啓示聖書的民族爲依據，伊本・哈茲姆描述了各式各樣的懷疑論者與信徒，尤其強調他們當中還保存了「認主獨一」的概念以及啓示的原著。

思想家伊本・巴加（Ibn Bajja，也就是拉丁經院派中所說的阿文帕塞〔Avempace〕）生活在十二世紀（伊曆五世紀）。基於他對亞味羅（Averroës）和大亞伯特（Albert the Great）的影響，他的地位十分重要。他評注過許多亞里斯多德的論文，但他自己主要的形上學著作都未能完稿。我們要了解一點，「伊本・巴加最喜歡用的字眼，如『獨行者』、『陌生人』都是伊斯蘭諾斯替教派的典型詞彙」。⑥

還有科爾多瓦的伊本・托番勒（Ibn Tofayl，十二世紀，即伊曆五世紀），他同樣具備那個時代所崇尚百科全書般的淵博知識；但是，他眞正的聲譽來自一部啓蒙小說，名爲《罕伊・伊本・雅克贊》（*Hayy Ibn Yaqzân*），在十二世紀被譯成希伯來語，但不爲拉丁的經院學派所知。伊本・托番勒是索赫拉瓦爾迪同時代的人，（第 281 節）而「東方哲學」接近亞維森納的啓蒙敘述。他的小說故事發生在兩個島上，第一個島上住著一群人，信奉的是一種外來的宗教，由嚴屬的法則所統治。一名沉思者阿伯薩爾（Absâl）決定移居到對面的島上去。在那裡，他遇見了唯一的居民罕伊・伊本・雅克贊；他是一位哲學家，獨力學會了生命的法則以及靈魂的祕義。爲了教授人民眞正的神聖眞理，罕伊與阿伯薩爾兩人一起前往第一個島。但他們很快就發現，那個社會已是無可救藥，於是又回到了隱居地。「回到自己的島上是否說明在哲學與宗教之間伊斯蘭國家的衝突是難以調和、沒有出路的？」⑥

⑥　A. R. Nykl, *A Book Containing the Risâla*.

⑥　Corbin, *Histoire de la philosophie islamique*, p. 320.

⑥　Ibid., p. 333.

280. 安達路西最後且最偉大的思想家：亞味羅與伊本・阿拉比

伊本・洛施德（Ibn Roshid，拉丁語中稱爲亞味羅）被認爲是伊斯蘭最 (147)
偉大的哲學家，他在西方享有巨大的聲望。確實，亞味羅的作品極爲豐
富，因爲希望能再現大師思想的本來面目，他精闢地評注了亞里斯多德大
部分的著作。這裡無法描述他思想體系的主要路線，但有一點要說明，亞
味羅非常熟悉法則；他強調每一個信徒都應當遵循宗教的基本原則，不管
是法令還是準則，和《可蘭經》要求的一樣。但那些具備更高靈智的人必
須遵循更高層次的學問知識，也就是研究哲學。神學家們無權介入這一行
爲，也不能對它的結論進行評判。神學作爲一種中間者的知識是必要的，
它必須在哲學的控制下。然而，神學家與哲學家們都不可以向民眾昭示
《可蘭經》中隱奧詩句的詮釋結論。（這並不意味有什麼如西方某些神學
家所說的那種「雙重眞理」。）

亞味羅堅持這一觀點，嚴厲又不乏風趣地批判了加扎力（第 278 節）
的《反駁哲學》。他寫下了著名的《反駁之反駁》（*Tahâfot al-Tahâfot*，以
《破壞之破壞》〔Destructio Destructionis〕一名譯成拉丁文），證明加扎
力並沒有明白哲學體系，而且他的論證方式正說明他在這方面的無能。亞
味羅還指出了這部作品跟加扎力其它作品之間的自相矛盾之處。

亞味羅也批判法拉比和亞維森納。他指責他們爲了取悅神學家們而放
棄了古代哲學家的優秀傳統。爲了能夠恢復一種純亞里斯多德式的宇宙
論，亞味羅擯棄了亞維森納關於天使的觀點以及由創造性的想像力產生的
圖像世界（第 279 節）。對亞味羅來說，「形式」並非如亞維森納所說的
由能動的睿智所創造。物質本身含有所有形式的潛態。但既然物質是個體
化的原則，而個體又是可腐朽的，結果「不朽性」只能是「非個體的」。[68]

---

[68] 見 Corbin, ibid., pp. 340ff. 中的批評分析。

(148) 這一觀點不管在穆斯林神學家和神智者那裡，還是在基督教思想家那裡都遭到強烈的反駁。⑥⑨

　　亞味羅雖然希望能認識伊本・阿拉比這位年輕的蘇非。照後者的說法，亞味羅想到自己的思想體系可能不完備時連臉都變白了。伊本・阿拉比是蘇非主義中最偉大的天才之一，又屬於全世界神祕主義潮流中最有獨創性的人物。他在西元 1165 年（伊曆 560 年）生於穆爾西亞（Murcia）。他研究過所有的科學，並不斷地旅行，從摩洛哥一直到伊拉克，不斷尋找精神導師和夥伴。很早的時候，他就有了一些超自然的體驗和啓示。他最初的導師是兩名婦女：當時已有九十五歲高齡的莎姆絲（Shams）和科爾多瓦的法蒂瑪（Fatima）。⑦⑩後來，他到了麥加，與一位精神導師如花似玉的女兒相遇，他為她寫了許多詩，集為一冊題為《詮釋欲望》（*The In-terpretation of Desires*）。他被一種強烈神祕主義的愛所啓發，他的詩被看作是充滿情色的，但內容其實只讓人聯想到但丁和貝阿特麗絲之間的關係。

　　伊本・阿拉比在「聖石」旁冥想沉思，在出神狀態中看到了許多幻象（其中包括「永恆的青春」幻象），並因之而得出結論，認為自己是「穆罕默德神性之印」。他的作品中最重要的是二十卷的神祕主義著作，名為《麥加啓示錄》（*The Meccan Revelations*）。西元 1205 年，伊本・阿拉比第三次受到啓蒙。⑦①但是不久之後在開羅（1206），他與當時宗教權威機構有些衝突，匆匆又返回麥加。在經歷了許多旅行之後，他的創作能力絲毫未減。西元 1240 年（伊曆 638 年）卒於大馬士革，享年八十五歲。

　　伊本・阿拉比雖然在穆斯林的神祕主義和形上學史上占有特殊的地位（蘇非稱他為「最偉大的精神導師」），它的思想至今還不為人所熟知。

⑥⑨　亞味羅對亞里斯多德評論最早的拉丁譯本出現於西元 1230 到 1235 年左右。但是，所謂「拉丁的亞味羅主義」在西方中世紀發揮重要的作用，其實主要還是從聖奧古斯丁式的觀點對他的思想進行的新的詮釋。

⑦⑩　其自傳性作品的翻譯見 R. W. J. Austin, in the latter's *Sufis of Andalusia*。

⑦①　Cf. ibid., p. 157.

⑦他的寫作速度非常快，好像總有一種超自然的靈感在推動著他一樣。他 (149)
的名著之一《智慧的項鏈》最近被譯成了英文，其中有許多另人耳目一新
的心得，但缺乏整體框架與嚴密性。通過它整合的內容可讓我們大致了解
他思想的獨創性與神祕主義神學的偉大之處。

　　伊本‧阿拉比認為：「對神祕主義狀態的了解只能通過體驗來獲得；
人的理智是無法定義它的，也不可能通過推理論證得到它。」⑦所以祕密
傳授詮釋是必要的：「這類精神知識，由於它的崇高性，大多數人無法獲
致。因為它是那麼地深刻，讓人難以企及，而且帶有極大的危險性。」⑦

　　伊本‧阿拉比的形上學和他神祕主義基本概念是「存有的統一性」，
更確切地說是存在與感知的統一性。換句話說，完全沒有分化的實在者構
成了神性的最初本質。透過愛與自我了解的推動，這個神性的實在者分裂
為主體（認知體）和客體（被認知體）。當伊本‧阿拉比在存有的統一性
的脈絡下談及實在者的時候，他使用「哈克」（al-Haqq，即「眞」、「眞
理」）這一詞彙。他談到實在者分裂為精神的或智性的、宇宙的或存在的
層面，他並用阿拉或創世主（al-khâliq）一詞指第一個層面，用創造物
（Khalq）或宇宙等詞指第二個層面。⑦

　　為了闡明這創造過程，伊本‧阿拉比喜歡用創造性想像力和愛這兩個
概念。通過創造性想像力的作用，現實中的潛在形式被投射到幻覺與變化
的過程中，以致於上帝可以看到自己像一個客體。⑦因此，創造性想像力 (150)

---

⑦　他的作品在埃及還是被禁的。全部的作品龐大而艱深，出版的尚不多，至於譯本
　　就更少了。

⑦　*Les Révelations mecquoises,* text edited in Austin, *Ibn al-Arabî, The Bezels of Wisdom,*
　　p. 25.

⑦　見 Austin, ibid., p. 24 中的引述，之後主要引用奧斯丁的譯文（*The Bezels of Wis-*
　　dom）以及他的評論。

⑦　Austin, ibid., p. 153。伊本‧阿拉比強調每一極——精神的與宇宙的——以潛在的
　　方式暗含了另一極。

⑦　Ibid., pp. 28, 121。尤其是 Henry Corbin, *L'imagination créatrice dans le soufisme d'Ibn*
　　Arabî 此一著作相當重要。

就在主體的實在者和想像客體的實在者之間，在創造者與受造物之間產生聯繫。客體被創造性想像力引導入生命中，於是就被神的主體所認知。

第二個用來表明創造過程的概念是愛，也就是上帝渴望被受造物認識。首先伊本‧阿拉比描繪由創造性的實在者完成的誕生過程。但總是由愛將各種受造物合一。這樣，實在者分為一個神的主體和一個被創造的客體之後，又回復到了初始的統一性之中，而這一回歸，因自我認知而更加豐富。⑦

身為受造物，每個人的潛在本質與上帝並沒有什麼不同之處；對於上帝人若是認知的對象，他便能認知上帝，並參與神性的自由。⑦聖人就是介於現實兩極中間的一種「地峽」。身為天與上帝一詞的代表，他是陽性的，但象徵著大地與宇宙的他，同時又是陰性的。聖人身上融合了天與地，同時也達到所有存在的統一性。⑦聖人擁有上帝般的創造能力，也就是說他可以將他的內在意象轉換為真理與生命的現實。⑧但是，聖人只能在一特定有限的時間內維持這些意象。⑧最後要補充的是，對伊本‧阿拉比來說，伊斯蘭主要就是透過聖人得知體驗與真理，而聖人最重要的職能，一是先知，一是使徒。

(151)　　與俄利根、約雅敬和艾克哈特大師一樣，伊本‧阿拉比雖然有許多忠實與專業知識豐富的弟子，並為蘇非們所崇敬，但終究未能創新並延續其神學。和那三位基督教大師不同的是，伊本‧阿拉比的精神加強了穆斯林祕傳詮釋的傳統。

⑦　*The Bezels of Wisdom*, p. 29.

⑦　Ibid., pp. 33, 84.

⑦　Corbin, *L'imagination*, chap. 4, 2。需要強調的是，照伊本‧阿拉比的說法，聖人是人的榜樣，在人的存在狀況中很難實現這一模式。

⑧　見 Corbin, ibid., chap. 4; Austin, *The Bezels*, pp. 36, 121, 158; on p. 36。奧斯丁（Austin）提到了西藏將內在意象物質化的冥想技巧。參見後文，第 315 節。

⑧　*The Bezels*, p. 102。伊本‧阿拉比還強調了具有這種能力的人會遇到的危險；ibid., pp. 37. 158。

281.　索赫拉瓦爾迪和光的神祕主義思想

　　施哈波定・雅希亞・索赫拉瓦爾迪（Shihâboddin Yahyâ Sohrawardî）
1155 年（伊曆 549 年）出生於伊朗西北部的索赫拉瓦爾德市（Sohra-
ward）。他到亞塞拜然（Azerbaijan）和伊斯法罕求學，在安那托利亞住了
幾年，之後去了敘利亞。在那裡，一群法則學者致使他陷入審判並獲罪，
他在西元 1191 年（伊曆 587）被處刑，死時年方三十六歲。歷史學家稱他
爲「被謀殺的精神導師」，而他的擁護者則稱他爲「殉道的精神導師」。

　　他的主要著作《東方神智學》（*Oriental Theosophy*）代表他一生的狀
志，表現古老的內在智慧與奧義的諾斯替哲學。亞維森納已經提及一種
「智性」或者是「東方哲學」（第 279 節）。索赫拉瓦爾迪十分熟悉這位
傑出先驅者的思想。但是，照他的說法，亞維森納無法實現這一「東方哲
學」，因爲他對這哲學的「東方淵源」一無所知。索赫拉瓦爾迪寫道：
「在古老的波斯人那裡，有一群人受到上帝的引導走向正道。他們是傑出
的神智學家，與巫師沒有任何相似之處。在我的《東方神智學》中我再次
討論到他們關於光的珍貴神智學，柏拉圖和他的先輩已在神祕主義體驗中
驗證，而在我的研究道路上，未有任何一位先驅者。」[82]

　　索赫拉瓦爾迪的著作非常豐富（四十九部），源自親身的體驗，即
「他年輕時發生的一次改變」。在一次出神狀態中，他看到了無數「赫美
斯（Hermes）和柏拉圖的光靈，而這些天界的放射，是查拉圖斯特拉曾經 (152)
預言的「榮光」源泉以及「光的主導」。虔誠而幸運的國王，凱・霍斯羅
夫（Kay Khosraw）在精神的陶醉狀態中朝向這種光而去。」[83]

---

[82]　見 Corbin, *En Islam iranien,* vol. 2: *Sohrawardî et les platoniciens de Perse,* p. 29 中的
　　譯文; cf. also his *Histoire de la philosophie islamique,* p. 287。

[83]　見 Corbin, *Histoire de la philosophie islamique,* pp.288-89 中的譯文。另一譯本見 Cor-
　　bin, *En Islam iranien,* vol. 2, p. 100。

「伊斯拉克」（Ishrâq，即日出的光芒）指的是：(1)智慧，以光作爲源泉的神智學；(2)一種以理性光靈現象爲根據的教理；(3)指「東方人」，也就是古波斯智者的神智學。這一「日出的光輝」是「榮光」，即波斯古經（Avesta）的「聖火」（Xvarenah）。索赫拉瓦爾迪把它描述爲衆光之光的永恆流出，由此而產生出第一位天使長，即瑣羅亞斯德所說的「巴曼」（Bahman）。在萬物生成的任何一個層次上都存在著這種衆光之光與第一放射物之間的關係，它們成雙成對，制定了各類生靈的秩序。「通過它們之間的放射與反射，光的存在形式無限多。讓人覺得在逍遙派（Peripatetic）或托勒密體系天文學的固定星辰天際之外，還有無數美妙的世界。」（高爾彬，p.293。）

這一光的世界過於繁複，在此無法詳細介紹。[84]在此只提一點，即所有精神存在的方式和所有的宇宙現象，都是由衆光之光放射出來各種不同的天使長所創造與控制的。索赫拉瓦爾迪的宇宙論與天使學說有緊密的關聯性。他的物理學既讓人想起瑪茲達宗教的（Mazdaean）關於兩種類型現實的區分（一是天上的、微妙的；另一是地上的、厚實的），又讓人想起摩尼教的二元論（第215、233與234節）。在索赫拉瓦爾迪宇宙論的四個世界中有兩個尤其重要：「瑪拉庫特」世界（Malakût；天上的靈魂與人的靈魂的世界）和「想像世界」，「即介於純粹光靈可感知的世界與感官世界之間的世界；而能夠看到這一世界的是想像力。」[85]正如亨利・高爾彬指出的，「索赫拉瓦爾迪很可能是第一位爲這中間世界提出本體論的人。

(153) 這一主題爲伊斯蘭神祕主義者與諾斯替教者所引用並加以發展。」[86]

---

[84] Corbin, *En Islam iranien*, vol. 2, pp. 81ff.; idem, *Histoire de la philosophie islamique*, pp. 293ff.

[85] Corbin, *Histoire de la philosophie islamique*, p. 296.

[86] 「重要性確實無可相比，首先牽涉到人類死亡之後的狀況。它的功能可分爲三種：通過它而完成了復活，因爲它是「微妙身體」之所在；通過它，先知提出的象徵與所有幻覺經驗都成爲眞實；然後，正是通過它才完成了「塔維爾」（tawit），即指將《可蘭經》的啓示內容引導至精神眞理的詮釋方式。」(Corbin, *Histoire de la philosophie islamique*, pp. 296-97)

通過這一中間世界，我們更能夠理解索赫拉瓦爾迪所撰寫關於精神啓蒙的記錄與敘述。他談到在「瑪拉庫特」世界中發生的精神現象，並揭露與此平行外在事件的深刻意義。《西方放逐記》（*The Account of the Western Exile*）[87]中講的是他的弟子東方的啓蒙旅行；這簡短、謎樣般的敘述幫助「放逐者」找到自己。對於索赫拉瓦爾迪和他的「東方神智學家」來說，哲學思辨與精神實現是同步的。他們將哲學家尋找純粹知識的方法與蘇非追求內心淨化的方法結合起來。[88]

弟子們在中間世界中的精神體驗正如我們剛剛看到的，構成了一系列由創造性智慧引發的啓蒙考驗。我們可以將這些啓蒙的敘述與「聖杯」的小說進行比較，儘管它們的背景不同。（第 270 節）任何傳統故事的、也就是特殊事件神奇兼宗教的價值也應予以考量。（第 292 節，哈西第教派）此處只強調一點，在羅馬尼亞農民那裡，夜間以儀式性的方式敘述故事可保護住家不受到魔鬼與惡神的騷擾。這種敘述甚至可以讓上帝現身。[89]

我們進行這些比較，是爲了對索赫拉瓦爾迪的獨創性與他延續的傳統 (154) 有更深入的理解。創造性的想像力讓中間世界的發現成爲可能，創造性的想像力與薩滿出神狀態中的幻覺以及古代詩人的靈感相呼應。我們知道史詩以及某些類型的童話故事源自出神狀態中上天堂，尤其是下地獄的旅行。[90]這一切讓我們明白，一方面，敘述文學在「精神教育」中發揮的作用；另一方面，對二十世紀的西方世界來說，爲什麼發現無意識以及想像的辯證會產生如此重要的後果。

---

[87] 見 Corbin, *L'Archange empourpré,* pp. 265-88 中的譯文與評注。在同一作品中可以找到索赫拉瓦爾迪其他神祕主義作品的譯文。見 *En Islam iranien,* vol. 2, pp. 246ff。

[88] 在索赫拉瓦爾迪自己列出來了精神家族譜系中，可以找到古代希臘哲學家與波斯智者，也可以看到某些偉大的蘇非大師。Cf. Corbin, *Histoire de la philosophie islamique,* p. 299。

[89] 見 Ovidiu Bîrlea, *Folclorul românesc,* 1 (Bucharest,1981), pp. 141ff.中引述的例子。這是一種古老而流傳很廣的觀念；cf. Eliade, *Aspects du mythe,* chap. 2。

[90] Cf. Eliade, *Chamanisme,* （2d ed.）p. 395ff.

　　對索赫拉瓦爾迪來說，一位既精通思辨哲學，又精通神祕主義冥想的智者才是真正的精神領袖，他是一「極」（Qutb），「沒有這一極，世界就不可能繼續存在，哪怕它不爲人知，或完全被人忽略」。（高爾彬，p. 300-301）高爾彬亦正確地指出，「極」是什葉派的重要主題，因爲「衆極之極」正是伊瑪目。它不爲人知的存在指出什葉派對於伊瑪目隱藏存在的想像，以及「瓦拉雅特」、「祕傳預言」接替「先知之印」的循環。

　　這展現了索赫拉瓦爾迪東方神智學與什葉派神智學之間的一致性。高爾彬接著寫道：「正因如此，阿勒坡（Aleppo）的神學學者在這一點上並沒有錯。在審判索赫拉瓦爾迪時，最終導致他死刑的主要罪名就是，他說直到現在，上帝還可以在任何時候創造出先知來。雖然他不是一位立定法則的先知，而是一位『祕傳詮釋的先知』，其中終究有什葉派的基本思想。所以，通過他生平的著作，以及他作爲先知哲學的殉道者之死，索赫拉瓦爾迪可以說直到最終一刻，還是處於『西方放逐』的悲劇之中。」（高爾彬，p.301）但是至少在伊朗索赫拉瓦爾迪的精神流傳至今。[91]

282.　佳拉・丁・魯米：音樂、詩歌和聖舞

(155)　　佳拉・丁・魯米（Jalâl al-Dîn Rûmî），一般人稱他魯米，西元 1207 年 9 月 30 日生於巴喀（Balkh），這是科拉善（Khorasan）的一座城市。他父親爲了躲避蒙古人的侵略，於西元 1219 年離開此城，前往麥加朝聖。他父親是一名神學家，蘇非的大師。最後，全家在康雅（Konya）定居。在他的父親去世之後，佳拉・丁・魯米前往阿勒坡與大馬士革求學，當時他才二十四歲。七年後他回到了康雅。在西元 1240 年到 1249 年間，他講授法律和教規。但是在西元 1249 年 11 月 29 日，已有六十高齡的流浪苦行僧塔布里茲的沙姆斯（Shams of Tabrîz），來到了村莊。關於他們兩人的相遇

---

[91]　高爾彬教授與他的學生們開始研究這在西方還不爲人所知的哲學傳統，是一項偉大的貢獻。

雖然有許多種說法，但是都強調，在有些戲劇化的情況下，魯米改變了信仰：他從一名著名的法學家和神學家，轉變成了最偉大的神祕主義者之一，甚至可能是伊斯蘭最有天賦的宗教詩人。

在魯米的弟子們的迫害之下，沙姆斯便離開前往大馬士革，因為他們嫉妒他對大師產生那麼大的影響。後來他同意回來，但在西元 1247 年 12 月 3 日遭到神祕殺害。這一事件使得魯米哀傷了很長一段時間。他創作了一本神祕主義詩集，並以導師的名字命名。「這是一些非常優美『愛與哀』的吟唱詩歌。整部作品都是獻給這個愛，這種愛看上去是凡世間的，但其實具有神聖愛的實質。」[92]另外，魯米還為了紀念沙姆斯而組織了精神音樂會（samâ）。照他的兒子蘇丹・瓦拉德（Sultân Walad）的說法：「他從未間斷過聽音樂、跳舞；從白天到夜晚都不休息。他曾經是一位學者，後來變成了詩人。他曾經是一名苦行僧，後來變得為愛沉醉，而不是為葡萄酒；受到啟示的靈魂只飲聖光的酒。」[93]

在他晚年，魯米選擇了胡賽・丁・查拉比（Husâm al-Din Chalabî）來領導他的弟子。多虧了查拉比，這位大師才能完成他的重要著作《瑪斯納維》（*Mathnawî*）。直到西元 1273 年去世，魯米一直對查拉比口述詩句，有時是在逛街散步的時候，有時甚至在浴缸裡。《瑪斯納維》是一部大約有四萬五千句的神祕主義史詩，其中繼承了《可蘭經》的文字和先知傳統，還包括讚詩、軼事、傳奇和東方以及地中海地區民間文學的主題。 (156)

魯米建立了一個公會團體，稱為「大師公會」，因為他被朋友與弟子們尊稱為「我們的大師」。很早以前，這一公會就在西方以「旋轉苦行僧」的名字著稱，因為在精神音樂會儀式期間，舞蹈者隨著音樂繞著大廳，不斷越來越快地旋轉。魯米寫道：「在音樂的節奏中隱藏著一個大祕密；如果我將這一祕密昭示於眾，它將震驚整個世界。」確實，音樂喚醒思維，使之回憶起它真正的家鄉，讓它想起最終的目標。[94]魯米寫道：「我

---

[92]　Eva de Vitray-Meyerovitch, *Rûmî et le sufisme,* p. 20.

[93]　ibid., p. 18.

[94]　譯文見 Marjan Molé, "La danse extatique en Islam," pp. 208-13。

們都曾經屬於亞當的身體，我們聽過天堂的旋律。儘管水與泥土在我們身上覆蓋了懷疑，但我們依稀還能憶起一些。」⑨

　　就跟神聖的音樂與詩歌一樣，出神狀態的舞蹈在蘇非主義一開始時就已存在。⑯根據有些蘇非的說法，他們在出神狀態中的舞蹈是天使之舞的翻版。在魯米建立的公會中（主要是由他的兒子蘇丹・瓦拉德管理），舞蹈既有宇宙的、又有神學的特性。苦行僧們身著白衣（就像喪衣一樣）與黑色大衣（象徵墓），頭上戴一頂高高的氈帽（象徵墓碑）。⑰精神導師是天地之間的媒介。音樂家們演奏蘆笛，並敲鈸打鼓。苦行僧在象徵宇宙的大廳舞蹈，「行星圍繞太陽轉，又繞著自身。鼓聲讓人想起最後審判時的喇叭聲。舞蹈者分成兩個半圈，其中一個是下降的弧度，代表靈魂成為肉身的過程，另一個是上升的弧度，代表靈魂升向上帝。」⑱當節奏變得越來越快，精神導師進入舞蹈人群中，並在圓圈的中間開始旋轉，他代表的是太陽。「這是實現了融合的神聖時刻」。⑲必須補充一點：苦行僧的舞蹈很少出現精神病態的狂舞，這種情況只在特定的區域才會發生。

　　魯米對振興伊斯蘭教發揮了巨大的作用，穆斯林世界的任何一個角落都有人在閱讀、翻譯或評注他的作品。這種少有人能及的知名度又一次證明了藝術創造、特別是詩歌對宗教生活的重要性。就像其他的一些神祕主義者一樣，魯米不斷地讚美神聖之愛，他燃燒的熱情與詩的力量無人匹

⑨　*Mathnawî*, 4, 745-46 的譯文見 Molé, ibid., p. 239。對天堂生活的描寫以及對最後審判喇叭聲的等待，也可以在最古老的蘇非傳統中見到。

⑯　見 Molé 的研究，ibid., passim；關於對神學家甚至對蘇非的批評，ibid., pp. 176ff., etc。

⑰　這一象徵意義在「薩瑪」（sama）最初階段就已存在，由偉大的土耳其詩人麥赫麥德・切勒比（Mehmed Tchelebi）在 *Dîvân* 中加以細致描述；見 Molé, ibid., pp. 248-51 的譯本。關於「瑪夫拉維」（mawlawî）舞，以及魯米和蘇丹・瓦拉德資料的譯本，ibid., pp. 238ff。

⑱　De Vitray-Meyerovitch, *Rûmî*, p. 41。Cf. Molé, "La danse," pp. 246ff.

⑲　De Vitray-Meyerovitch, *Rûmî*, p. 42。關於一段「瑪夫拉維」舞蹈的描繪，見 Molé, "La danse," pp. 229ff。

敵。「沒有愛，這個世界將是僵死的」。（《瑪斯納維》5，3844）在他的
神祕主義詩歌中，充滿了舞蹈與音樂領域的象徵。他的神學觀是非常複雜
的，雖然明顯受到新柏拉圖主義思想的影響，但是完全封閉的，同時有個
人的、又有傳統與大膽的一面。魯米強調必須達到一種非存在的狀態，才
能進入「變動」與「存在」的狀態；他的作品中還不斷提到哈拉智。[100]

　　人的存在是按照創造者的意志與計畫發展的。上帝讓人成為上帝與世
界之間的媒介。人「從精子發展到理性」是有目的的。（《瑪斯納維》3，
1975）「從你一進入這個世界起，在你面前就立著一把梯子，任你逃
遁。」實際上，人先是礦物質，後來成了植物，之後又成了動物。「然後
你成為人，具備了知識、理性和信仰。」最後人會變成天使，居住在天
上。但這還不是最終階段。「超越天使的身分，進入到這片海洋（神聖的
統一性）中，讓你這一滴水也變成大海。」[101]在《瑪斯納維》一段著名的
章節中（2，1157），魯米說明了人原來是照著上帝的形象而被創造的，他 (158)
的原型具備神的形狀：「我的形象存在於國王的心中：國王的心若沒了我
的形象就會生病……。智性之光來自我的思想；天因我的原初特性而生
……。我占據了精神的王國……。我並非與上帝共生……。但我在他顯神
之時從他那裡得到了聖光。」

283.　蘇非主義的勝利以及神學家們的反應。煉金術

　　由於神學家加扎力的努力，蘇非主義得到了法則學者的接受，從此以
後，深入民心；首先在西亞與北非，然後就是哪裡有伊斯蘭，哪裡就有蘇
非主義：印度、中亞、印度尼西亞和非洲東部。隨著時間的推移，原本數

---

[100]　見 Schimmel, *Mystical Dimensions,* pp. 319ff. 中引述的文本。

[101]　Odes Mystiques, 2（= Dîvân-e Shams-e Tabrîz），trans. By de Vitray-Meyerovitch,
Rûmî, pp. 88-89。見 ibid., p. 89, 譯文段落出自 *Mathnawî,* 9, 553, 3637。

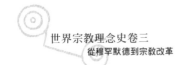
目稀少與幾個精神導師生活的弟子們漸漸形成了一支眞正的大軍，成爲有無數分支與成千會員的眞正公會。蘇非成了伊斯蘭最好的傳播者。紀伯（Gibb）認爲什葉派的沒落正是因爲蘇非派的壯大以及他們廣爲散播的精神。[102]當他們獲得如此大的成功之後，聲望自然越來越高，也受到了各地方勢力的保護。

「烏里瑪」們對蘇非的寬容態度提高對外來概念的接受度與外來方法的運用。在與異族接觸時，有些蘇非的神祕主義實踐技巧得以加深與變化。在此將比較最早蘇非們的覆誦方式（第275節）與自十二世紀起受到印度影響的覆誦練習。根據史料；「先從左胸部開始覆誦，左胸被看作是心靈明燈的所在之處，是精神智慧之家。覆誦繼續進行，經胸部下側轉到右側，到達右胸上方。然後繼續前行，回到原位。」根據另一史料，蘇非「蹲在地上，兩腿交叉，雙臂抱住腿，腦袋低垂至兩膝之前，閉上眼睛。然後緩緩抬頭，當頭部到達心臟的高度，並在右肩之上，此刻即口誦『啦伊啦』，……。當嘴巴到達心的高度時，便有力地誦出『伊啦』……。面對著心時，則精神抖擻地說『阿拉』……」。[103]

(159)

我們很容易從中看出其與瑜伽技巧之間的類似處，特別是在一些引起共生的聽覺與視覺現象的練習中，但因過於複雜，就不在此介紹了。

這種外來影響並沒有改變穆斯林的覆誦特性，至少就眞正的覆誦而言。相反地，這反而更加豐富了宗教信仰與苦行的方法。我們甚至可以說，就像在基督教中發生的一樣，這種影響將伊斯蘭「普及化」，並展開普濟宗教的層面。

不管怎樣，蘇非主義肯定更新了穆斯林的宗教經驗。在文化方面，蘇非也爲穆斯林帶來巨大的貢獻。在所有的伊斯蘭國家中，我們都可從音

---

[102] Cf. Gibb, *Mohammedanism,* p. 143.

[103] 見 L. Gardet, "La mention du nom divin (*dhikr*) en mystique musulmane," pp. 654-55 中引用的文本。關於與瑜伽密宗技巧的相似之處，見 Eliade, *Le Yoga,* pp. 218ff., 396-397。

樂、舞蹈、特別是詩歌中看到這種影響。⑭

　　這雖然是非常成功的運動，且至今仍有生命力，⑮但對伊斯蘭的歷史也帶來了糾結不清的後果。某些蘇非強烈的反理性主義部分帶有攻擊性，他們對哲學家的攻訐讓不明究理的民眾感到痛快。另一方面，強烈的情感表達導致在公眾場合越來越常出現狂舞與出神。大的蘇非大師都反對這種過度的張揚，但他們並不是每次都能控制局面。還有，某些公會的成員，比方說行乞苦行僧公然宣稱他們可以產生奇蹟，因此能超越法令行事。

　　「烏里瑪」們雖然容忍蘇非主義，但他們還是注意從中找出那些外來的、特別是伊朗與諾斯替教的成份。在法則學者的眼裡，這些一經蘇非大 (160)
師傳授，將會威脅到伊斯蘭的整體性。（不管是以前還是現在的神學家，而且不光是穆斯林的神學家，都很難認識到神祕主義者為深化民眾的宗教體驗所作的巨大貢獻，即使他們有「異端」的危險性；對神學家來說，在宗教認知的任何層次上，都存在著「異端」之危險。）對此，「烏里瑪」的反應就是不斷建立「瑪德拉沙」（madrasa），即專門的神學教育學院，屬官方性質，教師領取俸祿。到公元十四世紀（伊曆八世紀），成百上千的「瑪德拉沙」將高等教育牢牢地控制在神學家的手中。⑯

　　很可惜的是古典的蘇非主義在西方中世紀並不為人所知。⑰通過安達路西地區情色與神祕主義詩歌的媒介，某些信息仍未能讓兩大神祕主義傳統真正相遇。⑱眾所周知，伊斯蘭的主要貢獻是通過阿拉伯語譯文，完成古代哲學與科學著作，特別是亞里斯多德作品的譯介。

---

⑭　見 *inter alia,* translated by Schimmel, *Mystical Dimensions,* esp. pp. 287ff。由於神祕主義詩歌，更確切地說由於神祕主義情色詩歌，一大批非伊斯蘭的主題與題材進入了民族文學之中。

⑮　ibid., pp. 403ff., 引用的參考書目，見注釋 1-7。

⑯　參閱紀伯對教育控制所造成文化後果的觀察(*Mohammedanism*, pp. 144ff., 153ff.)。

⑰　同樣值得遺憾的是，伊斯蘭教在東南歐的流傳主要是通過奧圖曼帝國，也就是通過土耳其人的統治。

⑱　另一方面，並不排除某些穆斯林祕傳團體與基督教的接觸，但我們無法估量這對中世紀宗教與文化史上造成的後果。

　　然而我們要補充一點，雖然蘇非主義未能擴大流傳範圍，但是煉金學院和煉金術卻藉由阿拉伯版本進入了西方，而且有相當一部分是阿拉伯人的原著。照斯塔普勒東（Stapleton）的說法，埃及亞歷山大港的煉金術先是在美索不達米亞的哈蘭（Harran）發展起來的。這種推測不是沒有爭議，但它至少說明了阿拉伯煉金術的起源。不管如何，阿拉伯語世界最早、最有名的煉金術大師之一是查比爾‧伊本‧哈洋（Jabîr ibn Hayyân），就是拉丁語中著名的格貝爾（Geber）。

　　赫米阿德（Holmyard）認為哈洋生活在八世紀（伊曆二世紀），是加法爾（Ja'far），即六世伊瑪目的學生。保羅‧克勞斯（Paul Kraus）為這位煉金術大師撰寫了一本龐大的傳記，他認為實際上有許多作者（哈洋的名下居然有三千本左右的書），而他們都生活於九至十世紀（伊曆三至四世紀）之間。高爾彬分析了什葉派與祕傳派的背景，它們有助於查比爾煉金術的發展。確實，「天平的科學」可以讓人發現「在每一個身體之中，存在著顯與隱（即顯義與隱義）之間的關係」。[109]因此，看來格貝爾四部為人所知的拉丁文譯文作品，並非出自其手。

（161）

　　阿拉伯文作品最早的拉丁文翻譯是在西元1150年左右，於西班牙由克雷莫納的傑拉德（Gerard of Cremona）所完成的。一個世紀之後，煉金術開始為人所知，因為它被列入波薇的文森（Vincent of Beauvais）的《百科全書》中。最為著名的煉金術作品之一「綠寶石碑」（*Tabula Smaragdina*），選自《創造的祕密之書》（*Book of the Secret of Creation*）。另外同樣知名的著作還有《哲學總論》（*Turba Philosophorum*），也是譯自阿拉伯文，以及十二世紀用阿拉伯文撰寫的《比卡特力克斯》（*Picatrix*）。當然，這些書中雖然描述了許多物質、器械以及實驗室內的實驗，其實充滿了祕傳與諾斯替思想。[110]許多神祕主義

---

[109] Corbin, *Histoire de la philosophie islamique,* pp. 184ff., and above all, "Le Livre du Glorieux de Jâbir ibn Hayyân".

[110] 見 Eliade, *Forgerons et alchimistes,* （2d ed.） pp. 119ff.

者和蘇非大師，其中包括哈拉智，特別是亞維森納和伊本・阿拉比，都認
爲煉金術是一種眞正的精神訓練技巧。十四世紀之後煉金術在伊斯蘭國家
發展的情況，我們所知甚少。

　　在西方，煉金術的神祕學說與煉金術本身在文藝復興之後發展至巓
峰，它令人著迷的一面甚至還影響了牛頓。（第 311 節）

第三十六章

猶太教：從巴爾・科赫巴的暴動到哈西第教派

284. 編纂《密西拿》

(162)　　當我們講到猶太教與羅馬人的第一場戰爭（70－71）以及提圖斯（Titus）摧毀了神廟這一事件時，我們提到對猶太教來說造成了重大後果的一段插曲：著名的猶太拉比約翰嫩・本・撒該（Yohanan ben Zakkai）在耶路撒冷被圍攻期間躲在棺材裡出了城。後來，他獲得了韋思巴先（Vespasian）的准許，在亞布內（Jabneh）建立起一座學校。約翰嫩堅信，只要還有人在研究《托拉》（*Torah*），以色列人民雖然在軍事上被摧毀了，仍是不會消亡的。（第 224 節）①之後，約翰嫩組織了一個猶太法庭，共有七十一名成員，由一位「族長」主持，代表不容置疑的宗教權威，同是又是最高法庭。在近三個世紀中，除了一次例外，「族長」全是由父傳子方式繼承的。②

　　西元 132 年，巴爾・科赫巴（Bar Kokhba）掀起了與羅馬人的第二場戰爭。這次暴動以西元 135 年的血腥鎮壓告終，又一次使得宗教的認同，甚至整個猶太民族的存亡受到了威脅。皇帝哈德良（Hadrian）取消了猶太
(163) 法庭，嚴禁再研究《托拉》與從事任何宗教儀式，否則處以死刑。有許多猶太教學者，其中包括著名的拉比阿吉巴（Akiba），死於嚴刑拷打。但哈德良的後繼者安托南・庇護（Antoninus Pius）皇帝又重建猶太法庭的權威；而且還提高了它的威望。從此之後，猶太法庭的決定在整個猶太人居住區都被承認。正是在同一期間──也就是從約翰嫩・本・撒該的弟子開始一直到西元 200 年結束──發展出規範性的猶太教基本結構。其中最重

---

① 事實上，在聖殿被毀之後，撒都該（Sadducees）教士從事的聖事活動失去了意義，所以領導權落到了律法學者身上，也就是法利賽人（Pharisees）以及他們的後繼者「拉比」（即「大師」、「教授」之意）。見 *inter alia*, G. F. Moore, *Judaism in the First Centuries of the Christian Era*, 1, pp. 83ff。

② 見 Hugo Mantel, *Studies in the History of the Sanhedrin*, esp. pp. 140ff。（關於亞布內的猶太法庭移遷到烏沙（Usha）以及其他地方。

要的革新就是取消了廟宇的朝聖和在廟宇進行的祭祀，而代之以對律法的研究和虔誠祈禱，這些行為可以在世界上任何一處的猶太教堂中進行。通過對《聖經》的研究以及儀式上的潔淨的規定，過去的延續性得到保障。

當時有許多關於文化習俗、聖書理解以及法學問題的口頭傳授。③為了使它們能夠相互一致並加以精確化，「國王」拉比猶大（Judah，175－220，猶太公會的族長）決心將這些口頭傳授收集起來，編纂為一部律法全書。這部大書被稱為《密西拿》（Mishnah，是背誦、學習、研究之意）。它的內容涉及西元前一世紀到二世紀之間。④整部作品包括六個部分：農業、節日、家庭生活、民法、祭祀與飲食方面的規定，以及潔淨儀式。

其中可以看到一些涉及「默卡巴」（Merkabah）神祕主義的內容。（第288節）然而，其中沒有任何關於復活或者世界末日的思想，這在當時是非常普遍的，比方說，在著名的偽碑銘著作《巴錄書》（2. Baruch）和《以斯拉下》（4. Esdras）就有詳細的闡述。《密西拿》讓人有一種印象，編纂者忽略當時的歷史或故意不予理會。（但書中提到十分之一的收成繳到耶路撒冷，以及哪幾種貨幣可以兌換等。）⑤《密西拿》反映了一種特殊的非歷史觀，其中對生活與人的神聖化行為是按照嚴格的律法模式加以歸納。農事活動仰賴上帝的顯現和收成的儀式得以完成。「以色列的 (164) 土地因為它與上帝的關係而被神聖化。上帝讓穀物和果實生長，它們的收成透過遵從上帝指令工作的人們，以及對各種祭品的指示與分配而神聖化。」⑥

同樣，節日的部分將各種神聖的日子加以劃分、組織與命名，它們與

---

③　認為存在著一種由摩西教授給約蘇埃（Josue）和教士們的口語《托拉》，自稱是承傳了一個古老而值得尊敬的傳統。

④　雅克布‧諾斯耐爾（Jacob Neusner）的最近一部書《猶太教：密西拿的真理》（Judaism: The Evidence of the Mishnah）有很高的價值，因為它認確了與羅馬兩次戰爭之前、之間與之後時期的材料，並加以分析。

⑤　參閱諾斯耐爾的簡述，ibid., p. 128。

⑥　Richard S. Sarason, as cited by Neusner, ibid., p. 131-32.

神聖空間有非常密切的關聯（諾斯耐爾〔Neusner〕，pp.132）。在其他部分我們可以看到同樣的情況，討論到宇宙事物以及社會、家庭與個人生活的神聖化儀式，同時也確定如何避開不潔之物，並通過特殊的淨化手段使其失去效力。

這種信仰與實踐的宗教觀跟我們曾經提到過的「宇宙基督教」，即農村基督教（第 237 節）有相近之處。但區別在於，《密西拿》中神聖化的完成全靠上帝的力量以及人們遵從上帝指令的行為。有一點很特別，在《密西拿》中（當然，還有它的補充與之後會提到的注解），上帝——到那時為止，一直是歷史上的上帝——好像對他子民當下的歷史絲毫不感興趣：直到那時為止，重要的不是類似救世主降臨的靈魂獲救，而是在律法的主導下，將生活神聖化。

事實上，《密西拿》延續並補充了〈利未記〉記載的聖事條文。也就是服從戒律的持己之道，如教士和利未人的作法；他們遵守關於迴避不潔之物的規定，在家裡的行為就像廟裡進行聖事的修士一樣。在廟宇之外仍嚴格遵守儀式上的潔淨，是區分信徒與一般平民百姓的標準，這也保證了信徒的神聖性。猶太人若要繼續生存下去，就必須像神聖的人民一樣地生活，生活在一個神聖的領地，模仿上帝的神聖性。⑦

（165）《密西拿》繼承並深化了猶太宗教與文化生活的統一性。最終，它的目的在於保證猶太教的延續，同時保證猶太民族的整體性，不管他們分散到世界何處。正如諾斯爾耐所說，對於人究竟應該做什麼這一問題，《密西拿》提出如下解答：「跟上帝一樣，人可以讓這個世界轉動起來。只要人有這個願望，什麼事情都是可能的……。」「《密西拿》估量了當時以色列的生存條件：它戰敗了、無依無靠，但還在自己的國度裡；它已無力反擊但依然神聖；它已無真正的國土，但不會被別的國家吞併。」⑧

---

⑦　Neusner, ibid., pp. 226ff.

⑧　Ibid., pp. 282-83.

285. 《塔木德》。反猶太教規的運動：「卡拉伊特」運動

　　《密西拿》的出版開啓了一個被稱爲「亞摩念」（amoraim）的時代（意爲「演講者」、「解釋者」）。《密西拿》與注解《革馬拉》（Gemara）組成了《塔木德》（Talmud，意爲「教導」）。第一個版本出現在巴勒斯坦（220-400年左右），被人稱爲《耶路撒冷塔木德》（Jerusalem Talmud），它比《巴比倫的塔木德》（Babylonian Talmud）更爲簡短明瞭。《巴比倫的塔木德》成書於西元200至650年之間，有八千七百四十四頁。⑨在《密西拿》中歸納出來的行爲準則「哈拉卡」（halakhah），在《塔木德》中補充了「阿加達」（aggadah），「阿加達」包括倫理與宗教教導，一些形上學的思辨與神祕主義的思考，甚至還有民間文學的成份。

　　《巴比倫的塔木德》在猶太人民的歷史上起了決定性的作用，它表明了猶太教應當怎樣去適應猶太居住地各種不同的政治與社會環境。從三世紀開始，一位巴比倫的教師就定下了一項基本準則：穩定政府的立法構成了唯一合法的律法，所有的猶太人都必須遵守。因此，政府權威的合法性得到了來自宗教方面的承認。至於民法部分，團體的成員若有糾紛，必須在猶太法庭進行訴訟。

　　從它的整體來看，特別是它的內容與目的，《塔木德》並未賦予哲學思考重要的位置。然而，有些研究者從中分析出了神學既簡單又微妙的成份，以及隱義詮釋的教理，此外《塔木德》也保留了特定屬於啓蒙性質的作法。⑩

　　對本書來說，重要的是快速瀏覽中世紀猶太教固定結構下的歷史事件。族長被官方承認爲是與羅馬行省的省長同級的，他派人到各個猶太人 (166)

---

⑨　有些與農業、純潔與祭祀的律法，在巴勒斯坦還管用，在《巴比倫的塔木德》之中就失去了現實意義。

團體那裡去收稅，同時公布節日的行事曆。在西元 359 年，族長希列二世
（Hillel II）決定在文字上固定日曆，以便在巴勒斯坦和猶太人居住地可以
同時進行節日的活動。西元 429 年當羅馬人廢除了巴勒斯坦的族長制時，
便可看出這一措施的重要性。從薩珊王朝開始（226-637 年），由於王族
對宗教的寬容，巴比倫成了猶太居住區最重要的宗教中心。這一特殊地位
一直保持到穆斯林征服期間。所有的東方猶太居住區中的猶太團體都承認
「加昂」（gaon，即精神導師、仲裁人兼政治領袖、上帝前的代表與王權
前的代言人）的權威。「加昂時代」啓於西元 640 年左右，止於 1038 年，
那時猶太精神中心轉移到了西班牙。但是，到了這時期，《巴比倫的塔木
德》已經成爲公認的猶太教規，也就是正規猶太教的教導書。

　　猶太教文化的傳播是通過學校教育（從小學到學院或「耶緒華」〔Yes-
hiva〕）、猶太會堂和公會。會堂的禮拜儀式代替了原先廟宇的祭祀，主
要包括晨禱與午禱、信仰宣告（「聽著，以色列，主，我們的上帝，是唯
一的主！」）和十八「祝福詞」（後來成了十九），就是簡短表達團體與
個人希望的頌詞。每個星期三次（星期一、四和星期六）在會堂裡宣讀聖
書。每逢星期六與節日就在公開場合宣讀《摩西五書》（*Pentateuch*）和
《先知書》，接著就是猶太教士的佈道。

　　九世紀一名「加昂」發表了第一本禱文集，以固定唱詩的順序編排。
八世紀起在巴勒斯坦發展出一種新的會堂詩歌，很快便被接受。一直到十
六世紀，陸續創作出各種唱詩詩歌並融入會堂聖事之中。

(167)　　然而，「加昂」所代表嚴厲又極端的傳統主義有時招致反猶太教規的
運動。其中有一些是受到巴勒斯坦古老派教理或伊斯蘭的影響，但很快就
被鎮壓下去了。然而，九世紀出現了一種分裂運動，由安南・本・大衛

---

⑩　Solomon Schechter, *Aspects of Rabbinic Theology: Major Concepts of* the Talmud; or
Gerd A. Wewers, *Geheimnis und Geheimhaltung im* rabbinischen Judentum。其中有
的觀點已顯陳舊，但仍然有參考價值。見 Moore, *Judaism,* 1, pp. 357-442 中許多翻
譯與考證的神學文本。

（Anan ben David）所領導，很快帶來了威脅。他們被視爲「卡拉伊特」
（Karaite，即只承認聖書權威的「聖經派」），⑪他們擯棄由拉比口述的
律法，只把它看作是一般人的作品。「卡拉伊特」派成員提出，對《聖
經》應當仔細帶著批判的目光加以審視，並找出適用當代的教理與律法；
他們還要求猶太人回到巴勒斯坦，讓救世主能早日降臨。確實，一群「卡
拉伊特」成員在丹尼爾‧阿爾屈米奇（Daniel al-Qumiqi，850 年左右）的
率領下，在巴勒斯坦定居，並將他們的思想傳播到非洲的西北部與西班
牙。「加昂」們的反應非常強烈，他們寫下大量的律法和手冊，加深猶太
教規，並反對異端的蔓延。「卡拉伊特」勸誘他人改變信仰的行動失去動
力，但這一派別在偏遠的地區倖存下來。

　　正如之後將要看到的，希臘哲學思維透過阿拉伯譯文的引介，不僅鼓
舞了猶太哲學精神，還推動了一些罕見、未曾聽聞的教理。此處只提希維
‧阿爾巴爾基（Hiwî al-Balkî），他是九世紀的懷疑論者，他居然攻擊《聖
經》的道德性，並編了一部淨化後的《聖經》作爲學校教材。

286. 中世紀的猶太神學家和哲學家

　　亞歷山卓港的斐羅（Philo of Alexandria，約西元前 13 年至西元後 54
年）致力於調和《聖經》啓示與希臘哲學，但是猶太思想家並未重視他的
思想，所以他只影響到基督教早期神父的神學。直到九、十世紀，由於阿
拉伯譯文的引介，猶太人才接觸到希臘思想，同時也發現了穆斯林通過理
性證明信仰的方法。最早一位重要的猶太哲學家，薩阿迪亞‧本‧約瑟夫
加昂（gaon Saadia ben Joseph，882-942 年），出生於埃及並在那裡接受教
育，成年後住在巴格達，他掌管一所巴比倫地區相當著名的猶太律法學
院。雖然他並沒有建立起什麼體系，也沒有成立什麼學派，但薩阿迪亞是　(168)

⑪　正如二世紀的撒都該派教士一樣。

典型猶太哲學家的榜樣。⑫在他阿拉伯文的佈道著作《信仰與輿論之書》（ *The Book of Beliefs and Opinions* ）中，他強調了啓示眞理與理性之間的關係。這兩者都來自上帝，但是《托拉》是上帝對猶太民族獨有的恩賜。由於缺乏一個獨立的國度，猶太民族的統一與整體只能藉由遵從律法來維持。⑬

十一世紀初期，猶太文化的中心轉移到了穆斯林教下的西班牙。薩洛蒙‧伊本‧加比洛爾（Salomon ibn Gabirol）在西元 1021 與 1058 年間生活在馬拉加（Malaga）。他因詩歌而出名，他最著名的詩篇收入唱詩班的詩集中。在他未完成的作品《生命的源泉》（ *Makor Hayyim* ）中，他借用了普羅丁關於「流出」的宇宙生成學說。但是，伊本‧加比洛爾用了神聖意志這一概念取代了「最高思想」的概念；也就是說，還是耶和華創造了世界。伊本‧加比洛爾把物質解釋爲最初的流出；但這一物質是屬於精神性的，它的物質性只是它衆多屬性中的一個。⑭《生命的源泉》一書並未受到猶太人的重視，反而在翻譯成拉丁文（ *Fons Vitae* ）之後，得到基督教神學家的高度讚賞。⑮

對於巴希亞‧伊本‧帕庫達（Bahya ibn Paqûda）我們幾乎一無所知。他可能活在十一世紀的西班牙。在他關於精神道德的阿拉伯文著作《心靈職責導論》中，伊本‧帕庫達特別強調內在虔誠。他的作品同時也是一部精神自傳。「從諸論開始，這位作者說明了他是如何地孤獨，又如何因孤獨而承受痛苦。這部書是對他所處環境的反擊，在他看來這一環境太注重法了。他的書要讓人知道，正如眞正的猶太傳統所要求的那樣，至少有一名猶太人能依照自己的心、自己的身體去生活與搏鬥……。每到夜間，巴

---

⑫　他的作品一部分散佚了：其中包括對《聖經》考證的阿拉伯譯本。

⑬　Cf. *The Book of Beliefs and Opinions* (translated by S. Rosenblatt), pp. 21ff., 29ff。薩阿迪亞用來證明上帝存在的證據是引自「卡拉姆」的；cf. H. A. Wolson, *Kalam Arguments for Creation in Saadia, Averroes,* etc., pp. 197ff。

⑭　*Fons Vitae,* 4 8f.; abridged text, Munk, 4, p. 1.

⑮　加比洛爾爲人熟知的名字爲艾維西伯（Avicebron），直到西元 1845 年穆克（S. Munk）才將作者的身分查證出來。

希亞就覺得他的靈魂打開了。於是，在這衆多夫妻擁抱在一起的時刻，巴　　　(169)
希亞成了上帝的情人：他跪下來，全身匍地，在寂靜的祈禱中，進入連續
幾小時出神的狀態，就這樣到達白天苦行練習意欲達到的高峰：謙卑、自
省、無限的虔誠。」⑯

　　猶大赫・哈列維（Judah Halevi，1080-1149 年）與伊本・加比洛爾一
樣，旣是詩人又是神學家。在他《捍衛被人瞧不起的宗教》一書中，有四
個人進行對話：一位穆斯林的法律學者、一位基督徒、一位猶太學者，最
後一位是哈扎爾（Khazar）的國王。討論到最後，這位國王改信了猶太
教。有點像加扎力與猶大赫・哈列維運用哲學的方式去懷疑哲學的有效
性。宗教的確信感並非來自理性，而是來自《聖經》的啓示，正如猶太人
民獲得的恩惠。預言家的精神確認了對以色列的選擇。沒有任何一名異教
徒哲學家最後成了預言家。預言家的產生，是因爲人們遵從律法的誡命，
尊重聖地的聖事價值，因爲它是眞正「國家的心臟」。苦行在猶大赫・哈
列維的預言體驗中沒有任何作用。

287. 處於亞里斯多德與《托拉》之間的邁蒙尼德

　　摩西・本・邁蒙（Moses ben Maimon，或邁蒙尼德〔Maimonides〕，
1135 年生於科爾多瓦〔Cordoba〕，1204 年卒於開羅）是猶太教拉比、醫
生與哲學家。他代表了中世紀猶太思想的頂峰，從以前甚至到了現在他仍
享有極高的聲望，但是他多方面的天份與作品特殊的開放性，也引起了無

---

⑯ André Neher, "La philosophie juive médiévale," p. 1021。巴希亞很有可能受到穆
斯林神祕主義的影響，但是他的精神生活以及他神學中的猶太特徵是不容置疑
的。正如納赫（Neher）精闢地指出，巴希亞讓《聖經》、《可蘭經》和《塔木
德》中的哈西第猶太傳統再度活躍起來，其中包括「苦行、守夜祈禱與冥想沉
思」；也就是「能將普遍的宗敎體驗與以色列宗敎特殊性相調和的傳統」。
（ibid., p. 1022）

(170)　數的爭論。⑰邁蒙尼德寫了許多部注釋的書，其中最著名的是《密西拿注釋》和《密西拿托拉》，西元 1195 年，他還以阿拉伯文撰寫了一部精采的哲學論文集《困惑者的嚮導》。直至今日，一些猶太歷史學家和哲學家還認爲邁蒙尼德的作品中貫穿了無法逾越的二分世界：一方面是影響他詮釋和律法工作的原則（也就是「哈拉卡」原則）；另一方面，是在《困惑者的嚮導》中流露出的形上學思想，其源自於亞里斯多德。⑱

　　首先必須說明邁蒙尼德對於「哲學泰斗」有極高的評價（「這是在以色列預言家之後人類智慧的最高代表」），而且他不排除綜合傳統的猶太教與亞里斯多德思想的可能性。⑲但是，邁蒙尼德不急著直接在《聖經》與亞里斯多德哲學之間尋找共同點，而是先區分兩者，「這樣維護了《聖經》的經驗，但又不同於加扎力和猶大赫・哈列維，把它與哲學經驗隔離開來並使之徹底對立。《聖經》與哲學在邁蒙尼德那裡是相連的。它們有相同的來源，又指向同一目標。但是，在這相同的進程中，哲學發揮『道路』的作用，而《聖經》則指引了走在這條道路上的人」。⑳

　　當然，哲學對邁蒙尼德來說是一種大膽的學科，若理解錯誤，甚至會變得很危險。一個人只有在達到道德的完美境界之後（要達到這一點必須遵從律法），他才能讓智慧趨於完善。㉑對團體中的每一位成員來說，深入研究形上學並非是必要的；但是，對於所有人來說，遵循律法必須伴隨

----

⑰　正如伊薩道爾・特維斯基（Isadore Tuversky）所說：「對有些人來說他振奮人心，對有些人來說他令人髮指，但他很少會讓人無動於衷。」他身上有一種多樣的人格，非常和諧，但有時候正好相反，複雜而緊張，有意無意地充滿了悖論與矛盾。*A Maimonides Reader*, p. xiv.

⑱　見 David Hartmann, ed., *Maimonides: Torah and Philosophic Quest*, pp. 20ff.中所引用最新的例子，特別是伊薩克・胡斯克（Isaac Husik）和雷歐・史特勞斯（Les Strauss）的意見，但是這位作者致力於證明邁蒙尼德思想的一致性。

⑲　在這一方面，他有兩位前輩，但他們都並無眞正建樹。

⑳　Neher, "La philosophie," pp. 1028-29.

㉑　在《困惑者的嚮導》的引言中，邁蒙尼德承認，除了一些特殊情況，他還故意引入了許多互相矛盾的說法，讓外行讀者感到不確定。

著哲學思考。知識教育是一種高於道德美德的原則。邁蒙尼德把形上學的 (171)
精華濃縮爲十三個命題，並認爲每一個信徒至少要思考並接受這些基本的
理論知識。他毫不猶豫地宣稱，對哲學知識的掌握是保證人死後靈魂繼續
生存的必要條件。㉒

　　與斐羅和薩阿迪亞一樣，邁蒙尼德致力於把歷史事件與《聖經》詞彙
轉換爲哲學語言。在批判並擯棄了「卡拉姆」那樣艱澀的學問之後，他開
始介紹並使用亞里斯多德的方法。誠然，沒有一種論證可以將亞里斯多德
的永恆世界和《聖經》中從無到有的創世說協調一致。但是，對邁蒙尼德
來說，這兩種說法有一點是相同的，即它們缺乏無可反駁的證據。身爲猶
太學者他認爲，〈創世記〉並不是「把從無到有的創造說成是一種現實：
它只是讓人去這麼想像，一種寓意式的詮釋可以依照希臘人的說法去理解
《聖經》文本。所以，只有靠一個局外的、同時也是《聖經》的準則立場
才能解決這個問題。這一準則就是上帝的至高無上，上帝對於大自然的超
驗性。」㉓

　　儘管他絕頂聰明，但邁蒙尼德並無法證明亞里斯多德不朽的第一原動
者與《聖經》中自由、全能、創造一切的上帝，二者是相同的。另一方
面，他堅持說，眞理必須而且可以藉由智力發現；也就是藉由亞里斯多德
的哲學。除了摩西以外，邁蒙尼德不接受預言家啓示的有效性；他視其爲
想像的產物。摩西所接受的《托拉》是唯一重要的書，是放諸四海皆準
的。對於大多數的信徒來說，只要研究《托拉》並按照書中的訓誡行事就
夠了。

　　邁蒙尼德的倫理學是一種對《聖經》傳統與亞里斯多德模式的綜合
物；實際上，他強調智慧的努力和哲學知識的重要性。他的彌賽亞思想純
粹是凡俗的：「一座由人類建立的城邦，依據知識的傳遞，從而人的行事

㉒　*Guide for the Perplexed,* 3:51, 54. Cf. Vajda, *Introduction* à la pensée juive du Moyen
　　Âge, p. 145。總而言之，只有在塵世中獲得形上學知識的總和，才是「不朽的」。
　　這一觀念在許多祕傳的傳統中都可以見到。
㉓　Neher, "La philosophie," p. 1031.

(172) 自然具有美德。」㉔邁蒙尼德更相信形上學知識所獲致的不朽性,而不談身體的復活。然而,有些評論者卻著眼於邁蒙尼德所謂的「否定神學」上。「在上帝與人之間,只有虛無與深淵……,如何跨越這一鴻溝?首先要接受虛無。從哲學角度來看不可以接近上帝,不可能把握上帝,對落入虛無的人來說,那只是些幻影與圖像:在虛無中向前邁進的時候,人就接近了上帝……。在《困惑者的嚮導》幾個最爲精采的章節中,邁蒙尼德解釋爲什麼所有的祈禱都必須是靜寂的,爲什麼所有的觀察都必須指向特定崇高的事物,也就是愛。通過愛,就可以積極地跨越過上帝與人之間的鴻溝:上帝與人終於相遇,這種相遇絲毫不減其嚴肅性。」㉕

重點是,儘管有各種外來思想的影響(包括希臘哲學、羅馬哲學、穆斯林或基督教思想),猶太哲學思想不缺乏強大的生命力與獨創性。與其說是影響,不如說是一種猶太思想家與古代、伊斯蘭以及基督教等哲學體系代表之間的長期對話。這種對話的結果豐富了對話雙方。在猶太教的神祕主義歷史上,我們也看到類似的情況。(第 288 節)實際上,猶太教的本質是對《聖經》傳統忠貞不渝,並能夠接受無數的外來影響,而從不爲它們所統治。

288. 猶太教神祕主義的最初表現

猶太教神祕主義體驗的形態是既豐富又複雜的。在進行以下的分析之
(173) 前,應當先指出一些特殊點。除了薩巴坦伊・茲維(Sabbatai Zwi)掀起的

㉔ Ibid., p. 1032. 見 Hartmann, *Maimonides,* pp. 81ff.中翻譯並評論的文本。

㉕ Neher, p. 1032。見 Hartmann, p. 187, Twersky, *A Maimonides* Reader, pp. 83ff., 432-33, etc.中的翻譯。對於本書來説,我們可以忽略一些在邁蒙尼德之後的哲學家,如杰索尼德(Gersonides,阿拉伯名爲 Levi Ben Gerson,1288-1344 年)、哈斯代・克雷斯卡斯(Hasdai Crescas,1340-1410 年)、約瑟夫・阿爾波(Joseph Albo,1370-1444 年)等。

彌賽亞運動之外（第 291 節），沒有任何一個流派離開了正規猶太教的宗旨，儘管它們時而會與猶太傳統發生頗爲強烈的衝突。至於隱義詮釋從一開始起就是猶太神祕主義的一大特點，長期以來都是猶太宗教遺產的一部分。（第 204 節）同樣，神祕哲學的因素到處可見，歸根究柢是源於古老的猶太靈知主義。㉖還有就是最高的神祕主義體驗，也即少數與上帝的融合。一般來說，神祕主義者的目標是見到上帝、默觀主的偉大並理解創造的神祕性。

　　猶太教神祕主義第一階段的特點是強調在出神狀態中升天，一直升到神座「默卡巴」。這一祕義傳統在西元前一世紀就已經出現，一直持續到十世紀。㉗神座是聖榮顯現的地方，對於一位神祕主義者來說，相當於基督教神祕哲學家和煉金術學家的「完滿」境界。這方面的文字往往是簡短又非常晦澀的，它們被稱作《天宮之書》（*Books of the Hekhaloth*）。它們描述出神者在他的旅程中穿越廳堂與宮殿，然後才到處於第七層也就是最後一個「天宮」，在那裡有榮光的神座。這種出神狀態的旅行，一開始被稱爲「升向默卡巴之旅」，到了西元 500 年左右，出於不爲人知的原因，變成了「墮入默卡巴之旅」。奇怪的是，「墮入」的描繪用的都是關於上升的詞彙。

　　從一開始，神祕主義者組織了非常嚴密的小團體，他們祕密傳授教理，方法只教給入會者。除了必須具備道德品質之外，入會者還應在容貌與面相上具備一定的特點。㉘出神旅行之前要有十二或四十天的時間準備：齋戒、儀式性的唱誦、覆述名字或保持特殊的身體姿勢（頭夾在膝蓋中 (174)

㉖　在有些情況下，並不排除一種可能性，即這些傳統的諾斯替特徵在與中世紀基督異端運動直接與間接的對抗中重新獲得了生命力。

㉗　索倫區分了三個階段：古老的末世學家們進行無名的祕密小聚會；密西拿中某些大師關於神座的思辨；在《塔木德》晚期以及後塔木德期「默卡巴」的神祕主義。Cf. *Major Trends in Jewish Mysticism*, p. 43; 也見 *Jewish Mysticism, Merkabah Mysticism and Talmudic Tradition*, passim。對默卡巴最古老的描述在 *Ethiopian Book of Enoch* 中的第十四章。

㉘　Scholem, *Major Trends*, p. 48.

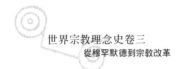
間）。

我們知道，靈魂升天並遇到各種各樣的危險，這是二到三世紀諾斯替教派與神祕主義共同的主題。正如葛肖姆‧索倫（Gershom Scholem）所說，默卡巴的神祕主義思想是諾斯替教派的一支猶太分支。㉙然而，在諾斯替派那裡保護七座行星的「執政官」到了這支猶太教的諾斯替派這裡，成了站在天庭大門左右兩側的「看門人」。不管在哪一種情況下，靈魂需要知道一個「口令」方能通過：那是一顆有魔力的印，上刻著一個祕密的名字，可以驅散魔鬼以及有敵意的天使。隨著旅行的展開，危險也增加。最後一個考驗則是謎樣般地難解。在《塔木德》保留下來的一個片斷中，拉比阿吉巴與三個急欲進入「天堂」的猶太拉比說：「當你們到達嵌有閃閃發光的大理石板時，不要說：『水！水！』因為牌上寫著：『說謊的人不能在我面前逗留』。」實際上，天庭上嵌著許多閃閃發光的大理石板，給人水浪的感覺。㉚

在旅行過程中，靈魂獲得關於創造的祕密、天使的等級和通神術的方法。在最高一層天上站在神座前，「（靈魂）凝視神性的祕密面孔，那是一個象徵物，『看上去有如人形』，預言家以西結（Ezekiel）」（第 26 節）曾獲准在神座上見到它。他獲得了「物體測量」（Shi'ur Qoma）的啟示，就是神性的一種人形表現，與第一個人的形象相似，但也像是〈雅歌〉中的情人。同時，（靈魂）還得知關於身體各部位的神祕名稱」。㉛

(175)　　在這種情況下，我們可以說，猶太教中不可視見的上帝被投射一個神祕的形象，從中可以看到末世論以及猶太偽經中「大榮光」的形象。但是，這種對創世主形象的表現（從他的宇宙大衣中星辰與穹蒼散放光芒）是從一個「完全一神論的概念中衍生出來的；其中完全沒有異端和對立，因為並不存在一個與真正上帝相對的創世上帝」。㉜

㉙　Cf. *Les origines de la Kabbale*, p. 36。索倫還提到了「拉比的諾斯替主義」，也就是努力對哈拉卡傳統保持忠誠的猶太諾斯替主義，cf. *Major Trends*, p. 65。

㉚　Scholem, *Major Trends*, p. 52ff。見 ibid., p. 49 中關於希臘文字類似的意像參考。

㉛　Scholem, *Les origines de la Kabbale*, p. 29。

　　除了關於默卡巴的書以外，中世紀還流傳著一本僅有幾頁的小冊子，名爲《創世之書》（*Sefer Yetsire*），很快就在所有的猶太居住地家喻戶曉。我們不知道該書成書於何年，源於何處（很可能是在五到六世紀）。它簡潔地講述了宇宙的起源與結構。該書作者試著「將明顯受到希臘影響的思想與《塔木德》中關於創世和默卡巴的知識相調和。正是這樣一種努力，讓我們第一次看到關於默卡巴概念的思辨性詮釋」。㉝

　　該書第一部分講述了上帝創造世界時運用的「三十二種智慧之路」。（第200節）其中包括神聖字母表中的二十二個字母和十個最重要的數字。第一個數字是有生命力的上帝之「氣」。從上帝之氣中生出最初的空氣，從中又生出水與火，也就是第三與第四個數字。從最初的空氣中，上帝創出二十二個字母；從水中，上帝創造了宇宙混沌；從火中他創造了神座以及天使的等級。而最後六個數字代表了空間的六個方向。㉞

　　關於數字帶有神祕主義色彩的思辨可能來自於新畢達哥拉斯主義（Neopythagorean）思想，但是關於「從字母中生出了天與地的想法」可以在猶太教中找到解釋。㉟「這種建立在語言神祕主義基礎上的宇宙起源 (176) 與結構學和星相學思想有密切聯繫，由此，就非常容易導致認爲字母與詞語具有創造世界的神奇力量與魔幻想像。」㊱《創世之書》也有神奇的作用。它成了猶太教神學家解釋《舊約》時的必備手冊，中世紀最偉大的猶太思想家並對其詳加注解，不管是薩阿迪亞還是薩巴坦‧多諾羅（Sabbatai Donnolo）。

　　中世紀的猶太教敬虔派運動是由三位虔誠的德國男子所掀起：薩姆埃

㉜　Ibid., p. 31.

㉝　Ibid., p. 34。我們可以找到一個新的譯本，Guy Casaril, *Rabbi Siméon Bar Yochai et la Cabbale,* pp. 41-48。

㉞　Scholem, *Les origines de la Kabbale,* pp. 35ff。也見 Scholem, *Major Trends,* pp. 76ff。

㉟　Scholem, *Les origines de la Kabbale,* pp. 37-38。Casaril, *Rabbi Siméon Bar Yochai,* p. 42 中強調這與某種基督教諾斯替主義平行對應，就像與革利免名（Clementine）的《講道集》（*Homilies*）的關聯一樣。

㊱　Scholem, *Les origines de la Kabbale,* p. 40.

爾（Samuel）、他的兒子哈西第猶大（Yehudah the Hasid）和沃爾姆斯的
以利亞撒（Eleazar of Worms）。這一運動起源於十二世紀初，尤其在西元
1150 到 1250 年期間，進入具有創造力的階段。儘管它的根源也是默卡巴
和《創世之書》，但這一萊茵河畔的敬虔派運動是一種前所未有、獨特的
創新。我們可以從中看到某種大眾神話的回歸，但是這些虔誠的「哈西
第」（Hasid）擯棄了關於世界末日的思考以及救世主何日降臨的計算。同
樣，他們對猶太拉比的博學與有系統的神學都不感興趣。他們主要思索關
於神性合一的神祕，並致力於關於虔誠的新觀念。㊲與西班牙的喀巴拉主
義（Kabbalah，第 289 節）不同的是，哈西第大師們投入民眾之中。這一
運動的主要著作《哈西第之書》（Sefer Hasidim）運用了許多軼事，奇特
的論點和富教育性的故事，而宗教生活主要以禁欲、苦行為主，要祈禱並
愛上帝。因為，在達到最高的境界時，對上帝的恐懼將轉化為對上帝的愛
與虔誠。㊳

　　哈西第們致力追求的是精神的完全平靜：他們可以面不改色地接受團
體成員的謾罵或威脅。㊴就算他們具有神祕的魔幻本領，他們也不追逐權
力；㊵在哈西第們的苦行中可以看到一些基督教的影響，除了涉及性事的
部分之外。因為，大家知道，猶太教一直也沒有接受這方面的苦行。另一
(177) 方面，從中也可以看出強烈的泛神論傾向，上帝跟世界與人的距離比靈魂
跟人的距離還要近。㊶

　　德國的哈西第們並沒有建立起一個有體系的神智學，但我們可以從中

㊲　Scholem, *Major Trends,* pp. 91-92.

㊳　Ibid., p. 95.

㊴　索倫比較了他們的嚴肅性與犬儒派和斯多噶派的「平靜」（atarexia），ibid., p.
　　96。也可參見哈拉智的態度（見第 277 節）。

㊵　在沃爾姆斯的以利亞撒那裡第一次提到了「高萊姆」（Golem），即神奇的小精
　　靈，他在師父出神的狀態中獲得生命。Cf. Scholem, "The Idea of the Golem," pp.
　　175ff。

㊶　Scholem, *Major Trends,* pp. 107ff。這裡很可能受到由伊利基那傳來新柏拉圖主義
　　思想的影響；ibid., p. 109。

看出三大中心思想，而且是源於不同的影響的：⑴關於「神聖的榮光」概念；⑵認爲有一名典範的天使長立在神座邊；⑶關於神聖與崇高的偉大祕密，以及人性的祕密與人邁向上帝之旅的祕密。㊷

289. 中世紀的「喀巴拉」

「喀巴拉」是猶太教祕傳神祕主義的傑出創造。這一詞彙大致指「傳統」的意思，其中的字根 KBL 是「接受」的意思。正如書中將要看到的，這個宗教創新一方面忠於猶太教，同時又繼承了諾斯替主義的傳統，雖然有時有異端的成份，另一方面它促使宇宙宗教的結構復興（這種宇宙宗教被誤稱爲「泛神論」）㊸；這就使得在喀巴拉教徒與塔木德權威之間不可避免地產生了衝突。我們要指出的是，對於抗爭的緊張情勢，喀巴拉爲分散各地猶太團體的精神抵抗作出直接或間接的貢獻。另外，基督教作者雖然不認識喀巴拉或誤解了它，但在文藝復興前後，喀巴拉在西方基督教「走出地域性」的過程中發揮作用；也就是說，喀巴拉是歐洲十四到十九世紀思想史的一部分。

關於喀巴拉的最早陳述出現在《巴希爾》（Bahir）一書中。這本書殘缺不全，而且涉及好幾個層面，既艱深又不流暢。《巴希爾》編纂古老的素材，成書於十二世紀的普羅旺斯；它所引用的素材包括《大祕密》（Raza Rabba）一書，有些東方研究者認爲它是一部重要的隱義詮釋著作。 (178)
㊹《巴希爾》中所闡述的教理，無庸置疑地源自東方，特別是諾斯替教。書中可以找到各種猶太典籍都有的古諾斯替思想；比方說陽性與陰性的埃翁斯（Eons）、「完滿」（pleroma）與靈魂之樹「舍金納」（Shekhinah），它所用的描述詞彙就和諾斯替的雙重索菲亞（Sophia，女兒兼妻

㊷　Scholem, ibid., pp. 110ff., 118。可以確定的是，在猶太教十三世紀的虔誠運動與十八世紀在波蘭與烏克蘭地區出現的「哈西第主義」之間並沒有關聯性。

㊸　Scholem, "Kabbala and Myth," passim。

㊹　Cf. Scholem, *Major Trends*, p. 75; *Les origines de la* Kabbale, pp. 66ff.

子）一樣。⑤

「對於《巴希爾》書中「喀巴拉」與「清潔派」（Cathars）運動之間的關聯，一直是個沒有答案的問題。這種聯繫缺乏確切的證據，但我們又不能完全排除其可能性。在思想史上，《巴希爾》一書刻劃出中世紀猶太教中未有前例的古老象徵形象，這種形象的刻劃也許是有意識的，但無論如何是以事實為根據。在《巴希爾》一書出版之後，某種形式的猶太神話思想開始與猶太教的法典派以及哲學派相互競爭。」⑥

普羅旺斯的喀巴拉門徒主要以《巴希爾》為基礎來發展他們的理論。對源於東方的古諾斯替派傳統，他們以另一精神世界的元素，特別是中世紀的新柏拉圖主義思想來加以補充。「就喀巴拉所顯現的形式，它包含了這兩種傳統，有時候強調其中一點，有時候又強調另一點。正是帶著這種雙重面目，它傳入了西班牙。」⑦

儘管出神強調神祕的技巧，但在喀巴拉中並不扮演重要的角色。在浩瀚的喀巴拉文學中，很少能見到關於個人出神體驗的例子，更少談到「神祕的交融」。與上帝的融合是用「德威庫特」（devekuth）一詞來指稱的，⑧意即「加入」、「與上帝融合在一起」，這是一種超越出神的極樂狀態。這也解釋了，為什麼一位最強調出神的作者會默默無聞。他就是亞伯拉罕・阿布拉斐亞（Abraham Abulafia），西元 1240 年生於薩拉哥薩（Saragossa）。他長期在近東、希臘與義大利旅行。他著作頗豐，卻沒有受到拉比們的傳播，原因就是那些作品的個人因素太強。

(179)

阿布拉斐亞將希伯來語的字母與詞彙混合在一起，發展出一種圍繞著上帝各種名字的沉思技巧，為了讓人明瞭從物質之鏈中解脫靈魂的精神練習，他借用了繩結的比喻：繩結不能斷，只能解開。阿布拉斐亞也使用某

⑤ Scholem, *Les origines de la Kabbale*, pp. 78-107, 164-94, etc.

⑥ Ibid., p. 211.

⑦ Ibid., pp. 384-85。關於卡塔蘭(Gatalan)小城吉倫納（Gerone，位於巴塞隆納和庇利牛斯山之間）的喀巴拉主義者，參閱 ibid., pp. 388-500。

⑧ Scholem, "Devekuth, or Communion with God," passim.

種類似瑜伽的練習：調整呼吸的節奏、特殊的身體姿勢、不同形式的複誦。⑭藉由字母的關聯與排列，信徒可以進入神祕主義的冥想狀態以及先知的幻覺，但他的出神並非一種神魔附體的狀態；阿布拉斐亞形容它是一種提前到來的救贖。確實，在出神狀態中，信徒洋溢著一種超自然的光。⑮「被阿布拉斐亞稱爲『出神』的狀態，其實是一種中世紀猶太思想家以及邁蒙尼德所說的『預言家式的幻覺』；人的智性與上帝暫時性的交融，也是哲學家們所謂的『行動智力』流入個人靈魂。」⑯

很可能，如果沒有這本西元 1275 年後在西班牙出版的《光輝之書》（ Sefer Ha-Zohar ），阿布拉斐亞後世的威望與影響會大得多。這部鉅著（曼圖亞〔Mantua〕的亞拉美語版本幾乎達一千頁之厚）在喀巴拉歷史上獲得了無可比擬的成功，它是唯一被視作經典的書籍，好幾個世紀，人們將它與《聖經》和《塔木德》相提並論。《光輝之書》是以僞銘文的形式寫的，介紹了著名的拉比西緬・本・約哈伊（ Simeon bar Yochai，二世紀 ）與朋友和弟子關於神學與敎育的討論。學者們長期把《光輝之書》看作是 (180) 一部來源豐富的編纂之書，其中有些可以歸於西緬本人的思想。但是索倫敎授指出這部「神祕主義小說」的作者是西班牙的「喀巴拉」門徒摩西・德・列翁（ Moses de Leon ）。⑰

根據索倫敎授的說法，《光輝之書》代表了猶太神智學，也就是代表了一種神祕主義敎理，它的主要目的是了解並描述充滿神性的神祕作品。隱藏的上帝是缺乏性質與特徵的；《光輝之書》以及喀巴拉學者們把它稱爲「無窮」（ En-Sof ）。雖然隱藏不可見的上帝活躍於整個宇宙，但它還

---

⑭ Cf. Scholem, *Major Trends*, p. 139.

⑮ 索倫翻譯了一段一位巴勒斯坦無名弟子在西元 1295 年所描寫非常詳盡的經驗；ibid., pp. 143-55。

⑯ Casaril, *Rabbi Siméon Bar Yochai et la Cabbale*, p. 72。阿布拉斐亞幾乎異端的獨創性在於，結合預言家的幻覺（照傳統說法，這種幻覺來自上帝）以及「德威庫特」，即通過人的意志與愛達到與上帝的融合。這樣就確認了預言家的幻覺可經由虔誠而眞摯神祕主義者的準備而獲致。」(ibid.)

⑰ Cf. Scholem, *Major Trends*, pp. 157-204.

是表現出一些特徵，而這些特徵同時又指出了神聖天性的不同面向。根據喀巴拉學者的說法，上帝具備十種基本屬性，它們同時又代表了十個層次，神聖生活就在其中進行。這十個層次的名稱分別反映了神性的不同表現方式。[53]這十個層次加起來又構成了上帝生活的「統一世界」。這可以藉由樹（上帝的神祕之樹）或人（亞當，第一個人）的意象來表現。除了這種生物有機的象徵之外，《光輝之書》還運用語言的象徵，即上帝給予自己的名稱。

　　創造是在上帝身上進行的，是隱藏「無窮」的運動，從靜止休息到宇宙生成，到自我呈現。這一活動轉化了「無窮」，將無可言說的充裕狀態轉化爲產生十個層次的神祕「虛無」。在《光輝之書》中，從虛無到存在的轉化是通過「初始點」這個象徵來表達的。[54]書中有一段（1，240）明確地指出，創造是在兩個層面上進行的，「一個較高的層面，一個較低的層面」，也就是十個層次的世界與可視的世界。上帝的自我呈現以及他在十個層次中的呈現構成了神的生成學。「神的生成學與宇宙的生成學並不代表兩個不同的創造，而是同一創造的兩面。」[55]初始，所有事物形成了一個大整體，創世主的生命無拘無束地活動於受造物的生命之中。是在人墮落之後，上帝才變成「超驗的」。[56]

(181)

　　喀巴拉學者們最有意義的創新之一就是上帝跟「舍金納」的融合；這統一體構成了上帝的眞正統一性。照《光輝之書》的說法，在初始的時

---

[53]　上帝的「智慧」、上帝的「智性」、上帝的「愛」或仁慈等。第十層是「瑪爾克胡特」（Malkhuth），即上帝的「王權」，一般來說這在《光輝之書》中被描繪爲以色列團體的神祕主義原型，或作「舍金納」，即上帝的顯現。Cf. Scholem, *Major Trends*, pp. 212-13。關於《創世之書》中的十層宇宙，見第288節。

[54]　第二層是上帝的「智慧」。在第三層中，「點」擴展成了「宮殿」或「建築」，表明了世界的創造。上帝的「智性」也有「辨別能力」的含義；cf. Scholem, *Major Trends*, pp. 219ff。

[55]　Ibid., p. 223。這一教理主要由摩西・德・列翁建立。

[56]　Ibid., p. 224。這一想法在原始人時代就已存在；cf. Eliade, *Mythes, reves et mystères*, pp.80ff。

候，這種融合是持續、不間斷的。但是亞當的罪行引起了統一體停止運作，並造成了「舍金納的放逐」。「只有在救贖中重現初始的和諧，上帝才會統一，他的名字才是唯一的。」⑤⑦

　　之前已經說過，喀巴拉在猶太教中重新引入與宇宙宗教有關的思想與神話。《塔木德》所規定的工作與儀式方式神聖化了人的生活，此外喀巴拉學者們又加入大自然與人的神話價值，以及神祕體驗的重要性，甚至某種源自諾斯替教思想的主題。在這「開放」的現象中，從這種重新塑造價值觀的努力，我們可以看到對宗教世界的留戀。在這個宗教世界中，《舊約》、《塔木德》與宇宙宗教、諾斯替教以及神祕主義共存。我們在義大利文藝復興時期煉金術哲學家「世界主義」的理想中也可以看到類似的現象。

290.　伊薩克‧路力亞和新喀巴拉

　　西元 1492 年，猶太人被逐出西班牙。這一事件的後果之一就是「喀巴拉」發生了轉化：從原先的祕傳教理變成眾人所知的公開教理。直到西元 (182)
1492 年這一災難性的事件之前，喀巴拉學者的目光主要集中在創世的問題上，而非救世的問題；一個人只要深知世界與人類的歷史，也許就可以回到初始的完美狀態中。⑤⑧但是，在被驅逐之後，喀巴拉中開始充斥著救世主降臨的悲觀色彩；「初始」與「終結」聯結在一起。這個災難具有贖罪

---

⑤⑦　Scholem, *Major Trends*, p. 232。正如索倫指出的（p. 235）喀巴拉主義者試圖發現上帝的性別這一神祕問題。《光輝之書》的另一獨創性就是把惡詮釋成為上帝的顯現或者層次之一。 Scholem, ibid., pp. 237ff., 請參閱這一想法與雅各布‧波姆（Jacob Boehme）的一致性。至於靈魂轉世的想法源自諾斯替派，它最早出現在《巴希爾》一書中；see ibid., pp. 241ff；但在薩番德的新喀巴拉主義（十六世紀）之後變得深入民心； cf. Scholem, "The Messianic Idea in Kabbalism," pp. 46ff。

⑤⑧　Scholem, *Major Trends*, pp. 244ff。然而必須説明一點，在西元 1492 年更早以前，有些喀巴拉主義者已經把這一年確認為世界末日災難性的一年。從西班牙被放逐説明了「救世」既是一種解脱，又是一種災難。ibid., p. 246。

的價值：它代表救世主降臨前的陣痛（第 203 節），從此之後，生活被認為是一種放逐的存在方式，而關於上帝與人的大膽理論可以解釋放逐的痛苦。

對於新喀巴拉來說，死亡、懺悔以及重生是提升人類朝向上帝美麗視野的大事。人類不光受到它自身內部墮落的威脅，還會受到這個世界墮落的威脅；世界的墮落是由創造的第一次分裂，即「主體」與「客體」的分裂所造成的。新喀巴拉主義者的宣傳強調死亡與重生，並將重生想像為一種懺悔之後的肉身復活，或者是一種精神上的再生，這一思想為新的救世思想開出一條道路，並獲得廣大的回響。⑤⑨

從西班牙被驅逐近四十年之後，伽利略的故鄉薩番德城（Safed）成了新喀巴拉主義的基地。在此之前，薩番德城就已是頗具規模的精神中心。在著名的大師中，我們必須提到約瑟夫·卡洛（Joseph Karo, 1488-1575）的名字。他是一部重要的猶太正統著作的作者，但也寫了一系列奇特又熱情的《日記》。在《日記》中，他記錄了「馬吉德」（maggid），即受天上派來的天使兼信差的啓發而發生的出神體驗。卡洛的例子特別能說明問(183)題：塔木德的淵博知識與喀巴拉式的神祕主義體驗是可以相結合的。事實上，卡洛在喀巴拉中不僅找到出神狀態的理論基礎，又發現與馬吉德相遇的具體方法。⑥⓪

在薩番德盛行的新喀巴拉主義的代表人物是兩位著名的大師：摩西·本·雅各布·高爾多維羅（Moses ben Jacob Cordovero，1522-1570）和伊薩克·路力亞（Isaac Luria）。前一位是精神旺盛、有系統的思想家。他寫了關於喀巴拉的個人詮釋，特別是對《光輝之書》作注釋。他的作品頗豐。而路力亞直到西元 1572 年三十八歲時逝世都沒有留下任何著作。我們

⑤⑨ 放逐的苦難因靈魂轉生思想而有新的評價與新的意義。靈魂最悲哀的命運就是「拋棄」或是「赤裸」，這種狀態排除了再次成為人的可能性，而墮入地獄。Cf. ibid., p. 250。

⑥⓪ R. J. Zwi Werblowsky, *Joseph Karo, Lawyer and Mystic*, pp. 165ff.。關於「馬吉德」, cf. ibid., pp. 257ff。也見 chap. 4（"Spiritual Life in Sixteenth Century Safed：Mystical and Magical"）。

只能通過弟子們的筆記與書籍去了解他的思想，特別是哈伊姆‧維塔爾
（Hayyim Vital，1543-1620）一篇厚厚的論文。所有的資料證明，伊薩克
‧路力亞是一名幻覺家，他的出神體驗非常豐富且多樣。他的神學是建立
在「欽楚姆」（Tsimtsum）的教理上的。這個詞原意爲「集中」或者「收
縮」，但是喀巴拉主義者用它來指「隱退」。

照路力亞的說法，宇宙之所以能夠存在，是因爲上帝的「收縮」過
程。因爲假如上帝無處不在還能有世界嗎？「上帝怎麼能從無到有創造這
個世界，假如起先並無虛無？」因此，「上帝不得不爲這個世界讓出一個
位置，可以說他爲此放棄了自身內部的一個空間，一種神祕的原始空間，
他從中『撤退』出來，獻身於創世與啓示的活動。」[61]因此，「無限的存
在」最初的行動不是向外，而是向內的「撤退」。正如索倫教授（p.261）
指出的，「欽楚姆」是放逐最深刻的象徵；它可以看作是上帝自身內在的
放逐。只是在第二個行動中，上帝才放射出一道光並開始了他創造的啓
示。[62]

「收縮」之前，在上帝身上不僅有愛與仁慈，還有神的嚴厲，喀巴拉 (184)
主義者把它稱爲「丁」（Din），即「審判」之意。然而，透過「欽楚
姆」，「丁」變得顯明且可確認，因爲「欽楚姆」不光是一個否定與限定
的行爲，同時也是一個「法庭」。在創造的過程中可以區分出兩種傾向，
即「流出」與「流回」（在喀巴拉術語中稱爲「出口」與「返回」）。就
跟人的器官組織一樣，創造構成了一個神聖的吸入與呼出的巨大體系。依
據《光輝之書》的傳統，路力亞認爲宇宙起源發生在上帝身上；實際上，
在通過「欽楚姆」而創造出的初始空間內還留有神光的殘輝。[63]

[61]　Scholem, *Major Trends,* p. 261.
[62]　照雅各布‧埃姆登（Jacob Emden）的説法，引述自 Scholem, ibid., pp. 261-62，「欽楚姆」這一悖論是唯一爲了説明從無到有創造性思想的嚴肅努力。另外，「欽楚姆」的概念阻止了當時且特別是在文藝復興之後影響了喀巴拉的泛神論傾向。
[63]　這一想法讓人想起巴西里德（Basilides）的體系；Scholem, *Major Trends,* p. 264。參見本書卷二第229節。

　　這個教理透過兩個既深刻又大膽的概念得以補充：「打碎容器」與「提昆」（Tikkun），這個詞彙指在「修復」中消除缺失。而各個層次的「容器」獲取了從「無限存在」的眼中所流露的光芒，並加以保存。但是，到了最後六個層次時，神光一下子放射出來，「瓶子」便破成了碎片。路力亞一方面解釋各個層次的光與「碎片」，「碎片」即隱藏在「巨大深淵底」惡的力量，以及二者的混合。另一方面，他解釋淨化各個層次的必要性，以去除裡面的「碎殼」，與惡分離。[64]

　　至於「提昆」，即理想狀態的「修復」，重新進入初始的大整體，這是人的存在的祕密目標，也就是靈魂的救贖。正如索倫教授所說：「路力亞這些喀巴拉的部分闡述了猶太神祕主義史上人類思想的最大勝利。」（*Major Trend*, p.268）確實，人被看作是一個小宇宙，而有生命力的上帝是大宇宙。路力亞可以說是提出了一種上帝生出自身的神話。[65]更重要的是，人在最後的「修復」過程中還發揮了一定的作用，即是人完成了在天國為上帝加冕的工作。「提昆」象徵性地表現上帝個性的顯現，這其實與歷史的進程相關。救世主的出現是「提昆」的實現。（ibid., p.274）神祕與救世的因素融合在一起。

(185)

　　喀巴拉主義者如路力亞與來自薩番德城的喀巴拉主義者——特別是哈伊姆‧維塔爾——將人類使命的完成與靈魂轉世的思想相聯繫。這就更加強調了人在宇宙中的重要性。在精神「修復」的那一刻，每個靈魂獲得了他的個體性。完成了使命的靈魂在受祝福的位置上，等待與亞當結合，只要普遍的「修復」持續進行著。因此世界真正的歷史是靈魂轉世與它們之間變化關係的歷史。靈魂轉世是「修復」過程中的一項元素。這個「提昆」的過程可以通過特定的宗教活動而縮短時間（儀式、懺悔、冥想、祈禱）。[66]有一點我們必須明白，在西元 1550 年之後，靈魂轉世的概念完全

[64]　索倫強調了這一教理具有諾斯替主義，特別是摩尼教的特徵（散布在世界上的光粒），*Major Trends*, pp. 267ff., 280。參見本書第 252-53 節。

[65]　對路力亞而言，無窮並無太大的宗教意義；cf. Scholem, *Major Trends*, p. 271。

[66]　Ibid., pp. 281ff. 神祕主義的祈禱被認為是一種獲得拯救的有效方式；關於神祕主義祈禱的教理與修持是路力亞喀巴拉中隱義詮釋的部分；ibid., pp. 276, 278。

進入了猶太人的民間宗教思想中。

路力亞的喀巴拉主義是猶太教的最後一次宗教運動，它影響了所有猶太階層，並且毫無例外地影響了所有猶太人分散居住的國家。它是塔木德傳統歷史上最後一次為所有猶太人民傳達宗教真相的運動。對於一名猶太歷史的哲學家來說，這樣一種影響深遠的教理居然與諾斯替教密切相關實在令人驚訝，但這正是歷史的辯證腳步。」[67]

此處還要補充一點，新喀巴拉所獲得的巨大成功又一次證明了猶太教的精髓：它能夠通過外來的元素而更新自我，並且不因此失去傳統猶太教的基本結構。更重要的是，在新喀巴拉中許多隱義的概念一般人也能接觸到，因而變得普及，比方說靈魂轉世的概念。 (186)

291. 背叛的救世主

西元 1665 年 9 月，在斯麥納（Smyrna）出現了一次規模宏大的彌賽亞運動，但很快就流產了。在情緒激昂的人群面前，薩巴坦伊・茲維（1626-1676）自稱是以色列的救世主。在此之前關於他以及他神聖使命的謠言已流傳許久，但主要是靠他的弟子加薩的納坦（Nathan of Gaza，1644-1680），薩巴坦伊才被承認是救世主。事實上，薩巴坦伊經常出現極度悲傷的狀態，隨後又會變得極度的歡樂。當時他聽說有一位有宗教幻象的人。納坦・加扎，「能向每個人顯示他靈魂的奧祕」，薩巴坦伊就向他求教，希望能夠治癒自己奇怪的病。據說納坦進入出神狀態觀看了他的靈魂，並告訴他其實是真正的救世主。同時，這位極具天賦的「弟子」歸納了運動的神學理論並將之廣為傳播。至於薩巴坦伊本人根本什麼也沒有撰寫，也沒有留下任何獨創的思想或談話。

救世主已經降臨的消息在整個猶太世界掀起澎湃的熱情。在他宣布自己為救世主的六個月之後，薩巴坦伊前往君士坦丁堡，很可能是希望讓那

---

[67] Ibid., pp. 285-86.

裡的穆斯林改信猶太教。但他被穆斯塔發‧帕查（Mustafa Pasha）逮捕並送進監獄（西元1666年2月6日）。為了避免殉道的結局，薩巴坦伊‧茲維放棄了猶太教，改信了伊斯蘭教。[68]但是，這位「救世主」的叛教乃至十一年後他去世，都沒有阻止此一宗教運動的蔓延。[69]

薩巴坦伊運動代表了猶太教自中世紀以來第一次嚴重的偏向。第一次，神祕主義的思想直接導致了正統思想的瓦解。說到底，這一異端運動鼓勵了某種宗教無政府主義。開始的時候，對判教救世主的宣傳還繼續公開進行。到後來，由於「薩巴坦伊‧茲維成功地從不潔之地返回」的願望遲遲未能實現，宣傳才變成祕密地進行。

(187)

叛教的救世主對猶太思想造成極大褻瀆，但它被解釋成最深刻、矛盾的神祕現象，並因此而大肆宣傳。早在西元1667年，納坦‧加扎強調：「正是由於薩巴坦伊那些古怪的行為，證明了他救世主的使命是千真萬確的。」因為「假如他並非救世主的話，在他身上就不會出現這樣大的迷惑」。真正的救世行為往往帶來最大的醜聞。[70]根據薩巴坦伊運動神學家卡多佐（Cardozo，卒於1706年）的說法，只有救世主的靈魂才有能力忍受如此大的犧牲，也就是墮到深淵之底。[71]為了實現他的使命（把受到惡的力量束縛的最後神聖之火解放出來），救世主必須通過他本身的行為受到詛咒，這就是為什麼《托拉》的傳統價值就便推翻了。[72]

在薩巴坦伊運動的門徒中我們可以看到兩種傾向的人：溫和派和激進

---

[68]　Ibid., 286-324, and esp. Scholem's *Sabbatai Sevi, The Mystical Messiah*, pp. 103-460.

[69]　Scholem, *Sabbatai Sevi*, pp. 461-929.

[70]　Scholem, *Major Trends*, p. 314; idem, *Sabbatai Sevi*, pp. 800ff.

[71]　Scholem, *Major Trends*, p. 310 中的引述；也見同一作者的*Sabbatai Sevi*, pp. 614ff。卡扎的納唐（Nathan of Gaza）認為救世主的靈魂，從一開始就被束在深淵裡；*Major Trends*, pp. 297-98。這一想法的結構屬於諸斯替教派的（特別可以在蛇派〔Ophites〕那裡看到），但其萌芽則在《光輝之書》以及路力亞的作品中（ibid.）。

[72]　對亞伯拉罕‧法埃茲（Abraham Faez）來說，對律法一直保持忠誠的人是罪人；Scholem, *Major Trends*, p. 212。

派。溫和派成員並不懷疑救世主的眞實性，因爲上帝不會這樣粗暴地欺騙他的子民；而叛教救世主所表現的神祕謬論不是值得效法的榜樣。而激進派則有不同的想法：和救世主一樣，信徒必須下地獄，惟有透過惡才能戰勝惡，可以說當時的激進派在鼓吹一種惡的救世功能。照有些薩巴坦伊運動激進分子的說法，任何看上去不純潔的、壞的行爲可以促使與神聖思想的接觸。有的激進派成員認爲，既然亞當的罪被免除了，那麼後來行惡的人在上帝眼裡也是清白的。正如撒入土裡的種子一樣，《托拉》必須先腐爛，然後才能生出果實，這就是救世主的榮耀。一切都是可以被允許的，在性方面也不必講什麼道德。(73)雅各布．弗蘭克（Jacob Frank，卒於 (188)
1791）是一位最消極的薩巴坦伊運動分子，依據索倫教授的看法，弗蘭克達到一種「虛無主義的神祕主義」。他的一些弟子們通過各式各樣具有革命性的政治活動來表現他們的虛無主義。

索倫指出，在喀巴拉的歷史上，新思想與新詮釋的出現伴隨著一種確信，即歷史已經到了盡頭。而神性在放逐時期被隱藏的深奧祕密，將在邁向新時代之際，顯示出它們的眞正含義。(74)

292. 哈西第主義

有一點可能會讓人覺得矛盾：神祕主義的最後一次運動，哈西第主義，居然出現在波多利亞（Podolia）和沃利尼亞（Volhynia），在那裡叛教救世主發揮了相當深刻的影響力。很有可能，這一運動的創始人拉比以色列．巴爾．謝姆．托夫（Israel Baal Shem Tov，即「美名大師」之意，縮寫爲「拜西特」〔Besht〕）熟悉溫和的薩巴坦伊運動。(75)但是他調和了

(73) Ibid., p. 316。類似卡波克拉蒂斯派（Carpocratians）的放蕩行爲證實出現在1700-1760年間。

(74) Ibid., pp. 320-21。救世主的必要叛敎是一種諾斯替主義二元論的表現，特別是在隱藏、超驗的上帝與創世上帝之間的對立；ibid., pp. 322-23。

(75) 參見索倫的論點, ibid., pp. 331-32。

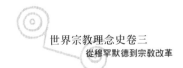
薩巴坦伊運動中的彌賽亞元素，而且他也放棄了喀巴拉特有的祕教團體的排外性。「拜西特」（1700-1760）致力於與大眾分享喀巴拉學者的精神發現。這種使喀巴拉普及化的作法在伊薩克・路力亞就開始了，它確認了神祕主義的社會功用。

這種作法獲得相當成功且持久。在美名大師去世之後的前五十年內，從西元 1760 到 1810 年，是哈西第主義強有力的創造性階段。一批神祕主義者與聖人爲猶太教僵化的宗教價値帶來一股新的動力。[76]事實上，新類型的精神領袖開始出現，塔木德的專家與精通古典喀巴拉的人被「靈」（pneumatic），即有宗教幻象的人或預言家所代替。「正義者」（zaddik），也就是精神導師，成了最佳的榜樣。《托拉》的注釋以及喀巴拉的祕密傳授已經失去了它們的首要地位。正義者的美德和舉止啓示他們的弟子或信徒，這解釋了此一運動爲何會有如此大的社會意義。對整個團體來說，聖人的生存方式提供了實現以色列最高宗教理想的具體證明。重要的是大師們的人格，而非教理。一位著名的正義者寫道：「我去梅塞里茲（Meseritz）看大師，不是爲了學《托拉》，而是爲了看他繫鞋帶的樣子。」[77]

(189)

儘管在儀式上有所創新，而這項創新運動始終維持在傳統猶太教的框架中。由於哈西第的公開祈禱充滿情感，唱歌、跳舞、狂熱、歡喜，而有些大師令人陌生的表情再加上不尋常的情感表現，這常讓哈西第主義的反對者目瞪口呆。[78]但是，西元 1810 年後不久，過分的情感流露不再讓人感興趣，哈西第們開始承認塔木德傳統的重要性。

正如索倫證明的，哈西第主義即使在「正義者主義」後來有些過分的

---

⑯   Ibid., pp. 336ff.

⑰   引述自 Scholem, ibid., p. 344。事實上，正義者的最高目標不是用嚴謹的手段去解釋《托拉》，而是成爲《托拉》；ibid。

⑱   最有名的是拉比以利亞（Rabbi Elijah），這位維爾納（Vilna）的加昂，1772 年他主導了對這運動的系統性迫害；參閱索倫，ibid., pp. 345-46。

形式中，也沒有帶來任何新的神祕主義思想。⑦它對猶太教歷史最有意義的貢獻在於那些簡單而大膽的方法，藉此大衆有機會接觸聖人和哈西第大師，並接受他們內在重生的體驗。哈西第的書籍主要是透過馬丁‧布伯（Martin Buber）的譯文而爲人所知，這些書籍說明了這一運動最重要的創新。對聖人行爲與話語的陳述帶來一種儀式性的價值。敍述重新找到了它初始的功能，特別是賦予神話時代新的活力，並讓超自然和傳奇人物變得 (190)栩栩如生，歷歷在目。在聖人和正義者的生平傳記中出現了許多傳奇性的插曲，裡面還可以看到魔法。在猶太教神祕主義的歷史末期，這兩種傾向──神祕主義與魔法──越走越近，像在初始時的共存一樣。⑧

此處要補充一點，類似的現象也可以在別處發現。比方說，在印度教或者是在伊斯蘭教中，朗誦苦行者和著名瑜伽師的傳奇或是史詩的某一段落，都在民間宗教中發揮作用。在這裡我們也可以看出口頭傳述的宗教功能，特別是傳奇性或是足以作爲模範故事的敍述。在「正義者」與「上師」（guru，印度教的精神領袖，有時被弟子神化爲「上師神」）之間的相似性也令人感到訝異。正義者會在某些極端的情況下出現異常，特別是當他成了自身權力的犧牲品時。同樣的現象也可以在印度見到，從吠陀到現代都曾出現。此外，兩種傾向──神祕主義和巫術──的共存現象也是印度宗教史的一大特點。

⑦　Ibid., pp. 338ff。唯一的例外是由位於烏克蘭拉底的施納烏爾‧扎爾曼拉比（Shneour Zalman of Ladi）創立的教派，被人稱爲智慧知派（Habad，是 Hochmah-Binah-Daath 的縮寫）；cf. ibid., pp. 340ff。見 esp. *Lettre aux hassidim sur l'extase* by R. Shneur's son, Dov Baer of Lubavitch（1773-1827）。

⑧　Scholem, *Major Trends,* p. 349.

第三十七章

歐洲的宗教運動：從中世紀下半葉到宗教改革的前夕

293. 拜占庭帝國中的二元論異端：鮑格米勒派

(191)　　從十世紀起在拜占庭，不管是宗教界、還是世俗的觀察家，都注意到出現了一種異端的宗教派別：鮑格米勒派（the Bogomils）。創始人是一位鄉村牧師，名叫鮑格米勒（Bogomil，即「上帝寵愛的」之意）。除了名字，我們對他一無所知。大概到了西元 930 年左右，他開始傳教，宣揚貧窮、謙卑、懺悔與祈禱；因為按鮑格米勒的說法，這個世界是惡的，是由撒旦（基督之兄弟，上帝之子）創造的，也即舊約中所提到「惡的上帝」。①所有東正教教堂的聖事、聖像崇拜與儀式都是空虛無用的，因為全是魔鬼的作品。十字架應當被唾棄，因為基督是被釘在十字架上折磨至死的。唯一有用的祈禱就是「我們的天父啊」，每日白天重複四次，晚上重複四次。

　　鮑格米勒的成員不食肉、不飲酒、反對婚姻。整個團體中沒有等級之分。男女一起懺悔，互相赦罪。他們抨擊富人，指責貴族，鼓勵人民蔑視權貴，進行消極抵抗。這個流派得以大興，主要是由於人民的虔誠奉獻，

(192) 他們對教會的奢華和教士的無行感到失望，同時也由於保加利亞農民因貧窮而處於奴隸地位，對地主特別是拜占庭派來的使臣們充滿了仇恨之心。②

　　在巴西流二世（Basil II）征服了保加利亞（1018）之後，許多保加利亞貴族紛紛移居君士坦丁堡。鮑格米勒的教義被當地的一些貴族，甚至是一些拜占庭的教士所接受，鮑格米勒的神學理論漸漸形成。但是，可能正因為神學上的論爭，教派內部出現了分裂。有一批人認為撒旦是自主的，

----

① 很可能鮑格米勒知道一些保羅派（Paulicians）和梅薩林派（Messalianism）通過小亞細亞傳播的異端二元論思想（六世紀至十世紀）；見 Steven Runciman, *The Medieval Manichee*, pp. 21-26 中對教理與歷史作出的簡要的介紹。

② 特別參見 Robert Browning, *Byzantium and Bulgaria*, pp. 163ff。我們可以在十字軍對阿爾比派（Albigensian）信徒的東征中看出同樣現象，即北方軍隊對南方富紳財富的垂涎。

宣稱他是一個永恆、萬能的神，他們聚集在德拉高維撒教堂裡（Church of Dragovitsa，是以位於色雷斯和馬其頓〔Macedonia〕之間的邊境村莊命名的）。而另外一批人，被稱爲鮑格米勒中的古舊派，認爲撒旦是上帝一個墮落的兒子，保存了「保加利亞」的名稱。雖然德拉高維撒派的人追隨一種絕對的二元論，而保加利亞派追隨一種溫和的二元論，這兩個教派相互間還是容忍的。因爲這時候，鮑格米勒派得到了新的動力。在拜占庭、小亞細亞和達爾馬提亞（Dalmatia）紛紛出現了許多宗教團體，信徒的數量增加，傳教士和信徒之間開始有所區分。祈禱和齋戒都更加嚴格，儀式也更爲繁複、冗長。「在十二世紀末期，十世紀的農民運動已成爲一種宗教團體，有修道院的儀式，也有思想上的教育，而其中二元論和基督教之間的分歧也變得越來越明顯。」③

當鎮壓開始出現的時候，也就是在十二世紀初，鮑格米勒派的人就退守到巴爾幹半島的北部，他們的教士們轉向達爾馬提亞、義大利和法國。某些時候，鮑格米勒派成爲官方承認的教派；比方說在十三世紀上半葉的保加利亞、波士尼亞、庫林王（Ban Kulin，1180-1214）執政時期，它成爲國家的宗教。但這教派在十四世紀開始失勢，到鄂圖曼（Ottoman）征服了保加利亞和波士尼亞的之後（1393），大部分鮑格米勒派的人改信伊斯蘭教。④

我們馬上會談到鮑格米勒教派在西歐的境遇。值得一提的是，在東南 (193)
歐，某種鮑格米勒的觀念經由僞經書傳了下來，在民間傳統中一直保存至今。中世紀在東歐，許多僞書以鮑格米勒派的教士耶利米亞（Jeremias）之名得以流傳。⑤其實，這些書都不是耶利米亞本人的著作。比方說，《十

---

③ Arno Borst, *Les Cathares*, p. 63。也請參閱在注釋中引述的資料。

④ 這一運動的歷史引述見 Runciman, *Medieval Manichee,* pp. 63ff; Obolensky, *The Bogomils,* pp. 120ff。關於巴爾幹民族與羅馬尼亞鮑格米勒的核心如何堅持到十七世紀，參閱 N. Cartojan, *Cărtile populare,* 1, pp. 241ff.; Râvzan Theodorescu, *Bizant, Balcani, Occident*, pp. 241ff。

字架森林》（*The Wood of the Cross*），它的題材在整個中世紀歐洲都非常有名，源於《尼高代姆的福音書》（*Gospel of Nicodemus*），而該書又源於諾斯替教派。另一本偽書的題材，即《耶穌怎樣成為教士》（*How Christ Became a Priest*），很早以前就為希臘人所知。但是鮑格米勒派的人給這些古老的傳說加上了二元論。《十字架森林》的斯拉夫語版本是以這樣一句話開頭的：「當上帝創造世界的時候，只有他跟撒旦。」⑥我們已經知道（第 251 節），這個關於世界起源的主題廣為流傳，只不過東南歐以及斯拉夫語版本強調了魔鬼的角色。可能是鮑格米勒派的人以強調魔鬼的重要性來鞏固二元信仰的因素。

同樣，在偽經書《亞當和夏娃》（*Adam and Eve*）中，鮑格米勒派的人增添一段，提到亞當與撒旦簽了一張「合約」。根據這張合約，大地是撒旦創造的，所以直到耶穌基督降臨，亞當和他的子孫們都應當屬於撒旦。在巴爾幹民間文學中，我們仍能找到這一主題。⑦

在一本叫《約翰的質問》（*Interrogatio Iohannis*）書中，可以清楚看到重新詮釋偽經書的方法，這是唯一真正鮑格米勒的著作，由法國南方的宗教裁判翻譯成拉丁文。書中講到的是福音使者約翰和耶穌之間的對話，涉及到世界的創立、撒旦的墮落、以諾（Enoch）的升天以及十字架的森林。這裡面包括了從其他偽經書抄襲的段落，還有譯自《福音使者約翰的問題》（*The Questions of John the Evangelist*），一部十二世紀斯拉夫語的著作。

「但是，整個神學思想完全是『鮑格米勒』的。撒旦在墮落之前，僅次於上帝聖父（雖然，耶穌位於上帝聖父之側）……，但我們不能確定，

(194)

⑤　見 Runciman, pp. 82ff.; E. Turdeanu, "Apocryphes bogomiles et apocryphes pseudo-bogomiles"; etc。

⑥　引述自 Runciman, p. 84. 關於這一傳奇故事的流傳，見 Cartojan, pp. 115ff.; E. C. Quinn, *The Quest of Seth for the Oil Life,* pp. 49ff。

⑦　涉及到羅馬尼亞傳奇，見 Cartojan, pp. 71ff。

這部著作究竟是一部鮑格米勒的原作呢，還是一部希臘著作的譯本。從教理上判斷，可能是由某個屬於鮑格米勒的作家依照手頭上所有的偽經書加以編纂而成的。」⑧

對我們來說重要的一點是，這些偽經，特別是口頭流傳的版本，接下來好幾個世紀在民間的宗教中扮演了非常重要的角色。正如我們將看到的，（第 304 節）這並非是歐洲民間宗教的唯一源泉。但是，那些異端的二元論主題在一般人民的想像世界裡有其意義。此處只舉一例：在東南歐魔鬼協助完成創世的神話中（魔鬼為取得泥土，而潛入原始的海底），結果是上帝心力交瘁。在某些版本中，上帝精疲力竭，睡得很熟；而另一些版本中，上帝未能解決創世之後發生的問題：大地並未完全為穹蒼所籠罩，一隻刺蝟建議他把大地擠壓一下，這樣才造成了山巒和河谷。⑨

魔鬼的威望、上帝的被動性，以及無法理解的失敗等，這些都與「原始」宗教中「有名無實神」的說法相關，也就是說，上帝在創造了世界和人類之後，對於受造物的命運不再感興趣，他又回到了天庭，把受造物的命運交給一個超自然的生命或是一位創造者。

294.　鮑格米勒在西方：清潔派

十二世紀最初的二十年，在義大利、法國和德國西部，都有鮑格米勒派傳教士的足跡。在奧爾良（Orléans），這些傳教士們成功地讓許多貴族，甚至基督教士改變信仰，其中有位是國王羅伯特（King Robert）的顧問，還有一位聆聽女王的懺悔。這異端帶來的主要衝擊如下：上帝並沒有創造這個可見的世界；物質是不純潔的；婚姻、洗禮、聖餐、懺悔等都是無用的；聖靈經由按手禮降臨至信徒身上，將他洗淨，使他成聖。國王發現這些異教徒，對他們進行審判並定罪，於西元 1022 年 12 月 28 日將他們 (195)

---

⑧　Runciman, p. 86。也見 Edina Bozóky, *Le Livre Secret des Cathares*。
⑨　見 Eliade, *De Zalmoxis à Gengis-Khan,* pp. 89ff.中的資料來源。

處以死刑；這是西歐第一批死在烈焰中的異端。但是這個流派還是繼續發展。當時清潔派已在義大利建立教會，⑩派傳教士到普羅旺斯、朗格多克（Languedoc）、萊茵河地區，一直到庇里牛斯山區。紡織工是這流派教理的主要傳播者。在普羅旺斯的團體形成了四個教區。約在西元 1167 年，在土魯斯（Toulouse）附近開了一次宗教大會。在此會中君士坦丁堡的鮑格米勒主教讓倫巴底（Lombardy）和法國南方的信徒都成了改信二元論的激進派。

但是，在進入西方的同時，鮑格米勒派採納了地方性反抗傳統的元素；這使得其教理更加缺乏一致性。⑪清潔派的人們既不相信地獄，也不相信煉獄；撒旦的領地就是人的世界，他創造了世界就是為了把靈魂禁錮在物質中。撒旦與耶和華，即《舊約》中的上帝被相提並論。真正的上帝，那善良而光明的上帝，離這個世界非常遙遠。正是這位上帝派了耶穌來教大家解脫的方法。因為耶穌完全是一種純潔的靈，所以他的肉身是虛幻的。⑫這種對生命與生活的憎恨讓人想起諾斯替教派和摩尼教（第 232 節以下）。我們可以說清潔派的理想就是讓人類通過自殺或不生小孩而消失；不過清潔派不生小還因為他們傾向於濫交。

這一團體的入教儀式，被稱為「入會禮」，信徒必須經過長期的考驗之後才可以通過。而第二個入教儀式，被稱為「慰藉」儀式，這個儀式進行之後，就可以得到「完美者」的稱號，它通常是在臨終時進行的，或是在信徒的強烈要求下，可以提前進行，但必須經受非常嚴格的考驗。慰藉(196) 儀式在信徒的家中進行，由「完美者」中最年長的人主持。第一部分被稱

---

⑩　這個名稱──Katharos，「清潔」之意──在西元 1163 年才為人接受。

⑪　還需補充一點，由於宗教裁判所的控告文字，使我們對清潔派的了解少於鮑格米勒，尤其是涉及到觀念和儀式的部分。

⑫　強調教理上的差異是多餘的一件事。有些清潔派否認基督的神聖性，有些則提到他們儀式中的三位一體；還有認為在上帝與世界之間存在著一連串上帝本質所貫穿的「永恆」；等等。Cf. Runciman, pp. 148ff.; Borst, *Les Cathares,* 124ff.

為「服務」儀式，通常是聚集信徒的信仰聲明。在這個時候，主持者會在接受考驗的信徒前翻開一本福音書。⑬之後，聆聽教理者按照儀軌，接受天父，然後跪在主持者面前，請求得到他的祝福，並為自己即有罪之人向上帝禱告。「上帝會祝福你的，」主持人就回答道：「盡你的責任，成為好基督徒，你會得到善果！」

儀式進行到一定的時刻，主持者會要求聆聽教理者脫離羅馬教會，脫離羅馬教士為他洗禮時畫在額上的十字架。假如接受考驗者在「慰藉」儀式之後，又墮入罪惡之中，儀式就視同取消。所以有些「完美者」在此之後還進行「堅忍」儀式，自願挨餓。⑭整個儀式在信徒互道「和平」聲與互相親吻中結束。「完美者」——可以是男人，也可以是女人——比天主教教士的地位要高。他們過著一種比一般人更為苦行禁慾的生活，每年還進行三次長時間的齋戒。關於清潔派的組織我們一直不太清楚，我們只知道，每個主教都有兩個助手，一個是「長子」，一個是「次子」。當主教去世時，「長子」就自動繼位。這種跟羅馬禮拜儀式相似之處並非只是一種模擬嘲諷；它是源自五世紀古老教會的禮拜儀式傳統。⑮

若要探討清潔派的宣傳以及一般類似千禧年的運動（很快就被視為異端），為什麼會獲得成功，就必須對羅馬教庭的危機，還有高層教士們的墮落有所了解。教皇英諾森三世（Innocent III）在召開拉特蘭（Lateran）的第四次宗教大會時，提到了那些只沉淪於「肉慾」的主教們，他們沒有精神方面的紀律，也沒有真正的教士信念，根本「無法傳播上帝的旨意並領導人民」。另一方面，整個教士階層的荒淫無德、收受賄賂致使信徒疏離。許多教士結婚，或者公開養妾。有些教士經營酒館，以養活妻小。由 (197)

⑬ 從表面上看，「服務」儀式並不含有異端的論點。「只有兩個細節表明誦經者在進行一種二元論的活動；一方面，人們帶著巨大的熱情談論肉體的罪惡，另一方面出現這樣的段落：不要同情腐朽中形成的肉體，但要憐憫被監禁的靈魂。」Runciman, p. 154。

⑭ 見 Runciman, pp. 154ff., and Borst, pp. 163ff.中簡述並分析的資料。

⑮ Runciman, pp. 161-62。關於崇拜與層級關係，Borst, pp. 162-81。

於他們必須支付主教的費用，教士們就在每項宗教服務上收費，如主持婚禮、洗禮、爲病人與死者作彌撒等。由於拒絕翻譯《聖經》⑯（而在東方早就進行了），使得宗教教育無法推行，基督教的教理只能通過教士和僧侶們來傳遞。

在十二世紀的上半葉，聖多明我（Saint-Dominic，1170-1221）致力於打擊異端，但成效甚微。在他的請求下，教皇英諾森三世成立了傳教士修會。但是，就像以往教皇派遣的傳教團體一樣，道明會的成員根本不能阻擋清潔派的發展。西元 1204 年，在法國的卡爾松城（Carcassonne），清潔派與天主教派舉行了最後一次的公開辯論。西元 1205 年 1 月，卡斯坦瑪爾的彼得（Peter of Castlemare），這位被教皇英諾森三世派到法國南方去剷除異端的教士想要放棄這任務，隱居到修道院中。但教皇回答他：「行動勝於沉思。」

最後，在西元 1207 年 11 月，教皇英諾森三世宣布十字軍東征對抗阿爾比派信徒（Albigensians），他主要求助於北方的國王君主，包括勃根地（Burgundy）的公爵、巴爾（Bar）、內未爾（Nevers）和布耳瓦（Blois）的伯爵。讓他們如此做的誘因就是教皇許諾他們在東征成功之後，阿爾比派權貴的財產全部由他們瓜分。同時，法國國王也認爲可以藉此將自己的勢力擴展到南部。第一場戰爭從西元 1208 與 1209 年間持續到西元 1229 年，但是之後戰爭續起，烽火漫延了許多年。一直到西元 1330 年，法國的清潔派才完全消亡。

從幾個不同的方面來看，這場對阿爾比信徒的東征有其意義。它是唯一一次「成功的」東征，像是對歷史的嘲諷。在政治、文化以及宗教方面它所帶來的後果，值得注意。它促使法國的統一與王國領土的擴展，然而同時，也造成南方文明的衰敗，特別是埃萊亞諾的作品以及《愛情殿堂》(198) （*Cours d' Amour*）的沒落，隨之減退的是吟遊詩人作品中對女性的讚美。

---

⑯　希爾（F. Heer）認爲這種拒絕可以解釋天主教會爲什麼會失去北非、英國與德國；cf. his *The Medieval World*, p. 200。

（第269節）在宗教層面最具影響力的後果便是宗教法庭的出現，以及越來越具威脅性的力量。十字軍東征期間設立於土魯斯的宗教法庭，強迫所有十二歲以上的女子和十四歲以上的男子抨斥異端。

西元1229年土魯斯的宗教會議決議禁止擁有拉丁文版或當地語言版的《聖經》；只允許日課經、聖詩集、聖母祈禱書——全爲拉丁文——的存在。最後一批阿爾比信徒到義大利避亂，但最後還是被宗教法庭的特務們發現了，隨著時間，宗教法庭特務幾乎遍及歐洲西部和中部所有國家。但也不能忘記，對異端的戰爭迫使教庭進行了緊急的改革，並推動道明會以及方濟會（Franciscans）傳教組織的發展。

滅除阿爾比信徒雖然是羅馬教庭歷史上最黑暗的一頁，而天主教教會的反應是有跡可循的。清潔派對生命的厭倦、對身體的仇恨（比方說，禁止婚姻、否認耶穌復活等）以及絕對的二元論違背了《舊約》傳統與基督教精神。實際上，阿爾比信徒們宣揚的是一種獨特的宗教，它的結構和原始面貌源自於東方。

清潔派傳教士們曾經獲得前所未有的成功，代表了東方宗教思想第一次大規模地進入西方，深入農村、手工業、教士和權貴階層。一直要等到二十世紀才在歐洲西部出現類似的現象，也就是對一種源自東方的千禧年學說，即對馬克思列寧主義的狂熱歡迎。

295.　亞夕西的聖方濟各

十二與十三世紀在宗教上出現一種對貧窮不尋常的評價。許多異端教派，如卑微派（the Humiliati）、瓦爾多派（the Waldensians）、清潔派以及不發願修女派（the Beguines）等，都認爲貧窮是實現耶穌和使徒理想首要與最有效的手段。爲了讓這運動有所成果，教皇在十三世紀初承認二個由托缽僧侶組成的教士組織，道明會和方濟會。但是，正如我們將看到 (199) 的，這種基於貧窮的神祕主義在方濟各派那裡，掀起了許多危機，直接威脅到教士團體本身的存在，因爲他們的創始人強調絕對的貧窮，對他來

說，貧窮就是「聖母」。

方濟各是亞夕西一位富商的兒子，出生於西元 1182 年。西元 1205 那一年，他第一次赴羅馬朝聖，他曾在聖彼得大教堂前作了一天的乞丐。另外有一次，他擁抱了一個麻瘋病人。回到了亞夕西之後，他在一個教堂旁邊過了兩年的隱士生活。西元 1209 年，方濟各聽到了〈馬太福音書〉中著名的一段：「治癒病人，清潔麻瘋病人……不拿黃金、白銀……」，就立定信念，找到精神之路。⑰之後，他身體力行，完全遵照這段耶穌向使徒們所說的話行事，有幾個年輕人加入他，制定了一個簡單明瞭的《規章》。西元 1210 年，他再赴羅馬，請求教皇英諾森三世的承認。教皇接受了他的請求，核准了這個少數人組成的團體（方濟各派也稱爲小兄弟會）。該會成員分散各地，在義大利各處傳教，每年的聖靈降臨節時聚會一次。西元 1217 年，方濟各在佛羅倫斯結識了烏格力諾（Ugolino）大主教。這位大主教十分欽佩他的傳道，並成爲他的摯友與該會的保護者。一年之後，方濟各遇到了多明我，多明我向他提出要合併兩個修會，但遭到了方濟各的拒絕。

在西元 1219 年的大會上，烏格力諾聽從其他更有文化修養教士的建議，提議修改《規章》，但是沒有成功。在這期間，方濟各會教士擴展至國外，在十一位修士的陪同下，方濟各來到了聖地。他決定要向蘇丹傳教，並造訪穆斯林的陣營，受到了歡迎。此後不久，傳來了他留在本國的兩位代理人改變了《規章》，並且得到教皇殊遇的消息，方濟各馬上回到義大利。他聽說某些小兄弟修士在法國、德國和匈牙利被指責爲異端，於是決定接受教皇正式的保護。從此以後，原本相當自由的宗教團體成爲一個正式的修會，屬於教庭法律管轄。西元 1223 年，教皇洪諾留三世（Honorius III）批准了一個新的《規章》，方濟各退出修會的領導地位。一年之後，他隱居到維洛納（Verona）。正是在這個隱居之地，他被烙上了火印。

(200)

⑰　「醫治病人、叫死人復活、叫長大麻瘋的潔淨、把鬼趕出去．你們白白的得來、也要白白的捨去。腰袋裡、不要帶金銀銅錢。行路不要帶口袋、不要帶兩件掛子、也不要帶鞋和枴杖，因爲工人得飲食、是應當的。」（〈馬太福音〉8：10）

年老多病的他幾乎成了瞎子，但他依然寫下《太陽頌》（*Canticles to the Sun*）、給修士們的《告戒》（*Admonitions*）以及他的《聖書》（*Testament*）。

在令人感動的《聖書》中，方濟各致力於捍衛修會的眞正使命。他重申對勞動的喜愛，要求所有的修士們從事勞動。當他們的工作沒有報酬時，就求助於「聖餐台，挨家挨戶地請求施捨」。他要求修士們，只要不符合《規章》中的神聖貧窮，不管在任何條件下，都「不得接受教堂、住屋，或其他人爲他們建造的房子；他們必須像客人、異鄉人和朝聖者一樣地居住。我嚴格命令所有修士遵守規定，不管處於何處，都不得向羅馬教庭要求任何文件，不管是他們自己，還是經由第三者轉手；也不得要求教堂或任得以停留的地方，不管是以傳教的名義，還是遭到了迫害，不管他們身處何處，都得離去前往其他地區，懺悔以求得上帝的庇佑」。⑱

西元 1226 年，方濟各逝世，不到兩年，他的友人烏格力諾大主教，當時已成爲教宗額我略九世（Gregory IX），封他爲聖人。當然，這也是讓方濟會隸屬教會的最佳辦法，但這並無法解決所有問題。最早有關方濟各的傳記說他是上帝派來啓動教會改革的。有些方濟各派修士還認爲修會的創辦者代表了約雅敬（第 271 節）⑲所預言的第三個時期的到來。十三世紀由方濟各修士所收集並傳播的故事將方濟各和他的弟子比擬爲耶穌和他的門徒，這些故事在十四世紀集結成《聖方濟各的小花》（*Little Flowers of St. Francis*）一書出版。雖然額我略九世衷心佩服聖方濟各，但他並不接受《聖書》的精神，而在西元 1223 年修改了《規章》。

反對派主要來自那些方濟會修士中所謂的觀察者，以及後來的「精神派」修士，他們都強調絕對貧困的必要性。在一系列的教宗諭旨中，格列高利九世以及之後繼任的教宗都強調他們並非要「占有」房屋和其他物質財產，只是「使用」它們。帕馬的若望（John of Parma）在西元 1247 到

⑱　見 Ivan Gobry, *Saint François d'Assise,* p. 139 的譯文。
⑲　見 Steven Ozment, *The Age of Reform,* pp. 110ff. 中的精彩介紹，以及參考書目。

1257 年期間擔任修會領袖，他試圖挽救方濟各會的傳統，同時又避免與教皇公開對抗，但「精神派」成員毫不妥協，使他的一切努力赴諸流水。幸虧帕馬的若望被聖波拿文都拉（Bonaventure）所代替。聖波拿文都拉確實可以被看作是修會的第二位奠基者。但是圍繞著絕對貧困的爭論在聖波拿文都拉生前以及在他去世之後一直持續進行。西元 1320 年之後，這場爭論才終於結束。

當然，教會的勝利削弱了方濟各會最初的熱忱，透過早期耶穌門徒那種嚴峻樸素來改革教會的希望變得更為渺茫。但是，正是由於這種讓步與妥協，方濟各會才能繼續存在。最理想的典範是耶穌、他的門徒以及聖方濟各的日常生活，也就是貧窮、慈善和勞動。但是，對教士而言，對最高權威的服從是首要、也是最困難的一項義務。

296. 聖波拿文都拉和神祕主義神學

波拿文都拉西元 1217 年生於奧維亞托（Orvieto）附近。他到巴黎學習神學，西元 1253 年起，他在巴黎開始講學。西元 1257 年在方濟各會最危機的時期，他當選為使者總領。波拿文都拉致力於協調兩種極端的傾向，他一方面認同貧窮，並從事勞動，另一方面，他認為研究和沉思是必要的。他還寫了頗為持平關於聖方濟各的生平傳記《關於領袖的傳說》（*Legenda Maior*，1263）；三年後，這個傳記成為教庭唯一認可的傳記。

在巴黎講學期間，波拿文都拉完成關於彼得‧郎巴德（Peter Lombard）《箴言評注》（*Commentarium in Sententiam*）的注釋本，並作了《短論》（*Breviloquium*）以及《問題答辯》（*Quaestiones dispntautis*）。但是他的傑作《朝向上帝的心智歷程》（*Itinerarium mentis in Deum*）[20]是

---

[20] 「當我冥想關於靈魂升至上帝那裡的問題時，我記起了這個地方發生在聖‧弗朗索瓦身上的奇蹟：帶著十字架形翅膀的天使長的幻覺。我馬上就想到這一幻覺正代表了幸福的神父的出神狀態，並指明了人必須踏上那條路，以到達目的地。」（〈前言〉見 H. Duméry 譯本）。

西元 1259 年他在維納（Verna）短期隱居期間創作的。波拿文都拉逝世於西元 1274 年，前一年他被任命為阿爾巴諾（Albano）的大主教。西元 1482 年西克斯圖斯四世（Sixtus IV）尊他為聖人，西元 1588 年西克斯圖斯五世（Sixtus V）稱他「純潔的博士」（Doctor Seraphicus）。 (202)

現在大家公認波拿文都拉所綜合的神學是中世紀最完備的。波拿文都拉充分運用前人的成果，包括柏拉圖、亞里斯多德、奧古斯丁和古希臘教士，託名狄奧尼修斯和聖方濟各。[21] 如果說多瑪斯・阿奎那的系統是建立在亞里斯多德學說上，波拿文都拉則保存了奧古斯丁中世紀新柏拉圖主義傳統。但是，在中世紀期間，因為多瑪斯與亞里斯多德綜合學說的興盛，導致大家對波拿文都拉神學深奧的含義視而不見；到了現代，它又被新興的新多瑪斯主義所掩蓋。

當代的一位學者，埃維特・卡曾斯（Ewert. H. Cousins）認為支持整個波拿文都拉思想體系的是「對立的統一」的概念。[22] 當然，在整個宗教史中或多或少可以看到這個概念。聖經一神論中就有這一概念：上帝是無限、有人格的，他也是超越與永恆、在歷史上有作為並存在於時間中的。在耶穌的身上這些相對立的特質就更為明顯。但是，波拿文都拉發展了「對立的統一」的體系，並以「三位一體」作為論述的模式，其中第三位代表中間者與統一性。

波拿文都拉的傑作是《朝向上帝的心智歷程》。在該書中，作者運用了一個普遍的象徵物。這個象徵物是梯子，它在基督教神祕主義神學的早期階段就出現了。[23]「世界是一個梯子，藉由它我們通向上帝。」波拿文都拉這樣寫道：「我們可以找到上帝的指示。某些是物質的，有些則是精

---

[21] Ewert H. Cousins, *Bonaventure and the Coincidence of Opposites*, pp. 4ff., and pp. 229ff. 中的參考書目。

[22] Ibid., passim. Cf. esp. chaps. 1, 3, 5, 7.

[23] 關於比較的文件，見 Eliade, *Chamanisme,* (2d ed.) pp. 378ff；關於在基督教傳統中的「天堂之梯」，見 Dom Anselme, Stolz, *Théologie de la mystique,* pp. 117-45；關於梯子在穆斯林及猶太神祕主義中的作用，見 Alexander Altman, "The Ladder of Ascension"。

神的；某些受時間制約，有些則是永恆的；某些是身外，有些則在我們之
內。為了能夠理解最高原則，即上帝，他是精神性的，永遠在我們之上，
(203) 我們必須穿越上帝的指示，它們是物質的、受時間制約並且是身外的。如
此我們抵達通向上帝之路，然後進入自身的靈魂，並在那裡發現上帝永恆
與精神的形象。這樣我們便能獲得上帝的真理。最後，我們必須進入永恆
的、最為精神化且在我們之外的領域中。」[24]我們找到上帝，他就是唯一
的（即時間之外唯一的），他是神聖的三位一體。

在《朝向上帝的心智歷程》一書的前四章中，涉及到的是關於上帝在
物質世界與靈魂的沉思，以及如何接近上帝。緊接著後二章是關於上帝的
存在（第5章）與上帝的善（第2章）的觀察。在第七章，即最後一章中，
靈魂因神祕的出神而被攝走，與被釘上十字架的耶穌一起，從死過渡到
生。我們必須強調這裡對「出神」的大膽肯定。與清谷的伯納神祕主義經
驗不同的是（他的這種經驗是透過婚愛象徵凸顯的），而對波拿文都拉而
言，「神祕的結合」是死亡，也就是與耶穌一起死亡，和他一起與上帝聖
父結合。

另一方面，作為一個優秀的方濟會修士，波拿文都拉提倡對大自然準
確而嚴密的知識掌握。上帝的智慧體現在宇宙的現實之中；越深刻地研究
一樣東西、越進入到它的個體性中，就越能夠了解它以什麼樣方式具有代
表性地存在於上帝的靈性中。（《朝向上帝的心智歷程》IV，4 以下）有
些研究者認為方濟會修士們對大自然的興趣，是促使實驗科學興起的因
素之一；比方說，羅傑·培根（Roger Bacon，約 1214-1292）以及奧坎
（Ockham）弟子們的發現。波拿文都拉這種融合神祕主義體驗和對大自然

------

[24] Ewert H. Cousins, trans., *Bonaventure*, "The Classics of Western Spirituality" (New York: Paulist Press, 1978), p. 60 (*Itinerarium,* chap. 1, section 2; see also chap. 6)。Cf. H. Cousins *Bonaventure and the Coincidence of Opposites*, pp. 69-97 中的評注。我們還需強調的是上升到上帝那裡的三個步驟——在外，在內和在我們之上——皆包括了兩個階段，我們可以稱之為潛在的和超驗的。所以總共有六個階段，象徵天使長的六個翅膀。正是天使在擁抱方濟各時，在他身上留下的。

研究的作法，我們可將之與道教在中國實驗科學方面的決定性影響進行比較。（第 134 節）

297. 聖多瑪斯・阿奎那以及經院神學

　　一般來說，「經院神學」一詞用來指那些各式各樣的神學系統，它們 (204) 的共同點就是追求一種天啓與理性、信念與認知之間的一致性。坎特伯利的安瑟倫（1033-1109）引用了聖奧古斯丁的一句名言：「我之所以信仰，是爲了能夠理解。」也就是說，理性正是從信仰開始運行的。但是，彼得・郎巴德（約 1100-1160）是在其著作《四箴言集》（*Sententiarum Libri quatuor*）中闡述經院哲學獨特結構的人。經院派神學家須以提出問題、分析和解答問題的形式，探討幾個主題：上帝、創世、上帝的道成肉身、救贖以及聖事。

　　在十二世紀，亞里斯多德和一些偉大阿拉伯及猶太哲學家，特別是亞味羅、亞維森納，邁蒙尼德的著作部分已有拉丁文譯本。這些著作把理性與信仰的關係問題放到一個新的層面來探討。照亞里斯多德的說法，理性世界是完全獨立的。大亞伯特（Albertus Magnus）或稱波爾斯塔特的阿爾伯特（Albert of Bollstadt，1206/7-1280）是中世紀時期見聞最廣博的人之一，他滿腔熱情地再度爭取到理性原已被遺忘的權利。[25] 但是，這樣的理論只會惹惱傳統的神學家，他們指責經院神學家爲了哲學而犧牲了宗教，

[25]　Étienne Gilson, *La philosophie au moyen âge,* p. 507。「假如現代思想的特徵之一就是要區分可以證明的與不可證明的，那就是十三世紀建立的現代哲學。在大阿爾伯特那裡，現代哲學侷限在研究自己，從而了解自己的價值與權利。」（ibid., p. 508）

[26]　多瑪斯的生平比較簡短且無戲劇性的事件。他在西元 1224 年底或 1225 年初生於阿奮尼（Agni）附近。在西元 1244 年穿上了多明我修袍，翌年，他去巴黎在大阿爾伯特門下學習研究。西元 1256 年他獲得神學學位，並開始在巴黎教學（1256-1259），之後前往義大利好幾個城市教學。西元 1269 年他回到巴黎，但又再度離開（1272），並在那不勒斯講學（1273）。在里昂第二次主教大會時，

為了亞里斯多德而犧牲了耶穌。

(205)　　大亞伯特的弟子多瑪斯・阿奎那⑳將他的思想加以深化與系統化。多瑪斯是神學家也是哲學家。對他來說，兩個領域的中心問題是相同的，即存在，也就是上帝。多瑪斯明確區分了自然與聖恩，理性與信仰；這種區分也暗示了它們的一致性。人們只要一開始花工夫思考他所認識的世界，上帝的存在就顯得昭然若揭了。比方說，這個世界總是以某種方式在運動著；而每一個運動都必須有一個起因，但這一起因只不過是另一起因的後果；由於這一系列發展不可能是無限的，所以必須接受第一原動者存在與介入的概念，也就是上帝，除此之外，別無可能。這一論證是多瑪斯所謂「五路論證」中的第一個。整個推理方式是一樣的：從一個明顯的現實出發，就可以到達上帝。所有的起因後面總有另一個起因，這樣一直溯源上去，肯定達到第一起因，即上帝。

　　如此被理性所發現的上帝既是無限、又是唯一的，無法藉由人類的語言描述他。上帝是一種存在的純粹形式「自有者」（ipsum esse），所以他是無限、不變與永恆的。依據因果論來說明上帝的存在，同時可以得到結論，即上帝是世界的創造者。他自由地創造了一切，沒有任何的必要性。但是，對多瑪斯來說，人類的理性不能論證這個世界是否一直存在，或世界是否隨著時間的進行發展而成。信仰是建立在上帝的啟示上，它要我們確信世界的創始是在時間中進行的。這是一種啟示性的真理，與其他的信條一樣（如原罪、三位一體、上帝化為耶穌的肉身等）。這些都是神學的內容，而非哲學的研究。

　　任何知識都暗含了「存在」這一中心概念，也就是，人們想要認知的現實以及對它的掌握。人被創立時，就是為了讓他能夠享受跟上帝一樣的全然認知，但是由於他的原罪，他若沒有聖恩的幫助，就無法達到這個目標。信仰可以幫助信徒們，在聖恩的支持下，接受上帝在歷史過程中啟示

格列高利十世將他召去。多瑪斯於西元 1274 年 1 月動身，但病倒在福薩諾瓦（Fossanova），三月七日病逝。在他留下的眾多遺作中，最著名且最能顯示他的天才的是 *Summa Theologica* 以及 *Summa contra Gentiles*。

的各種知識。

「聖多瑪斯的教理雖然遇到了不少抵抗，但很快便吸引了眾多門徒，不光是在道明會的內部，而且還有其它學院或宗教階層的人，……多瑪斯的改革觸及到了整個哲學和神學範疇；他在這些領域內提出的所有問題，我們可以在歷史上看到它們的影響以及它們的來龍去脈，但是，多瑪斯的 (206) 學說特別影響到本體論一些最基本的問題，解決這些問題將有助於解決其他問題。」㉗吉爾松（Gilson）認爲，聖多瑪斯的最大功績就是避免了「神學主義」——即承認信仰的完全自足性——以及「理性主義」。這位作者還認爲，經院神學的衰落，是因爲巴黎的主教史提分・唐比爾（Stephen Tempier），在西元 1270 與 1277 年間譴責某些亞里斯多德的學說，尤其是其阿拉伯文的評注。㉘從此以後，神學與哲學之間的相互聯繫便受到了嚴重破壞。鄧斯・斯各特（Duns Scotus，大約 1268-1308）和威廉・奧坎（William of Ockham，大約 1285-1347）的猛烈批評毀壞了多瑪斯主義的綜合性。總而言之，在神學與哲學之間日益加深的距離預示了當今現代社會神聖與世俗的明顯區隔。㉙

我們必須提到一點，吉爾松的說法不再全部爲人接受。多瑪斯並非中世紀經院神學唯一的天才人物。在十三與十四世紀，其他的思想家——如斯各特和奧坎——享有相同的重要性，甚至名氣更大。多瑪斯主義之所以重要，是因爲在十九世紀，它被視作是羅馬教會的官方神學理論。更重要的是，多瑪斯主義在二十世紀前二十五年的復興，成了西方文化史上一個特有的現象。

鄧斯・斯各特被尊爲「精密聖師」（doctor subtilis），他批評多瑪斯並攻擊其思想體系的基礎，否認理性的重要性。對於鄧斯・斯各特來說，除了上帝是第一起因這點通過宗教邏輯推理得出以外，宗教知識全來自於

㉗　Gilson, *La philosophie au moyen âge,* p. 541.

㉘　參閱關於這些審判的討論，ibid., pp. 58ff.許多論點受到亞味羅的影響；有些則參考聖多瑪斯的教理。

㉙　Cf. Ozment, *Age of Reform,* p. 16.

信仰。

　　奧坎被尊為「更精密聖師」（ doctor plusquam subtilis ），他對理性神
學的批判相當深入。既然人只能部分認知他所觀察到事件，那些邏輯定
律、上帝的啓示以及任何形上學都是不可能的。奧坎堅決否認「一般概
念」的存在；它們只是想像出來的、沒有真實性。既然人不能藉由直覺認
知上帝，而理性又無法證明他的存在，人必須對信仰以及上帝啓示的知識
感到滿足。㉚

　　奧坎宗教思想的獨特與深刻主要在於關於上帝的觀念。既然上帝是絕
對自由的，又是全能的，所以他可以無所不為，甚至自我矛盾；比方說，
他可以拯救一個罪犯，也可以給聖人定罪。不能根據理性、想像或者人類
語言的侷限而限制了上帝的自由度。有一條信條告訴我們，上帝採取了人
性；但他也可以自然的形式，比方說以驢子、石頭或木頭的形式出現。㉛

　　這些關於神的自由自相矛盾的例子在接下來的世紀中，並沒有激發神
學想像力。然而，從十八世紀起，也就是在發現了「原始人」之後，奧坎
的神學理論使人對當時「對原始野蠻人的崇拜」有更恰當的理解。因為神
聖可以以任何形式出現，甚至是最不尋常的形式。在奧坎開放的視野中，
神學思想可以解釋所有古老與傳統宗教中的神祕儀式；確實，現在我們知
道人們崇拜的並非自然物體（石頭、樹木、水源等），而是它們所「載」
的超自然力量。

298. 艾克哈特大師：從上帝到神性

　　艾克哈特生於西元 1260 年，他先在科隆的道明會，之後前往巴黎繼續
學習。在巴黎（ 1311-1313 ）、史特拉斯堡（ Strasbourg，1313-1322 ）和科

㉚　依照吉爾松的觀點，「透過奧坎的研究我們可以看到為人所忽視但具重要價值的
　　歷史事實。它的內部批評導致它與『經院哲學』模糊概念混淆不清，而這也造成
　　它在現代哲學建立之前即崩潰。」（ ibid., p.640 ）
㉛　見 Eliade, *Traité d'Histoire des religions*, §9 中的相關討論。

隆（1323-1327），他分別擔任教授、傳教士和執政官。在史特拉斯堡和科隆，他對修士以及「不發願修女」講道，並領導他們。在他眾多的作品中，最重要的是彼得‧郎巴德《四箴言集》的《評注》（Commentary），(208)以及《三分篇》（Opus tripartitum），這是一部集大成的神學著作，可惜大部分散佚了。然而，他的許多德語著作被保存了下來，包括《神聖慰藉之書》（Buch von den göttliclen Tröstungen）一書，還有許多論文、講道與文章。但有些講道的真實性無法確認。

艾克哈特大師是一位獨創性強、深奧難解的作者。[32]他被公認是西方神祕主義最重要的神學理論家。他繼承傳統，並在基督教神祕主義中開闢了一個新的時期。我們不能忘記，從四到十二世紀之間，若想沉思修行，就必須放棄世俗生活，進入僧侶團體。僧侶在沙漠中或在孤獨的閉室裡，希冀與上帝接近，沐浴神恩。這樣親近上帝就如同回到天堂；從某種程度來看，沉思者回到墮落之前亞當的狀態中。

聖保羅是擁有基督教神祕主義經驗的第一人，他提到了出神升天到了第三層天：「我認得這人、或在身內、或在身外、我都不知道，只有神知道。他被提到樂園裡、聽見隱祕的語言、是人不可說的。」（〈哥林多後書〉12，1-4）可以說在基督教早期，就有類似對天堂鄉愁般的情感。在祈禱時，人們面向東方，因為那裡有人間天堂。在教堂或修道院的花園裡，都可以看到有關天堂的象徵。僧侶制度的最早一批修士們（就跟後來的亞夕西聖方濟各一樣）有野獸跟從聽命；因為天堂生活復原的第一個跡象就是重新獲得對動物的統御。[33]

依據本都的埃瓦格里烏斯（四世紀）神祕主義神學，完美的基督徒就是僧侶；他代表找到了根源的人類典型。孤獨沉思者的最終目的就是與上帝融合。然而，正如聖伯納所指出的，「上帝與人是分開的，各自保持自身的意志和性質。這樣的一種交融對他們來說是一種意志的交融，也是一種愛的融合。」[34] (209)

----

[32]　他的作品不管是以拉丁文還是通俗語言所寫，直到現代才得以出版。

[33]　Cf. Eliade, *Mythes, reves et mystères*, pp. 90ff; Stolz, *Théologie*, pp. 18ff. and passim.

[34]　*Sermones in Cantica Canticorum*, number 70, in *Pat. Lat.*, vol. 183, p. 1126.

在整個神祕主義史上，有許多關於「神祕的結合」婚愛式評價的例子，在非基督教神祕主義中也可以找到它們。此處可以立刻發現，這一切對艾克哈特大師來說是完全陌生的。尤其，這位道明會修士在講道的時候，不僅面向僧侶與修女，同時也面向信徒大眾，這是很特殊的。在十三世紀，對精神完善的追求不光在修道院中。有人提到在西元 1200 與 1600年間出現了一個典型的現象，即神祕經驗的「民主化」與「大眾世俗化」。艾克哈特大師就是代表了這基督教神祕主義史上新時代的神學家；他宣稱並以神學論證，人在本質上與上帝融合並同時生活在這個世界上，這是可能的。㉟對他來說，神祕主義經驗說明了一種「追本溯源」；而那個源頭甚至比亞當與創世更早。

艾克哈特大師發展出這大膽的神學理論，主要是對神性的本質作了區分。他使用「上帝」這個詞來指創世的上帝，而用了「神性」這一詞來指神聖的本質。神性是「上帝」的基礎、原則與原型。當然，這裡指的不是一種以前的存在，或是一種在時間上、或隨著創世發展的本質轉變。但是，由於人類語言的模稜兩可與侷限性，這種區分導致令人遺憾的誤解。在一次講道中，艾克哈特強調：「上帝與神聖之間的不同彷彿天地之別……。上帝能發揮作用，神性不能，它沒有什麼作用好發揮的……。上帝和神性的區別是一個是有所為的，一個是無所為的。」㊱

(210)　　　託名戴奧尼索斯（第 257 節）把上帝定義為一個「純粹的虛無」。艾克哈特便進一步，擴大了這種否定性的神學：「上帝是沒有名字的，因為關於他沒有人可以說出什麼或理解什麼……。如果我說：上帝是善的，那

㉟　我們可以將這一觀念與《薄伽梵歌》的訊息相較（參見本書卷一第 193 與 194節）。

㊱　Jeanne Ancelet-Hustache, *Maître Eckhart,* p. 55 的譯文。然而有許多文章強調三位一體的上帝與神性是相同一件事。Bernard McGinn, "Theological Summary" (in Edmund Colledge and Bernard McGinn, trans., *Meister Eckhart, the Essential Sermons, Commentaries, Treatises and Defense*), p. 36, notes 71-72。Cf. ibid., p. 38, n. 81, 其中有關於艾克哈特大師的觀點：天父是 Unum，他創造兒子 Verum，然後一起產生了聖靈 Bonum。這種闡述是建立在聖奧古斯丁的教理上。

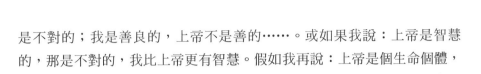

是不對的；我是善良的，上帝不是善的……。或如果我說：上帝是智慧的，那是不對的，我比上帝更有智慧。假如我再說：上帝是個生命個體，這也不對；他是在所有存在之上的本質，是一種超越本質的否定。」[37]

　　一方面，艾克哈特強調一點，即人是「上帝的同類」，因此，他鼓勵信徒們達到神性的原則，超越三位一體的上帝。因爲，從本質上看，靈魂的根本來自於上帝，這是直接而無需中間人的。上帝的全部貫穿人類的靈魂。艾克哈特認爲神祕主義經驗不是聖伯納和其他著名作者們所說「神祕的結合」，而是回歸到未顯示的神性上；由此經驗，信徒發現自己與上帝在本質上是一致的。「最初的時候，我沒有上帝，我只不過是我自己……。我是純粹的存在，我並未識得神聖的眞理……。現在，我是自己的初始，我是永恆、也是暫時的生命……。由於永恆的誕生，我將不死……。我本是我自己的因，也是其他一切事物的因」。[38]

　　對艾克哈特來說，這種處於創世之前的原始狀態將是終結時候的狀態；而神祕主義體驗就是提前讓靈魂重新回到初始未分的神性中。但它又與泛神論，或是印度吠檀派的一元論不同。艾克哈特把與神的結合比喻爲像是一滴水滴入大海中，與之同體。但是反過來看，大海不同於一滴水。「同樣，靈魂成爲神性的，但上帝不會成爲靈魂。」然而，在神祕的結合中，「靈魂在上帝之中，正如上帝在靈魂之中一樣。」[39]

　　艾克哈特一方面考慮到靈魂和上帝的區別，同時又指出這種區別是不 (211)
具決定性的。對他來說，人的使命就是要「進入上帝之中」，而不是身爲上帝的受造物生活在這個世界上。因爲**眞正的人**，即靈魂，是永恆的，人

---

[37] 譯文見 Ancelet-Hustache, p. 55。然而，艾克哈特大師在另一《講道》中說：「當我說上帝不是一種實質，而是在實質之上的時候，我並沒有質疑他的實質，相反地我認爲他具有一個更高的實質。」（ibid.）

[38] Text edited by Franz Pfeiffer and translated by Ozment, p. 128.

[39] Text edited by Josef Quint, *Deutsche Predigten und Traktate,* Number 55, p. 410, and translated by Ozment, p. 131;也見 McGinn 在 Colledge and McGinn, *Meister Eckhart,* pp. 45ff 中的引述。

一脫離時間的制約，就得救了。⑩艾克哈特認爲孤獨是一種爲了找到上帝必要的宗教修行，但他並未將自己侷限於此。⑪只有通過「眞正的認知」，人的獲救才是一種本體性的過程。人若發現他眞正的「存在」，他便獲救了；但在他認識上帝，即所有存在的源泉之前，他無法獲知他的「存在」。⑫確保獲救最根本的宗教體驗就是信徒靈魂中邏各斯的萌發。旣然聖父在永恆中創造了聖子，旣然聖父的基礎與靈魂的基礎是一樣的，上帝便是在靈魂的基礎中創造了聖子。更進一步說：「聖父創造了我，他的子，也是聖子。」「他不僅創造了我，他的子，而且把我造得像他自己一樣，而他自己也像我一樣。」⑬

最讓艾克哈特的反對者無法接受的是，他認爲聖子誕生於信徒的靈魂中，這種想法暗示了「善良正直」的基督徒與耶穌的統一性。確實，有時候這位多明我修士提出的類比頗令人訝異。在《講道》第六的結尾處，艾克哈特談到完全變成耶穌的人，就像變成耶穌肉身的聖餐麵包一樣。「我完全變成了他，他的存在就在我的存在中起作用，那是相同的，非僅是相

(212)

---

⑩　在艾克哈特大師看來，時間是接近上帝時的最大障礙；不光是抽象的時間「而且還有時間性的事物、時間性的情緒起伏，甚至包括時間的芳香」；譯文參見 C. de B. Evans, *Meister Eckhart*, 1, p. 237。

⑪　在他關於「超脫」的論文中，艾克哈特將其視爲比謙卑與慈善更重要；cf. *On Detachment* (trans. Edmund Colledge), in Colledge and McGinn, pp. 285-87。但他強調慈善可以是一條通往「超脫」的道路。

⑫　這種本體論與知識之間相互依存的關係在某種程度上說明了艾克哈特大師神學的悖論、甚至是矛盾的一面。事實上，當他著手於鉅著 *Opus propositiionum* 時，分析了一段「上帝存在」的先決條件，而在《巴黎問題專集》（*Quaestiones Parisienses*）艾克哈特又宣稱狹義上來看上帝應被理解爲知識；所以理解這一行爲高於實質。Cf. Bernard McGinn, "Theological Summary," in Colledge and McGinn, p. 32 and n. 32. 其他許多段落也同意上帝作爲純智性或純知識的觀念的重要性；cf. ibid., p. 300, n. 45。

⑬　Sermon no. 6, trans. by Colledge, in Colledge and McGinn, p. 187。其他段落參見 McGinn, ibid., pp. 51ff., and by G. J. Kelley, *Meister Eckhart on Divine Knowledge*, pp. 126ff。這一論點在亞威農（Avignon）遭到審判，並非被視爲異端，而是「有異端的嫌疑」。

似而已。」⑭但是，在他的《辯護詞》（*Defensio*）中，艾克哈特強調他是說「我的存在」以「他的存在」爲比照標準（in quantum），也就是從形式和抽象意義來看的。⑮

有別於上帝之物，即不具神性的東西，或稱爲一種「分離」，對其艾克哈特賦予決定性的意義，關於暫時性的事物他抱持懷疑的態度。有人認爲，這點削弱了他的神祕主義神學的說服力與時效性。有人指責他對教會的聖事缺乏興趣，也不重視救贖歷史上的事件，這種批評並不公允。確實道明會修士並不強調上帝在歷史中的角色，或是耶穌的道成肉身。但是，他讚頌那些爲了給一位病人端碗熱湯而中斷沉思冥想的人，而且他不斷強調，就跟在教堂裡一樣，我們也可以在大街上遇見上帝。另一方面，艾克哈特認爲，沉思冥想的最終目標就是返回沒有區分的神性中去，然而這目標並不能滿足追求宗教情感體驗的信徒。對他來說，眞正的至美境界不是在出神的狀態中，而是經由沉思冥想獲致與上帝的智識結合。

西元 1321 年，艾克哈特大師的學說被斥爲異端，晚年，他必須不斷爲自己的教理辯護。西元 1329 年，（他去世後一到兩年），教宗若望二十二世（John XXII）對他二十八條理論論點作出判決，宣布其中十七條是異端，而其他條「聽起來無稽、草率且有欠思考，很可能成爲異端」。⑯導致這項判決的原因有可能是他語言的模稜兩可，也有可能是因爲某些神學家嫉妒他。無論如何，判決還是帶來了非常大的影響力。雖然有弟子亨利・蘇索（Hejnrioh Suso，1296-1366）和約翰・陶勒（Johannes Tauler，第300 節）支持他，以及眾多道明會修士的忠誠，艾克哈特大師的作品還是長期完全被拋在一邊。西方基督教神學與形上學未能從他直覺與創新的詮

---

⑭　Colledge, in Colledge and McGinn, p. 180。Cf. also *In agro dominico,* article 10, translation by McGinn, ibid., p. 78.

⑮　見 McGinn, ibid., pp. 53ff 中的引文。In *Sermon* no. 55 他解釋說是與神性的一致性，而非與創世主的一致性。

⑯　關於艾克哈特大師的審判與判決，見 Ancelet-Hustache, pp. 120ff.; McGinn, in Colledge and McGinn, pp. 13ff。

(213) 釋中獲得啓發。他的影響僅止於德語國家。他的作品悄悄地流傳，反而鼓勵了偽作的產生。然而，艾克哈特的大膽思想滋潤了許多偉大的創新思想家；庫薩努斯就是其中一人。（第 301 節）

299. 大眾虔誠以及虔信的危險

　　從十二世紀末開始，人們不光在修道院中追求精神完美。越來越多虔誠的世人開始模仿耶穌門徒和聖人的事蹟。比方說，在里昂市出現了瓦爾多派，他們是富商彼得‧瓦爾多（Peter Waldo）的弟子。西元 1173 年，瓦爾多濟貧不遺餘力，並傳道自願過貧窮的生活。此外，在義大利北部出現了「卑微派」。㊼大多數人還是對教會保持忠誠；但有一部分人，強調與上帝的直接關係，忽略崇拜，甚至不作聖事。

　　在北部地區——法蘭德斯、荷蘭、德國等地——出現了小型的女性世俗組織，她們被稱爲「不發願修女」。㊽她們的生活主要是工作、祈禱和傳道。另外還有男性的類似組織，即不發願修士。他們人數較少，但也獻身於基督教徒貧窮的完美理想。㊾

　　這種大眾的敬虔派組織和運動，出於對一種「使徒生活」的留戀與嚮往，與瓦爾多教徒的理想相似。顯然，它對這個世界感到厭惡，但又對教士不滿。當然有可能某些「不發願修女」寧願生活在修道院裡，或者至少可以得到多明我派的精神指引。比方說馬格德堡的曼徹蒂爾德（Mechthilde of Magdeburg，1207-1282），她是第一個用德語寫作的女性神祕主義者。她稱聖多明我爲「我至愛的神父」。在她的著作《神性之光》（*Das flieβ*
(214) *ende Licht der Gottheit*）中，曼徹蒂爾德使用了夫妻交合的神祕情色語言：

㊼　這兩個團體被敎宗盧西烏斯三世（Lucius III）逐出敎會（1184）。

㊽　根據有些作者的説法，這個詞好像是從阿爾比派信徒那裡衍生出來的：cf. Ozment, p. 91, n. 58; Gordon Leff, *Heresy in the Later Middle Ages*, 1, pp. 18ff。

㊾　E. W. McDonnell, *The Beguines and Beghards in Medieval Culture*, passim.

「我中有你，你中有我！」⑩曼徹蒂爾德寫道，跟上帝的結合可以使人脫離罪惡。

對於那些有見識、誠實的人來說，這種說法並非是異端。況且，有些教宗和神學家認為不發願修女們有她們正統的一面和功績。⑪但是，特別是從十四世紀開始，許多教宗和神學家指責不發願修女和修士是異端，⑫引用傳統的成見，並詳細描述他們如何在魔鬼的引導下，進行群交。這種迫害的真正原因是教士階層的嫉妒。他們認為不發願修女和修士們的「使徒生活」只是虛偽，並批評他們的宗教狂熱與野心。⑬

然而，再補充一點，這種虔誠多次將人引向非正統，甚至在教士領導階層的眼中，也是異端。其實，在十三到十四世紀之間，正統與非正統的界限是不斷變動的。有些世俗的組織追求一種難以企及的宗教純潔度，教會無法忍受這種理想主義帶來的危險，而強烈反擊。如此就失去了一個可以滿足更純粹更深刻基督教精神需求的機會。⑭

西元 1310 年，瑪格麗特・波列特（Marguerite Poret）是第一位認定屬於「自由之靈」（Free Spirit）兄弟會組織的成員，被焚於巴黎。（儘管有許多相似之處，這一組織與不發願修女和修士不同。）「自由之靈」組織的成員與教會斷絕了一切聯繫。⑮他們修行極端的神祕主義，追求與神性的結合。他們的反對者指控，「自由之靈」的修士與修女膽敢宣稱人可以

---

⑩　基督對你說：「你是那樣自然地在我體內，你我之間沒有任何阻礙！」Robert E. Lerner, *The Heresies of the Free Spirit in the Late Middle Ages*, p. 19。同樣的愛情體驗給了佛蘭芒（flemisch）不發願修女哈德維齊（Hedewijch）靈感，使之成為十三世紀最偉大的詩人與神祕主義者之一； cf. Hadewijch, *Complete Works*, pp. 127-58。

⑪　Cf. Lerner, pp. 38ff.

⑫　然而，確實有一些團體與清潔派的教理相同；cf. Denzinger, as cited by Ozment, pp. 93, n. 63。

⑬　這公允的批評基於一個事實，即在十三世紀末期，僧侶們不再具備原有的操守，而仍享受僧侶階層的許多特權；cf. Lerner, pp. 44ff。

⑭　Ozment, p. 96; cf. also Leff, 1, pp. 29ff.

⑮　Leff, 1, pp. 310-407; Lerner, passim.

(215) 在世俗生活中達到一種不再犯罪的完美精神境界。這些異端分子不需要教會的中介，因為「主的靈在那裡，那裡就得以自由」。（〈歌林多後書〉3：17）然而，沒有任何證據顯示他們鼓勵違背道德；相反，他們以嚴律與苦行，為「神祕的結合」作準備。他們不再覺得自己跟上帝與耶穌基督分離。有人甚至說：「我是基督，我不僅只於此⋯⋯。」⑤⑥

儘管瑪格麗特・波列特本人被視為異端遭到火刑，但是她的著作《普通靈魂的鏡子》（ Le Mirour des simples âmes ）被多方傳抄，譯成多種文字。很長一段時間，大家不知道她就是該書的作者（直到西元 1964 年才得到確認），這也說明其中的異端成分並不會太明顯。《普通靈魂的鏡子》一書有一段關於愛情與理性之間的對話，暗示靈魂朝向上帝。作者描述了「七種感恩的狀態」，最後達到與上帝的結合。在第五與第六「狀態」，靈魂被「消滅」或「解放」成為天使。第七種狀態是「結合」，但必須在人死後，在天堂裡才能實現。⑤⑦

其他屬於「自由之靈」組織作者的作品被冠上艾克哈特大師之名而得以流傳。其中最著名的是（偽）《講道》第十七、十八與三十七。⑤⑧小冊子《卡特萊修女傳》（ Schwester Katrei ）敘述一個不發願修女與懺悔師艾克哈特大師之間的關係。結尾時，卡特萊修女向他表白：「願天主與我同慶，我已成為上帝！」她的懺悔師命令她一人在教堂裡單獨地生活三天。與《普通靈魂的鏡子》一樣，在這裡靈魂跟上帝的結合並沒有造成混亂的後果。由「自由之靈」運動帶來的最大的創新就是，「神祕的結合」可以在此世間獲致的。⑤⑨

---

⑤⑥ 譯文參閱 Lerner, pp. 116ff。

⑤⑦ 瑪格麗特・波列特因為消極而成為「異端」；彌撒、講經齋戒、祈禱都是無用的，因為「上帝已經在那裡了」。但是《普通靈魂的鏡子》是一部隱義的書，它只給那些「明白了」的人看。引文與分析參見 Lerner, pp. 200ff。

⑤⑧ 在他的作品中，我們可以讀到：「放棄了可見的創造，上帝在那裡展現他完全的意志⋯⋯，既是人又是上帝⋯⋯，他的身體完全被神聖之光穿透了⋯⋯我們可以稱他為神人。」

⑤⑨ Cf. Lerner, pp. 215ff., 241ff.

300. 災難與希望：從鞭笞派到「現代敬虔」派

　　除了那些動搖了整個西方教會的巨大危機之外，[60]十四世紀還遭受了　(216)
一連串不幸事件與天體運動帶來的災難：彗星的出現、日蝕、洪水氾濫，
特別是從西元 1347 年起流行並被稱爲「黑死病」的可怕鼠疫。爲了讓上帝
不要動怒，開始出現了大批的鞭笞派（flagellants）遊行儀式。[61]這是民眾
運動，遵行典型的軌跡，從虔誠到非正統都涵蓋。事實上，他們爲這種自
我虐待感到驕傲，儘管鞭笞派成員鄙視神學，他們自以爲可以替代教會的
權威性和神權。因此，西元 1349 年起他們就遭到了克雷芒六世（Clement
VI）的禁止。

　　爲了解脫自已的甚至全世界的罪，他們成群結隊在一位「大師」的引
導下四處遊行。當他們抵達一座城市的時候，衆人（好幾千人）的遊行隊
伍就向大教堂走去，一邊高唱聖歌，一邊圍成好幾個圓圈。這些懺悔者又
嘆息，又痛哭，他們呼喊著上帝、耶穌和聖母的名字，然後開始用鞭子狠
狠地打自已，直到身上布滿瘀青與腫塊。[62]

　　在當時，整個時代充滿對死亡的迷惑，害怕地獄中等待死者的酷刑。
在想像的世界中，死亡比起復活再生的希望，更加困擾著人們。[63]當時的
藝術作品（墓碑、雕像、特別是繪畫）以一種病態的精準度，表現出屍體
腐爛的每一個過程。[64]「屍體到處可見，甚至在墳墓上。」[65]有一種死亡　(217)

----

[60] 教宗們停留在亞威農（1309-1377），大分裂爲西元 1378-1417 年，即兩個（甚至
　　三個）教宗同時行使權力。

[61] 這一現象並非第一次。西元 1260 年，鞭笞派在珀魯加（Perugia）出現，這一年
　　──照約雅敬的預言──教會進入第七時期。在接下來的幾十年中，整個運動擴
　　展到了歐洲中部，但是，除了一些邊緣性的衝擊，它沒什麼影響便消失了，直
　　到西元 1349 年，它再次帶著極大的力量出現。

[62] 見 Leff, 2, pp. 485ff. 的分析資料。每一個團體的成員每天必須當眾鞭打自己兩次，
　　然後晚上再私下打一次。

[63] Francis Oakley, *The Western Church in the Later Middle Ages,* p. 117.

[64] 參閱 T. S. R. Boase, *Death in the Middle Ages* 一書的詳盡資料。

之舞，其中一人代表死神。這種舞蹈影響到各年齡層、分屬不同社會階層的男女（王室、乞丐、主教、小資產者等），並成了繪畫和文學中經常出現的題材。⑥

　　在同一時代，出現了血淋淋的聖餐餅、「死亡藝術」手冊、「虔誠」主題的發展，以及煉獄意義的闡述。煉獄的正式定義出現於西元 1259 年，⑥主要是透過為死者進行的彌撒，此後它的意義日益重要。⑥

　　在這些充滿危機和絕望的時刻，對一種值得信仰宗教的期望越來越強，對神祕經驗的追求也更為迫切。在巴伐利亞（Bavaria）、亞爾薩斯（Alsace）和瑞士等地，狂熱的信徒聚集在一起，自稱是「上帝的朋友」。他們的影響力涉及各個階層，甚至觸及到一些修道院。陶勒和蘇索，這兩位艾克哈特的弟子，為了讓教理更容易被接受，並能避免引起懷疑，他們致力於以簡要的形式傳播艾克哈特的教理。

　　關於約翰・陶勒的生平我們所知甚少（他生於西元 1300 年左右，卒於1361 年），以他之名寫的著作其實不是他的。⑥陶勒堅持：即上帝誕生於信徒的靈魂，必須摧毀「所有的意志、所有的要求與行動，只留下對上帝簡單而純樸的期待」。人的靈魂被引到「上帝黑暗的祕密中，最後又被引入簡單沒有變化的統一性中，在那裡他失去了區分的能力，沒有客體、也又沒有感覺」。（據珍娜・昂斯萊・胡斯塔齊〔Jeanne Ancelet-Hustache〕

⑥　Jurgis Baltrušaitis, *Le Moyen Âge fantastique*, p. 236。「中世紀末期充斥著這些肉體分解和屍骨遍野的幻覺。頭顱在獰笑，骨頭在咯咯作響。」（ibid.）

⑥　Ibid., pp. 235ff.這些觀念與意象雖然有希臘的淵源，但在中世紀來自亞洲，可能是西藏；cf. ibid., pp. 244ff. Cf. also Boase, pp. 104ff., and especially Norman Cohn, *The Pursuit of the Millennium* (rev. ed.), pp. 130ff。

⑥　Cf. Jacques Le Goff, *La naissance du Purgatoire,* pp. 177ff., 381ff.

⑥　見 Oakley, pp. 117ff.轉述的例子。為了尊敬神聖的醫者，彌撒做得越來越多；聖布萊茲（St. Blaise）可以醫治胸膛的疾病，聖洛奇（St. Roche）可以預告黑死病的出現等。（ibid.）

⑥　直到西元 1910 年，人們才鑒定了一批講經詞──包括完整或有殘缺──的可信度。

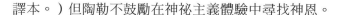

譯本。）但陶勒不鼓勵在神祕主義體驗中尋找神恩。 (218)

　　關於亨利希・蘇索（1269-1366）的生平與著作，我們掌握的材料就豐富得多了。他在很年輕的時候就進入了貢斯當斯（Consdance）的多明我派修道院，約在十八歲那年，他有了初次出神的體驗。西元 1320 年，他被送到艾克哈特大師身邊，與大師不同的是，蘇索道出他自己的出神經驗。⑦他是如此簡述神祕主義道路的各個階段：「放棄自身的人必須脫離一切存在中既有的形式，跟基督重組新的形式，再轉化到神性中。」

　　可能是在他發表了《眞理之書》後，他被迫放棄教職。在該書中，他捍衛了艾克哈特大師的教導。他前往瑞士、亞爾薩斯等處旅行，遇到了陶勒以及許多「上帝的朋友」。他的傳道使他在世俗與僧侶中聲名遠播，也因此蘇索遭到許多人的嫉妒，甚至被惡意中傷。但是，在他去世之後，他的書廣受歡迎。

　　佛蘭芒（flemish）偉大的神祕主義者魯伊斯布魯克（Ruysbroeck，1293-1381）雖然嚴厲批評了不發願修女和「自由神靈」的信徒，但他也未能逃過法庭的懷疑。⑦他的十一部作品中，大部分涉及精神指引。魯伊斯布魯克強調「異端分子」以及「僞神祕主義者」的錯誤，因爲他們將精神虛空跟上帝的結合混爲一談。人們如果不實踐基督教和順從教會，是不可能理解眞正的沉思；「神祕的結合」不是「自然而然」發生的，它必須是神恩的一種賜予。

　　魯伊斯布魯克知道他有被人誤解的危險；所以他並不期待特定數量作

---

⑦　「我認識這樣一位佈道的兄弟。他在剛開始佈道的時候，大概有十年時間吧，總是每天兩次，早晨一次，晚上一次，獲得一種無限的恩惠，時間大約有守夜的換班之久。在這段時間裡，他完全被吸入了上帝，即永恆的智慧之中，他連話都説不出來。他覺得自己好像浮在空中，在時間與永恆之間，飄浮在上帝無法測知美妙而又深沉的波濤之中」。（Ancelet-Hustache）

⑦　魯伊斯布魯克在西元 1317 年被任命爲敎士後，1343 年跟一群冥想者隱居起來，並照奧古斯丁的規範，很快就組織了一個修道院；他在那裡一直生活到死去，享年八十八歲。

(219) 品的流傳，那些書是爲了有相當程度沉思實踐的人寫的。[72]儘管如此，他仍被巴黎大學的校長傑・吉爾松（Jean Gerson）誤解與攻擊。甚至眞誠敬仰他的人，吉爾哈特・格魯特（Gerhard Groote）也認爲他的思想可能會造成混淆。因爲，魯伊斯布魯克一方面強調修行的必要性，另一方面又認定沉思體驗是在較高層次完成的。他強調，即使在這種特殊的體驗中，「人不可能完全成爲上帝，從而擺脫身爲受造物的命運」。（參見《閃亮的石子》）[73]

然而，這體驗完成了一種「與上帝本質統一的交融」，因爲沉思者的靈魂被「擁抱在神聖的三位一體中」（見《精神性婚姻的裝飾》III，前言；III，6）。魯伊斯布魯克告誡人們，上帝按照自己的形象造人，「就像是透過一面鏡子，反映出他的本質」。他還說，爲了理解這一既深刻又神祕的眞理，人「必須在自我中死去，而生活在上帝中」。（引文如上，III，前言）

涉及神學理論的沉思者與那些形形色色、追求「神祕主義體驗」的狂熱分子，同樣受到教會審查的威脅。有些心靈導師非常清楚這樣的危險是沒有必要的。吉爾哈特・格魯特（1340-1384）創立了一個新的苦行組織「共同生活兄弟會」（Brethren of the Common Life），他對神學思辨與神祕主義體驗不感興趣。這個修會的成員修行一種被稱爲「現代虔誠」的生活方式。這是一種簡單、慷慨和寬容的基督教，未遠離正統。信徒必須思索上帝化爲肉身的問題，如聖餐儀式中的重現，而不是去進行神祕主義的思辨。在十四世紀末和十五世紀期間，「共同生活兄弟會」吸引了許多世俗成員。同樣對於虔誠易爲衆人接受、普遍而深層的需求，使得托馬斯・康比斯（Thomas à Kempis, 1380-1471）的《遵主聖範》一書獲得不同凡響

---

[72] 後來，他寫下《光明小册子》，使艱深難懂的《愛的國度》變得易讀一些。魯伊斯布魯克教理的主要內容可參見一篇長論文《精神性婚姻的裝飾》——這是他的傑作——以及一部小册子《閃亮的石子》。

[73] 也見 Oakley, p. 279。

的成功。

　　至今仍有人在討論這一虔誠組織的意義和它的重要性。有些作者認為它是眾多改革，如人文主義、天主教與新教改革的源泉之一。㉔史蒂文‧奧茲門特（Steven Ozment）認為，「現代虔誠」在某種程度上超越了十六 (220)世紀的改革運動，並為日後開拓平坦的道路。此外奧茲門特正確指出，「它的主要意義在於宗教改革前夕傳統修道制度的復興。『新靈修』（devotio moderna）運動證明了，效法耶穌及他的門徒過著簡單克己的團體生活，這個願望即使到了中世紀末期，仍與教會初始時期一樣地強烈。」㉕

301.　庫薩努斯和中世紀的晚期

　　庫薩努斯又名尼古拉斯‧克萊柏斯（Nicholas Krebs）生於西元 1401年。他的學習是從一個屬於「共同兄弟會」指導的住宿學校開始的。有些研究者認為，這段經歷對後來成了大主教的他在精神發展過程中產生影響。㉖庫薩努斯很早就接觸了艾克哈特大師與託名戴奧尼索斯的作品；正是這兩位神祕主義神學家啟發並哺育了他的思想。但是，由於他淵博的知識（他精通數學、法律、歷史、神學與哲學），以及他在形上學研究上特有的獨創性，還有他出色的教會生涯使得庫薩努斯成為整個基督教歷史上最複雜、最有吸引力的人物之一。㉗

㉔　相反地，波斯特（R. R. Post）強調了現代虔誠派與宗教改革精神之間的斷裂性；cf. *The Modern Devotion,* pp. 675-80。

㉕　Ozment, p. 98.

㉖　Ernst Cassirer, *The Individual and the Cosmos in Renaissance Philosophy,* pp. 33, 49.

㉗　在遊學了許多著名的大學之後（其中包括帕多瓦〔Padua〕的大學，1417-1423），他被任命為教士，在西元 1430 年左右，成為科布連茲的聖弗倫斯（St. Florence at Koblenz）教堂的教區主教。西元 1432 年，他被納入巴塞爾（Basle）的主教大會學院；然而，他加入了教宗歐靜四世（Eugene IV）的一派。教宗派他為特使前往君士坦丁堡去迎東方大主教和皇帝約翰‧帕里奧洛加斯（John Palaeologus）參加在佛羅倫斯舉辦的主教大會，為教會的合併作準備。在他寫作

　　對他的體系作一個簡單扼要的介紹，這幾乎是不可能的事。對我們來說，最重要的是凸顯他宗教形上學的的世界觀，這在他的第一部著作《宗教之協合性》（ *De Concordantia Catholica* ，1433）、還有他的《論有知識的無知》（ *De Docta Ignorantia* ，1440）以及《和平的信仰》（ *De pace fidei* , 1453）中都有探討。庫薩努斯是第一位把「和諧」作為一個普遍性主題來談的人。「和諧」不光體現在教會生活、歷史發展與世界的結構中，還體現在上帝的本質裡。[78]對他來說，「和諧」在教宗與大公會議之間，在西方的教會與東方的教會之間，也在基督教與歷史上的宗教之間。他從託名戴奧尼索斯的否定神學中得出這一大膽結論。同樣，憑著「藉由否定」的概念，他完成了傑作《論有知識的無知》。

(221)

　　庫薩努斯是在赴君士坦丁堡途中，穿越地中海時（西元 1437 年 11 月）得到創作《論有知識的無知》一書的靈感。這是一本難以總結的書，所以在這裡只能概述最重要的論點。庫薩努斯告訴我們，知識是相對、複雜與有限的，無法讓我們掌握真理，因為真理是簡單而無限的。任何科學都是推測性的，所以人不可能認知上帝。（Ｉ，1-3）真理──即絕對的「最大值」──是在理性之外的，而理性不能解決矛盾，（Ｉ，10）所以必須超越推論的道理與想像，藉由直覺去了解這「最大值」。

　　事實上，人以智能可以通過簡單的直覺而超越於各種差異與紛繁（Ｉ，10）。但是，由於人的智能無法用一種理性的語言來表達，庫薩努斯便訴諸於大量的象徵符號，首先就是幾何圖形（Ｉ，10，12）。在上帝身上，無限大（即「最大值」）與無限小（即「最小值」）是一致的（Ｉ，4），而潛在性與實際行動也是一致的。[79]上帝既非一體，又非三位一體，而是與

　　出版兩部最為重要的作品──《論有知識的無知》，和《直觀上帝》（ *De visione Dei* , 1453）──期間，庫薩努斯被升為主教（1448）和布里克西恩（Brixen）的大主教。在布里克西恩，他跟提洛爾的西格蒙公爵（Sigismond of the Tyrod）發生了衝突。之後引退，在羅馬他將晚年的時間全部用來著書。西元 1464 年卒於托迪（Todi）。

[78]　Cf. Jaroslav Pelikan, "Negative Theology and Positive Religion," p.68.

[79]　他承認否定神學要高於肯定神學，但強調兩者可以在一種混合神學中調和。

三位一體相一致的整體性。（I，19）在他無限的簡潔性中，上帝包容了一切，但同時，他又在一切事物之中；也就是說，「包容性」與「被包容性」是一致的。（II，3）在明白了這種「對立的統一」原則之後，我們的「無知」變成了「有知識」的。但是，「對立的統一」不能被解釋為一種通過理性而得到的綜合體，因為它不可能在有限的層面上實現，而是以猜測的方式，在無限的層面上進行。[80]

　　庫薩努斯非常清楚，這種「否定之道」使得相對的東西也可以一致，可為基督教的神學和哲學打開全新的思路，同時引導基督教與其他宗教展開有成果的對話。可惜的是，他的直覺與發現並沒有為西方基督教帶來的影響。庫薩努斯在西元 1453 年寫了《和平的信仰》，而那時候土耳其人剛剛征服君士坦丁堡，拜占庭帝國已徹底滅亡。事實上，這個「第二個羅馬」的淪陷，以慘痛的方式說明了歐洲無力在宗教或政治上保存或再次找到統一性。雖然這次淪陷使庫薩努斯非常痛苦，他還是在《和平的信仰》中為各種宗教本質的統一作辯護。他覺得各種「獨特性」並不構成問題：不管是多神論、猶太教、基督教還是伊斯蘭教。

　　遵從著「否定之道」的原則，庫薩努斯不僅闡明了各種不同之處，更強調了多神教的儀式與「真正」崇拜之間的延續性。因為多神教者「崇拜的是眾神共有的神性」。[81] 關於猶太教與伊斯蘭教的純一神教與基督教的一神但三位一體教理之間的區別，庫薩努斯認為：「作為創世主，上帝既是三位一體的，又是一位的；但是作為無限，他既非三位，又非一位，也不是任何人能夠解釋的。因為用來稱頌上帝的那些名字都是世人自己創造出來的；上帝本身是無法描述的，他超越於任何人可以命名或者言說的事

(222)

---

[80] 我們應當看到這一概念——也就是在無窮意義上區別的對立的統一——與關於現實中對立面統一的古老傳統說法，其二者之間的區別（比方說「業障」與「涅槃」，參見第 189、296 節）。

[81] *De pace fidei*, 6:17, cited by Pelikan, p. 72. 「是你賦予了生命與本質，在各種被人以各種方式命名的信仰體系中，人們尋找的是你，正因你真的存在，你不為人知，無法為人描述。」（*De pace fidei*, 7:21; Pelikan, ibid.）

物。」⑧更何況，相信靈魂不滅的非基督教信仰者，其實已經不知不覺地承認了耶穌基督的死後復活。

這本精彩、大膽的書曾幾乎完全被遺忘。正如貝利康（Pelikan）所說的，《和平的信仰》一書是到十八世紀末被萊辛（Lessing）發現的。這一點非常有意思，即庫薩努斯世界性的眼光為萊辛的劇作《智者納坦》（*Nathan der Weise*）帶來了靈感。可惜的是，《和平的信仰》一書至今仍為當代基督教全體教會合一運動的支持者所忽視。

(223)　　庫薩努斯是統一的羅馬教會中最後一位重要的神學家和哲學家。在他去世五十年之後，馬丁・路德（Martin Luther）在西元 1517 年發表了著名的九十五條論點；（第 309 節）幾年之後，西方基督教的整體性就完全瓦解了。然而，自十二世紀的瓦爾多派和方濟會到約翰・胡斯（John Hus）⑧以及十五世紀的現代虔誠派的信徒，許多人希望在不脫離教會的情況下，致力於「宗教改革」或對實務與機構加以「淨化」，。

除了一些極少數的例外以外，這些努力都付諸流水了。多明我修會的傳教士吉羅拉摩・薩伏那洛拉（Girolamo Savonarola，1452-1498）代表了在羅馬教會內部進行改革的最後一次的嘗試；但薩伏那洛拉被指控為異端，被處以絞刑，並遭火焚燒。從此之後，各種改革若不者是反對天主教教會，就是在教會外進行的。

當然，其中有些是處於正統邊緣的精神性運動，它們所造成的反應，直接或間接地受到政治、經濟和社會變化的影響。但是，教會的敵意反應，特別是宗教裁判所（Inquisition）的濫用職權，導致了基督教的貧乏與僵化。對歐洲具有重要意義的政治因素的變化，此處牽涉到君主制接二連

---

⑧　*De pace fidei*, 7:21; Pelikan, p. 74.
⑧　捷克教士約翰・胡斯（1369-1415）在西元 1400 年被任命為布拉格大學校長，在他的講道詞中，經常抨擊教士、主教和教宗制。在約翰・維克立夫（John Wycliffe，1325-84）的影響下，胡斯寫下他最重要的著作《論僧侶制度》（*De ecclesia*，1413）。西元 1414 年他被召到康斯坦茨（Constance）為自己辯護，最後被判為異端受到火刑而死。

三的勝利，以及支持君主制的一股新的精神力量，即國家主義。對我們來說更為重要的是，在宗教改革前夕，世俗的現實狀況——不管是國家的還是自然的——完全脫離了信仰的影響範圍。

也許那個時代的人尚未意識到，但是最後歷史的進程即證明了奧坎的神學觀與政治觀。

302. 拜占庭和羅馬

西方教會與東方教會的區別在四世紀就已呈現，（第 251 節）在接下來的世紀中就更為明顯了。原因很多：文化傳統的差異（一方是希臘式、東方的；另一方則是羅馬式、日耳曼的）；相互之間的缺乏了解，不光是語言不通，還有對彼此的神學缺乏了解；此外，在文化或教會體制上有差異，教士在西方禁止結婚，西方用不發酵的麵包作聖餐，東方則用發過酵的麵包，西方的聖餐禮依然在酒中加上水等。 (224)

教宗尼古拉（Nicholas）抗議東方教會讓佛提烏（Photius，他是個平信徒）很快升為主教，而自己卻「忘了」安布羅斯的情況，他可是直接被升為米蘭大主教。羅馬的某些作法讓拜占庭方面大為不滿；比方說，在六世紀，教宗宣布教會在世俗權力之上；或者是在八世紀初，當查理曼大帝登基成為羅馬皇帝時，而這個皇帝的稱號一直屬於拜占庭的皇帝。

某些禮儀以及教會制度的發展給東方的基督教一種特有的面貌。我們提過在拜占庭帝國人們對聖像畫的尊崇（第 258 節）以及「宇宙基督教」的重要性，例如東南歐農村的信仰（第 236 節）。由於相信整個大自然因十字架與耶穌復活而得到救贖，並神聖化，讓大家對生活有更大的信心，而形成了一種樂觀的基督教觀。還有一點值得注意，東正教十分重視基督教塗聖油的儀式，即所謂「聖靈禮物的印記」。這個儀式在洗禮之後接著進行，使每個平信徒（來自世民、俗人〔laso〕）都具有聖靈；這不但解釋了社會中每一份子的宗教責任，也說明了各個社會的自主性，社會組織是由主教統一管理，且依據城市地域分區。另外，還有一個特點：他們相

235

信眞正的基督徒可在今生達到神化。（第 303 節）

雙方之間的眞正斷裂源於尼西亞信經（Nicene-Constantinopolitan Cre-ed）加入聖子（filioque）的概念。這段譯文是：「聖靈來自聖父和聖子。」第一個相關的例子是托萊多（Toledo）的第二次會議，召開於西元 589 年，爲了確認雷卡萊國王（King Reccared）從亞里烏教派（Arianism）改信天主教。[84]仔細分析，這兩種形式的宗教表達了兩種神性觀。在西方教會的三位一體形式中，聖靈是對神性一體的保證。然而，東方教會則強調聖父是三位一體的源泉、原則和起因。[85]

據某些研究者，正是日耳曼皇帝貫徹了信經中新的一條。「加洛林王朝的憲法在西方普及了聖子的概念，從而引入以聖子爲中心的神學。目的就是要針對拜占庭，基督教帝國唯一的捍衛者，透過對建立新國家基礎的普遍權利來加以合法化。」[86]但一直要等到西元 1014 年在皇帝亨利二世（Henry II）的請求下，新信經才在羅馬唱頌[87]（這個日期可視爲東西方基督教決裂的開始）。

然而，這兩個教會之間的關係並非完全地斷裂。西元 1053 年，教宗良九世（Leo IX）派遣了一個使團前往君士坦丁堡，由特使洪伯爾特主教（Humbert）率領，要求再度建立正常的關係，並組聯盟，共同抵抗占領了義大利南方的諾曼人（Normans）。但是，拜占庭的大主教米歇爾‧賽魯萊爾（Michael Cerularius）表現得非常冷淡，不願意做出任何的讓步。西元 1054 年 7 月 15 日，教宗的特使們在哈吉雅‧蘇菲（Hagia Sophia）的祭台上放置一份將賽魯萊爾主教逐出教會的宣告，指責他犯了十大異端，包括在使徒信經中去除聖子的概念，和允許神職人員結婚。

自從這次決裂之後，西方教會對希臘人的敵意與日俱增。西元 1204 年

---

[84] 很可能，這一點是後來加上去的，以強調在阿里烏教徒與天主教徒之間的差異，尤其涉及到三位一體中的第二位。

[85] 見 Jaroslav Pelikan, *The Spirit of Eastern Christendom*, pp. 196-97 的文本分析。

[86] Olivier Clément, *L'essor du christianisme oriental*, p. 14.

[87] 這一新的說法在西元 1274 年里昂的宗教會議上被教理化了。

發生了難以彌補的事件，當時第四次東征的十字軍攻打君士坦丁堡，並將城市洗掠一空，砸毀聖像，將聖人遺物丟到垃圾堆。依照拜占庭的編年史作者尼賽塔斯・科尼亞提斯（Nicétas Choniatès）的記載，一位妓女在大主教的寶座上，唱起了淫穢的歌曲。這位作者說：「伊斯蘭教信徒不會羞辱我們的婦女……不會讓城中居民流離失所，不會剝盡他們的衣物，讓他們在街上裸行出醜，不會讓他們餓死或燒死……。而今這些奉主之名東征、分享信仰的基督教徒居然這樣地對待我們。」[88]前已提及（第 268 節），法蘭德斯的波多宛成爲拜占庭的拉丁皇帝，而威尼斯人托馬斯・莫羅西尼成爲君士坦丁堡的大主教。 (226)

　　希臘人一直也沒有忘記這一段悲慘的歷史。然而，由於土耳其人造成的威脅，東正教教會在西元 1261 年之後跟羅馬重新開始了教會間的談判；它堅持開一次全體教民的宗教大會，來斷定關於聖子概念的爭辯，以便奠定統一的基礎。在他們那一邊，拜占庭的皇帝企圖得到西方的軍事援助，以便盡快與羅馬教會統一。談判長達一個世紀以上，最後，在佛羅倫斯舉行的宗教會議上（1438-1439），東正教的代表，在皇帝的施壓下，接受了羅馬的條件，但統一立刻被民眾與教士們否定了。況且，四年之後，西元 1453 年君士坦丁堡被土耳其人占領，拜占庭帝國從此滅亡。但是它的宗教結構在東歐以及俄羅斯至少持續了三個世紀。那就是羅馬尼亞歷史學家約爾加（N. Iorga）所說的「拜占庭之後的拜占庭」。[89]這種東方的遺產促進了一種「民間」基督教的發展，這種基督教不僅抵制了歷史上的連年征戰與災難，而且開拓出一個宗教與藝術價值觀全新的世界，其根源可以一直追溯到新石器時代。（第 304 節）

---

[88] Nicétas Choniatès, *Histoire,* Olivier Clément, trans., p. 81。其他資料參見 Deno John Geanakoplos, *Interaction of the "Sibling" Byzantine and Western Cultures,* pp. 10ff., 307ff. (notes 17-22)。君士坦丁堡於 1261 再度被米歇爾・帕里奧洛加斯（Michael Palaeologus）占領。

[89] N. Iorga, *Byzance après Byzance* (Bucharest, 1933; new edition, 1971).

303. 靜修派僧侶額我略·帕拉馬斯

之前已經提到過「神化」，[90]還有兩位建立這種與上帝結合教理的大學者，尼薩的額我略和精修聖人馬西莫。（第 257 節）在他的著作《摩西的生平》（*Life of Moses*）中，尼薩的額我略談到了「明亮的黑暗」，在那裡，摩西說他看見了上帝。（2：163-164）對於精修聖人馬西莫來說，(227) 在黑暗中看見上帝即構成了「神化」；也就是說，信徒成為上帝的一部分。神化是一種無價的恩惠，是「全能上帝的一個行動，他從超然中自由地出現，同時依然在本質上不可認知」。[91]同樣，人稱「新神學家」的西緬（Simeon，942-1022）是唯一在東方教會中講述自身體驗的神祕主義者，他用這樣的詞語來描述「神化」的神祕過程：「上帝啊，你讓我這座易朽的廟宇──我的肉身──可以跟你神聖的肉體相結合，讓我的鮮血跟你的融合在一起；即使現在我是你透明與半透明肢體的一部分。」[92]

如前所述，（第 257 節）「神化」是東正教神學中最重要的教理。其實，它與「靜修派」（Hesychasts）的神操有緊密的聯繫。靜修派的僧侶在住在西乃山（Mount Sinai）上的修道院，「心的祈禱」或是「耶穌的祈禱」是他們平時最喜愛的修行。必須不停的覆誦一篇簡短的文字：「耶穌基督我的主啊，上帝之子，請你饒恕我吧！」並沉思內在化。從六世紀開始，靜修主義從西乃山開始在拜占庭世界傳播。若望·克利瑪古（John Climacus，六至七世紀），西乃山上最有影響力的神學家，已經十分注重靜修的重要性，[93]後來是由隱士尼斯福魯斯（Nicephorus，十三世紀）將這個神祕主義傳到阿托斯聖山（Mount Athos）和其他廟宇的。尼斯福魯斯認為

---

⑨⓪　這一想法以基督的話為基礎：「你所賜給我的榮耀，我已賜給他們，使他們合而為一，像我們合而為一。我在他們裡面，你在我裡面，使他們完完全全的合而為一」。（〈約翰福音〉17：22-23）

⑨①　Jean Meyendorff, *Saint Grégoire Palamas et la mystique orthodoxe*, p. 45.

⑨②　譯文引述 ibid., p. 57。

精神生活的目標是透過聖事意識到「隱藏在心中的寶藏」；也就是說，結合靈與心。心即是「上帝之地」，經由呼吸將靈「降」到心中，人們便可獲致這種結合。

尼斯福魯斯是「第一位將對耶穌的祈禱與呼吸技巧連結在一起的人」。[94] 在《論心的保護》（*On the Care of the Heart*）一書中，尼斯福魯斯詳盡地敘述了這個方法。「如我對你所說的，坐下來，凝神，把它——我指的是你的靈——引入鼻孔；氣息正是由此通向心。推動它，使它跟你呼吸的空氣一起降到心中。當它到達那裡時，你就會發現喜悅……。像離家多年的人難掩將與妻小重逢的歡欣之情一樣，當靈與魂相遇時，就會產生巨大的喜悅與難言的快意……。然後要注意，當你的靈到達那裡時，你不可緘默不語，也不能精神散渙。而是必須什麼也不做，什麼也不想，只喊出：『耶穌基督我的主啊，上帝之子，請你饒恕我吧！』無論如何都不要停下來。」[95] (228)

讓靜修主義在阿托斯聖山上興盛的重要人物是西乃的額我略（Gregory of Sinai, 1255-1346）。他強調「對上帝的回憶」的重要作用（「任何時刻都要記住你的主，你的上帝」〈申命記〉8：18），以便憶起洗禮帶來的恩惠，儘管它很快又被罪孽所掩蓋。額我略欣賞隱士的孤獨，勝於團體的教堂生活，連篇累牘的講經儀式在他的看來太注重外在，而不可能喚起「對上帝的回憶」。但是他也提示僧侶們要小心那些因想像而引起幻覺的危險性。[96]

在很大程度上，多虧靜修派引起的爭論，拜占庭神學不再是那種自九世紀以來「重複的神學」。到西元 1330 年左右，卡拉布里亞（Calabria）

---

[93] Cf. Colm Luibheid and Norman Russell, trans., *John Climacus: The Ladder of Divine Ascent*, "Introduction" by Kallistos Ware, pp. 48ff.

[94] Jean Gouillard, *Petite Philocalie*, p. 185.

[95] Gouillard, 譯文 ibid., p. 204. 關於與瑜伽修持以及 dhikr 的相似之處，Eliade, *Le Yoga*, pp. 72ff。

[96] 梅耶道爾夫認為這是「正統神祕主義傳統的主要特徵：有意或無意的想像是與上帝融合最為危險的敵人」。(Meyendorff, p. 71)

的希臘人巴爾拉姆（Barlaam）來到了君士坦丁堡。他贏得了皇帝的信任，致力於教會間的統一。⑨⑦在遇到了幾個靜修派修士之後，巴爾拉姆強烈批評他們的方法，並指控他們爲異端——確切地說即梅薩林教派（Messalianism）的一支。⑨⑧因爲靜修派修士自稱可以看到上帝本身，而用肉眼看到上帝，那是不可能的。

在靜修派的辯護者當中最著名的是額我略・帕拉馬斯。帕拉馬斯生於1296，他成爲教士，在阿托斯聖山上的寺院生活了二十年，後來成爲帖薩羅尼迦（Thessalonika）的大主教。在駁斥巴爾拉姆的《靜修派修士的三辯護》中，帕拉馬斯大幅更新了東正教神學。他最大的貢獻是區分了神的本質以及一種「能量」，借助此能量上帝能與人交流並顯現自身。「神的本 (229) 質是無法被人認知的，假如它不具有一種與之不同的能量，它將完全無法生存，且僅是一個靈魂的幻覺而已。」⑨⑨神的本質是能量的基礎；「每一個能量擁有一種特有的神性，但是它們不會形成不同的現實，因爲它們全部都是唯一存在上帝的產物。」⑩⑩（1341、1347和1351，能量理論被拜占庭的宗教會議所肯定。）

談到靜修派修士們見到神聖的光，帕拉馬斯引用了變容（Transfiguration）時的光。在塔博爾山（Mount Tabor），耶穌身上沒有發生任何變化——但使徒們身上都有變化：這些人沐浴神恩，能夠在刺眼的光芒中看到耶穌原來的樣貌。亞當在墮落之前還擁有這種能力，人類在世界末日的審判時才能獲得這種能力。⑩⑩另一方面，帕拉馬斯延續埃及僧侶的傳統，強

⑨⑦ 在1339，他同意前往亞威農與本篤十二世（Benedict XII）祕密會談；見 Barlaam's letter in Deno John Geanakoplos, *Byzantine East and Latin West*, pp. 90ff。

⑨⑧ 對梅薩琳教派來說，信徒的唯一目標就是與基督的光在出神狀態中融合爲一。

⑨⑨ 譯文見 Jean Meyendorff, *Introduction à l'étude de Grégoire Palamas*, p. 297。

⑩⑩ 未出版的文件，見 Meyendorff, ibid., p. 295 的摘要整理。

⑩⑩ 也就是說，看到上帝在他的創世光中，就是看到源泉與終結的完善，看到歷史之前的天堂與終結歷史的「末世」。但是那些可以進入上帝之國的人，從現在開始就可以感受到看見上帝創世光的歡欣，就像使徒們在塔博爾山上一樣。Cf. Eliade, "Expériences de la lumière mystique," *Méphistophélès et l'Androgyne*, pp. 74ff。

調看到神聖的光是伴隨著聖人客觀的光亮性。「參與神的能量的人……在某種程度上可以說是自己變成了光。他與光合一了，與光同在，他可以看到未曾沐浴神恩的人所看不見的東西，並意識到這一點。」[102]

其實，在上帝道成肉身之後，「豈不知你們的身子就是聖靈的殿麼，這聖靈是從神而來，住在你們裡頭的。」（〈哥林多前書〉6：19）通過聖餐儀式，我們在自身中發現基督。「藉由耶穌基督，我們帶有上帝神聖的光。」（《靜修派修士的三辯護》I，1）這種神聖存在於我們身體內部，並「轉化了我們的身體，使之具有精神性……讓整個人都成了聖靈」。[103]但是這種身體的「精神化」並不意味著脫離物質。相反，沉思者「未離開自始伴隨著他的物質」，而通向上帝，並藉由他到達創造的共通性。[104]這 (230)
位偉大神學家反對十四世紀「古代語言復興」時期的柏拉圖主義，它吸引了拜占庭知識分子，甚至一些教會的成員。[105]帕拉馬斯回到聖經傳統，強調聖事的重要性，因為通過聖事物質得以「轉化」而不會消亡。

靜修派在帕拉馬斯神學中的勝利引發聖事改革，並為某些教會機構注入新血。在歐洲東部，靜修主義很快就廣為流傳，一直傳到羅馬尼亞，進入俄羅斯，直到諾夫哥羅德（Novgorod）。古希臘文化的復興伴隨著對柏拉圖哲學的高度評價，沒有產生什麼結果。也就是說，拜占庭以及東正教國家並沒有接觸到人文主義思潮。有些研究者認為，由於帕拉馬斯對抗巴爾拉姆的奧坎主義與希臘哲學的雙重勝利，東正教沒有給予任何宗教改革運動發展的空間。

最後還需提到一點，在帕拉馬斯之後大膽的神學家尼可拉斯·卡巴西拉斯（Nicolas Cabasilas，1320/25-1371），他是位平信徒，並在拜占庭行

---

[102] 佈道翻譯見 Vladimir Lossky, "La Théologie de la Lumière," p. 110。

[103] *Triads*, 2: 2, 9; 翻譯見 John Meyendorff。

[104] 帕拉馬斯至少提到這個主題三次；Meyendorff, *Introduction à l'Étude de Grégoire Palamas*, p. 218。

[105] Cf. Geanakoplos, p. 21 and n. 45。「在接受了靜修派的神學思想之後，拜占庭教會完全遠離了文藝復興的精神。」Meyendorff, *Introduction*, p. 236。

政機構中擔任高級官員。卡巴西拉斯不僅奠定了影響東正教人民的傳統基礎，並認為平信徒高於僧侶與教士；因為僧侶與教士的模式是天使的生活，而平信徒則是完全的人。卡巴西拉斯寫道，意識到基督教體驗的深度與廣度，並且意識到聖事儀式的神祕，是平信徒的重要課題。⑩

---

⑩　他的書 *Life in Jesus Christ* 以及 *The Explanation of the Divine Liturgy*，東正教團體的成員直到今天仍在閱讀。

第三十八章
宗教改革前後的宗教、魔法以
及赫美斯神祕宗教傳統

304. 基督教之前遺留的傳統

(231)　　我們前面已多次提及，對歐洲大眾的基督教化過程並沒有能夠抹去各個民族特有的傳統。皈依基督教造成了許多宗教天性的共生與混合，一再地顯現出農人和牧人特有的創造力。我們提到過「宇宙性基督教」的一些例子。（第 237 節）在別處，①我們也已指出從石器時代直到十九世紀關於石頭、水以及植物的崇祀、神話和象徵的連續性。再這裡可以說，各個民族特有的宗教傳統以及地域性神話，一經皈依基督教——即使不是全心全意的皈依——都被歸於同一種「神聖的歷史」，並被同一種語言，即以基督教信仰與神話的方式來表達。所以，例如在聖以利亞的傳說中保留了對各種暴風雨神的記憶；此外，許多屠龍英雄的原型是聖喬治（Saint Georg），談到許多女神的神話與崇拜都歸入關於聖母馬利亞的宗教傳統中。總而言之，在同一個神話與儀式的文化整體中，非基督教遺產無數的形式與變化，其表達方式明顯地基督教化。

　　——列舉「非基督教遺產」的所有範疇，並不會有多大益處。這裡只
(232) 需引用幾個特別有啓發意義的例子；比方說，「佳里康扎里」（kalli-kantzari），即在聖誕節與諸聖顯靈節之間的「十二日」（Twelve Days）騷擾希臘村莊的魔鬼，其實就是古典時期半人半獸神話儀式的延續；②而在火上行走的古老儀式，則與色雷斯的過火儀式（anastenaria）相結合；③還有在特拉斯舉行的狂歡節，它的慶祝方式讓人想起田野間的酒神以及基督教來臨一千年前在雅典舉行的「花之祭」（Anthesteria）。（第 123 節）④另一方面，在荷馬史詩的題裁和主題至今依然可以在巴爾幹半島和羅馬

---

①　相關資料見 Eliade, *Traite d'histoire des Religions*, chaps. 6, 8, and 9。

②　J.-C. Lawson, *Modern Greek Folklore and Ancient Greek Religion*, pp. 190-255。他們的名字源於 *Kentauroi*, ibid., pp. 233 ff.。也見 G. Dumézil, *Le problème des Centaures*, pp. 165ff.。

③　Cf. C. A. Romaios, *Cultes populaires de la Thrace*, pp. 17-123.

④　Ibid., pp. 125-200.

尼亞的民間傳說中發現。⑤更有意思的是：雷歐波德・施密德特（Leopold Schmidt）分析了中、東歐農村的一些儀式並指出，它們與荷馬時代之前消失的古希臘神話儀式是一脈相承的。⑥

　　對我們來說，重要的是介紹幾個非基督教與基督教混合的例子，它們既說明了傳統遺產的彈性，又使人對基督化進程有所了解。我們首先選擇了「十二日」儀式這一例子，因為它的源頭可以一直追溯到遠古時代。當然在這裡不可能介紹這一儀式的全部過程與內容（各類儀式、遊戲、歌謠、舞蹈、帶著動物面具的遊行隊伍等），我們就只將焦點放在聖誕節期間的讚歌。這些讚歌遍及整個東歐，一直到波蘭。羅馬尼亞語和斯拉夫語稱作「歌聆」（colinde），從「一月的月曆」（calendae Januarii）一詞衍生出來的。好幾個世紀，基督教的權威機構試圖剷除它們，但總是無法達成。（西元 692 年，君士坦丁堡的大公會議再度嚴厲禁止。）其實，相當一部分的「歌聆」已被「基督教化」了，也就是說，它們的內容已採納民間基督教的神話人物與主題。⑦

　　這類儀式一般從聖誕節前夕（12 月 24 日）開始進行，一直持續到第 ⁽²³³⁾
二天的早晨。由六到三十位年輕人組成的團體選一個熟悉傳統習俗的人為指導者。他們在特定的房子聚會，接受必要的訓練，每周四到五次，達四十天或十八天之久。到了 12 月 24 日晚上，他們穿著新衣，佩戴鮮花，手持鈴鐺，首先來到他們的指導者的家引吭高歌，然後再挨家挨戶地拜訪村裡的人家。在街上，他們呼嘯而行，吹喇叭、敲鼓，喇叭聲與鼓聲一方面用來驅逐各種惡靈，另一方面通知村人他們已經走近。第一首讚歌是在窗下唱的，然後，在得到准許之後，他們進入村民的房子，繼續吟唱。他們

⑤　Cf. C. Poghirc, "Homère et la ballade populaire roumaine"; Eliade, "History of Religions and 'Popular' Cultures," p. 7.
⑥　Schmidt, *Gestaltheiligkeit im bäuerlichen Arbeitsmythos*.
⑦　我們使用的主要是羅馬尼亞的民間文學資料，但是，我們可以在整個東歐地區看到同樣的故事，雖然有些變化；見 Eliade, "History of Religions and 'Popular' Cultures." pp. 11ff。

與村裡年輕的姑娘們一起跳舞，口中念著傳統的吉祥話。這群唱讚歌的人將爲人帶來健康和富貴，他們將一根綠色的杉樹枝插在盛滿了蘋果和豌豆的花瓶裡來傳達這個象徵意義。在貧窮的家庭，人們可以得到禮物：花冠、蛋糕、水果、肉、酒等。在走遍了整個村莊之後，讚歌隊伍接著舉辦一場宴會，村裡的年輕人都會前來參加。

讚歌的儀式豐富而複雜。其中念吉祥話和儀式性的宴會是最爲古老的元素：它們跟新年的節慶相似。⑧讚歌成員跟隨那位指導者前往貴族家中，他盛讚屋主的氣質高尙、性格慷慨以及家產豐厚。有時，讚歌成員會裝扮成一群聖徒，如聖約翰、聖彼得、聖喬治、聖尼古拉斯。在保加利亞，某些讚歌的主題是上帝來造訪人間，帶著他的兒子耶穌，或者後面跟著一群使徒。在某些地方，唱「讚歌」的人被認爲是上帝派來的「貴客」，可以帶來幸運與健康。⑨在某一個烏克蘭的變化版本中，上帝本人喚醒屋主，並告訴他唱讚歌的人們已經到來。在特蘭西瓦尼亞（Transylvania）的羅馬尼亞人那裡，上帝通過一個蠟做的梯子從天上下來，身披一件星光點綴的衣服，上面還畫著唱讚歌人群的模樣。⑩

(234) 某些讚歌反映了一種「宇宙性的基督教」觀念。這是東、南歐各民族所特有的。其中有關於創世的故事，但又跟聖經傳統無關。上帝或耶穌在三天之內創造了世界；但是，耶穌發現大地太大，天罩不住它，就扔出三個指環，化作天使，這些天使又創造出高山。⑪根據其他讚歌，上帝在完成了大地之後，將它放置到四根銀柱上。⑫還有許多歌謠把上帝形容成一個吹笛子的牧人，聖彼得帶領一大群羊跟隨著他。

其他更多更古老的讚歌則把我們引入另一個想像的世界中。情節發展

---

⑧　Cf. Eliade, *Le mythe de l'Eternel Retour,* pp. 67ff..

⑨　在烏克蘭人那裡，他們被稱爲是「上帝的小侍從們」。

⑩　Cf. Monica Brătulescu, "Colinda românească," pp. 62ff..

⑪　關於這個民間文學主題，Eliade, *De Zalmoxis à Gengis Khan,* pp. 76ff.。

⑫　Al. Rosetti, *Colindele religioase la Români,* pp. 68ff.; Monica Brătulescu, "Colinda românească," p. 48.

遍及整個世界，在穹蒼與深谷、或在高山與黑海之間。在非常遙遠的地方，在大海之中，有一座島嶼，上有一棵高大的樹，一群年輕的姑娘繞著這株大樹翩翩起舞。⑬這些古老的讚歌以美好無比的詞語來描繪其中的人物：美麗、難以征服的；他們的衣服上畫著太陽與月亮，正如基督教讚歌中的上帝一樣。一位年輕的獵人騎著馬飛上了天，一直飛到太陽旁邊。迎接讚歌隊伍的屋主房子與他的家人也都進入神話中：他們被投射到一個天堂般鄉村的風景中，好比國王。最動聽讚歌中的英雄往往是獵人與牧人，僅這一點就證明它們古老的成份。應皇帝之命令，年輕的英雄與獅子搏鬥，戰勝了它，並將它捆縛起來。五十個騎士企圖穿越大海（黑海），但只有一個到達島嶼，並與美女中最出色的一位結為夫妻。其他人分別追蹤具有魔法的猛獸並將它們征服。

　　許多讚歌的故事情節讓人想起某些入會儀式，也可以從中看到一些年輕少女的入會禮的痕跡。⑭在那些年輕少女與婦女吟唱的讚歌，以及其他 (235)
口頭流傳的歌謠中，敘述了一個迷路、被孤立少女在沙漠中所受的折磨，她因青春期的生理變化以及即將來臨的死亡承受許多苦難。與男性的入會禮不同的是，沒有確切的儀式被保存下來。只在讚歌和其他節慶式歌曲中的想像世界才能找到關於女性必經考驗的蛛絲馬跡。總而言之，這些口頭流傳的作品間接促進對古代女性的了解。

305. 淨化舞蹈的象徵和儀式

　　除了這些讚歌班成員的啓蒙教育之外，⑮還有一種淨化舞蹈團成員的啓蒙教育，這些人被稱為「馬舞者」（călușari）。⑯這兩種啓蒙教育是互補

---

⑬　在某些變化的版本中，宇宙之樹處於大海之中或者對面的海岸。

⑭　還要補充一點，在一位老婦的率領下，由年輕女子組成的儀式團體定期聚會，並獲得傳統知識，包括性、婚姻、葬禮、草藥的祕密等；Monica Brătulescu,“Caeta feminină,”passim。

⑮　Cf. Eliade,“History of Religions and‘Popular’Cultures,”p. 17.

⑯　Eliade,“Notes on the *Călușari*,”passim; Gail Kligman, *Căluș.*

的。「馬舞者」不是學習與聖誕節有關的傳統與歌謠，而是一系列特殊的舞蹈與神話內容。這個舞蹈的名稱「馬舞」，來自於羅馬尼亞語中的「馬」（cal，拉丁文就是 caballus）。這種舞蹈團體由七、九或十一個青年組成，他們由一個年齡較大的首領挑選並進行教育。他們每人手持狼牙棒和大刀，而且還帶著一個木頭做的馬頭，和一面旗幟，並在長杆上頭綁上許多有療效的藥性植物。我們接下去會提到，被稱為「啞者」或「戴面具者」的舞者在團體中發揮不同於其他舞者的作用。

　　整個教育過程持續兩到三個星期，在森林裡或其他的密祕地點進行。馬舞者們一旦為首領所接納，就在逾越節的前夕聚集到一個隱密的地方；他們手持旗幟，宣誓遵守團體的規定與傳統，彼此之間如同兄弟般地對待，並在未來的九天（十二或十四天）內不近女色，不向外人透露他們將要看到或聽到的一切，並且服從首領。在馬舞者集體宣誓的時候，他們祈求仙后希羅底（Herodias）的保祐，高舉手中的狼牙棒並相互撞擊。他們保持寂靜，因為害怕仙女（zîne）會讓他們得病。在集體宣誓之後，一直 (236) 到團體的正式解散，馬舞者們一直在一起。

　　在這個儀式中，有許多元素讓人想起男人社群中的啟蒙儀式：隔離在森林中、保守祕密的誓言、旗幟的作用、狼牙棒與刀劍、馬頭的象徵意義等。[17] 馬舞者最主要、最特別的本領就是雜技與舞蹈才能，特別是他們可以製造在空中自由移動的幻覺。顯而易見地，躍起、蹦跳、空翻與跳馬背的動作都是在模仿馬行進的姿態，同時又有仙女的飛翔與舞蹈的姿態。而且，那些被認為是仙女作怪導致生病的人也開始蹦跳，並叫喊著：「跟馬舞者一樣，看起來可以身不及地。」馬舞者與仙女的關係非常奇怪且矛

---

[17]　底米特里‧庫特米爾（Dimitri Cantemir）王子加上一些有意義的信息，有些部分在十九世紀已無法證實。根據 *Descriptio Moldaviae* 作者的說法，馬舞用女聲說話，用一塊麻布遮臉使人無法看清楚；他們跳一百種以上不同的舞蹈，其中有些真是匪夷所思，舞蹈者彷彿離地騰空，「彷彿在空中飛翔一般」；馬舞者只睡在教堂裡面，因為怕仙女們來打擾。 *Descriptio Moldaviae* (critical ed., Bucharest, 1973), p. 314。

盾：舞者祈求希羅底的保護，同時又受到潛在的威脅，因爲他們可能會成爲她眾多隨從的犧牲品，即仙女作怪讓他們生病。馬舞者模仿仙女飛翔的姿態，但同時他們又強調自身動作與馬的一致性，而馬是最佳男性英雄的象徵。這種矛盾的關係也表現在他們的行動與態度上。

在大約兩個星期內，馬舞者由兩三個鄉村小提琴師陪伴，到附近的村莊去演奏樂曲，歌唱舞蹈，試圖治癒仙女的受害者。大家相信，在這段時間內，也就是在復活節後第三個星期到逾越節的星期天之間，仙女們四處飛翔、唱歌跳舞，尤其是在晚上。大家可以聽到鈴聲、鼓聲以及其他的樂器奏出的樂聲，仙女有許多小提琴師、吹風笛者，甚至旗手爲他們服務。抵禦這些仙女的最好辦法就是吃蒜和蒿。馬舞者把這兩種植物裝入一個小包中，掛到旗桿的頂端。而且他們盡可能地多嚼大蒜。

治療過程主要是一連串的舞蹈，同時加上一些儀式性的動作。[18] 在有些地區，病人被抬到村外的樹林邊，然後放置在馬舞者的圓圈內。跳舞時，首領將旗幟碰觸一名舞者，他立即倒地不起。不管是眞是假，他昏厥過去三到五分鐘；在舞者倒地的時候，會要求眞正病人站起身來逃走；不管怎樣，兩個馬舞者會扶起他，盡可能地快速離去。那名舞者的昏迷有非常明顯的治療象徵意義：疾病因此脫離了病人而進入到馬舞者體內，那位馬舞者代替他「死去」，但後來他又回到人世，是因爲他受到啓蒙的原故。 (237)

在舞蹈之間，以及整個儀式之後，都有一系列滑稽劇的演出。其中扮演著最重要角色的是「啞者」。比方說，馬舞者將他舉到空中，然後以非常逗趣的方式把他摔到地上。這時候啞者被當作死去了，整個團體開始爲他哀悼並放聲痛哭。大家準備埋葬他，但又出現必須先爲他脫皮等情節。而精心製作、最富喜劇性的節目是到最後一日才上演的。這一天舞團回到了村莊，有四個舞者裝扮成怪異的模樣，模仿幾個大家熟悉的人物：教士、土耳其人（或歌薩克人〔Cossack〕）、醫生和婦人。每個人都試圖與

---

[18] 用草去接觸病人皮膚，將大蒜吐到臉上；打碎水罐；祭祀一隻黑雞等。

那婦人示愛，其手勢動作大多下流猥褻。啞者帶上一個木做的陽具，作出荒誕古怪的動作表情，讓人捧腹大笑。最後，其中的一個「演員」被殺死，但又復活，而婦人則懷孕了。⑲

　　且不管馬舞的起源為何，⑳近幾個世紀以來僅在羅馬尼亞可以見到的馬舞的形式，可以將其視作為羅馬尼亞民間文化的產物。它的特點就是一方面十分古老，另一方面有開放的結構。這種結構可以解釋馬舞的一些元素，如荒誕怪異的情節來自其他的戲劇場景。透過古老的農村文化，封建社會對「馬舞」的影響（比如「旗幟」、刀劍、有時還會出現馬刺）是互相重疊的。比方說狼牙棒的儀式功能、杉木製成的棍子（杉木在前基督教儀式中有特別的含義）以及編劇。雖然誓言是以上帝的名義來進行的，但整個儀式過程跟基督教沒有任何關係。基督教的權威高層強烈駁斥馬舞，並取得了一定的成功，因為許多十七世紀的古老特徵（參見注釋17），後來都消失了。十九世紀末，在有些地區，馬舞者有三年長時間被禁止參加聖餐儀式。但到最後，教會決定對他們採取容忍的態度。

(238)

　　因此，儘管有十六個世紀的基督教以及其他的文化影響，直到上一個世代之前，我們仍然可以看到東南歐農村文化中啟蒙儀式的軌跡。這些儀式大都融入關於新年儀式與季節周期春天的神話系統中。在某些情況下，比方說在馬舞者那裡，古老的遺產主要體現在它們特有的舞蹈以及音樂結構中。相反，在讚歌這個儀式中，主要是透過歌詞來保存啟蒙的儀式。我們可以得出這樣的結論，在不同宗教與文化的影響下，許多與傳統啟蒙儀式相似的儀式都消失了，或者說被徹底地壓制了，而故事發展的結構與神話的背景得以流傳下來。

　　總而言之，舞蹈與神話文本的宗教作用是非常明顯的。也就是說，對讚歌想像世界的具體分析可以顯示出一種中、東歐農民典型的宗教體驗和

⑲　Eliade, "Notes on the *Căluşari*" and "History of Religions and 'Popular' Cultures," pp. 17ff..

⑳　況且，它的來源不明；cf. Eliade, "Notes on the *Căluşari*," pp. 129ff.。

神話創造力。可惜的是，在農民傳統中並未有與之符合的詮釋，換句話
說，對於口傳的神話宗教文本還缺乏一種可以與詮釋書寫作品相提並論的
分析方式。這樣一種研究可以解釋對傳統文化遺產忠誠的深刻含義，又可
以凸顯重新詮釋基督教信息的特點。若要寫出一部基督教的「完全」歷
史，就必須考慮到農民的特殊創造。除了各種不同以《舊約》以及希臘哲
學為出發點而創造的神學，我們還必須注重民間神學的意涵：如此便可以
發現到許多被重新詮釋並經歷基督教化過程的古老結構。從新石器時代一
直到東方及希臘的宗教中都可以找到它們的蹤跡。[21]

306. 「獵殺女巫」以及民間宗教的興衰

著名邪惡的「獵殺女巫」運動，由宗教裁判所和改革宗教會（歸正 (239)
宗）在十六和十七世紀發起，它們的目的是要摧毀一種魔鬼般的、犯罪式
的崇拜，有的神學家認為，那些崇拜直接威脅到教會信仰的基礎。最近的
研究資料[22]顯示當時有許多控訴，如與魔鬼的親密接觸、集體淫蕩、屠殺
幼童、吃人、詛咒等，都是子虛烏有的事。許多巫師和女巫們屈打成招，
乃至被處以火刑。這又似乎可以為當代一些歷史學家的觀點辯護，即所謂
的巫師神祕的儀式過程純粹只是神學家以及宗教裁判所捏造出來的。

這種意見未免有些草率。事實上，雖然有許多受害者並沒有犯下當時
被控告的罪行，但有許多人承認進行了非基督教的巫術宗教儀式；這些儀
式很久以來為教會所禁止，有時候它們也會披上基督教的外衣作掩飾。這
種巫術儀式傳統屬於歐洲民間宗教。我們將會舉出一些例子，來說明這種
民間宗教中熟練者如何承認——甚至相信——他們進行的是對魔鬼的崇
祀。

---

[21]　Cf. "History of Religions and 'Popular' Cultures," pp. 24ff..
[22]　這方面的參考書目非常豐富。例如可參考 Eliade, *Occultisme, sorcellerie et modes
culturelles,* pp. 93-94 and nn. 1-2, and Richard A. Horsley, "Further Reflections on
Witchcraft and European Folk Culture"。最近的發表見於書後本節的書目。

　　歸根究柢，「獵殺女巫師」是對非基督教殘餘的肅清運動，主要涉及對繁衍的各種崇祀和啓蒙的儀式。這種肅清運動帶來的影響就是民間宗教的減弱，而且在某些地區，甚至造成了農業社會的墮落。㉓

(240)　　西元 1384 與 1390 年在米蘭宗教裁判所進行的審判上，有兩名婦女承認自己屬於一個由狄安娜・希羅底（Diana Herodias）領導的團體，其成員有活人也有死人。她們在具有儀式性的正餐過程中吃掉好多動物，然後女神又用動物的骨頭使他們起死回生。狄安娜（她被稱爲「東方女主人」）教她的信徒如何使用各種草藥去治癒各式各樣的疾病，去發現誰偷竊了別人的財物，並辨識誰是眞正的巫士。㉔有一點很明顯，狄安娜的這些信徒們與擅長魔鬼詛咒的巫師大不相同。很有可能，她們的儀式與靈視是一種古老豐年祭的延伸。但是，之後我們將會看到，宗教裁判所的審訊改變了情況。在洛林（Lorraine），十六到十七世紀之間，這些術士在高層前承認他們是「神聖的治療師」，而絕非巫師；只是後來經過嚴刑烤打，他們才承認自己是「撒旦的奴隸」。㉕

　　「流浪派」（benandanti）慘痛的情況可說明在宗教裁判所的壓力下，一個原本只是神祕的豐年祭崇拜如何變成了黑魔法。西元 1575 年 3 月 31 日，阿奎拉（Aquileia）和康科迪亞（Concordia）宗教裁判所的主事者與審訊官獲悉在某些村莊裡有一群術士，被稱爲流浪派，自稱是「好」術士，因爲他們是惡術士的對頭。對第一批流浪派的調查得出了如下事實：他們每年四次在夜間進行祕密集會（也就是在四季轉換的時節）；他們騎著野兔、貓或者別的動物去集會；這些集會沒有任何跡象顯示出現類似巫師集會時的撒旦特徵。它沒有詛咒與叛教，沒有對聖物或十字架的褻瀆，也沒有對魔鬼的崇祀。儀式的眞正意涵讓人捉摸不透。流浪派成員們手持

㉓　爲了更加凸顯問題的複雜性，我分析幾個例子，其中有些（涉及到羅馬尼亞民間文學的材料）一般不爲人知。

㉔　B. Bonomo, *Caccia alle streghe* (Palermo, 1959), pp. 15-17, 59-60; Richard A. Horsley, "Further Reflections on Witchcraft and European Folk Religion," p. 89.

㉕　Étienne Delcambre, 引述自 Horsley, p. 93。

茴香的枝葉，與手持燈心草莖掃帚的的巫師們相對抗。流浪派宣稱戰勝巫師的惡行並治癒其受害者。如果流浪派們勝利了，當年的收成就好了；否則就會遍地飢荒。㉖

(241)

後來的調查得知招收流浪派成員的具體細節，以及他們深夜集會的情況。他們宣稱是一位「天使」推薦他們加入團體。他們一般在二十到二十八歲之間入教並熟知各項祕密。團體組織軍事化，並受一位首領的指揮，他一擊鼓為號，成員就會聚集。所有成員緊密相連是因為大家都遵守保密的誓言。流浪派的聚會有時可高達五千名成員，有些來自同一地區，但大多數人相互並不認識。他們有一面鍍了金色的白鼬皮旗幟，而巫師的旗幟是黃色的，上面有四個魔鬼像。流浪派成員的共同特徵是：他們生下來時並不是光溜溜的，也就是說出生時頭上覆蓋著一層薄膜，人們稱之為「幸運帽」。

宗教裁判所的官員們帶著對巫師集會的刻板印象，問他們那位「天使」是否向他們保證有美味佳肴、美人醇酒，他們矢口否認，自豪地表示全與這些事無關，他們說只有巫師們才在集會中跳舞狂歡。流浪派成員們最神祕的一點是他們前往集會地點的方式。他們堅持是是在熟睡中憑著「意念」前去的。在他們「出遊」時，會出現一種很強烈的虛脫，幾乎以一種僵硬的姿勢進入嗜睡的狀態中，在這段期間他們的靈魂可以離開身體。在出遊的準備中，並不包括使用油膏，而這種出遊雖然僅憑意念，但在他們眼中則是真實的。

西元 1581 年，兩名流浪派成員因被控異端而被判刑六個月，並且必須公開承認錯誤。接下來六十年，陸續出現其他審判，並帶來嚴重後果。現在讓我們依據當時的資料，重建這個民間祕密組織的結構。為了讓葡萄樹以及「所有大地上的果樹」都能有好收成，流浪派的核心儀式就是與巫師的對峙，㉗這樣的爭鬥在四個農季的關鍵時刻進行，其目的不容任何人懷

㉖　Carlo Ginzburg, *I Benandanti*, pp. 8ff..

㉗　Ibid., p. 28.

(242)　疑。而且，流浪派成員與巫師之間的對抗很可能是古時兩大對立團體之間競技儀式的延續，這種儀式的目的是要刺激大自然的創造能力，並振興人類社會。㉘

　　雖然流浪派成員強調他們為了十字架，為了「對耶穌的信念」而搏鬥，但他們的儀式只在表面上帶有基督教色彩。㉙另一方面，巫師也不會因為一般反抗教會的罪行而受到指責；他們的罪名主要是破壞莊稼收成以及蠱惑孩童。一直到西元 1634 年（在經歷了阿奎拉與康科迪亞宗教裁判所主持的八百五十次審判後），才看到首例指責巫師從事巫術的案子。在義大利北方看到所謂對巫術的指控，並非他們崇拜魔鬼，而是因為他們對狄安娜進行崇祀。㉚

　　然而，累遭審判的結果，就是流浪派成員們開始套上了宗教裁判所強加給他們的控訴模式。到了一定的時候，豐年祭就不再是核心。西元 1600 年之後，流浪派成員們承認他們的目的只是為被巫師所害的病人治病。這一點是具危險性的，因為宗教裁判所認為能夠將惡咒去除，就是一種巫術的明顯證據。㉛隨著時間的推移，流浪派成員們的自我意識日益增強，他們開始對認為他們是巫師的人進行控告。但是，雖然雙方對立的情況越來越嚴重，他們還是不知覺中被男、女巫師們所吸引。西元 1618 年，有一位流浪派女成員承認參加了一個由魔鬼主持的巫師夜間大會，她說去那裡只是為了從魔鬼那兒獲取更多治癒病人的本領。㉜

　　到了最後，在西元 1634 年，經歷了五十年宗教裁判所的審判之後，流浪派成員承認他們與巫師原是同一夥人。㉝其中的一位被告承認，他用一

㉘　關於這一神話儀式的進行，見 Eliade, *La nostalgie des origines*, pp. 320ff.。

㉙　Ginzburg, *I Benandanti*, p. 34.

㉚　一直到 1532，狄安娜信徒中的一些人才在刑罰的逼迫下，承認十字架與聖事用具的世俗化。引述資料見，Ginzburg, ibid., p. 36。

㉛　見 ibid., pp. 87ff.。

㉜　Ibid., p. 110.

㉝　Ibid., pp. 115ff..

種特殊的油膏抹在身上，偷偷去參加巫師大會，在那裡看到眾多巫師的慶 (243)
典儀式，狂舞亂交。同時又強調流浪派成員本身並沒有加入群魔亂舞與濫
交。幾年之後，有一名流浪派成員承認跟魔鬼立下了契約，公開放棄了耶
穌以及基督教信仰，還殺死了三名孩童。接下來的審判中就成了後來大家
耳熟能詳的那些關於巫師大會的景像，流浪派成員們承認自己參加巫師的
舞會，向魔鬼致敬獻禮，去舔魔鬼的臀部等。

其中最繪聲繪影的供詞之一是在西元 1644 年。被告詳細描述了魔鬼的
模樣，講述他如何向魔鬼交出了靈魂，並承認通過詛咒的方式殺死了四名
孩童。但當犯人單獨在囚室裡見到主教時，他又喊冤，說那些供詞全是假
的，說他其實既非流浪派成員，又非巫師。結果法官們一致認為，這名犯
人承認的，都是「大家希望並誘使他承認的」。我們不知道最後的判詞是
什麼，因為最後被告在囚室中上吊殺了。而且，這是最後一次對流浪派成
員進行的重要審判。㉞

我們應當記住這一團體軍事性的一面，這一特點在宗教裁判所的審判
之前有其重要性，這並非是個例。在前面（第 246 節）我引用過一個例子，
十七世紀一位立陶宛的老人跟他的夥伴們全都變成狼，衝入地獄跟魔鬼和
巫師們大戰了一場，奪回被盜走的財物（家禽、動物、小麥等）。卡爾羅
・金斯柏格（Carlo Ginzburg）認為流浪派成員以及立陶宛的狼人是在出神
狀態中，進入地下世界以確認他所屬的部落得到保護，他顯然是有道理
的。㉟另一方面，不能忘記在北歐非常普遍的一種信仰，認為死去的戰士
與神一起和魔鬼搏鬥。㊱

㉞ Ibid., pp. 148ff.。然而一直到西元 1661 年，流浪派還有勇氣宣稱他們是為了基督
教信仰才打擊巫師的(ibid., p. 115)。J. B. Russell, *Witchcraft in the Middle Ages*, p.
212, 找到在米蘭受審的兩個案例（1384-1390），其中可以見到某些與「流浪派」
信仰相類似的思想痕跡。

㉟ Ginzburg, p. 40.

㊱ 在眾多參考書目中，可以參閱 Otto Höffler, *Verwandlungskulte, Volkssagen und My-
then* (Vienna, 1973), pp. 15, 234 and passim。

(244)　　　羅馬尼亞的民間傳統可以讓我們更加明白這個神祕儀式的來源與作用。要知道，羅馬尼亞的教會和其他東正教會一樣，並沒有類似宗教裁判所的機構。因此，雖然有時也會發生異端，對巫師們的迫害在羅馬尼亞只是零星和偶然的。我的分析專注在兩個對問題有關鍵作用的詞彙上：「史提加」（striga）即拉丁語「巫師」的意思，另一字是「狄安娜」，原是羅馬女神，在西歐成為巫師的保護神。

　　「史提加」在羅馬尼亞語中成了「史提葛依」（strigoï），指「巫師」，既可以是活人，也可以是死人（在後一種情況中指吸血鬼）。「巫師」出生時覆蓋著「幸運帽」；他們長大後，只要戴上這頂「幸運帽」，就可以隱身。

　　大家認為他們有超自然的本領；比方說，他們可以進入大門關著的房屋，可以和狼或熊群一起嬉戲，不會受到傷害；他們可以在人群與獸群中引發流行病；可以把人變得面目全非，或完全「控制」住他們；他們也可以「操控」雨水，造成大旱；偷走牛的奶；特別是給人帶來惡運。他們可以化身為各種動物：狗、貓、狼、馬、豬、蛤蟆等。在某些夜晚，特別是聖喬治節和聖安德烈節的夜晚，他們外出活動。回到家裡之後，他們在原地轉三圈，然後又變回原來的人形。他們的靈魂離開身體之後，可以控制馬匹、掃帚或者木桶。巫師們聚集在遠離村莊的田野上，或者在「世界的盡頭，那裡不長一草一木」。一旦到了那裡，他們現出人形，然後就用短木棍、斧子、鐮刀或其它武器開始打鬥。這樣的打鬥可以持續整個晚上，直至哭聲四起，在淚水中大家又言歸於好。回家時每個人都精疲力竭，臉色蒼白，不知道究竟發生過什麼事，然後就這樣進入沉沉的夢鄉。㊲

㊲　關於女巫師，參閱由 Ion Muşlea 和 Ovidiu Bîrlea 所收集的豐富資料，見 *Tipologia folclorului: Din răspunsurile la chestionarele lui B. P. Hasdeu* (Bucharest, 1970), pp. 224-70。另外，女巫師在身上抹一種特殊的膏油，然後穿過壁爐飛出去，這一信仰流傳的並不廣(pp. 248, 256)。死去的女巫師也在午夜時分聚集在一起，用在他們生前所使用的武器相互對打。(ibid.,pp. 267ff.) 與歐洲其他民間信仰一樣，大蒜被認為是抵抗活著或已死女巫師的最好武器。(ibid., pp. 254ff., 268ff.) 十一世紀沃爾姆斯的布爾查爾（Burchard of Worms）《懲罰者》（*Corrector*）一書中對於某

可惜對這些夜間打鬥的意義與目的我們一無所知。我們聯想到流浪派　(245)
成員，還有在中歐與東歐相當普遍的「死者的遊行」。但不同的是，流浪
派成員與巫師搏鬥，而羅馬尼亞的巫師則互相打鬥，而且每次都在淚水中
言歸於好，並以此結束打鬥。若與「死者的遊行」比較，則缺乏最重要特
徵：讓村民們大爲驚恐的噪音。不管怎樣，羅馬尼亞巫師的例子證明了一
種基督教之前模式的眞實性，這個模式的內容就是夢遊以及出神狀態下的
儀式性打鬥，這種模式可以在歐洲許多地區發現。

古代大夏（Dacia）女神狄安娜的故事同樣有重要性。很有可能，狄安
娜的名字取代了當地女神的名稱。但和羅馬尼亞狄安娜有關的想像與儀式
的古老性是不容置疑的。事實上，我們猜測，在羅曼語系民族中，如義大
利人、法國人、西班牙人、葡萄牙人等，中世紀時期有暗示了「狄安娜」
崇拜與神話的作品，大致上反映了精通拉丁文獻博學僧侶的意見。但在羅
馬尼亞人那裡，我們則無法證明這樣的假設。

在羅馬尼亞語中女神的名字成了辛娜（zîna），是「仙女」的意思。
從同一個詞根衍生出另外一個字辛娜特克（zînatec），意爲「恍惚、精神
有問題或瘋狂的人」，也就是被狄安娜或仙女們「抓住」或「附身」的
人。[38]之前曾談到仙女與馬舞者之間矛盾的關係。（第 304 節）仙女們會
變得殘忍，不能隨便叫出她們的名字。而要說「女聖者」、「慷慨的人」
或者簡單地稱「她們」。仙女是不會死亡的，她們有美麗女子的外形，喜
歡嬉戲而迷人。身著白衣，裸露胸部，在白天她們是隱形的。因爲她們有
翅膀，到了晚上便四處飛翔。她們喜歡歌唱跳舞，在她們舞過的地方，地
上的草就彷彿被火燒過一般。誰見到她們跳舞或者犯了禁，仙女就會讓他　(246)

些婦女吹噓可以在夜間通過關著的門出去，到雲層中與人打鬥，大加駁斥。Rus-
sell, *Witchcraft*, p. 82。但是我們無法得知這些女人究竟是和誰打鬥。

[38]　有一群與眾不同的仙女，被稱爲 Sînzene，很可能是從拉丁文 Sanctae Dianae（即
「神聖的狄安娜」）衍生出來的，她們是些善良的仙女，她們的名字成了有重大
意義的施洗者聖約翰節（St-Jean-Baptist）名稱的由來。

們得病，而只有馬舞者能治療這種病。㊴

羅馬尼亞這方面的材料非常古老，可以幫助我們理解歐洲的巫術現象。首先毫無疑問地，它們跟某些古老的儀式與信仰，特別是在涉及到繁衍與自然崇拜之間存在著連續性。其次，這些神祕的儀式過程代表兩種對立又互補團體之間的對峙與搏鬥，在儀式上這兩種團體可以透過年輕男子與年輕女子（流浪派成員、巫師、馬舞者）來表現。第三，在這種儀式性的打鬥之後，互相對立的團體有時會以和解收場。第四，團體的二分狀態顯示出某種特定的矛盾。當一方代表了生命的過程以及宇宙的豐饒性，便總有相對立的另一方代表否定的一面。甚至，在不同的歷史環境中將否定的一面擬人化爲「惡」的具體表現。㊵羅馬尼亞的巫師或「仙女」就是這樣一種情況，雖然後者沒有那麼明顯，但畢竟她們是跟隨著狄安娜的。

在宗教裁判所的逼迫下，關於流浪派也產生了類似的看法。由於一般人將基督教之前的神話儀式看作是魔鬼的作爲，最後甚至等同於異端，這一過程在西歐就變得更加複雜難解。

307. 馬丁·路德和德國的宗敎改革

在西歐的文化與宗教史上，處於「獵殺女巫」運動熾熱時代之前一個世紀是最有創造力的世紀之一。這不僅僅是因爲馬丁·路德和約翰·喀爾文（John Calvin）衝破重重阻礙，進行宗教改革，還因爲整個時期——大致可以說從馬西利歐·費奇諾（Marsilio Ficino，1433-1499）到喬丹諾·布魯諾（Giordano Bruno，1548-1600）——有一系列的發現與創造，不管

₍₂₄₇₎

㊴ 在最後一點的分析中，馬舞者活動的場景包含了「魔幻宗教思想與技巧的融合」，他們是既對立又互補的。這一古老的儀式之所以如此經久不衰，很可能就是因爲互相對立的原則（死亡與疾病，繁殖與健康）在調和與相互接近之後，被擬人化爲古老陰陽二元引人注目的表現形式：仙女和拯救人類的騎士英雄。

㊵ 關於各種對立與「極」如何轉化爲包涵「惡」的宗教二元論，見 Eliade, *La nostalgie des origines*, pp. 345ff.

是在文化上、科學上、技術上、地理上等，無一例外地產生宗教上的意
義。之後還會討論到義大利人文主義者的新柏拉圖主義、新煉金術、帕拉
切爾蘇斯（Paracelsus）的煉金醫術，以及哥白尼和喬丹諾・布魯諾日心說
的價值與宗教功能。但是，即使像印刷術這種純技術性的發明，也有十分
重大的宗教影響；事實上，它從宗教改革的傳播到徹底勝利的過程中，扮
演重要的角色。路德的教義，「從一開始，就是印刷術的產物」，憑這個
傳播工具，路德能有力而準確地將他的思想傳遍歐洲的每一個角落。㊶

　　我們也知道發現美洲新大陸帶來神學上的爭論。但克里斯多夫・哥倫
布（Christopher Columbus）本人也十分清楚他的航海旅行所涵蓋的末世論
特徵。在許多「美妙無比的處境中」（對此我們一無所知），「上帝用他
的手為我指路」。哥倫布認為他的航行是一個「明顯的奇蹟」。因為這不
光是涉及到發現「印度群島」的問題，而是發現一個美化了的世界。「上
帝挑選我當使者，他指引我前往新天地，上帝在〈啟示錄〉中藉由約翰提
到這一片新天地，以賽亞（Isaiah）之前也曾說過。」㊷根據哥倫布的計
算，世界末日將於一百五十五年後來臨。但是之前，有印度群島運回的金
子作為後盾，可以讓他們收復耶路撒冷，並將「聖屋」歸還「神聖的教
會」。㊸

　　馬丁・路德的想法與信念大多與他同時代的人一致；比方說，他相信　(248)
魔鬼的強大力量，對於焚燒女巫的必要性他未曾質疑，他也接受煉金術的

㊶　A. G. Dickens, *Reformation and Society in Sixteenth Century Europe*, p. 51;「在人類
　　歷史上第一次，有一大批讀者開始透過大眾媒介，利用地方普及的語言，並結合
　　報導與漫畫藝術的手法，去判斷當時革命思想的價值。」
㊷　轉述自 Claude Kappler, *Monstres, Démons et merveilles à la fin du Moyen Age*, p.
　　108。
㊸　致教皇亞歷山大六世（Alexander VI）的信，西元 1502 年 2 月，譯文見 Claude
　　Kappler, ibid., p. 109。

宗教功能。㊹與許多神學家、僧侶以及從事神操的平信徒一樣，（第299-300 節）馬丁・路德在《德意志神學》（*Theologia deutsch*）一書中找到神祕的慰藉，在他眼裡，這本書的重要性僅次於《聖經》和聖奧古斯丁的著作。㊺他讀過許多書，並進行深入的思考，他很早就受到威廉・奧坎的影響。但他的本人的宗教天賦並不能只用時代精神來解釋，相反地，正是馬丁・路德的個人體驗大幅改變了時代的整體精神走向。和穆罕默德的情況相似，馬丁・路德的歷程可以讓我們明白他宗教創造力的泉源。

馬丁・路德在西元 1483 年 11 月 10 日生於艾斯萊本（Eisleben，屬於圖林根〔Thüringen〕）。西元 1501 年，他進入埃佛特（Erfurt）大學，西元 1505 年獲得學位。幾個月後，在一場可怕的暴風雨中，他差一點被雷電擊死，從此發願成為僧侶。同年，他進入埃佛特的奧古斯丁派寺院。他不顧父親的反對，堅持自己的選擇。他在西元 1507 年 4 月晉鐸，並在魏登堡（Wittenberg）和埃佛特大學講授道德哲學。西元 1510 年 11 月，他有機會
(249) 到羅馬旅行，當時教會墮落的情況讓他震驚。兩年後，他得到神學博士學位，在魏登堡大學教授聖經，他第一堂課的內容就是討論〈創世記〉。

㊹ 關於魔鬼，參見他 *Commentary on the Epistle of Saint Paul to the Galatians,* 見 A. C. Kors and Edward Peters, *Witchcraft in Europe,* pp. 195-201 (cf. ibid., pp. 202-12, 以及 John Calvin, *The Institutes of the Christian Religion* 中的一些片斷)。在他《桌上談話》（*Tischreden*）中的一則，馬丁・路德説：「我對這些女巫們沒有任何憐憫；我要將她們全部燒死！」至於煉金術，在他的《桌上談話》中承認「非常喜歡它」。「我喜歡煉金術，不光是因為它在金屬的溶合，在草藥的淨化與神化方面有無數實用的可能性，而且還因為它有一種隱喻性，一種祕密的含義，相當吸引人，特別是關於世界末日死者的復活方面。因為，在爐火中可以將一種物質的各個部分區分開來，帶走靈、帶走生命、帶走精華與力量，而剩下不純潔的東西，那些渣滓留在爐底，就像一個死去的屍體而且沒有價值。同樣，上帝在最後的那一天，那審判的一天，用火來區分開一切東西，將不純潔不信教的人跟正義者區分開來。」（*Tischreden*, 轉引自 Montgomery, "L'astrologie et l'alchimie luthérienne à l'époque de la Réforme," p. 337）。
㊺ 這一本由一位無名氏寫於西元 1350 年左右的書，是他出版印刷的第一本書。

　　然而，他越思考《舊約》中耶和華即聖父的忿怒與公義的問題，他對宗教的擔憂就越深。直到西元 1513 或 1514 年，他才發現了所謂「上帝的公義」一詞的真正含義：它是上帝藉此讓人稱義的行動，信徒透過信仰，由基督的犧牲而得到稱義。對於保羅的注釋——「義人必因信得生」〈羅馬書〉1：17——成了馬丁・路德的神學基礎。他後來寫道：「我感到自己再生，而且通過敞開的大門，進入了天堂。」在沉思〈羅馬書〉的時候——他將這部作品看作是「《新約》中最重要的文獻」——路德明白了一點，人不可能靠自己的作工稱義（一種與上帝的和好關係）。相反地，人只有通過對基督的信仰才能稱義而得救。正如信仰一樣，救贖也是由上帝無償地賜予信徒的。西元 1515 年，路德在他的課堂中繼續闡述這一理論，從而發展出他所謂「十字架的神學」。

　　西元 1517 年 10 月 31 日起，他開始了他的改革家生涯。這一天，馬丁・路德在魏登堡城堡的教堂大門上張貼了他反對赦罪的九十五條論綱[46]，正面抨擊教會在教理及文化的誤入歧途。西元 1518 年 4 月，他向教宗良十世（Leon X）寫了封畢恭畢敬的信件，但隨即必須前往羅馬為自己辯護。路德請求薩克森（Sachsen）的選帝侯賢者腓德烈（Friedrich der Weise）允許他在德國受審。西元 1518 年 10 月，辯論如期在奧古斯堡（Augsburg）進行，面對主教卡耶坦（Cajetan），這位奧古斯丁派僧侶拒絕收回自己的意見；對他以及大多數的高層僧侶與神學家來說，[47]赦罪問題並沒有任何教理上的依據。在接下來的幾個月中，衝突節節高升。

　　西元 1519 年在萊比錫（Leipzig），路德開始否認教宗的神權，認為 (250)

---

[46]　教會可以從由基督、聖母和聖者們聚集起來的「功德寶庫」中提取可以特賜的寬容。從第一次東征開始，這一實踐變得比較普遍。西元 1095 年，教宗烏爾班二世（Urban II）宣布所有參加東征的人可以享有罪惡的暫時豁免。但是，尤其到了路德時代，某些僧侶階層濫用這一做法，使人覺得有了寬容之後，就可以買到犯罪的權利。

[47]　從英諾森三世開始，教宗試圖嚴格限制這一作法。但是西元 1567 年到了庇護五世（Pius V），才勒令終止這種對寬容的濫用。

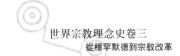
教宗本人也必須臣服於《聖經》的權威。西元 1520 年 6 月 15 日，教宗以訓諭作爲答覆；勒令馬丁・路德在二個月內收回論點，走上正途，否則將被絕罰。馬丁・路德首先當衆將訓諭投入火中，接著立即發表四本書，這是他作品中最精彩、最重要的一部分。在題爲〈致日耳曼民族的基督教貴族〉（ *An den christlichen Adel deutscher Nation* ）這一宣言中（西元 1520 年 8 月），他否認了教宗對於宗教會議的優先權、僧侶階層與平信徒的區分，以及教士階層壟斷聖經的研究；在這一點上他重申，由於每個人都經過洗禮，所有的基督徒都是教士。

　　二個月之後，他向神學家發表了《論教會的巴比倫囚虜》（ *De captivitate Babylonica ecclesiae praeludium* ）一書，抨擊教士階層以及對聖事的濫用。路德只接受三種聖事──洗禮、聖餐和懺悔；後來，他放棄了懺悔。在薩克森選帝侯的保護下，他躲藏在瓦爾特堡（Wartburg，1521）的城堡裡，直到翌年才回到魏登堡。⑱

　　與羅馬的徹底決裂就這樣不可挽回了；然而如果皇帝查理五世對教會施壓，完成各地呼聲四起的改革，這種決裂其實是可以避免的，因爲依照斯蒂文・奧茲蒙（Steven Ozment）的說法，當時的平信徒與僧侶一樣，「普遍感受到一種尚未解決的宗教壓迫感」。西元 1521 年 3 月間《致日耳曼民族的基督教貴族與基督教狀況的改善》（ *An den christlichen Adel deutscher Nation und von des christlichen Standes Besserung* ）此一小册子的發表，表達了貴族與中產階級的不滿，其中路德重複對教宗、教庭高層人士、教會乃至整個教士階層的批判。⑲

　　回到魏登堡之後，路德爲了反抗某個預言派運動以及在他離開期間所施行的革新，大力宣傳他的教義。在接下來的幾年中，他面臨到其他的困
(251)　難。西元 1524 年日耳曼地區南部爆發了一連串的農民抗爭，一年後波及全

---

⑱　在這段停留期間，他將《新約》譯成了德文，（《聖經》的全部翻譯完成於西元 1534 年）並寫下了關於僧侶誓願的作品，要求教士可以結婚以及僧侶有放棄誓願的自由。

⑲　Ozment, *The Age of Reform*, p. 223.

日耳曼地區。對此，西元 1525 年路德發表了《反對農民的屠殺與搶掠》（*Wider die mörderischen und räuberischen Horden der Bauern*），這一小冊子在當時乃至現在都遭到了批評。⑤⓪在農民抗爭期間，路德娶了一位還俗的修女卡特琳娜・凡・波拉（Katherine van Bora），育有六子。同一時期，他與伊拉斯謨斯（Erasmus）進行辯論。（第 308 節）在與梅蘭希頓（Melanchthon, 1497-1560）和其他人的合作下，完成了宗教改革的組織。路德強調聖事活動過程中頌歌的重要性。他本人也有一些創作。他對彌撒進行詮釋，認爲基督存在其中。這導致了他與瑞士改革家烏爾里齊・茨溫利（Ulrich Zwingli）之間的爭論，茨溫利只接受基督的象徵性。

路德在艱難困苦中度過晚年，特別是政治事件，讓他不得不接受政權的保護，因爲他認爲武力要比無政府或混亂狀態好。他不斷地抨擊那些鼓吹徹底改革的人。到最後，他以越來越教條的方式闡述他福音運動——之後成爲路德派教會——的神學理論與禮儀。他死於西元 1546 年 2 月 18 日。

308. 路德的神學理論。伊拉斯謨斯的爭辯

在西元 1522 年 6 月的一封信中，馬丁・路德寫道：「我不容許任何人評判我的教理，即使是天使也不行。不接受我的教理的人，永遠無法得到救贖。」雅克・馬利丹（Jacques Maritain）引用了這一段文字，⑤①作爲馬丁・路德驕傲與自我中心的明證。其實，這正是一個不敢懷疑自己受神的揀選以及先知使命的人特有的反應。自從他得到啓示而認爲，審判、定罪或拯救是聖父的絕對自由，路德便無法忍受其他的詮釋。他無法容忍的態 (252)

---

⑤⓪ 君主聯盟極其殘酷地鎮壓了農民起義與暴動。

⑤① *Sämtliche Werke* (Erlangen, 1826-57), vol. 26, p. 144; J. Maritain, *Trois Réformateurs* (1925), p. 20. See ibid., 一段出自莫赫勒（Moehler）的話，「路德的自我在他眼中是世界的中心，整個人類都圍著他轉；他將自己定義爲普 X 世之人，每一個人都應該以他爲榜樣」。

度正反映了耶和華熱心關懷人類。路德所得到的啟示——唯有信才能稱義而得救，「因信稱義」（Sola fide）——是具有決定性的，是不容置疑的；即使是天使們也無法妄加評判。

這個啟示改變了他的一生。路德一直在解釋它，並在他的神學體系中捍衛它。要知道，他可是一位博學而傑出的神學家。⑫在他提出反對教會救罪的論點之前，他在《反經院神學》（*Disputation gegen die scholastische Theologie*，西元 1517 年 9 月 4 日）一書中抨擊中世紀末的神學。根據以聖多瑪斯為首的中世紀教會的教理，行善的信仰者參與了他自身的救贖。另一方面，奧坎的眾多弟子們認為，理性與良心作為一種「上帝的賜予」是不會被原罪消除的；因此，一位遵循道德良知行善的人將可得到恩寵作為賞報。對於奧坎派的成員來說，這樣一種信仰與皮拉吉烏斯的非原罪主義無關，（第255節）畢竟上帝希望人類能獲得救贖。

在他的《反經院神學》一書中，路德極力反對這個教理。就本質而言，人的意志是沒有自由去行善的。在墮落之後，不可能再談到「自由的意志」，因為從此控制人的是絕對的自我中心以及滿足欲望的追求。並不是說整體的傾向或行動都是不道德的；有時候人也會尋求好的、高尚的事物，他會信仰宗教，試著接近上帝。然而，這些行動本身也是有罪的，因為它們還是源自於同一種自我崇拜。馬丁‧路德將這種自我崇拜視為人類行為的基本模式（在救贖之外）。⑬

路德也反對亞里斯多德的《倫理學》，因為後者認為美德可以通過教育而獲致。總而言之，路德還是認為經院神學是一種新型的非原罪主義。對他來說，善不管是在恩賜狀態之中還是之外，它從未幫助人獲得靈魂的救贖。自西元1517年秋發表了《反經院神學》之後，路德一直強調因信稱義，並對此加以闡明。他較少強調信仰的教理內容，因為信仰的體驗本身才重要，那是孩童般天真而全然的信仰。

(253)

---

⑫　從西元 1509 到 1517 年，他仔細研究了亞里斯多德、聖奧古斯丁、教士們以及中世紀偉大神學家的作品。

⑬　匯集文本參見 B. A. Gerrish, "De Libero Arbitrio," p. 188 and n. 10。

至於著名的理性與信仰之間的和諧一說，路德認爲是不可能的，並將有此觀念的人視爲異教徒。理性與信仰毫無共同之處。信仰的內容「並不是要反對辯證的眞理（即亞里斯多德的邏輯學），而是在它之外，在它之下，在它之上，在它周圍，並遠離它」，(54)他後來這樣寫道。

路德在回答伊拉斯謨斯《論自由意志》（*De Libero Arbitrio*）中對他的種種批評時，又回到他神學中最基本的論點上——因信稱義。這兩位大思想家的對立與衝突具有重要意義，但又令人感到鬱鬱難解。伊拉斯謨斯（1469-1536）很早就開始抨擊教會的墮落與濫用職權，強調改革迫在眉捷。更重要的是，他對路德最早是保持欣賞與支持的態度。(55)但是，作爲一位善良的基督徒和眞誠的人文主義者，伊拉斯謨斯不忍心讓基督教團體四分五裂，他憎恨戰爭，憎恨在語言與文字上相互謾罵以及宗教上的不寬容。他希望西歐的基督教能有徹底的改革，他不光撰文反對教會赦罪，抨擊教士缺乏自尊，主教喪失道德以及僧侶欺騙成性，還反對經院哲學方法和神學家的蒙昧主義。伊拉斯謨斯認爲必須有一種更爲理性的教育，而且不斷重申基督教若能融合古典文化，必會受益匪淺。(56)他的理想正是基督倡導的和平，只有這種和平才能讓各個歐洲民族之間進行合作。

西元 1523 年 8 月 31 日，伊拉斯謨斯寫信給烏爾里齊・茨溫利：「我認爲路德講授的東西，我幾乎全都講述過，只是沒有他那般嚴厲，而且我也沒有像他那樣隨便運用悖論與謎語。」(57)雖然他並不接受路德的一些觀 (254)
點，但還是寫信爲他求情，儘管明知這些信件會被公開發表。(58)當路德的

(54) 引述自 Ozment, *The Age of Reform,* p. 238。

(55) 引用的參考書目和引言，見 Roland H. Bainton, *Erasmus of Christendom,* pp. 153ff.。伊拉斯謨斯在他的信件以及他所撰寫的書或再版書中都承認了他的追隨。

(56) 簡述並評論的文本見 Bainton； ibid., pp. 113-114。

(57) Gerrish, "De Libero Arbitrio," p. 191。「謎語」是路德的著名論點，也就是說聖人的作品處於罪惡的範疇內，自由選擇只是一句空話，人只能通過信仰證明自我。(ibid.)

(58) 引述的文本見 Bainton, *Erasmus,* pp. 156ff.。伊拉斯謨斯甚至將一些關於路德的批評引入他《新約》的新版本以及 *Ratio* 中， cf. ibid.。

觀點被判爲異端時，伊拉斯謨斯反駁說一個錯誤未必就是異端，[59]他並要求天主教神學家們答覆路德的詮釋而不要一味地指責他。正因爲他強調對話的重要性，伊拉斯謨斯被評爲——首先是路德，然後是羅馬教庭——「中立主義」，甚至缺乏勇氣。這種說法在那場可怕的宗教戰爭即將爆發之前不無道理，因爲當時對於信念的眞誠經常以殉難的方式作爲公開的檢驗。但是伊拉斯謨斯的理想——互相的寬容與對話，達到相互理解，並追求共同的基督教淵源——即使在二十世紀最後二十五年出現的各種大公運動（ecumenical movements）中亦帶有一種悲愴的現實意義。

　　在幾經周折與猶豫之後，伊拉斯謨斯在羅馬教庭的施壓下不得不讓步，並同意批評路德。況且，他覺得與魏登堡的新神學觀點漸行漸遠，但是他並不太急著去批評。《論自由意志》一書完成於西元 1523 年，等到西元 1524 年 8 月才付梓（第一版在九月問世）。他的批評相當溫和。伊拉斯謨斯集中在一點上，即路德強調人所謂的「自由意志」其實是一種「幻想」。確實，在反駁教宗的訓諭並爲自己的九十五條論綱辯護時，路德曾寫道：「當我說獲得聖恩之前的自由意志只是一個空虛的名詞時，顯然是錯誤的。應當直截了當地說，自由意志是虛構的或說僅是一個空洞的名詞，因爲人並沒有掌握善念或惡念，正如在君士坦丁堡被處刑的威克里夫（Wyclif）所說的一樣：所有發生的事物皆是絕對必要的。」[60]

(255)　　伊拉斯謨斯明確地說明他的態度：「所謂的自由選擇，指的是人的意志能力，藉由它人可以從事或是遠離導向靈魂救贖的事情。」[61]對他來說善惡之間的選擇是人對自己言行舉止負責的必要條件。「假如意志不是自由的，那麼我們就不能說（人）有罪，因爲罪惡的存在是有意。」[62]更重

[59]　Cf. Gerrish, p. 191, n. 38.

[60]　引述自 Erasmus, *De Libero Arbitrio (On the Freedom of the Will,* p. 64). 我們使用的是 E. Gordon Rupp, in *Luther and Erasmus: Free Will and Salvation* 最新評注的譯本。

[61]　*On the Freedom of the Will,* p. 47.

[62]　Ibid., p. 50.

要的是，假如人沒有選擇的自由，上帝就要對惡負責。⑥在許多地方，伊拉斯謨斯強調聖恩具有決定性的地位。人對於自身靈魂的救贖並無貢獻，但就像在父親的幫助下學走路的小孩一樣，信徒學著去選擇做善事而不去行惡。

路德以《意志奴役論》（*De Servo Arbitrio*，1525）一書作為答覆。他一生中特別珍視這部書。他一開始就表明伊拉斯謨斯的冊子讓他感到「厭惡、憤怒與蔑視」。⑥他的答覆要比《論自由意志》長出四倍。書寫得精彩而有力，從神學角度來說，在視野上超出了伊拉斯謨斯。路德責備伊拉斯謨斯對普世和平的追求。「您希望像個和事佬一樣，了結『我們』這場戰爭。」但對路德來說，問題涉及到「一個嚴肅、重要且永恆的眞理，它是那麼的根本，所以一定要堅持捍衛，即使爲之獻出生命，整個世界因而陷入喧囂和爭鬥，甚至分崩離析、零碎不堪直至消失，也在所不惜。」⑥然後他就開始滔滔不絕、但又不失幽默、諷刺不斷地捍衛他本人的神學觀點。

伊拉斯謨斯在一部重量級著作《反駁路德》（*Hyperaspites*）中進行還擊，其中不乏怨恨與不滿。但路德這一回並沒有回應他。因爲他的預感實現了：喧囂聲四起；確實，宗教戰爭爆發了。

309. 茨溫利、喀爾文與天主教改革

西元 1531 年 10 月 11 日，瑞士的宗教改革家烏爾里齊・茨溫利與他的 (256) 戰友在卡佩（Kappel）⑥一役中陣亡。在此之前幾年，他已在蘇黎世與其

---

⑥　Ibid., p. 53.

⑥　*De Servo Arbitrio*, 翻譯與評注見 Philip S. Watson, in *Luther and Erasmus: Free Will and Salvation*, p. 103。

⑥　Ibid., pp. 112ff..

⑥　茨溫利西元 1489 年生於蘇黎士附近。在巴塞爾、伯恩和維也納求學，西元 1506 年被任命爲敎士。他非常尊敬路德，但並不認爲自己是路德宗，因爲他希望能有更深刻的改革。西元 1522 年，他祕密娶了一名寡婦，生了四個孩子。一年之後，

他城市成功地展開宗教改革。多虧了他，蘇黎世獲得與魏登堡一樣的聲望。但是，受到孤立與威脅的天主教區開始圍攻蘇黎世；他們在人數與武器裝備上都占了上風，勝算在握。茨溫利的陣亡讓宗教改革在瑞士停止擴散，直到十九世紀初瑞士境內不同宗教間的界線未有更動。在茨溫利的後繼者亨利‧布林格（Henry Bullinger）的努力下，茨溫利的工作得以繼續延續。

茨溫利寫作了許多論文，其中包括討論天佑、洗禮和聖餐等。在闡釋聖餐方面，這位瑞士宗教改革家顯示出他獨創的見解。也正是因為這一獨創性，他未能與路德結成同盟。[67]茨溫利強調在領聖體時信徒心中耶穌的屬靈臨在。假如沒有這種信念，聖餐就絲毫沒有意義。那句著名的話：「這就是我的身體……」必須從象徵意義上來理解，作為一種追思耶穌的自我犧牲以強化對贖罪的信念。

路德有理由羨慕瑞士自由的政治。然而，在瑞士，宗教改革同樣必須顧慮到政治當權者。茨溫利自認為比路德更為「徹底」，確實也是如此。

(257) 但是蘇黎世與魏登堡一樣，宗教自由誘使人走向極端。對茨溫利來說，與（他的反對派）稱為「再洗禮運動」（Anabaptist）的創始人康拉德‧格雷貝爾（Conrad Grebel）較量，是最艱難、最具悲愴性的。格雷貝爾否認對孩童洗禮的價值。[68]照他的說法，這樣的一種聖事只適合成人；更確切地說，適合那些自由選擇了效法耶穌生活的人。因此，信徒們必須再度經歷洗禮。[69]茨溫利反對這一說法，連寫了四篇論文，但收效甚微。西元 1528

他發表了著名的六七論綱，宣告〈福音書〉是唯一有神學價值的來源；西元 1525 年出現了第一個新教宣言〈對真正宗教與虛假宗教的評論〉（*Commentarius de vera ac falsa religione*）。蘇黎士宗教會議接受了宗教改革：拉丁彌撒改為德語的聖餐儀式、聖像從教堂裡消失、修道院世俗化了。

[67] 關於這一次辯論，參閱 Ozment, *The Age of Reform,* pp. 334ff.。

[68] 況且，〈福音書〉裡找不到這種洗禮方式。對於《聖經》絕對且唯一權威的崇拜出現在所有改革後的宗教團體中。

[69] 所以才有「再洗禮派」這一詞的出現，它其實並不恰當，因為改信教者不認為他們的第一次洗禮有聖事上的價值。

年 1 月 21 日，第一次出現「再洗禮」的儀式。到了 3 月，官方開始禁止這個異端，有四名再洗禮運動成員被處死。格雷貝爾本人於西元 1526 年被捕，翌年死於獄中。

儘管有這樣的迫害，⑦再洗禮運動從西元 1530 年起在瑞士與德國南部廣爲流傳。隨著時間的推移，這一徹底的宗教改革分成很多小團體，其中就有「精神派」，像帕拉切爾蘇斯、塞巴斯蒂安・弗蘭克（Sebastian Franck）和瓦朗亭・魏格爾（Valentine Weigel）。

和路德與茨溫利一樣，喀爾文也跟再洗禮運動抗衡，論辯自己的神學觀點。⑦他西元 1509 年生於努瓦永（Noyon），西元 1523 到 1528 年在巴黎的蒙太古（Montaigu）學院求學，並於西元 1532 年發表了第一本著作（對西尼加〔Seneca〕《論憐憫》〔De clementia〕一書的評論）。在閱讀了路德的著作之後，他對人文主義者的興趣轉到了神學上面。可能是在西元 1533 年左右，喀爾文改變信仰，西元 1536 年他避難到日內瓦。他晉鐸後積極參加宗教改革的組織活動。然而，兩年之後，他被城市的管理委員會驅逐出城。喀爾文接受當時偉大的人文主義者及神學家馬丁・布塞爾（Martin Bucer，1491-1551）的邀請，來到了斯特拉斯堡。喀爾文在斯特拉斯堡的日子是他一生中最美好的時光。多虧了布塞爾的友誼，他學到了許多東西。

西元 1539 年他發表了《基督教要義》（Institutio religionis Christianae）一書的改寫本，⑦西元 1540 年發表關於〈羅馬書〉的注釋。同一年他娶了寡婦伊德萊特・德・布爾（Idelette de Bure），一位原再洗禮 (258)
運動成員的妻子。然而，日內瓦的情況變得越來越嚴重，地區管理委員會請求他回去。喀爾文猶豫了十個月，終於在西元 1541 年的 9 月回到日內

⑦ 歷史學家們估計在西元 1525 到 1618 年之間大約有八百五十到一千五百名再洗禮派成員被處極刑；他們被燒死、斷頭或淹死；cf. Ozment, *The Age of Reform*, p. 332。

⑦ 整個資料首次的整理分析，見 Willem Balke, *Calvin and the Anabaptist Radicals*。

⑦ 《基督教要義》西元 1535 年在巴黎完成，之後持續再版，每次喀爾文均重新閱讀，並擴充內容。

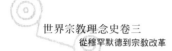

瓦，並在這裡生活到西元 1564 年 5 月去世為止。

　　儘管遭到了一定的阻力，喀爾文在日內瓦成功地讓人接受了他的改革觀念；關於信念以及教會組織的問題，《聖經》是發揮作用的唯一權威。雖然喀爾文不斷地捲入政治、宗教與神學的糾紛中，他還是寫下了許多作品。除了大量的信件，他還寫了關於《舊約》與《新約》的評論與注釋，以及很多與宗教改革各面向有關的論文與冊子，還有關於聖保羅書信的注釋等。《基督教要義》是他的傑作，其文采為世人稱道。此書拉丁文的最終版本於西元 1559 年發表。⑦③

　　喀爾文的神學並不形成一個體系。更確切地說，是對聖經思想注釋的集大成。喀爾文深入研究《新約》與《舊約》，並借助聖奧古斯丁的思想。其中也能看到路德的影響，雖然他從未被引用。喀爾文以一種非常個人化的方式，討論主要的神學問題：上帝作為創世者與救世主的身分、十誡和信仰（按照使徒的象徵）、因信稱義、善功、預定論與天佑、兩項有效的聖事（洗禮與聖餐），還有祈禱、教會的權力、政府等。對喀爾文來說，人總是會有罪的，而他的善行只有通過聖恩才成立。藉由聖經流傳的啟示可以消除上帝與人之間的距離。然而，人不可能認識上帝本人，只能認識到向人顯現的上帝。而那兩項聖事則是耶穌與信徒們交流的方式。

　　在宗教改革期間出現的大神學家中，喀爾文是最缺乏創意的一位。因為早在路德思想的晚期，由於教理的僵化，神學的創造性在改革後的教會中失去了主導地位。重要的是個人自由的組織以及社會構機的改革，特別是從公共教育著手。路德強調了個體創造力的重要性，而他本人以自己的生命證實了這一點。他強調的不是人文主義者高歌的「人的尊嚴」，而是

(259)

---

⑦③　一個令人感到傷痛的事件是西元 1535 年米歇爾・塞爾維特（Michael Servetus）被處死。他是一名西班牙的優秀醫生，也是業餘的神學家，他強烈地批評了喀爾文；cf. Williams, *The Radical Reformation*, pp. 605ff.「對許多人來說，在塞爾維特事件中喀爾文的責任帶給新教反動的烙印，正如宗教裁判所對伽利略的處理方式帶給天主教的影響一樣。」Ozment, p. 369。

個體擁有自由擯棄任何上帝以外的權威，並通過一種緩慢的去神聖化程序，在現代社會中使其成為可能。這個現代社會出現在啟蒙時代，於法國大革命時期更形明顯，而最後在科學和技術的勝利中確立。

比起路德，喀爾文為教會政治與社會進步作出更多的貢獻，並自己身體力行證明政治活動的功能與重要性。可以說，他預示了二十世紀下半葉流行的政治神學：工作神學、解放神學、反殖民主義神學等等。從這一角度來看，十六世紀之後的西歐宗教史完全融入了歐洲大陸的政治、社會、經濟和文化的歷史之中。

最後一次重要的宗教改革，在特倫托大公會議上（Trent，1545-1563）作出決定，⑭但結果是相當的模稜兩可。它開始得太晚了，而且被各種傳教運動所困擾，這一次的改革在社會的壓力下進行，最主要的目的是要鞏固教宗的政治勢力。然而，眾多的神學家以及高層教士早已要求真正的改革，首先便是要削減教宗的權力，重新賦予大主教權威。會議召開的前幾年，在皇帝查理五世的敦促下，於西元 1541 年 4 月在雷根斯堡（Regensburg）發起了新教神學家（其中包括布塞爾和梅蘭希頓）與天主教神學家（其中包括約翰‧埃克〔John Eck〕和約翰‧格羅柏〔Johan Groper〕等 (260)
人）之間的討論。在幾個星期的討論中，雙方就一些基本問題達成共識（比方說，「雙重稱義」的救贖本質）。

不幸的是，特倫托會議使這次討論的結果付諸流水。教宗與耶穌會謀士們企圖進行一種改革，以阻止天主教國家內再次出現像路德、茨溫利或喀爾文的人物。會議的結果是，唯有教宗的意見才可以被接受，此外，會議重建大主教的權威（條件是大主教必須住在他們的教區內），嚴厲痛斥教士的墮落行為，並對教士階層的神學教育作出重要的決定。另外，會議還鼓勵文化上的改善，以滿足平信徒對更為真實宗教生活的需求。

後來被人稱為「後特倫托天主教義」的時代一部分就是這種淨化措施

⑭ 第一次會議在西元 1545 年 3 月到 1547 年冬天，第二次會議在西元 1551 年 5 月到 1552 年 5 月；最後一次在西元 1561 年 4 月到 1563 年 12 月舉行。

的結果，但同時也是一些偉大神祕主義者與傳教士的功勞。中世紀的神祕主義與現代敬虔主義傳統在聖女大德蘭（Theresa of Avila，1515-1582）以及聖十字若望（John of the Cross，1542-1591）那裡得到新的發展。聖女大德蘭將自身的體驗比喻為靈魂與耶穌之間的婚姻，儘管此種說法遭到宗教裁判所的懷疑，仍興盛一時⑦。主要是羅耀拉的聖依納爵（1491-1556）創建了耶穌會，才使反改革派取得道德、宗教和政治上的成功。⑦ 雖然他本人有過神祕主義體驗並已公諸於世，照他那句名言，「在行動中沉思」，他還是選擇了傳教。他受人尊敬的主要因素是他行動的成果：開創孤兒院、收容從良後的妓女、開辦中學與學院、派遣傳教士到其他三大洲等。

(261)

在此簡述羅耀拉的聖依納爵教理的核心思想：絕對服從上帝，同時服從他在世上的代表，即教宗以及耶穌會的領導；確信祈禱、沉思默想以及由此而產生的分辨能力可以改變人的生存條件；相信上帝的鼓勵，所以勸人入教同時也就是鼓勵改善自我；必須相信行善事──特別是幫助那些需要幫助的人──是上帝所讚賞的。

與路德和喀爾文的神學相比，羅耀拉的聖依納爵的神學可以說是樂觀的。這可能是因為依納爵本人的神祕主義體驗，這些體驗影響了他沉思默想的方法以及價值的功能。對上帝世上代表的盲目服從說明了神祕主義的

⑦ 在最後討論古老神祕主義體驗的形態以及東西方神祕主義比較的章節中還會提到這一問題。

⑦ 依納爵西元 1491 年生於羅耀拉。他度過了浪漫並充滿冒險的青年時代，在法國與西班牙西元 1521 年的戰爭中他受了重傷，讀了一些宗教書籍，其中包括《模仿耶穌基督》（Imitation of Christ），以及聖方濟各和聖多明我的生平傳記。他決定以他們為模範，在他第一次去蒙塞拉特（Montserrat）朝聖時（1522 年 3月），他在聖母的聖桌前發了願，要把一生獻給上帝。從此之後，依納爵開始過著苦行的生活，有時齋戒禁食一個星期之久，他總是穿著破衣服，靠雙腳走路，每天祈禱七個小時。在巴塞隆納的一所小學中，他學會了拉丁文。西元 1528 年 2月，他來到巴黎，入蒙太古學院學習；西元 1534 年他獲得文憑畢業。他獲准與九名同伴一起建立一個新的宗教團體，西元 1540 年為居里（Curie）所承認。一開始只有六十名成員，依納爵去世時耶穌會（1566）擁有逾千名的成員。

源泉；我們可以把它比作是穆斯林對伊瑪目的尊敬（第 273 節）以及在印度教中對上師的崇拜；因爲在這兩種情況中，尊敬與崇拜都是以神祕主義的神學爲基礎的。

　　羅耀拉的聖依納爵的宗教天才主要體現在他的《神操》（*Spiritual Exercises*）一書中。這部小册子是在他第一次體驗到神祕主義幻覺後開始撰寫的，當時他在蒙塞拉（Montserrat）附近的瑪耐兹（Monnese）。這是一部實用性的小册子，寫著一位隱居四星期的人（並不一定是修會的成員）每日所進行的祈禱和沉思冥想的方法。這部著作延續了一種古老的基督教沉思傳統。甚至那著名的第一星期修鍊法，即運用想像以具體而生動的方法組合出一幅風景或是歷史片段，這也可以在十二世紀找到先例。但依納爵發展出這種觀想的方法，其嚴謹的程度讓人想起某些印度的沉思技巧。隱居者學著把他身處的時間神聖化，通過想像的力量，把它投射到神聖歷史的當下。他必須能親眼見到耶穌時代的耶路撒冷，並用他的眼睛緊緊追隨聖母與約瑟朝向伯利恆。即使當他吃飯的時候，他也可以看到自己與耶穌的使徒們在一起。 (262)

　　必須強調的是，那些神操是非常細緻、非常嚴厲的；所有虔誠的激動情緒都被小心翼翼地控制住。淨化的練習過程不是要去達到一種神祕的結合，而隱居的目標在於訓練精神健全的人，然後再將他們派遣到世界各地去。

310. 文藝復興時期的人文主義、新柏拉圖主義和赫美斯神祕宗教

　　高斯默·德·梅迪契（Cosimo de' Medici）花了很長的時間收集許多柏拉圖和普羅丁的著作，他把翻譯的工作託付給佛羅倫斯人文主義的大學者費奇諾（1433-1499）。大約在西元 1460 年，高斯默購到了一本名爲《祕教集成》的手稿，要求費奇諾譯爲拉丁文。那個時候，費奇諾還沒有完成柏拉圖的翻譯，但是他暫時把《對話》（*Dialogues*）擱在一邊，並立刻著

手那些赫美斯神祕宗教小冊的翻譯。西元 1463 年即在高斯默去世前一年完成了這部翻譯。《祕教集成》就成了馬西利歐・費奇諾第一部從古希臘語翻譯成拉丁語的譯作。⑦這也說明了赫美斯・特里美吉斯特斯（Hermes Tri-smegistus）的重要性，他被看作是赫美斯神祕宗教小冊著作的作者。（第 209 節）

費奇諾的拉丁文譯本——特別是《祕教集成》、柏拉圖與普羅丁的作品——在文藝復興時期的宗教史上扮演了重要的角色，它們使得新柏拉圖主義在佛羅倫斯大興，並在歐洲各地掀起了對赫美斯神祕宗教的狂熱與興趣。最早的義大利人文主義者——從佩脫拉克（1304-1374）到羅朗佐・瓦拉（Lorenzo Valla，1405-1457）——已經開始了一種新的宗教方向，擯棄經院神學，並回到基督教初期的教父。人文主義者認為，作為世俗的基督教信徒或優秀的古典學者，他們可以比教士們更適合研究基督教以及涉及到基督教之前神聖性與人性的思想。正如查爾斯・特林考斯（Charles Trin-kaus）指出的，這種人的新價值觀並不一定來自於異教，它應該是研究教會聖師著作的傳統產物。⑱

(263)

隨著由費奇諾、比科・德拉・米蘭多拉（Pico della Mirandola，1463-1494）以及埃吉迪歐・德・維泰博（Egidio de Viterbo，1469-1532）所推廣新柏拉圖主義的普及，人的生存狀況提升達到一個新的層次，但並未就此而放棄基督教的大背景。上帝在創造世界的時候，賦予人們掌握大地的權利，而「人作為大地上的上帝，透過他的行動，歷史與文明的創造得以完成」。⑲但是從此開始，非基督教的新柏拉圖主義與赫美斯神祕宗教越來越激發人類神聖化的傾向，而這點也正是人文主義者特徵。

⑦ Frances A. Yates, *Giordano Bruno and the Hermetic Tradition,* pp. 12-13。到那時為止，只有一部關於煉金術的書《阿斯克雷皮烏斯》（*Asclepius*）有拉丁文版本。

⑱ Cf. Charles Trinkaus, *"In Our Image and Likeness,"* 1, pp. xix ff., 41ff. (Petrarch), 150ff. (Lorenzo Valla)；參見 pp. 341ff., 381ff.中的文本。 人格完全的實現並不一定隱含源自異教的理想；透過聖恩神學的更新可得到解釋； cf. ibid., pp. xx, 46ff.。

⑲ Ibid., p. xxii..

當然，費奇諾和比科・德拉・米蘭多拉絲毫不懷疑他們信仰的正統性。早在二世紀，衛道人士拉克坦提烏斯（Lactantius）把赫美斯・特里美吉斯特斯看作是受到上帝啟示的聖賢，他甚至認為赫美斯某些預言已經由耶穌的降臨而得到了實現。馬西利歐・費奇諾再一次肯定了赫美斯神祕宗教與赫美斯魔法之間，以及赫美斯神祕宗教與基督教之間的和諧。[80]比科認為魔法（Magia）與喀巴拉（Cabala）證明了基督的神性。[81]大家開始普遍地相信一種值得崇敬的上古神學（prisca theologia），[82]並崇拜那些著名的古神學家：如查拉圖斯特拉、摩西、赫美斯・特里美吉斯特斯、大衛，奧斐斯（Orpheus）、畢達哥拉斯（Pythagoras）與柏拉圖等。

　　我們可以這樣來看待這一現象：它是一種對經院神學和中世紀關於人與宇宙觀念的深深不滿，對一種我們可以稱之為「區域性」的、也就是純西歐式基督教的反擊，以及對一種更為普遍、超越歷史、「根本的」宗教追求。比科學習希伯萊文，並鑽研猶太人對《舊約》的傳統解釋，在他看來其中暗藏了比《舊約》更為古老的思想。教皇亞歷山大六世讓人在梵蒂岡畫了一面壁畫，畫中充滿象徵以及赫美斯神祕宗教的、也就是「埃及式」的圖象表現。古老埃及、查拉圖斯特拉的神祕波斯、奧斐斯的祕教教理，都顯示出了超越猶太基督教以及人文主義者重新發現的古典世界的「神祕內容」。事實上，當時人們深信可以找到亞洲與埃及那種原始而重要的啟示，並證明出它們共同且唯一的來源。（到了十九世紀之後，我們又看到了同樣的熱情，同樣的希望，雖然規模要小得多，特別是在發現了梵文以及吠陀和奧義書的「原始性」之後。）(264)

　　在將近兩個世紀中，赫美斯神祕宗教迷惑了無數的神學家與哲學家，不管他們是否信教。布魯諾之所以那麼熱情地接受了哥白尼的發現，那是

---

⑧⑩　在眾多材料中，可參閱 D. P. Walker, *Spiritual and Demonic Magic: From Ficino to Campanella*, pp. 30ff.。

⑧①　英諾森七世判決皮科（Pico）的論點中，有一著名的觀點，「只有喀巴拉用魔法證明上帝的神聖性才是知識」，Cf. Yates, *Giordano Bruno*, pp. 84ff.。

⑧②　Cf. D. P. Walker, *The Ancient Theology*, esp. pp. 22ff.（"Orpheus the Theologian"）

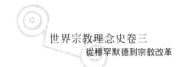

因為他認為日心說有很深的宗教與魔法上的意義。當布魯諾在英國的時候，他就預言了古埃及魔法式的宗教不久會重新出現。布魯諾自認為比哥白尼高明，因為哥白尼只是以一個數學家的身分去理解他自己的理論，而他布魯諾則知道哥白尼的理論是解開神聖祕密的象形文字。[83]

但布魯諾追尋另一個目標：他把赫美斯神祕宗教與埃及宗教等同視之，因為埃及宗教被認為是最古老的，所以他可以藉由埃及魔法的作用建立起他宗教普世論的基礎。然而許多十六世紀的作者們不敢求助於赫美斯的神祕宗教，因為它已被斥為異端。勒費夫爾・德・埃塔普勒（Lefevre d'Etaples，1460-1537）的情況就是這樣，是他把赫美斯神祕宗教的思想引(265)入了法國；他將《祕教集成》中最重要的部分獨立出來另成一書。新柏拉圖主義者辛弗里安・尚比埃（Symphorien Champier，1472-1539）還企圖證明此書中關於魔法的部分不是出自赫美斯而是出自阿普列烏斯（Apuleius）之手。[84]十六世紀在法國或歐洲其他國家，赫美斯神祕宗教的價值主要在於它的宗教普世性，有助於恢復和平。一位新教徒作者，菲力浦・德・莫爾奈（Philippe de Mornay）希望在其中找到辦法來避免宗教戰爭可怕的後果。在他的《論基督教的真理性》（De la verite de la religion chretienne，1581）一書中，莫爾奈提到，依照赫美斯的看法，「上帝是唯一的；……只有他一人能有天父和至善的稱號……。只有他一人是全部；沒有名字，但又比任何名字都要好。」[85]

正如達根斯（Dagens）所言，「赫美斯神祕宗教影響到了新教徒和天

[83] Yates, *Giordano Bruno*, pp. 154ff. and passim. 希臘學者伊薩克・卡紹篷（Isaac Casaubon）在 1614 證明了《祕教集成》是一批年代很晚作品的集合──它們不會早於公元二或三世紀。（參見第 209 節）但是「埃及的神祕」它所受的重視以及寓言形象透過一種新的形式，即象形文字的祕密，繼續縈繞在歐洲知識分子的腦中。

[84] Yates, pp. 172ff. 關於煉金術思想在十六世紀的法國，也可參閱 Walker, *The Ancient Theology*, chap. 3。

[85] Cited by Yates, p. 177 (in French)。也見 Walker, pp. 31-33, 64-67, etc。天主教徒弗朗切斯科・帕特里茲(Francesco Patrizi) 甚至認為研究《祕教集成》可以讓德國的新教徒回到教會； Yates, pp. 182ff.。

主教徒，促進雙方走向和平。」⑧赫美斯神祕宗教所展現的眞正宗教在今天可以重新建立世界和平，並在各種信仰教派之間找到共識。在這啓示的中心，就是人的「神性」，人是所有創造物合成的小宇宙。「這一小宇宙是大宇宙的最終目的，而大宇宙又是小宇宙的存身之地……大小宇宙兩者之間的聯繫是緊密的，它們互相依存。」⑧

大、小宇宙的這種關聯存在於中國、古印度和希臘。但主要是在帕拉切蘇爾斯和他的門徒那裡，它才煥發新的活力。⑧人使得天與地之間的交 (266) 流成爲可能。在十六世紀，建立「自然魔力」代表了一種結合大自然與宗教的努力。自然科學實際上是要助人更加了解上帝。接下去將看看這一觀念如何得到輝煌的發展。

311. 重新認識赫美斯神祕宗教：從帕拉切蘇爾斯到牛頓

我們在前面已經談到過（第 283 節），阿拉伯文的赫美斯神祕宗教著作，其最早的拉丁文翻譯源於十二世紀。最有名的是「綠寶石碑」，它被認爲是赫美斯所作，具有重要地位。正是在這一創作中，我們看到說明赫美斯思想與赫美斯神祕宗教之間有密切關聯的名言：「任何在天上的，就跟在地上的一樣；任何在地上的，就跟在天上一樣，這樣就會實現合一的奇蹟。」

西方的煉金師們追隨自希臘時代起世界轉化的四大步驟，（第211節）也就是獲得智慧之石的過程。第一步驟（the nigredo）指的是退回到物質的液態，相當於煉金者之「死」。照帕拉切蘇爾斯的說法：「誰想要進入

⑧ "Hermétisme et cabale en France, de Lefèvre d'Étaples à Bossuet," p. 8; Yates, p. 180.

⑧ Charles de Bouelles, cited by E. Garin, "Note sull'ermetismo del Rinascimento," p. 14.

⑧ 眾多的資料中，可以參閱 Alex Wayman, "The Human Body as Microcosm in India, Greek Cosmology, and Sixteenth-Century Europe"; Allen G. Debus, *Man and Nature in the Renaissance,* pp. 12ff., 26ff.。

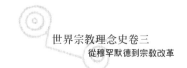
上帝的王國，誰就必須帶著身體進入母體，並在這裡死去。」「母親」是最初物質、是混合體與深淵。[89]有些文獻強調煉金術進程與進行者的經驗同步。「事物因為它的類似物而變得完美，所以煉金術者必須加入煉金進程。」[90]道爾恩（Dorn）寫道：「把你們從死的石頭變成活的智慧之石。」根據吉希泰爾（Gichtel）的說法：「我們通過這樣的再生，獲得的不僅是新的靈魂，還是一個新的身體。這新的身體是從聖子或是天上智慧女神那裡分出來的一部分。」他們強調煉金師本人的美德與品質，證明這一活動不僅是實驗室內的操作：煉金師必須是健康、謙遜、有耐心，他同時又是虔誠而貞潔的；他必須有自由的思想，而且與他所進行的工作和諧一致；他一邊煉金，一邊沉思冥想。

(267)

就本書的內容來說，沒有必要去覆述煉金過程的其他步驟。但是，我們應當看到原始物質與智慧之石悖論的一面。照煉金師的說法，這兩種東西無處不在，又以各種形態存在，而且有成千上萬不同的名稱。我們這裡只引用一部1526的書籍，上面寫道，智慧之石「對任何人，無論是年輕人或老年人，都是很熟悉的東西。它在農村的田地裡，在村莊中、在城市裡，在由上帝創造的萬物之中；然而它被所有人忽視。富人與窮人每天都與它打交道，僕人把它扔到大街上，孩子們拿它來嬉耍。然而就是沒有人欣賞它，雖然它可說是除了靈魂之外，在這個世界上最美妙、最珍貴的東西」。（*Forgerons et alchimistes*, pp.139-140）這可能是一種祕密的語言，它是日常語言無法轉述的經驗的一種表達，又是一種對符號意義的祕密交流。

智慧之石可以教人認同對立面。[91]它可以純化金屬，使之完美。阿拉

---

[89]　Cf. Eliade, *Forgerons et alchimistes*, p. 131。參見 ibid, p. 155 中關於「哲學亂倫」的其他引言。巴西爾·瓦倫庭（Basil Valentin）在短詩中運用特定的拉丁詞彙，讓頭一個字母連起來正好為 vitriol 一詞（即「硫酸鹽」之意），證明了下地獄的必要性：「參觀大地的核心，然後通過淨地，你可以找到祕密的石頭。」

[90]　*Liber Platonis quatorum*,（阿拉伯原文不會晚於十世紀），引述自 Eliade, *Forgerons et alchimistes*, p. 135。在中國的煉金師那裡也可以看到類似的教理，見本書卷二。

[91]　照巴西爾·瓦倫庭的說法，「惡必須變得和善一樣」。斯塔爾凱（Starkey）把石頭描寫成「相互對立事物的調和，在敵人之間建立起友誼」，*Forgerons et alchimistes*, p. 142。

伯的煉金師們賦予智慧之石治病的功效，正是通過阿拉伯煉金術，「生命靈藥」的概念來到西方。⑨羅傑‧培根談到它時說這是一種能夠「消除所有不純淨之物以及低劣金屬缺陷的醫學」，它還能夠將人的壽命延長好幾個世紀。照阿諾爾德‧德‧維拉諾瓦（Arnauld de Villanova）的說法，智慧之石可以治癒一切疾病，並讓人返老還童。

至於在中國煉金術中所看到將普通金屬轉化爲金子的過程，（第 134節）是一個加快時間節奏的問題，藉此參與了大自然的運動變化過程。正如一部十四世紀的煉金術著作《完美大全》（*Summa Perfectionis*）寫到的：「大自然要在很長一段時間內完成的進程，我們可以在很短的時間內 (268)用我們的絕藝達致。」本‧約翰遜（Ben Jonson）也在他的劇本《煉金師》（*The Alchemist* 2，2）中提到類似的事。煉金師在戲中說道：「假如時間夠長的話，鉛和其它物質就可以成爲金子。」另一位人物接著說：「我們的技術就是要發揮在這上面。」⑨也就是說，煉金取代了時間。⑨

傳統煉金術的基本原理，比方說礦石的消長、金屬屬性的相互轉化、救命的萬靈丹以及嚴守祕密等，在文藝復興與宗教改革期間並沒有受到質疑。⑨但是，中世紀煉金術的範圍與含義在新柏拉圖主義和赫美斯神祕宗教的影響下有所改變。確信煉金術可以參與大自然的進程，這具有基督教研究的意義。煉金師們宣稱，正如基督通過他的死亡與復活拯救了人類，煉金術可以保證大自然得到拯救。十六世紀一名著名的煉金學說家亨利希‧昆拉特（Heinrich Khunrath）把智慧之石與耶穌等同視之，因爲耶穌是

---

⑨ Cf. R. P. Multhauf, *The Origins of Chemistry*, pp. 135ff..

⑨ Cf. Eliade, *Forgerons et alchimistes*, p. 43.

⑨ 關於普羅米修斯式舉動後果的討論，見 ibid., pp. 153ff.。

⑨ 一直到十八世紀，學者們並不懷疑礦物質會生長。他們提出的問題是，煉金術在這種過程中是否對大自然有益，特別想要知道「那些自稱這麼做過的人是誠實的人、笨蛋還是騙子？」(Betty Jo Teeter Dobbs, *The Foundations of Newton's Alchemy*, p. 44)。霍夫曼‧布爾哈夫（Harman Boerhaave，1664-1739）被認爲是那個時代最「理性」、偉大的化學家，他以純經驗性的實驗而知名，他還相信，金屬之間可以互相轉化，之後將會看到煉金術在牛頓科學中發揮的重要作用。

「大宇宙之子」。他還認為對智慧之石的發現能夠揭示大宇宙的真正本
質，正如基督賦予人，也即「小宇宙」，智慧的完善。深信煉金術能夠拯
救人類與大自然，這其實是徹底改革夢想的延續。這種夢想自約雅敬起就
一直縈繞著西方基督教。

(269)　　約翰·迪（John Dee）生於西元 1527 年，他是著名的煉金師，同時又
是數學家和百科全書學者，他向皇帝魯道夫二世（Rudolf II）保證他深知
物質轉化的祕密，他認為通過由奧祕的活動，特別是煉金術所產生的能
量，可以實現精神領域的世界性改革。[96]同樣，英國的煉金師埃力阿斯·
阿什莫爾（Elias Ashmole）認為煉金術、占星術與自然魔法是所有科學的
「大救星」。確實，對帕拉切蘇爾斯以及馮·赫爾蒙特（Van Helmont）的
追隨者來說，對大自然的了解只能通過對「化學哲學」（即新煉金術）或
者「真正醫學」的研究而實現。[97]化學而非天文學，是開啟天與地真正祕
密的鑰匙。既然創世被解釋為一種化學的過程，那麼天地的現象就可以用
化學的術語來解釋。「化學哲學家」可以通過大宇宙與小宇宙之間的對應
關係，來了解大地與天體的發生與變化。出於這種想法，羅伯特·弗盧德
（Robert Fludd）就套用太陽的運動來描述人體血液的流動。[98]

　　和同時代許多人一樣，「化學哲學家」都期待一場涵蓋宗教、社會和
文化機構徹底而廣泛的改革，為此有人正孜孜不倦地準備著。這麼一場普
遍的改革不可或缺，而第一步就是教育改革。西元 1614 年出版了一本匿名
的小冊子，題為《兄弟會傳說》（Fama Fraternitatis），要求一種新的教育
模式。該書作者透露了一個名為「薔薇十字團」的祕密團體。它的創立者
是一位傳奇的基督徒克里斯提昂·羅森克洛茲（Chistian Rosenkreutz），
他宣稱掌握了「醫學真正的祕密」，並由此對所有的科學都能觸類旁通。

[96]　Cf. Peter French, *John Dee: The World of an Elizabethan Magus;* R. J. W. Evans, *Rudolf
II and His World: A Study of Intellectual History,* pp. 218-28。關於約翰·迪對於昆拉
特的影響，見 Frances Yates, *The Rosicrucian Enlightenment,* pp. 37-38。

[97]　A. C. Debus, "Alchemy and the Historian of Science," p. 134.

[98]　A. C. Debus, *The Chemical Dream of the Renaissance,* pp. 7, 14-15.

後來他還寫了不少書籍，但這些書只有「薔薇十字團」的會員才讀得到。
⑨《兄弟會傳說》的作者呼籲歐洲所有的學者加入這一團體，以徹底實現　(270)
教育的改革；也就是說，加速更新整個西方世界。這一呼籲產生前所未有
的影響，不到十年的時間，神祕的「薔薇十字團」派所提出的改革計畫掀
起大規模的討論，並出現好幾百種相關書籍與冊子。

　　約翰・瓦朗寧・安德烈亞（Johann Valentin Andreae）被有些歷史學家
看作是《兄弟會傳說》一書的作者，他在西元 1619 年寫了《基督教之城》
（Christianopolis）；這部書很可能影響了培根的《新亞特蘭提斯》（New
Atlantis）。⑩⑩安德烈亞提議成立一個由學者組成的團體，致力於發展一種
建立在化學哲學基礎上新的教育方法。在烏托邦式的基督教之城中，研究
的中心是實驗室。在實驗室中，「天與地合而為一」，「在地面上留下痕
跡的神聖祕密都被解開了」。⑩⑩羅伯特・弗盧德是眾多支持《兄弟會傳說》
教育改革學者當中的一位，他是皇家醫學院的院士，同時又是神祕煉金術
熱情的擁戴者。弗盧德認為假如沒有對神祕進行深入研究，是不可能掌握
自然哲學的。對弗盧德來說，「真正的醫學」是自然哲學的基礎。對小宇
宙的了解——即對人體的了解——向我們展示整個宇宙的結構，最終將我
們引向上帝。另外，越了解宇宙，就越能了解自身。⑩⑫

　　直到不久以前，人們都尚未察覺到，在這一場以神祕傳統與自然科學
的大膽結合為基礎，並以歐洲的宗教與文化改革為目標的運動中，牛頓所
扮演的重要角色。確實，牛頓從未發表過他煉金術實驗的結果，雖然他宣

---

⑨　　在眾多材料中，參閱 ibid., pp. 17-18。順便提一點，十七世紀初期可以看到在中
　　國、密宗和古希臘書中經常出現的框架：一種初始的啟示，最近剛剛發現，但只
　　限於入門的人才能掌握。

⑩⑩　Cf. *Christianopolis, an Ideal State of the Seventeenth Century,* translated by Felix Held
　　(New York and London, 1916)。也見 Yates, *The Rosicrucian Enlightenment,* pp.
　　145-46; Debus, *The Chemical Dream,* pp. 19-20。

⑩⑪　*Christianopolis* (Held trans.), pp. 196-97.

⑩⑫　Robert Fludd, *Apologia Compendiaris Fraternitatem de Rosea Cruce Suspicionis et In-
　　famiae Maculis Aspersam, Veritatis quasi Fluctibus abluens et abstergens* (Leiden,
　　1616), pp. 88-93, 100-103, cited by Debus, *The Chemical Dream,* pp. 22-23.

(271)　稱其中有些可說是相當成功的。他許多關於煉金術的手稿，在 1940 以前未受到人們的重視，直到最近貝蒂・迪特・道布斯（Betty Jo Teeter Dobbs）教授在《牛頓煉金術的基礎》（*The Foundations of Newton's Alchemy*，1975）一書中發表詳盡的研究。道布斯教授宣稱牛頓在他的實驗室裡大量試驗了煉金術書中描繪過的方法，「其規模之廣泛，前無古人，後無來者」。（p.88）

　　牛頓希望透過煉金術發現微觀宇宙的結構，便於將它與宇宙體系相提並論。發現了萬有引力，這將各大行星固定在它們軌道上的力量，並未使他完全滿足。雖然他在西元 1669 到 1696 年間毫不厭倦地重複著這一類實驗，但他未能發現主宰微粒運動的力量。然而，當他在西元 1679 到 1680 年間開始研究天體軌道運動力學時，他將吸引力的「化學」概念運用到天體宇宙上面。[103]

　　依據麥克庫爾（McGuire）和拉坦西（Rattansi）的說法，牛頓堅信，在萬物之初，「上帝向一些獲得殊榮的人傳授了自然哲學和宗教的祕密。後來這種知識消失了；再後來，有人將它找出來，散布到各種神話和神祕的符咒之中，讓局外人無從了解。但是，到了今天，我們可以通過科學實驗，以更爲嚴謹的方式，將這一知識找回來。」[104]基於這一原因，牛頓特別仔細地查閱了煉金術學說中最難懂、深奧的部分，期望其中隱藏眞正的祕密。這一點非常有意義，因爲現代力學的鼻祖並沒有擯棄一種初始而神密的啟示傳統，同時也不排除物質屬性轉化的原理。正如他在《光學》（*Optics*，1704）一書中所寫的：「從身體轉化爲光，正如從光轉化爲身體，這與大自然的規律完全是一致的，因爲大自然充滿著物質屬性的轉化。」照道布斯的說法，「牛頓的工作可看作是結合了煉金術、哲學與機械的一種長期努力。」（《牛頓煉金術的基礎》，p.230）

[103]　Richard S. Westfall, "Newton and the Hermetic Tradition," esp. pp. 193-94; cf. Dobbs, *Foundations*, p. 211.

[104]　Dobbs, ibid., p. 90, 其中引用了 E. McGuire and P. M. Rattansi, "Newton and the 'Pipes of Pan,'" pp. 108-43。

在《數學原理》（*Principia*）發表之後，牛頓的反對者們認爲牛頓所 (272)
說的「力量」事實上是一些「神祕的性質」。道布斯教授承認，在某種意
義上，這種批評是有道理的：「牛頓所發現的『力』很像隱藏的親和力與
排斥力，這在文藝復興時期的神祕文學中經常提到。然而，牛頓給了
『力』一種本體學的地位，正如物質與運動一樣。由於這樣一種相同的地
位，再加上力的量化，他讓力學哲學家們超越了一般人想像的『機械主
義』層次。」（p.211）在研究牛頓關於「力」的概念時，理查·威斯特法
爾（Richard Westfall）得出結論，現代科學是「赫美斯神祕宗教傳統與力
學哲學的結晶」。[105]

在「現代科學」突飛猛進的時候，它忘記或者擯棄了赫美斯神祕宗教
的淵源。也就是說，牛頓力學的成功反而消滅了他自己的科學理想。事實
上，牛頓與他同時代的人所期待的是完全不同的一種科學改革。在延續並
發展文藝復興時期新煉金術的目標與期待中，帕拉切蘇爾斯、約翰·迪、
夸美紐斯（Comenius）、安德烈亞、弗勒德或者牛頓這些思想家首先看到
的是重回大自然；他們把煉金術看作是一種頗具企圖心的嘗試，特別是人
可以經由新的科學方式達到完美。在他們看來，這樣一種方式應當連結赫
美斯神祕宗教傳統、不講懺悔的基督教，以及自然科學，即醫學、天文學
和力學。這樣的合成可以形成一種新的創造，與柏拉圖主義、亞里斯多德
主義和新柏拉圖主義的偉大成果相媲美。這類夢寐以求的「知識」部分在
十八世紀展開研究，這可以看作是歐洲基督教史上爲獲取「完全的知識」
所作的最後一次嘗試。

---

[105] Richard S. Westfall, *Force in Newton's Physics: The Science of Dynamics in the Seven-
teenth Century*, pp. 377-91; Dobbs, ibid., p. 211.

第三十九章

西藏宗教

312. 「人的宗教」

(273)　　西藏宗教跟印度教、古基督教與中世紀基督教一樣，在它的鼎盛時期，呈現了一種強大的集大成的能力，這是一種長期吸收外來宗教，兼容並蓄的結果。數十年來，西方學者受到西藏學者的影響，認為西藏的宗教史是西藏本地宗教、苯教（Bon）與印度佛教相衝突的結果，最後印度佛教以喇嘛教形式取勝。最新的研究，特別是對敦煌石窟文書（八到十世紀）的分析顯示出一個複雜得多的情況。一方面，現在我們知道了在苯教以及佛教初弘期之前，當地宗教的重要性；而這被稱為「人的宗教」的傳統宗教一直為苯教和佛教所忽略。

　　另一方面，現在我們越來越清楚苯教的外來性與兼容並蓄的一面，特別是它有伊朗與印度的淵源。雖然，我們擁有的資料並不太早（西藏拼音文字是七世紀創立的），而且反映的是佛教和苯教之間相互論戰、相互借鑒的結果。然而，在喇嘛教與苯教的外衣之下，我們可以看出傳統宗教的一些特點。西藏史學家們把「神的宗教」（lha-chos）與「人的宗教」（mi-chos）區分開來；前者有時指苯教，有時指佛教；後者則指傳統宗教。

(274)　　對於了解「人的宗教」──或稱「俱各」（Gcug）或「卻」（chos），即「法」之意──一個重要途徑就是「故事」，也就是關於宇宙起源與人類世系的神話。這些「故事」在婚禮上、新年節日上以及為祭祀地上諸神而舉行的各種比賽中，透過儀式性的方式講述。和許多古老的宗教一樣，關於一個社會、群體或儀式起源的神話敘述，可以確立神話初始時代的延續性，並保證所從事活動的成功。①對於起源神話的儀式性敘述是「一項維護世界與社會秩序必要的宗教行為」。②

---

① Eliade, *Aspects du mythe*, pp. 33ff.也見 G. Tucci, *Les religions du Tibet*, pp. 269ff.。
② R. A. Stein, *Tibetan Civilization*, trans., J. E. S. Driver, p. 195。「為了確證神與祖先的關聯，必須查閱源自每一機制的每一文件，這些文件必須有真實性與可信度。喇嘛教的儀式便是如此，它溯及起源以及維護這一儀式的神話前身。」（p. 198）

　　跟在別處一樣，關於起源的神話由宇宙的生成開始講起。世界是由天神們斐瓦（Phyva）創立的，他們被想像成是天上的高山。（後面我們還會提到高山的宗教意義與象徵內含涵。）其中某些天神兼高山來到地上，並帶來了動物、植物，而且還有可能帶來了第一批人。這一人神共處天堂般的生活持續了一千年。一個從第九層地獄裡逃出的魔鬼將惡撒在地上。於是諸神們回到天界，世界在幾十萬年間變得越來越糟糕。然而，還有些人繼續實行「人的宗教」，在「不虔誠的時代」裡等待著新世界的出現，到時候諸神會重新回到大地，而死者都會再生。

　　很明顯，這是一個眾所周知關於「完美的開始」以及隨後漸漸普遍墮落的神話故事。但我們也可以假設其中有印度的影響（包括數千年的宇宙周期）以及伊朗的影響（魔鬼出來攪亂了創世）。

　　世界有三層結構：天神斐瓦們住在天界，水神與地神「路」（Klu，即　(275)地下之意）住在地下，而人則處於中間。第一位國王是從天上下來的天神，他與一位山女神結合；他為接下來七位神話君主提供了模式。關於人們居住地起源的神話——這是宇宙生成神話變化較小的版本——提到一個被征服的魔鬼、一隻被解體的動物、或是提到一位神（山、岩或樹）與女神（湖，泉或河）的神聖婚姻。這樣一對神侶有時被看作為國王或英雄的超自然父母。「每一個居住在特定地方的部落團體在聖地的共同祖先中找到認同。」③

　　在傳統宗教中，國王的角色具有相當重要的意義。④一位君主的神性在他的「光彩」和魔力上表現無遺。最初的國王只在白天待在地上；一到晚上，他們便回天上去。他們不知一般人說的死亡為何物，但一到特定的時刻，他們便透過具有魔力的繩子「牧」（mu）（或「德牧」〔dmu〕）永遠地返回天上，再也不下來。依照一個苯教資料的記載，這些最初的國

---

③　Stein, ibid., p. 210.

④　見 esp. A. Macdonald, "Une lecture des Pelliot tibétains……," pp. 339ff.。Cf. Erik Haarh, *The Yar Lun Dynasty,* pp. 126ff.。

王「每人的前頂上都有一根發亮的繩子『牧』，這個繩子可以通向很遠
（也可以拉直），是淺黃色的（或者是褐色的）。在他們辭世的那一刻，
他們從腳開始（像彩虹一樣地）溶解，一直融入到前頂上的『牧』繩裡。
而那閃亮的『牧』繩，則又融入到天空之中。」⑤

　　這就是爲什麼，在最後一個具有神性起源的國王狄根（Digun）之前，
沒有任何國王的墳塋；因爲狄根既強傲又易怒，在一次與人決鬥的過程
中，他不小心砍斷了自己的「牧」繩。從此之後，國王們的屍體就被埋葬
了下來；後人發現這些墳墓，還知道某些入葬的儀式。⑥然而，某些具有
神賦的人，尤其是聖人與魔法師，還是可以通過他們的「牧」繩升上天
去。

313. 傳統的觀念：宇宙、人與神

(276)　　關於狄根砍斷了「牧」繩的神話可說是在另一種背景下，重述了惡來
到世上後人與諸神的分離。但它對於西藏宗教思想史具有重要意義，因爲
一方面，「牧」繩發揮了宇宙結構上的作用；它像一根世界之軸將天與地
聯繫起來。另一方面，它在宇宙、居所與人體的同形機制中扮演了重要的
角色。從一個特定但難以確定的時期開始，我們在了微妙的生理學，以及
保障死者靈魂超脫和上天的儀式中發現「牧」繩的存在。

　　自然，印度佛教和苯教的影響是明顯的。但是這一神話儀式總體的原
始特性和它的象徵意義是不容懷疑的。宇宙、居所與人體的同形機制是一
個古老的觀念，它在亞洲廣爲流傳。就算佛教知道這一同形機制，但並沒
有賦予它神聖的價值。（第 160 節）

　　高山被認爲與最初祖先從天上下來時使用的梯子或者「牧」繩有關。

---

⑤　Stein, *Tibetan Civilization,* p. 224。Cf. Tucci, *Les religions du Tibet,* pp. 286ff.。對這
　　一神話主題的比較研究分析參見 Eliade, *Cordes et marionettes* (= *Mephistopheles et
　　l'Androgyne,* pp. 200-237), esp. pp. 208ff.。

⑥　見 G. Tucci, *The Tombs of the Tibetan Kings*。Cf. Stein, pp. 201ff.。

而國王的墳墓也被稱爲「高山」。⑦另一方面，神聖的高山——眞正的「大地之神」或「一地之主」——被看作是「天之柱」或者是「大地之釘」，它們與「墓邊或廟旁豎起的柱子一樣具有相同的功能」。⑧建造房屋的地基之神也被稱作爲「天之柱」或者是「固定大地的釘子」。天與地形成兩個層級，通過「天門」和「地門」可以抵達那裡。在家裡，各層樓之間藉由一根樹幹做成的梯子相連結。屋頂上透光或者出煙的洞口就相當於「天之門」；而灶則被看作是「地之門」。⑨ (277)

　　正如神聖的高山——即「大地之神」——被看作是連接天與地的「牧」繩或梯子，而在人身上，一位天上的保護神，他也被稱爲是「大地之神」，正好是在人的頭頂上，也就是「牧」繩所在的位置。（在肩膀上則住著「戰神」與「人神」）。「牧」梯也被稱爲「風梯」，因爲在西藏「風馬」代表了人的生命力。「風」是一種生命原則，類似於印度人的「氣」（prāṇa）。「它既是人們呼吸的空氣，又是人體內一種微妙的流體。」⑩「向上生長」靠的就是「牧」繩。很可能這些觀念都是由兼容並蓄的喇嘛教發展起來的。不管怎樣，喇嘛們讓靈魂得到最終解脫的方法讓人想起神話中國王們在「牧」繩中逐漸消失的景像。⑪也就是說，聖人在他辭世的那一刻，可以「在精神上」重複狄根斷繩之前神話中的國王所具體完成的事。（這一觀念讓人想起亞洲北部關於當今薩滿教墮落的神話傳說，而最早的薩滿可以肉身登上天空。）（第246節）

　　之後還會提到光在各西藏宗教傳統中所扮演的角色。此處只補充一

⑦　古代國王的墳墓與宮殿是按照「牧」的方式建造的，即使在狄根斷了繩子之後；Stein, pp. 201-2。

⑧　Stein, p. 203. 聖山同時也是戰神，西藏人把它們稱爲「首都」或「國王」，它們跟一個族的起源密切相關；ibid, p. 207。

⑨　在屋頂上有「頂端之神」（由兩個石頭神壇和一面旗幟來代表），對它們的崇拜與對山的崇拜是一樣的；cf. Stein, p. 222。

⑩　Stein, pp. 283-84.

⑪　在十一世紀就已經出現了綜合體。密勒日巴說到過「（聖人）獲得解救的爬繩被割斷了」。Stein, p. 224。

289

點，在剛剛提到的宇宙、居所與人體同形機制之外，傳統的宗教還包涵了人與神之間的某種對稱性。所以「魂」（bla）與「神」（lha）有時候是沒有明顯區分的；這兩個詞在發音上很相似，西藏人自己也常混淆。他們有許多外在的「魂」或「生命」，居住在樹上、岩石間或有神棲息的物體中。⑫另一方面，我們也看到了，「大地之神」以及「戰神」既可以居住在自然界中，又可以住在人體內。

(278)　　也就是說，作為精神性的生物，人在其特質上享有神性，特別是在屬於宇宙結構方面神的功能與命運。這也解釋了眾多儀式性競賽的重要性，不管是賽馬、田徑、各種搏鬥，還是選美、射箭、擠牛奶或是辯論等。這些競賽大部分在新年節慶時舉行。整個新年節慶的主題就是天神與魔鬼之間的鬥爭，這兩方分別由兩座大山來代表。和其他情況類似，如果天神得勝，就能保證新的一年的成功。「天神們與人一起看競賽表演，與人一起歡笑。猜謎語、講故事、敘述史詩，這都影響到收成與畜牧。神與人在重大節日中聚集在一起，可以感受到社會的對立關係，但這同時又得到化解。整個團體，既跟過去相聯（世界起源或共同祖先）又跟居所相關（祖先與神聖的高山），並因此而得到強化。」⑬

　　西藏的新年節慶很明顯受到伊朗的影響，但其神話與儀式的成分都是古已有之；我們可以在許多傳統宗教中發現它。總結來看，這裡涉及到的是一種在世界各地廣為流傳的觀念。⑭根據這種觀念，宇宙與生命、神的功能與人的生存條件，被同一種周期性的節律所主宰，這一節律是由交替出現的兩極與互補的效果所組成，同時又融入到一種對立的統一整體中。

　　我們可以將西藏的這個觀念與陰陽兩極的對立，以及它們在「道」中有關節律的新闡釋相提並論。（第 132 節）總而言之，最早的佛教徒在西

⑫　Ibid., p. 228.

⑬　R. A. Stein, *Recherches sur l'épopée et le barde au* Tibet, pp. 440-41.

⑭　參閱我們的研究，"Remarques sur le dualisme religieux: dyades et polarités" (re-published in *La nostalgie des origines*, pp. 231-311, and in *The Quest: History and Meaning in Religion*, pp. 127-75)。

藏地區遇到的傳統宗教「並非是一批古老散亂的、魔法兼宗教的組合
⋯⋯，而是一種真正的宗教，它的實踐與儀式紮根於一個結構性的體系
中，而這一體系則建立在與佛教正好相對立的基礎上」。⑮

314. 苯教：對立與兼容並蓄

　　有研究者探討過「為什麼（西藏）後來的史學家們要隱去古老的宗 (279)
教，甚至讓它的名字（「俱各」）都消失了，並代之以另外一個宗教—苯
教。作為一種結構性的宗教運動，苯教形成於十一世紀。從苯波們（bon-
po）的角度來說，事情是可以理解的：他們當然希望能夠賦予這個宗教一
個形式，以提高宗教的地位，並確認它的古老性」。⑯至於佛教史學家則
對本地宗教的血腥祭祀以及世界末日的觀念極為反感，因此，他們就將這
些與苯教的信仰與其「魔法式」的宗教行為相融合。

　　若要描述苯教，則必須先介紹佛教在西藏的傳播，這兩種宗教從一開
始就相互對立，並彼此影響，每一方都曾受到統治者的宣傳或排斥。從十
一世紀起，「覺苯」（agyur Bon）開始借用喇嘛教的教理、語彙和機構。
然而，有一點是肯定的，即苯波、占士與儀式主持人在佛教傳教徒前來傳
道之前就已在西藏進行活動。另一方面，本書有關苯教的介紹，有助於理
解對西藏宗教兼容並蓄的特質作出貢獻的外來因素，以及它們的多樣性與
重要性。事實上，至少某些類型的苯波可證實外來的起源。照傳統的說
法，「恰苯」是從西藏西南部的彰順或者從伊朗傳入的。這一方面解釋了

⑮　Cf. A. Macdonald,“Une lecteur,”p. 367.
⑯　A. M. Blondeau,“Les religions du Tibet,”p. 245。事實上，佛教「不可能接受動
　　物的祭祀，更不能用人。一個神性國王維護有關宇宙秩序的想法，對不朽有信
　　仰，相信死後有更美好的生活，而這種生活又是以凡世生活為樣板的，也就是肯
　　定凡世生活，這一切並未賦予佛教的基本原則什麼地位：包括每一種存在、甚至
　　是宇宙存在的短暫性，與生存緊密相聯的痛苦，以及在前世、今生或來世所有行
　　為的報應。另一方面，『俱各』代表的是一種社會正義與人類幸福的理想，而非
　　關道德完善」。（ibid.）

苯教概念中可以確定的伊朗元素，另一方面，也使人相信在佛教傳入之前，西藏可能就已受到印度（特別是濕婆派〔Śaivite〕）的影響。

(280)　　最古老的文獻顯示苯波有好幾個階層：儀式主持人、祭祀主持、占士、驅魔士、魔法師等。在十一世紀之前，這些「神事專家」尚未形成統一且健全的組織。在他們使用的儀式工具中，值得一提的是抓魔鬼的支架，特別還有類似薩滿教中的小鼓，因為魔法師可以借助小鼓升天。依照傳統的說法，苯波們特有的羊毛長巾用來遮掩苯教傳奇創始人辛饒米沃（Shenrab ni bo）的驢耳朵。（這一細節非常重要，因為它顯示了西方的起源；事實上，這是米達斯〔Midas〕神話的主題。）⑰與其他的神事專家一起，苯波們保護國王與部落首領。在葬禮中（特別是國王的葬禮）他們扮演著重要的角色，他們引導亡魂到另一世界，並被認為具有喚醒亡者、將他們自惡魔手中解救出來的能力。

其他年代較晚的文獻則表現了許多不同的宇宙生成論與神話理論，甚至有形上學的思考與體系化的形式。印度的影響，特別是佛教的影響非常明顯。這並不一定說明在此之間無任何「理論」的存在；很可能「思考型」的苯波（家譜專家、神話專家與神學家等）長期就與儀式主持及巫師們共存。

後來的苯波作者們是這樣講述他們「神聖的歷史」：苯波的創始人叫辛饒米沃（意為「傑出的傳教者」）。他的誕生與生平可在釋迦牟尼與蓮花生（Padmasambhava，之後還會談到）的故事中看到相同的模式。辛饒米沃決定出生在西邊某個地方（彰順或者伊朗）。他透過一道像箭一樣的白光（這是雄性精子的圖像），進入父親的頭顱內，而一道紅光（代表女性的元素血）進入了母親的頭中。有一種更為古老的說法，是辛饒本人以五彩的形式（像彩虹一樣）從天堂降下。化為鳥以後，他停留在未來母親的頭上。一白一紅的兩道光，從他的生殖器部位射出，通過母親的頭顱進

⑰　Cf. Stein, *Recherches sur l'épopée*, pp. 381ff..

入了母體。⑱

　　一出生下來，辛饒就與魔鬼的統治者爭鬥，窮逐不捨，他運用魔法將　　(281)
他所遇到的魔鬼全部制服。魔鬼們爲了向他證明永遠臣服的決心，向他獻
上了存有法力精華的物件和咒語；魔鬼因而成爲苯教教理和法力的護法
人。⑲這就是說，辛饒教給了苯波們向神誦念的祈禱詞以及驅除魔鬼的法。
在西藏與中國建立了苯教之後，辛饒開始隱居，過著苦行的生活，直至最
後跟佛陀一樣，進入涅槃。但他留有一個兒子在三年內四處傳播他的教
義。

　　現在一般同意將這位以辛饒爲名的傳說人物視作爲苯教教理體系的創
始人，因爲他讓一系列矛盾的風俗、儀式、神話傳統、魔法與咒語等成爲
一個系統，但這些還「稱不上是文學作品，因爲此時期這種訴諸文字的東
西仍非常少」。⑳從十一世紀開始，苯教經典開始形成，據稱這些文章與
書籍是在迫害時期經由佛教國王藏匿，而後來又被發現的。㉑當十五世紀
蒐集到了辛饒所寫的作品時，苯教經典的面貌便依稀可見。（據稱是從彰
順地區的語言翻譯過來的。）收入七十五卷的《甘珠爾》（Kanjur）中，
加上注釋成爲一百三十一卷的《丹珠爾》（Tanjur）。

　　關於這些作品的名稱以及題目是借助於喇嘛教經典。它的教義也沿襲
佛教教義：「諸物無常的法則，事事相牽引出業障循環。對苯教來說，要

⑱　　Stein, *Tib. Civ.*, p. 242。照西藏人的想法，在生產的時候，嬰兒的靈魂通過「前額
　　骨縫」進入母親的頭，死亡的時候靈魂通過同一孔離開身體；參見我們的研究 *Es-
　　prit, lumière et semence*, p.137 (in *Occultism, sorcellerie et modes culturelles*, pp.
　　125-166)。
⑲　　參閱 Tucci, *Les religions du Tibet*, p. 304 中簡述的文本。同一主題在蓮花生的傳奇
　　生平中也可以看到；在蓮花生故事裡，他把苯教的神靈征服了。
⑳　　Tucci, p. 305.
㉑　　在近代和希臘羅馬時期的希臘羅馬世界中，以及在印度和中國經常可以見到這一神話
　　主題。然而這並不排除確實有一部分的文本眞的被藏了起來，並在滅佛運動之後
　　被重新發現。

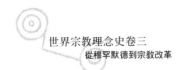
達到的目標是大徹大悟，即佛的境界，或者說是大乘的形式，即空。」⑫

(282) 與早期的佛教僧侶，即蓮花生的弟子們一樣，（第315節）苯教的教理分為九「乘」（或九「道」）。最後三乘在兩個宗教中是一樣的；前六乘也有許多共同之處，只是在苯波那裡還遺存了許多他們特有的信仰與魔法。⑬

在苯教文字中，有各種不同的宇宙生成學說。其中最為重要的當數源自一顆原始蛋的創世，或是源自原始時代巨人四肢的創世，就像原人（Purusa）一樣，這一主題透過《格薩爾王傳》（Gesar）的史詩保存了下來。此外，就是從一個退位之神那裡生出兩種完全對立的原則而形成的世界。在前兩種宇宙生成學說中，可以看出明顯的印度影響。而依據第三種學說，初始時代只是存在純粹的可能性，在存在與非存在之間遊移，卻有一個「受造物，萬物之主」。從這「萬物之主」出現一白一黑兩道光，它們又生出一白一黑兩個人。黑的那位被稱為「黑色地獄」，就像長槍一樣，是「非存在」的體現，代表否定的原則，是所有罪惡與災難的罪魁禍首。而白的那位自稱「喜愛生命的主人」，是存在的體現，代表了所有善的原則，是世界中的創造者。因為有他的原故，神為人們所崇拜，並與魔鬼以及惡的代表鬥爭。⑭

這一觀念讓人想起祖文教派的神學，（第213節）很可能是透過中亞的摩尼教徒傳播到西藏來的。

最後再次強調，不管是傳統的多苯教，還是改良的覺苯教，苯教它兼容並蓄的一面值得重視。之後我們將會看到，喇嘛教也遵循同樣的發展進程。在歷史上，兼容並蓄代表了西藏宗教的創造力與精神。

---

⑫ Blondeau, "Les religions du Tibet," p. 310。另外，苯教還借用了菩薩以及佛的三身的概念。在神廟中，儘管有名字上的差異，「許多神和魔鬼在兩種宗教中都是相同的」。（ibid.）

⑬ 對此最為完整的分析見 D. Snellgrove, *The Nine Ways of Bon*.也見 Tucci, pp. 291ff.; Blondeau, pp. 310ff.。

⑭ 見 Stein, *Tib. Civ.*, p. 246 中簡述的資料; Tucci, p. 273; cf. also pp. 280-88.

315. 喇嘛教的形成與發展

照傳統的說法，西藏的佛教是由國王松贊干布（Srong-bstan sgam-po，西元 620?-641 年在位）建立的，後來他被認為是觀音的再現。然而這位君王對弘揚佛法的貢獻今天是很難去確定的。我們只知道，至少他繼續追隨古老的宗教傳統。此外，有一點似乎是肯定的，即七世紀之前，在西藏的某些地區就出現了佛教思想。 (283)

佛教第一次在西藏的官方文書以國教出現，是在國王赤松德贊（Khri-ston lde-bcan，西元 755-797?年）在位期間。這位君主，被稱是文殊師利的現身，為西藏請來了許多印度高僧，特別是寂護（Sāntarakshita）、蓮花戒（Kamalashila）和蓮花生。㉕當時有兩種流派在爭奪國王方面的支持：一是「印度派」，主要傳授一種漸進的解脫之道，另一是「中國派」，傳授達到頓悟的技巧，即禪。國王讓雙方各自陳述並為自己的方法辯護（792-794），之後他選擇了印度派的主張。這一著名的辯論是在桑耶寺（Bsam-yas）進行的，這是赤松德贊在位之初興建的寺院；是西藏一系列寺廟興建的第一座，之後許多寺院以此為範本，而這些廟宇的興建延續了數世紀之久。國王赤松德贊提供寺院土地，為未來喇嘛的神權政治開了先河。

赤松德贊的後繼者加強了佛教的國教地位。到了九世紀，僧侶們在政治階層上享有特權，財產也越來越豐富。國王熱巴巾（Ral-pa-čan）過於重視僧侶，引起貴族階層的不滿與反對。他遭到刺殺身亡，其兄長朗達瑪繼位後（西元 838-842 年在位）對佛教徒展開殘酷的迫害。根據後來的歷史記載，這位國王極力支持苯教，但他也被人謀殺。在他死後，整個國家分裂為許多互相爭鬥的小國，後來進入混亂的無政府狀態。一個世紀之久，

㉕ 圍繞著他出現了一大批的神話；有人認為是他讓西藏改了教，有人認為他是第二個佛；參見 C. Ch. Toussaint, *Le dict de Padma* 譯本中的書目。

佛教一直遭禁,寺廟被毀,僧侶受到處死的威脅、被迫結婚或改信苯教。
僧侶機構紛紛瓦解,圖書館被焚毀。然而,部分孤軍奮戰的僧侶得以倖
(284) 存,特別是在偏遠的省份。迫害與無政府時期的情況有利於魔法以及具有
放縱特質密宗儀式的流傳。

到了西元 970 年左右,西藏西部一名信佛的國王耶喜俄(Ye-ces'od,
即智光之意)派遣仁欽桑波(Rin c'en bzan po,即寶賢之意,958-1055 年)
到克什米爾(Kashmir)地區尋找印度大師。從此開始了第二次佛教的弘揚
期。仁欽建立了一個學派,致力於翻譯經典著作,並重譯舊著。㉖西元
1042 年,一位密宗大師阿底峽(Atiśa)來到了西藏西部。他教授當時已是
高齡的仁欽以及他的弟子;在這些弟子中,仲敦巴(Brom-ston)後來成為
阿底峽學說的代表人物。這是一場真正的改革,目的在於重建佛教的原始
結構,包括僧侶嚴格的道德標準,還有獨身、苦行與冥想的傳統方法等。
精神導師——在藏語中被稱為喇嘛——的角色變得越來越重要。阿底峽與
弟子們所推動的改革為後來「有德派」,即格魯巴(dge-lugs-pa)的形成
奠定了基礎。但是,另有一批僧侶以蓮花生為號召,不接受此一改革,隨
著時間的演變,他們自稱為「古老派」,即寧瑪巴(Rnin-ma-pa)。

在十一世紀與十四世紀之間出現一批精神大師,創立了新的「學
派」,建立了後來聲名遠播的寺院。西藏僧侶們去印度、克什米爾、尼泊
爾等地,尋找有聲望的老師,希望能夠獲得解脫的祕密(特別是通過密宗
的方法)。正是在這個時代出現了著名的瑜伽師、神祕主義者和魔法師那
諾巴(Naropa)、瑪爾巴(Marpa)與密勒日巴(Milarepa)。他們為人啟
示,並組織了不同的學派,其中有些學派隨著時間的演變,又產生許多分
支。在此無須一一列舉;而值得一提的是宗喀巴(Tsong-kha-pa,
1359-1419),他是繼阿底峽之後著名的改革家,創立了一個前途遠大的學
派,被稱為「新派」或「有德派」(格魯巴)。宗喀巴的第三位繼承者獲

㉖ 這構成了龐大的藏經基礎:一百卷《甘珠爾》(其中包括佛的話語)和二百二十
五卷的《丹珠爾》(其他印度作者撰寫的評論以及有系統論文的譯文)。

得達賴喇嘛的頭銜（1578 年）。在達賴喇嘛五世（1617-1682 年）期間，格魯巴獲得了決定性的勝利。從此之後，一直到現在，達賴喇嘛被公認爲 (285) 是當地唯一的宗教與政治首領。寺院的財富以及衆多的人數、具人文與精神導師地位的僧侶，這些均保障了喇嘛教神權政治的權威性與穩定性。

至於「古老派」寧瑪巴的信徒們，他們認爲在口傳的教義之外，還有一種啓示，通過傑出僧侶在出神狀態獲得，或是保存在文獻中，這些文獻因迫害而被隱藏，而後來又被發現。就跟苯波一樣，「古老派」的信徒們在十一到十四世紀發現了許多文獻。一位天賦極高又極其勤奮的僧侶龍欽（Klon'chen，十四世紀），集寧瑪巴傳統之大成，整理出一個層次分明、闡述清晰的理論體系。奇怪的是，「古老派」的眞正再興是在十七世紀之後。然而，儘管兩者在哲學上，尤其是在各種儀式上有所分歧，「古老派」與「新派」並非眞正的決裂。到了十九世紀出現了一種兼容並蓄的趨勢，致力於將所有的傳統學派融合在一起。

316. 喇嘛教的教理與修行

西藏人並不認爲自己在教理方面有所創新。但有一點不可忽視：「十三世紀初，佛教在印度消失，只剩下些經書在流傳的時候，它卻在西藏繼續發展並且深植人心，成爲生機勃勃的傳統。」㉗大乘佛教在印度大興之後，第一批僧侶入藏。（第 187 節）最有影響力的有三個教派，一是「中觀派」，由龍樹所創（三世紀）；二是「瑜伽行派」，或稱「唯識宗」，由無著所創（四至五世紀）；最後一個教派即是「坦特羅」，又稱「金剛乘」。在緊接下來的五個世紀中，所有這些教派都向西藏派遣了各自的代表。這一切都促進了西藏喇嘛教的形成。

簡而言之，我們可以說「格魯教」（或格魯巴）即「改革派」追隨的是龍樹，運用了邏輯和辨證法去實現「空」，由此得到解脫，而「舊派」 (286)

㉗ Blondeau, p. 271.

遵循的首先是無著的傳統，尤其重視沉思冥想式的瑜伽修鍊術。但這並不是說在「舊派」那裡對辨證法有偏見，或者說在「改革派」那裡就不傳授瑜伽術。格魯教對密宗儀式也並非不重視，儘管主要是寧瑪教在修行。

所以，信教者有兩種選擇：走頓悟之路或者是走漸進之路。但兩者都認為「絕對」（即「空」）在於盡除「二元性」，如（思想的）主體和（被思想的）的客體、表象世界和終極現實、輪迴和涅槃等。龍樹認為存在著兩種真理：即相對的、習俗所公認的真理（世俗諦）和絕對真理（真諦）。在第一種真理那裡存在著表象世界，儘管以客觀角度來看是不真實的，在平常人的經驗中卻實實在在地存在著。而在絕對真理那裡看來，思想可以從一切看似存在的事物中發現它的不真實性，然而這種感悟是無法用語言來表達的。對這兩種真理的區分──俗定的和絕對的──可以維護俗家信徒道德引導和宗教行動的價值。

這兩種不同的真理與不同類型的人相關。當然，每一個人都潛在地具有菩提心，但實現這種菩提心卻要看每個人的羯摩（或稱「業」），看他無數前世的因果關係。俗家信徒只能看到俗定真理，盡力通過向僧侶們濟貧施捨，通過儀式和朝拜，通過念六字真言「唵嘛呢叭嚦吽」，來積累更多的善果。對他們來說，「念經過程中重要的是信念之誠。這種信念使他們高度集中精力，從而遺忘小我」。[28]而僧侶也因他們精神的完善程度而異。一部分和尚還處在俗定真理中；另一部分則選擇了頓悟的捷徑，致力實現相對與絕對的同一、輪迴和涅槃的同一，也就是致力於最後真理的經驗，即「空」。有些人因此而放浪形骸，舉止大異於人，甚至在別人看來怪誕不經，就是表示他們已經超越了俗定真理虛幻的二元性。

(287)

和在印度一樣，（第332節）主要是密宗教派，在絕對保密的情況下，修鍊並傳授各種觀想的技巧與儀式，以實現生命存在各個領域中的「對立同一」。而西藏所有的教派都接受大乘佛教的基本原則，首先是大智大慧

---

[28] Stein, *Tib. Civ.*, p. 174。凡夫俗子希望通過本世積累的善果，以便在來世有更好的境遇。

的概念。這是一種陰性、被動的原則，它與「實行」、「方法」或「方便度」，即陽性和行動的原則密切相連。只有通過「實行」，才能獲得「慧」。僧侶通過儀式性的觀想技巧以特別的方式達到這兩種原則的合一，從而得到「大歡喜」。

喇嘛教的特徵之一是「上師」的重要性。當然，在婆羅門教和印度教盛行的印度，以及在早期佛教中，上師也被看作是弟子的精神之父，但藏傳佛教將上師提高到一個幾乎神聖的地位。他為弟子灌頂引他入教，為他解釋經文，並將一個神祕全能的密咒傳授給他。上師首先找出初入教者「主要的熱情所在」，以便了解他的加持神，由此才能確定適合他的經文。

弟子必須對上師絕對信任：「尊敬大師的毫髮，勝於對全部三世（過去、現在和將來）佛身的崇敬。」[29] 在觀想的過程中，弟子試著讓自己與上師合一，而上師本人又與最高的神靈合一。上師讓他的弟子經歷許多考驗，以發現他信念的堅強性和局限性。瑪爾巴對他的弟子密勒日巴污辱有加，既罵又打，但並沒能夠動搖他的信念。瑪爾巴雖然性格易怒，不公且粗暴，但他弟子信念之誠，常讓他感動得獨自一人偷偷流淚。[30]

僧侶們的宗教活動主要就是進行一系列瑜伽密宗式的精神訓練，其中最重要的即為觀想。[31] 修持者可以運用一些外在物體來幫助觀想：如各種 (288) 神祇的圖像或曼陀羅等。但是，和在印度一樣，特別是在密宗裡，（第333節）所呈現的神靈必須是內在化的了，即由僧侶「創想」出來，然後像在屏幕上一樣投射出來。首先要止息雜慮，然後，伴隨著一個神祕的音節，神靈出現，接下來修持者與這個神明合一。「於是就有了一個神聖的身體，明亮而空無：完全融入神聖，不可分離，藉此修行者進入大虛空。」只有在這一時刻，神靈真正存在於當下。

「為了證明這種觀想的召喚，曾有人敘述，觀想神像時，畫中的神明

㉙　見 Stein, ibid., p. 176 所引用的文本。

㉚　見 J. Bacot, *Le poète tibétain Milarepa* 的傳記翻譯。

㉛　每一個寺院都有提供僧侶隱居修鍊的特別房間。

走出畫卷，繞行一圈後再回到畫中。可以看出他們回到畫中後，衣服略微有些零亂。在桑耶，菩薩祖師（即蓮花生）的觀想是那麼的專注入神，他讓在場的人看到了神明，看到廟中的雕像紛紛離席而行，繞場一周，再回到原位。」㉜

　　有些觀想還需要掌握哈達瑜伽（Hatha）的技巧（第 143 節）：例如自生熱量讓修持者在冬夜大雪中裸身不濕，並還能烘乾好幾層床單。㉝還有和尚通過修持得到類似於行乞僧的瑜伽本領（第 195 節）：比如把他的靈魂移到屍體上去，也就是讓屍體還魂。最可怕的觀想修持被稱為「斷」（gčod），即割下自己的肉餵飼魔鬼。「在觀想巨大能量的作用下，出現一個手持亮閃大刀的女神，她跳到獻貢祭品人的頭上，揮刀砍下他的腦袋，並將他肢解。於是魔鬼和野獸蜂擁而至，啖肉噬血。有一個聲音伴隨整個過程，講述某些佛的『本生故事』，即佛在前生，曾自割其身，以餵食飢餓的野獸和吃人的魔鬼。」㉞

　　這類的觀想讓人聯想到薩滿教巫師被魔鬼和祖先靈魂肢解的入會禮。在喇嘛教中，這不是唯一與薩滿教信仰和修行方法相似的例子。某些喇嘛巫師在互相鬥法時使出魔法，與西伯利亞的薩滿一樣。喇嘛和薩滿一樣能呼風喚雨，騰空而起。㉟儘管如此，就精神價值而言，藏族喇嘛恐怖駭人的觀想與薩滿教儀式的層次仍有不同。「觀看自身的骷髏」，本來是薩滿教特殊的修鍊方式，到了喇嘛教那裡就成了世界和自我非真實性的至樂體

(289)

㉜　Stein, *Tib. Civ.*, pp. 182, 183.

㉝　這是一種極為古老的技巧，在古印度就已出現，(cf. *tapas*, §78)且為薩滿特有；cf. Eliade, *Le Chamanisme*, pp. 370ff., 412ff.; *Mythes, rêves et mystères*, pp. 124ff., 196ff.。

㉞　R. Bleichsteiner, *L'Église Jaune*, pp. 194-95; Eliade, *Le Chamanisme*, p. 385。「『斷』的修持需要有很長的精神準備；只有心性極強的弟子才可以修鍊。否則，他會被自己所喚起的幻覺嚇壞，而失去理智。儘管大師們非常謹慎小心，但據說在某些弟子身上還是發生了這樣的事故。」Blondeau, p. 284。

㉟　Bleichsteiner, pp. 187ff., 224ff.; *Le Chamanisme*, p. 387。在蓮花生的生平中可以發現許多薩滿的特徵; cf. *Le Chamanisme*, p. 383。

驗。又例如，喇嘛看到自己「像一具白色的骷髏，發亮而龐大，從中燃出巨大的火焰，瀰漫整個宇宙的大虛空」。㊱

317. 光的本體論與神祕生理學

　　西藏宗教的一大特色即是具有吸取與同化來自不同傳統思想的能力，不管它們是本地的、古老、外來還是近期的。我們可以藉由對光的概念和儀式的研究來看這樣一種兼容並蓄機制所帶來的結果。我們在關於「牧」繩的神話，以及某些當地和苯教的宇宙生成論中發現光的作用。傑瑟培・圖齊（Giuseppe Tucci）認為西藏宗教體驗的根本特徵就是賦予光極重要的地位。「不論是生成的原則、終極現實的象徵或是可見的啟示，總之一切都是源自於光，而且它在我們身上。」㊲對於所有喇嘛教學派來說，精神 (290) 就是光，而這種等同構成了西藏靈魂解脫學說的基礎。㊳

　　然而我們不能忘記，在印度，光被視作是所有宇宙層次中精神與創造力的顯現，這一點從吠陀（Veda）就開始了。（第 81 節）神性、精神、光與創造力之間的同型理論在《梵書》與《奧義書》中已有清楚的闡述。㊳諸神的顯現與救世主（菩薩、大雄）的誕生或頓悟，都是藉由一片超自然光芒的照射來表現的。對於大乘佛教而言，精神（即思想）是「光輝燦爛的」。另一方面，光在伊朗神學中的作用（第 215 節）也為人所熟悉。因此我們可以說，精神與光的等同性在喇嘛教中意義重大，應是受到源自印度或間接來自伊朗思想的影響。儘管如此，我們將從一個佛教傳入之前有關人類源自於光的神話中，並在喇嘛教的範疇內重新研究其闡述與評價

㊱　Lama Kasi Dawa Samdup and W. Y. Evans-Wentz, *Tibetan Yoga and Secret Doctrines*, p. 330.

㊲　Tucci, *Les religions du Tibet*, p. 97.

㊳　Ibid., p. 98; see also pp. 110ff., 125ff..

㊴　見我們的 "Expérience de la lumière mystique"（重新整理後發表於 *Méphistophélès et l'Androgyne*, pp. 27ff.）。

的過程。

根據古老傳統的說法，「白光」生出了一個蛋，從中又生出最初的人。另一種版本說最初的生命來自虛空，光芒四射。還有一種說法解釋了從光到人之間的過渡過程。最初的時候，人不分性別，沒有性欲；他們身上會發光，而太陽和月亮尚未存在。然後性本能甦醒，性器官隨之出現——太陽與月亮也出現在天上。起初，人以下列方式繁殖：男體發出的光照亮並肥沃了女體的子宮。性本能只通過光而得到滿足。但是人越來越墮落，開始互相手觸，最後他們發現了性的結合。④⓪

(291)　　根據這些想法，光與性是兩個對立的原則：當某一項占主導地位的時候，另一項就無法表現出來。其實這就意味著光儲存在「生命力」之中，或者說光被約束在其中。如前所述，精神、光以及生命力的共體性是源自於印度伊朗地區的觀念。但在西藏神話與神學中，光的重要性（比方說牧繩等）暗示這一關於人起源的主題有土生土長的特性。這並不排除之後在摩尼教影響下的再詮釋。

事實上，照摩尼教的說法，最初的人是由五道光組成的，黑暗中的魔鬼打敗他並將他吞食。從此之後，人是魔鬼創造的，五道光芒被約束在人體內，特別是在精子中。（第233節）我們可以在印度西藏對「保留性交」（maithuna）的詮釋中再次看到五色光束的說法，「保留性交」是一種模仿神的「遊戲」的儀式性交合，不通過射精達到繁殖的目的。（第344節）月稱（Candrakirti）和宗喀巴在解釋《密集金剛密續》（*Guhyasamaja Tantra*）時強調這樣一個細節：在「保留性交」的過程中將完成神祕的結合，在這過程中雙方會獲致涅槃的意識。在男人身上，這種涅槃意識（被稱為菩提心〔bodhicitta〕）表現為一滴從頭頂流出的液體，而性器官充滿一束五色光束。月稱說道：「在結合的過程中，必須觀想金剛（雄性器官）與

---

④⓪　Ibid., pp. 47ff..

蓮花（子宮），好像它們充滿了五色光束。」㊶在五色光束的意象中可明顯看出摩尼教的影響。這與密宗不許射精的誡命以及摩尼教不讓女性懷孕的禁令之間也存在著一種類似性，但這並不意味著一定有轉借。

在聖人與瑜伽師過世的時候，他們的靈魂通過頭頂骨而飛出，像一支 (292)發光的箭，通過「天上的出煙孔」而消失。㊷一般人死時，喇嘛會在死者的頭頂上開一個小孔，便於「靈魂」飛出。在臨終的最後關頭和死者辭世後幾天內，喇嘛會為死者讀《中陰聞教得度》（ *Bardo Thödol*，或譯為《西藏度亡經》）。喇嘛提醒他將會被一道突如其來的刺眼光芒喚醒：那是他與自我——同時也是終極現實——的相遇。《中陰聞教得度》告誡死者：「不要怕，也不必驚慌，這是你的本質所發出的光芒。」該文繼續說道，雷聲以及其他可怕的現象「都無法傷害到你。你不會死。你只需承認這些現象都是你自己思想的形式，並承認這一切都只不過是過渡狀態。」㊸但是，由於死者被他的「業」所障，未必能遵循這些勸告。雖然死者可以陸續看到純潔的光——代表解脫以及與菩薩本質的認同，他還是會被不純潔的光所吸引，這些不純的光反映一種過世後的存在形式，也就是說，死者又回到大地。㊹

每一個人在他臨終之時都有獲得解脫的機會：他只要能夠認同那一瞬

㊶ 轉引自 Tucci, "Some Glosses upon Guhyasamāja," p. 349。還需提到一點，對大乘佛教來說，宇宙元素——「蘊」（skandha）或「界」（dhatus）——與如來（Tathagatas）是一回事。而如來的最終現實就是五彩之光。「所有的如來都是五彩之光」，Candrakirit (Tucci, ibid., p. 348)。關於此一問題參見 *Mephistophélès et l'Androgyne,* pp. 45ff.; *Occultism, sorcellerie et modes culturelles,* pp. 133ff.。

㊷ 這一靈魂從顱頂衝出的儀式被稱為「從天門衝出」；Stein, "Architecture et pensée religieuse en Extrême-Orient," p. 184; cf. Eliade, "Briser le Toit de la Maison," pp. 136ff.。

㊸ Evans-Wentz, *The Tibetan Book of the Dead,* p. 104.

㊹ 在白色與藍色的光之後，他就看到黃色、紅色和綠色之光，最後就可以看到所有的光在一起；ibid., pp. 110-30; cf. also pp. 173-77 and *Tibetan Yoga and Secret Doctrines,* pp. 237ff.。

間遇到的刺眼光芒。喇嘛高聲誦讀《中陰聞教得度》是對臨終者最後一次的勸告；但最終決定他命運的還是死者本人。該由他的意志去選擇純潔之光，由他自己的力量去抵制死後存在的誘惑。也就是說，死亡提供了一種新的啓蒙的可能性，但是和其他啓蒙程序一樣，新入教者必須面對並克服許多考驗。辭世之後出現的光是最後一次考驗，也可能是最艱難的。

318. 西藏宗教創作的現況

(293)　　《中陰聞教得度》無疑是西方世界中最著名的西藏宗教作品。1928 出版英文譯本，主要是在西元 1960 年後它成爲許多年輕人的案頭書。這一現象對當代西方人文發展史來說有很特殊的意義。《中陰聞教得度》是一本深奧而艱難的書，在其他的宗教文學中都沒有類似可相對應的作品。它不僅引起心理學家、歷史學家和藝術家的廣泛關注，尤其讓無數的年輕人產生興趣，這可以說明一點，它證明了在現代西方社會中，死亡幾乎完全失去了神聖性。在此同時出現一股強烈的需求，希望在宗教或哲學的領域中，對於終結一切並質疑人的存在的行動予以重新評價。[45]

　　此外，香巴拉，這保存了《時輪》（*Kalacakra*）經典的神祕國度，[46] 已普遍爲人所知，這一現象也自有其意義。現在有好幾種有關香巴拉的導引手冊，由喇嘛所撰寫，可說是一種神話地理學。事實上，在導引手冊中描寫的各種障礙（高山、河流、湖泊、沙漠與各種怪物）讓人聯想起眾多神話與民間傳說中通往美好世界的路徑描述。甚至，有些西藏學者認爲可

---

[45]　這一帶有異國色彩的「死亡學」在現代西方廣受歡迎的現象也許可以跟在西方風行的骷髏舞相比較。照 B. Laufer 的說法，這一舞蹈的起源正是西藏。

[46]　這一密宗流派尚未充分研究。它在西元 960 年左右，通過中亞，進入了孟加拉和喀什米爾。六十年以後，「時輪」（Kalacakra）派——字面意義爲「時間之輪」——進入了西藏，帶入了相關特殊對時間的測量以及天文星相學的元素。Cf. H. Hoffmann, *The Religions of Tibet*, pp. 126ff.; idem, "Kālacakra Studies I," passis.

以在夢中或出神狀態下到達香巴拉。⑰一則關於恍若眞實存在天堂的古老神話，對它的著迷凸顯出失去了神聖性的西方社會正充斥著一股懷舊的潮流。我們只要想到那部平庸的小說《失去的地平線》（ *Lost Horizon* ），特別是改編而成的電影在市場上所獲得的成功，便可理解這個現象。

《中陰聞教得度》之後，在西方受到注意的西藏作品是《密勒日巴尊 (294)
者的一生》（ *Life of Milarepa* ）。這是一本寫於十二世紀末的書，由巴柯（ J. Bacot ）譯成法文（ 1925 年 ），又由埃文斯溫茲（ Evans-Wentz ）譯成英文（ 1938 年 ）。可惜的是，密勒日巴尊者（ 1052-1135 ）的詩歌作品鮮爲人知。第一部完整的譯本於 1962 出版。⑱密勒日巴的生平與作品相當有意思，這位魔法師、神祕主義者和詩人反映了西藏宗教的眞髓。原本密勒日巴學習魔法的目的是要替一位長輩報仇。在向瑪爾巴長期辛苦學習之後，他隱居到一個山窟裡並成爲聖人，獲得「活著就解脫」的無上歡喜。在他的詩歌中——若由詩人來翻譯必能引起廣大迴響——他改良了印度密宗的讚歌技巧，並運用在本地的歌謠中。「他這麼做一定是基於個人喜好，但將它引入民間歌謠中，也達到將佛教思想通俗化，使之更平易近人的目的。」⑲

還有，很有可能在未來不僅是比較文學歷史學家們會重新發現《格薩爾王傳》，學識豐富的讀者也會重視它。儘管直到十四世紀末左右這一古老史詩才終於成型，但它的傳說在三個世紀之前就出現了。中心主題圍繞著主人公的轉化過程。由一個醜陋而壞心眼的小男孩，經過一系列的考驗，結果成爲無往不勝的勇士，最後成了偉大的君主格薩爾王，能夠戰勝世界各地的魔鬼與國王。⑳

我們之所以要提到一些西藏宗教創作在西方的迴響，是因爲中國占領 (295)
西藏之後，一批西藏僧侶與學者流亡到世界各地。隨著時間的演變，這種

⑰　Cf. Edwin Bernbaum, *The Way to Shambala*, pp. 205ff..

⑱　*The Hundred Thousand Songs of Milarepa*, 由 Garma C. K. Chang 翻譯與評論。

⑲　Stein, *Tibetan Civilization*, p. 260.

⑳　Cf. Stein, ibid., pp. 276ff.; idem, *Recherches sur l'épopée*, pp. 345ff. and passim.

情況可能會發生徹底的改變甚至扼殺西藏的宗教傳統。但是，從另一角度來說，喇嘛的口頭傳授在西方發揮的影響力，也許與那些在君士坦丁堡陷落後帶著珍貴手稿出走的拜占庭學者一樣。

西藏宗教的高度概括性類似中世紀的印度教以及基督教。這三者皆結合了「傳統宗教」（也就是宇宙的神聖結構）、「救贖宗教」（佛教、基督教的信息與毘濕奴宗教）和祕傳傳統（坦特羅派、諾斯替派與魔法技巧）。在由羅馬教會統治的中世紀西方與喇嘛的神權政治之間有令人驚訝的相似之處。

略語表

ANET= J. B. Pritchard, *Ancient Near Eastern Texts Relating to* the Old Testament (Princeton, 1950; 2d ed., 1955)

Ar Or= *Archiv Orientálni* (Prague)

ARW= *Archiv für Religionswissenschaft* (Freiburg and Leipzig)

BEFEO= *Bulletin de l'Ecole française de* l'Extrême-Orient (Hanoi and Paris)

BJRL= *Bulletin of the John Rylands Library* (Manchester)

BSOAS= *Bulletin of the School of Oriental and African* Studies (London)

CA= *Current Anthropology* (Chicage)

HJAS= *Harvard Journal of Asiatic Studies* (Cambridge, Mass.)

HR= *History of Religions* (Chicago)

IIJ= *Indo-Iranian Journal* (The Hague)

JA= *Journal Asiatique* (Paris)

JAOS= *Journal of the American Oriental Society* (Baltimore)

JAS= *Journal of the Asiatic Society, Bombay Branch*

JIES= *Journal of Indo-European Studies* (Montana)

JNES= *Journal of Near Eastern Studies* (Chicago)

JRAS= *Journal of the Royal Asiatic Society* (London)

JSS= *Journal of Semitic Studies* (Manchester)

OLZ= *Orientalistische Literaturzeitung* (Berlin and Leipzig)

RB= *Revue Biblique* (Paris)

REG= *Revue des Etudes Grecques* (Paris)

RHPR= *Revue d'Histoire et de Philosophie religieuses* (Strasbourg)

RHR= *Revue de l'History des Religions* (Paris)

SMSR= *Studi e Materiali di Storia delle Religioni* (Rome)

VT= Vetus Testamentum (Leiden)

WdM= Wörterbuch der Mythologie (Stuttgart)

問題研究和書評書目

241 　關於北歐亞宗教的史前時代史與初期史，Kerl Jettman 作出很好的一般性導論，Karl Jettmar in I. Paulson, A. Hultkrantz, and K. Jettmar, *Les religions arctiques et finnoises* (French ed., Paris, 1965; German ed., Stuttgart, 1962), pp. 289-340.

　　關於對中亞文化的歷史介紹，參見 Mario Bussagli, *Culture e civiltà dell'Asia Centrale* (Rome, 1970), esp. pp. 27ff. (關於游牧文化的起源), pp. 64ff. (關於定居文化的起源與特點), pp. 86ff. (「胡諾－薩爾瑪特」時代〔Hunno-Sarmatic〕中的斯基泰〔Scythic〕)；這部作品的評注性參考書目非常出色。

　　也可參閱 K.Jettmar, *Die frühen Steppenvölker* (Kunst der Welt, Baden-Baden, 1964); idem, "Mittelasien und Sibirien in vorturkischer Zeit," *Handbuch der Orientalistik*, i Abt. V, Bd. 5(Leiden and Cologne, 1966), pp. 1-105; Sergei I. Rudenko, *Frozen Tombs of Siberia: The Pazyryk Burial of Iron Age Horsemen* (Los Angeles, 1970; Russian ed., 1953); E. Tryjarski, "On the Archaeological Traces of Old Turks in Mongolia," *East and West* (Rome, 1971); L. I. Albaum and R. Brentjes, *Wächter des Goldes: Zur Geschichte u. Kultur mittelasiatischer Völker vor dem Islam* (Berlin, 1972); Denis Sinor, *Introduction à l'étude de l'Eurasie Centrale* (Wiesbaden, 1963; with annotated bibliography).

　　René Grousset 的綜合性著作已無法取得，*L'Empire des Steppes: Attila, Genghis-Khan, Tamerlan* (Paris, 1948). 也可參見 F. Altheim and R. Stiehl, *Geschichte Mittelasiens im Altertum* (Berlin, 1970); F. Altheim, *Attila und die Hunnen* Baden-Baden, 1951; French trans., 1953); idem, *Geschichte der Hunnen,* 1-4 (Berlin, 1959-62); E. A. Thompson, *A History of Attila and the Huns* (Oxford, 1948); Otto J. Maechen-Helfen, *The World of the Huns: Studies in Their History and Culture* (Berkeley, 1973; 這部作品主要因為它的考古資料以及完備的參考書目，而有重要意義，pp. 486-578).

　　關於狼的宗教象徵意義和神話儀式（儀式性的轉變成為猛獸、游牧民族源自於肉食性動物的神話等），參見我們的研究 "Les Daces et les loups" (1959; repub. in *De Zalmoxis à Genghis-Khan,* Paris, 1970, pp. 13-30; English ed., *Zalmoxis, the Vanishing God,* Chicago, 1972, pp. 12-20).「成吉思汗的第一個祖先是一頭受到命運挑選從天上派來的灰狼。它的妻子是一頭白色的母鹿……」，*L'Histoire secrète des Mongols* 就是這樣開的頭。突厥人和維吾爾人強調他們的祖先是一隻母狼（突厥）或者是一頭公狼。根據中國的資料，匈奴是一位公主與一隻具有超自然力量狼的後代。在卡拉吉爾吉斯人（Kara-Kirgises）那裡也有類似的神話。（其他的說法——通古斯族人，阿爾泰人等——則說是一位公主和一隻狗），資料來源參見Freda Krestchmar, *Hundestammvater und Kerberos,* 1 (Stuttgart, 1938), pp. 3ff., 192ff. Cf. also Sir G. Clauson, "Turks and Wolves," *Studia Orientalia* (Helsinki, 1964), pp. 1-22; J.-P. Roux, *Faune et Flore sacrées dans les sociétés altaïques* (Paris, 1966), pp. 310f f.

一隻狼與一頭母鹿的聯姻看上去可能有些矛盾，因為母鹿是狼的食物。但是一個民族的的神話、一個國家或者王朝的建立都需要對立的統一的象徵（也就是說一種與初始統一相似的整體性），以強調它全新的創造性。

242 芬蘭學者 Uno Harva 的著作 *Die religiösen Vorstellungen der altaischen Völker,* FF Communications no. 125 (Helsinki, 1938), 是最好一部全面介紹的書（French trans., 1959）。關於天神，參見 pp. 140-53; cf. also Eliade, *Traité d'histoire des religions, §§17-18 (English ed., Patterns in Comparative Religion,* New York, 1974, pp. 54-64). Wilhelm Schmidt 在他的著作 *Der Ursprung der Gottesidee,* 中最後四卷中收集並整理了大量民族誌的資料, vol. 9 (1949) 土耳其人和韃靼人, vol. 10 (1952)蒙古人，通古斯人，尤卡吉爾人, vol. 11 (1954)雅庫特人，索約塔人（Soyota），卡拉加斯人（Karagas），葉尼塞人（Yenisei），vol. 12 (1955)對東亞游牧宗教的綜合看法，pp.1-613；與非洲游牧民族的比較，pp. 761-899。在參考這些材料的時候，不應忽略 Schmidt 的中心思想：「原始一神論」的存在。參見同作者的著作 "Das

Himmelsopfer bei den asiatischen Pferdezüchtern," *Ethnos* 7 (1942): 127-48.

　　關於騰格里，參見專書 Jean-Paul Roux, "Tängri: Essai sur le Ciel-Dieu des peoples altaïques," *RHR* 149 (1956): 49-82, 197-230; 150 (1957): 27-54, 173-212; "Notes additionnelles à Tängri, le Ciel-Dieu des peuples altaïques," *RHR* 154 (1958): 32-66. 也可參閱同一作者的著作 "La religion des Turcs de l'Orkhon des VIIᵉ siècles," *RHR* 160 (1962): 1-24.

　　關於突厥與蒙古的宗教，可參見 Jean-Paul Roux, *La religion des Turcs et des Mongols* (Paris, 1984).關於蒙古人的宗教，可參考 N. Pallisen, *Die alte Religion der Mongolischen Völker* (diss., Marburg, 1949), "Micro-Bibliotheca Anthropos" no. 7 (Freiburg, 1953). Walter Heissig, "La religion de la Mongolie," in G. Tucci and W. Heissig, *Les religions du Tibet et de la Mongolie* (French ed., Paris, 1973), pp. 340-490, 主要介紹了蒙古人的民間宗教和喇嘛教。作者大量引用了在他重要著作中翻譯和收集的資料，*Mongolische volksreligiöse und folkloristische Texte* (Wiesbaden, 1966).

　　關於匈奴人的宗教，可以參閱 Otto J. Maenchen-Helfen, *The World of the Huns,* pp. 259-96, esp. pp. 267ff.（關於薩滿教與有幻覺能力者），pp. 280ff.（面具與護身符）。

243　關於宇宙生成論，Uno Harva, *Die religiöse Vorstellungen*, pp. 20-88; M. Eliade, *Le chamanisme et les techniques archaïques de l'extase* (2d edition, 1968), pp. 211-22 (English ed., *Shamanism, Archaic Techniques of Ecstasy*, Princeton, 1972, pp. 259-79); I. Paulson, in *Les religions arctiques et finnoises*, pp. 37-46, 202-29; J. P. Roux, "Les astres chez les Turcs et les Mongols," *RHR* (1979): 153-92 (關於朝向太陽的祈禱，pp. 163ff.).

　　大地作為神並沒有扮演重要的角色，人們既沒有以神像來表現他，也不對他進行祭祀(cf. Harva, pp. 243-49). 在蒙古人那裡，大地女神烏圖根（Ötügen）原來意指蒙古人的最初發源地，(ibid., p. 243). 也可參閱 E. Lot-Falck, "A propos d'Atüngän, déesse mongole de la terre," *RHR* 149 (1956):

157-96; W. Heissig, "Les religions de la Mongolie," pp. 470-80 ("Culte de la Terre et culte des hauteurs").

244 關於「潛水創世」的神話，參見我們的研究 "The Devil and God," in *Zalmoxis*, pp. 76-130. W. Schmidt, *Ursprung der Gottesidee*; vols. 9-12 中介紹並分析了歐亞民族的變化版本；參閱綜合卷，vol. 12, pp. 115-73. 必須補充一點，我們並非完全同意作者所作的歷史分析和最後的結論。

關於埃爾利克，即在古土耳其記錄中的死亡之神，參見 Annemarie v. Gabain, "Inhalt und magische Bedeutung der alttürkischen Inschriften," *Anthropos* 48 (1953): 537-56, esp. pp. 540ff.

245 關於不同的薩滿教，包括在亞洲北部與中部，在南、北美洲、東南亞和大洋洲，在西藏、中國以及印歐民族中，參見我們的作品 *Le Chamanisme*。前六章主要討論中亞與西伯利亞的薩滿教。在此書出版之後出現的重要書籍包括：V. Dioszegi, ed., *Glaubenswelt und Folklore der sibirischen Völker* (Budapest, 1963), 關於薩滿教有九個研究；Carl-Martin Edsman, ed., *Studies in Shamanism* (Stockholm, 1967); Anna-Leena Siikala, *The Rite Technique of the Siberian Shaman*, FF Communications no. 220 (Helsinki, 1978).

總體介紹，參見 Harva, *Rel. Vorstell.*, pp. 449-561. Wilhelm Schmidt 簡述了他關於中亞游牧民族薩滿教的觀點，*Ursprung d. Gottesidee*, vol. 12 (1955), pp. 615-759. See also J.-P. Roux, "Le nom du chaman dans les textes turco-mongols," *Anthropos* 53 (1958): 133-42; idem, "Éléments chamaniques dans les texts pré-mongols," ibid., pp. 440-56; Walter Heissig, *Zur Frage der Homogenität des ostomongolischen Schamanismus* (Collectanea Mongolica, Wiesbaden, 1966); idem, "Chamanisme des Mongols," in *Les religions de la Mongolie*, pp. 351-72; "Le repression lamaïque du chamanisme," ibid., pp. 387-400.

關於將成為薩滿者的疾病徵兆以及入會禮的幻覺，參見 Eliade, *Le*

Chamanisme, pp. 44ff.; idem, *Mythes, rêves et mystères* (Paris, 1957), pp. 101. (English ed., *Myths, Dreams, and Mysteries,* New York, 1975, pp. 73ff.). 他們並非神經病患者（有些學者認為他們是，從 1861 克里烏查普金〔Krivus-hapkin〕到 1939 的奧爾馬克斯〔Ohlmarks〕都持此觀點），薩滿在智力層次上優於他們所處的環境。「他們是口語文學流傳的主要捍衛者：一個薩滿的詞彙可以達到一萬兩千個字，而其他一般人所掌握的日常語言只有四千個字。薩滿的記憶以及自我控制能力明顯地高於一般人的平均水準。他們可以在一個坐滿助手的蒙古包裡面進行他們的出神舞蹈，他們侷限在一個狹窄的空間裡，穿著至少有十五公斤重的鐵圈與其他專門服裝的物件，既不會碰著誰，也不會傷到哪一個人。」(*Myths, Dreams, and Mysteries,* p. 78)

G. V. Ksenofontov 的書已翻成德文，見 A. Friedrich and G. Buddruss, *Schamanengeschichten aus Sibirien* (Munich, 1956).

關於布里亞特人中薩滿公開的入會禮，引述資料與摘要參見 *Le Chamanisme,* pp. 106-111 (p. 106, n. 1, bibliography).

246 關於薩滿起源的神話，參見 L. Steinberg, "Divine Election in Primitive Religions" (*Congrès International des Américanistes,* session 21, pt. 2 [1924], Göteborg, 1925), pp. 472-512, esp. pp. 474ff.; Eliade, *Le Chamanisme,* pp. 70ff.

關於阿爾泰民族祭馬的習俗，參見 W. Radlov, *Aus Sibirien: lose Blätter aus dem Tagebuche eines reisenden Linguisten* (Leipzig, 1884), vol. 2, pp. 20-50, 摘要見 *Le Chamanisme,* pp. 160-165. See ibid., pp. 166-167, 有關凱拉坎（Kaira kan）騰格里，白烏爾干以及馬祭儀式之間關係的歷史分析。

關於在出神狀態中下地獄，參見 *Le Chamanisme,* pp. 167-178. Cf. Jean-Paul Roux, *La mort chez les peuples altaïques anciens et médiévaux* (Paris, 1963); idem, "Les chiffres symboliques 7 et 9 chez les Turcs non musulmans," *RHR* 168 (1965): 29-53.

我們知道，某些民族有「白」薩滿和「黑」薩滿之分，雖然他們真正

的區別難以定義。在布里亞特人那裡，有許多半神半人成為黑可汗，「黑薩滿」便為他們效忠；或者成為白可汗，則有「白薩滿」為其效力。然而這種情況並非自開始就是如此；根據神話傳說，第一名薩滿是「白」的；「黑」薩滿是到後來才出現的；參閱 cf. Garma Sandschejew, "Weltanschauung und Schamanismus der Alaren-Burjaten," *Anthropos* 27 (1927-28): 933-55; 28 (1928): 538-60, 967-86, esp. p. 976. 關於這一分為二的情況及其起源，參閱 *Le Chamanisme,* pp. 157-160. 也見 J.-P. Roux, "Les Etres intermédiares chez les peuples altaïques," in *Génies, Anges et Démons,* Sources Orientales, 8 (Paris, 1971), pp. 215-56; idem, "La danse chamanique de l'Asie centrale," in *Les Danses Sacrées,* Sources Orentales, 6 (Paris, 1963), pp. 281-314.

247 關於薩滿的服裝以及手鼓的象徵意義，參閱 *Le Chamanisme,* pp. 128-153.

關於亞洲北部薩滿教的形成，ibid., pp. 385-394. 關於薩滿教在宗教與文化中的角色，ibid., pp. 395-97.

248 古西伯利亞語系包括尤卡吉爾人、楚克奇人（Chukchees）、科里亞克人和吉利亞克人的語言。烏拉爾語系包括薩莫耶德人、奧斯加克人和伏姑人的語言。芬蘭烏戈爾語種包括芬蘭人、切雷密斯人、伏替阿克人（Votyaks）和匈牙利人的語言等。

Uno Harva's *Die Religion der Tscherenissen,* FF Communications no. 61 (Poorvo, 1926)，需要特別注意。對「（西伯利亞部落）亞洲北部的宗教」以及「芬蘭民族宗教」整體全面的介紹，Ivan Paulson in *Les religions arctiques et finnoises,* pp. 15-136, 147-261（有出色的參考書目）。

M. Castrén, *Reiseerinnerung aus den Jahren 1838-44,* 1 (St. Petersburg, 1853), pp. 250ff.; Paulson, "Les religions des Asiates septentrionaux," pp. 61ff.; R. Pettazzoni, *L'onniscienza di Dio* (Turin, 1955), pp. 379ff.

關於潛水創世的神話，參閱 Eliade, *De Zalmoxis à Gengis-Khan*, pp. 100ff.

關於鳥戈爾人的薩滿教，參見 Eliade, *Le Chamanisme*, pp. 182ff.; 愛沙尼亞人的薩滿教，參閱 Oskar Loorits, *Grundzüge des estnischen Volksglauben*, 1 (Lund, 1949), pp. 259ff.; 2 (1951), pp. 459ff. 關於拉普蘭人（Lapp）的薩滿教，參閱 Louise Backman and Ake Hultkrantz, *Studies in Lapp Shamanism* (Stockholm, 1978).

關於瓦伊那魔伊能以及其他「卡勒瓦拉」英雄出身的薩滿，參見 Martti Haavio, *Väinämöinen, Eternal Sage*, FF Communications no. 144 (Helsinki, 1952).

關於猛獸的主人以及保護獵物的精靈，參見 Ivan Paulson, *Schutzgeister und Gottheiten des Wildes (der Jagdiere und Fische) in Nordeurasien: Eine religionsethnographische u. religions-phänomenologische Untersuchung jägerischer Glaubensvorstellungen* (Stockholm, 1961). See idem, "Les religions des Asiates septentrionaux (tribus de Sibérie)," pp. 70-102; "Les religions des peuples finnois," pp. 170-87; "The Animal Guardian: A Critical and Synthetic Review," *HR* 3 (1964): 202-19. 在北美洲、南美洲與高加索地區原始獵人那裡可以看到相同的觀念；參見 Paulson, "The Animal Guardian," nn. 1-12 的參考書目。

249 有關的文字記載由 C. Clemen 編輯出版，見 *Fontes historiae religionum primitivarum, praeindogermanicarum, indogermanicarum minus notarum* (Bonn, 1936): A. Mierzynski, *Mythologiae lituanicae monumenta*, 1-2 (Varsovie, 1892-95)，其中介紹並研究了十五世紀中期為止所有的材料。關於至 1952 的問題現狀，參見 Haralds Biezais, "Die Religionsquellen der baltischen Völker und die Ergebnisse der bisherigen Forschungen," *Arv* 9 (1953): 65-128.

關於波羅的海地區宗教綜合性的研究，參見 Haralds Biezais in Ake V. Ström and Biezais, *Germanische und baltische Religion* (Stuttgart, 1975). 各種

不同研究角度的總體介紹，見 V. Pisani, "La religione dei Balti," in Tacchi Venturi, *Storia delle Religioni,* 6th ed. (Turin, 1971), vol. 2, pp. 407-61; Marija Gimbutas, *The Balts* (London and New York, 1963), pp. 179-204; Jonas Balys and Haralds Biezais, "Baltische Mythologie," in *WdM* 1 (1965): 375-454.

關於民間文學、民族誌的豐富資料，以及龐大的參考目錄，參見Haralds Biezais, *Die Gottesgestalt der Lettischen Volksreligion* (Stockholm, 1961) and *Die himmlische Götterfamilie der alten Letten* (Uppsala, 1972). See also H. Usener, *Götternamen,* 3d ed. (Frankfurt am Main, 1948), pp. 79-122, 280-83; W. C. Jaskiewicz, "A Study in Lithuanian Mythology: Juan Lasicki's Samogitian Gods," *Studi Baltici* 9 (1952): 65-106.

關於 Dievs, 參閱 Biezais, *WdM* 1 (1965): 403-5; idem, "Gott der Götter," in *Acta Academia Aboensis,* Ser. A., Humaniora, vol. 40, no. 2 (Abo, 1971).

佩爾庫納斯，拉脫維亞語為 Perkons，古普魯士語為 Percunis，源自斯拉夫波羅的海語 Perqunos（參見古斯拉夫語 Perunu），他跟吠陀中的「帕爾雅尼亞」（Parjanya），阿爾巴尼亞人的 Peren-di 和日曼爾語中的 Fjorgyn 有關聯。關於佩爾庫納斯，參閱 J. Balys in *WdM* 1 (1965): 431-34, 以及同上引文中 p. 434 的參考書目。關於拉脫維亞的 Perkons，參閱 Biezais, *Die himmlische Götterfamilie der alten Letten,* pp. 92-179 (對印歐雷神的比較研究，參見 pp. 169ff.,)。

我們對波羅的海地區的宇宙生成論的神話並無所知。在海洋中或者西方有一株「太陽之樹」（等於「宇宙之樹」）；落日休息之前將他的皮帶繫在上面。

關於太陽女神「索爾」，以及她的兒子與女兒們，還有天上的婚姻，參見 Biezais, *Die himmlische Götterfamilie der alten Letten,* pp. 183-538. 索爾的女兒們與印歐的曙光女神相似。

關於「賴瑪」，參見 Biezais, *Die Hauptgöttinen der alten Letten* (Uppsala, 1955), pp. 119ff.（她和幸福與不幸的關係），pp. 139ff.（她與上帝的關

係），pp. 158ff.（她和太陽的關係）。作為一名命運女神，賴瑪主管出
生、婚姻、收成的好壞、家畜的健康（pp. 179-275）。Biezais 的解釋為許
多波羅的海專家所接受（參見 Alfred Gaters 在 *Deutsche Literaturzeitung* 78,
9 Sept, 1957 中的報告），但被拉脱維亞學者 Oskar Loorits 所駁斥；cf. "Zum
Problem der lettischen Schicksalsgöttinen," *Zeitschrift für slavische Philologie*
26 (1957): 78-103. 核心問題如下：「戴那斯」四行短詩在何種程度上可作為
古代拉脱維亞異教的真實資料？照 Peteris Smits 的説法，此民間歌謡在十二
到十四世紀之間發展起來。而 Biezais 認為此歌謡保存了許多古老的宗教傳
統因素；它在十四世紀的繁榮代表了民間詩歌創造的新時期（*Die Haupt-
göttinen,* pp.31ff., 48ff.）。其他學者也強調民間歌謡是一種可以不斷更新的
詩體（cf. Antanas Maceina in *Commentationes Balticae,* 2, 1965.，但是 Oskar
Loorits 認為民間歌謡相對來説太晚了些，所以賴瑪不太可能是位具有印歐
淵源的古老神靈；她身為命運女神的職責是次要的（p.82）；在 Loorits 看
來，她的職責只限於幫助婦女生產，並為初生兒祝福（p.93）；簡言之，
賴瑪是一種綜合次要的表現，就像聖母馬利亞在拉脱維亞宗教民間文學中
的地位一樣（pp. 90ff.）。

然而，我們必須注意，一種年代先後的評量標準並沒有多大價值，如
果未對口頭流傳宗教想像的古老價值予以重視，而只考慮它的宗教形式。
幫助生產、祝福新生兒的保護女神有古老的結構；在衆多的材料中，可以
參閱 Momolina Marconi, *Riflessi mediterranei nella più antica religione laziale*
(Milan, 1939); G. Rank, "Lappe Female Deities of the Madder-akka Group,"
Studia Septentrionalia, 6 (Oslo, 1955), pp. 7-79. 很難相信波羅的海的民間女神
或半神半人——如賴瑪等——後來是以聖母馬利亞為範本創造出來的。可
能是馬利亞替代了原有古代異教的神靈，或者是這些古代異教神靈在波羅
的海基督教化之後，轉借了聖母神話與崇拜的某些特徵。

關於狼人故事正面的特徵，可以在十八世紀一名老拉脱維亞人那裡得
到證實，參見 Otto Höfler 發表的審判文本，*Kultische Geheimbünde der Ger-
manen,* 1 (Frankfurt am Main, 1934), pp. 345-51, 相關摘要，參見我們的 *Oc-

cultism, sorcellerie et modes culturelles (Paris, 1978), pp. 77-78. Cf. ibid., pp. 73ff., 78ff., 對幾個類別現象的分析（如阿奎萊亞的流浪派，羅馬尼亞的女巫等）。

關於波羅的海的民間文學的古老性，參見 Marija Gimbutas, "The Ancient Religion of the Balts," *Lituanus* 4 (1962): 97-108. 對於印歐遺存下來的一些特質也加以研究；cf. Jaan Puhvel, "Indo-European Structure of the Baltic Pantheon," in *Myth in Indo-European Antiquity,* ed. G. J. Larson (Berkeley, 1974), pp. 75-85; Marija Gimbutas, "The Lithuanian God Velnias," in Larson, ed., pp. 87-92. See also Robert L. Fischer, Jr., "Indo-European Elements in Baltic and Slavic Chronicles," in *Myth and Law among the Indo-Europeans,* Jaan Puhvel, ed. (Berkeley, 1970), pp. 147-58.

250 關於斯拉夫人的起源與古代史的介紹，參見 Marija Gimbutas, *The Slavs* (London and New York, 1971); cf. also V. Pisani, "Baltico, slavo, iranico," *Ricerche Slavistiche* 15 (1967): 3-24.

有關宗教的希臘與拉丁文本，經編輯後出版，C. H. Meyer, *Fontes historiae religionis slavicae* (Berlin, 1931). 在同一卷中有 *Knytlingasaga* 的冰島原文以及拉丁譯本，還有翻譯成德文的阿拉伯文資料。最重要的資料已譯出，見 A. Brückner, *Die Slawen,* Religionsgeschichtliches Lesebuch, vol. 3 (Tübingen, 1926), pp. 1-17. 關於東斯拉夫人的資料已出版並作了詳盡的注釋，見 V. J. Mansikka, *Die Religion der Ostslaven,* 1 (Helsinki, 1922).

並沒有一部關於斯拉夫宗教史的全面性作品。比較完整的介紹，參見 L. Niederle, *Manuel de l'antiquité slave,* vol. 2 (Paris 1926), pp. 126-68; B. O. Unbegaun, *La religion des anciens Slaves* (*Mana,* vol. 3 [Paris, 1948]), pp. 389-445 (rich bibliography); Marija Gimbutas, *The Slavs,* pp. 151-70.

關於神話，參見 Aleksander Brückner, *La mitologia slava,* 由 Julia Dicksteinówna 譯自波蘭文(Bologna, 1923); R. Jakobson, "Slavic Mythology," in Funk and Wagnalls' *Dictionary of Folklore, Mythology, and Legend* (New

York, 1950), vol. 2, pp. 1025-28; N. Reiter, "Mythology der alten Slaven," *WdM* 1, 6 (Stuttgart, 1964): 165-208 (with bibliography).

關於西斯拉夫人的宗教，參閱 Th. Palm, *Wendische Kultsätten* (Lund, 1937); E. Wienecke, *Untersuchungen zur Religion der Westslawen* (Leipzig, 1940); R. Pettazzoni, *L'onniscienza di Dio,* pp. 334-72 ("Divinità policefale").

關於斯拉夫人對神性的觀念，參見 Bruno Merriggi, "Il concetto del Dio nelle religioni dei popoli slavi," *Ricerche Slavistiche* 1 (1952): 148-76; cf. also Alois Schmaus, "Zur altslawischen Religionsgeschichte," *Saeculum* 4 (1953): 206-30.

關於斯拉夫民族學和民間文學的比較研究，Evel Gasparini, *Il Matriarcato Slavo: Antropologia dei Protoslavi* (Florence, 1973), 並附有全面的參考書目（pp. 710-46）。作者的某些結論尚待進一步考證，但他的資料有高度價值；參見我們在 *HR* 14 (1974): 74-78 中所進行的觀察評論。F. Haase, *Volksglaube und Brauchtum der Ostslawen* (Breslau, 1939)仍然非常有用，也可參閱 Vladimir Propp, *Feste agrarie russe* (Bari, 1978).

赫爾莫爾德（Helmold, 1108-1177 年左右）的 *Chronica Slavorum* 編入 *Monumenta Germaniae historica,* vol. 21 (Hannover, 1869). 其中關於宗教段落的轉述，見 V. J. Mansikka, *Die Religion der Ostslaven,* 1, and by Aleksander Brückner, *Die Slawen,* pp. 4-7. On the *Chronicle of Nestor,* see Brückner, *Mitologia Slava,* pp. 242-43; idem, *Die Slawen,* pp. 16-17.

關於「佩倫」豐富的參考書目中，需提及 Brückner, *Mitologia Slava,* pp. 55-80 (hypercritical); R. Jakobson, "Slavic Mythology," p. 1026; Gasparini, *Matriarcato Slavo,* pp. 537-42. 有些作者認為佩倫是拜占庭歷史學家普羅科匹厄斯提出的，「最高的神，閃電的主人」，但是赫爾莫爾德認為高高在上、萬事不管的天神與暴風雨神在特性上有區別，關於普羅科匹厄斯的說法的價值，參見 R. Benedicty, "Prokopios Berichte über die slawische Vorzeit," *Jahrbuch der Oesterreichischen Byzantinischen Gesellschaft* (1965), pp. 51-78.

關於「索羅斯／維勒斯」，參見 Brückner, *Mitologia Slava*, pp. 119-40; R. Jakobson, "Slavic Mythology," p. 1027; idem, "The Slavic God 'Veles' and His Indo-European Cognates," *Studi Linguistici in Onore di Vittore Pisani* (Brescia, 1969), pp. 579-99; Jaan Puhvel, "Indo-European Structures of the Baltic Pantheon," in *Myth in Indo-European Antiquity*, ed. G. I. Larson (Berkeley and Los Angeles 1974), pp. 75-89, esp. pp. 88-89; Marija Gimbutas, "The Lithuanian God Veles," in Larson, pp. 87-92.

關於「斯瑪爾格魯」，Jakobson, "Slavic Mythology," p. 1027. 關於「默高什」，參見 Brückner, *Mitologia Slava*, pp. 141ff. 關於「達茲波格」，參見 Brückner, *Mitologia Slava*, pp. 96ff.; Jakobson, "Slavic Mythology," p. 1027（這兩位的研究均附有豐富的參考書目）。

關於「洛德」和「羅哲尼莎」，參見 Brückner, *Mitologia Slava*, pp. 166ff. 關於瑪蒂西拉‧贊姆力亞（Matisyra zemlja），參見 Gimbutas, *The Slavs*, p. 169. 它的主要節日，庫帕拉節（kupala，源自Kupati，是「沐浴」之意），在夏至時進行，包括點燃儀式的聖火以及集體入浴。此外並用草做成一個偶像，像一個女人一樣地穿著，然後放置到一棵砍過、沒有樹枝且陷入泥土中的樹幹下。在波羅的海地區斯拉夫人那裡，只有婦女可以砍伐與布置神木（往往是樺木），然後向它獻祭。樺木代表聯繫天與地的宇宙之樹（Gimbutas, p. 169）。

關於波羅的海的神祇，參見 Th. Palm and E. Wienecke 的著作，之前已提過，此外還有 Pettazzoni, *L'onniscienza di Dio*, pp. 562ff. 的批評性觀點。

日耳曼的資料來源和 *Knytlinga Saga*（十三世紀用古冰島語撰寫）對魯根的崇拜及神譜提供了一些重要的訊息。木頭做成的偶像，以金屬裝飾，有三個、四個或更多的頭。在斯泰庭（Stettin）有一座廟宇供奉特立格拉夫，即三頭的最高神。在阿爾科納的斯萬特維特的塑像有四個頭。其他還有許多的多頭神；魯杰維特在同一個頭上有七張臉。

關於「斯萬特維特」，參見 Reiter, "Mythology der alten Slaven," pp. 195-96; V. Machek, "Die Stellung des Gottes Svantovit in der altslavischen Re-

ligion," in *Orbis Scriptus* (Munich, 1966), pp. 491-97.

251 關於森林之靈，參見 Gasparini, *Il Matriarcato Slavo,* pp. 494ff. 關於精靈，ibid., pp. 503ff.

關於潛水創世的不同版本，參見我們的著作 *Zalmoxis,* pp.76-131.

關於鮑格米勒派，參見本書第 293 節所引用的參考書目。

關於斯拉夫人的「二元論」，參見 *Zalmoxis,* pp.91-92, nn. 34-36.

252 關於古代的終結有一些綜合性參考書目：S. Mazzarino, *The End of the Ancient World* (London, 1966)；主要介紹並分析現代歷史學家們提出的假設；Peter Brown, *The World of Late Antiquity* (London, 1971)；這是目前為止關於這一主題最好的入門書；Hugh Trevor-Roper, *The Rise of Christian Europe* (New York, 1965), esp. pp. 9-70. Johannes Geffcken, *Der Ausgang des griechisch-römischen Heidentums,* 2d ed. (Heidelberg, 1929), 還沒有過時。較詳盡的作品，Ferdinand Lot, *La findu monde antique et le début du Moyen Age* (Paris, 1951); Michael Rostovtzeff, *Social and Economic History of the Roman Empire,* 2d ed., vols. 1-2 (Oxford, 1957); Ernst Stein, *Histoire du Bas Empire,* 1-2 (Brussels, 1949, 1959); Lucien Musset, *Les invasions: les vagues germaniques* (Paris, 1965; 2d rev. ed., 1969); idem, *Les invasions: le second assaut contre l'Europe chrétienne: VII-XIᵉ siècles* (1966). 也可參閱許多學者的研究 A. Momigliano, e d., *The Conflict between Paganism and Christianity in the Fourth Century* (1963), above all Momigliano, "Pagan and Christian Historiography in the Fourth Century," ibid., pp. 79-99. Cf. Peter Brown, *The Making of Late Antiquity* (Cambridge, Mass., 1978).

關於異教精英份子的反應，參見 P. de Labriolle, *La réaction païenne: Etude sur la polémique anti-chrétienne du Iᵉʳ au VIᵉ siècle* (new ed., Paris, 1950), 特別是 Walter Emil Kaegi, *Byzantium and the Decline of Rome* (Princeton, 1968), esp. pp. 59-145.

問題研究和書評書目

《天主之城》最新（也是最好的）並附評注的譯文版本是 *La Cité de Dieu* of the *Etudes Augustiniennes*，共五冊，由 B. Dombart and A. Kalb 編輯，G. Combès 翻譯(Paris, 1959-60)。

關於《天主之城》的結構與準備工作，參閱 Peter Brown, *Augustine of Hippo: A Biography* (Berkeley and Los Angeles, 1967), pp. 299-329. See also J. Claude Guy, *Unité et structure logique de la "Cité de Dieu" de saint Augustin* (Paris, 1961). 有一點看來是矛盾的，即聖奧古斯丁並不討論他那個時代宗教的主題（神祕、東方宗教、密特拉教〔Mithraism〕等），而去討論一種 Peter Brown 稱為「只存在於圖書館中」的古老異教。但是，在五世紀，異教精英人士感興趣的正是「古代文字」，即由古典作家們保存下來的遠古傳統（Brown, p. 305）。

關於在希臘、羅馬史料、以及猶太教與基督教中周期的觀念，請參閱 G. W. Trompf, *The Idea of Historical Recurrence in Western Thought : From Antiquity to the Reformation* (Berkeley and Los Angeles, 1979), esp. pp. 185ff.

253 在關於聖奧古斯丁浩瀚的評論著作中，可以參考下列作品：H. I. Marrou, *S. Augustin et la fin de la culture antique* (1938; 2d ed., 1949), and Peter Brown, *Augustine of Hippo*（這兩部都有極豐富的參考書目）。也可參閱 Etienne Gilson, *Introduction à l'étude de saint Augustin,* 2d ed. (Paris, 1943); idem, *La philosophie au moyen âge* (Paris, 1944), pp. 125ff.; P. Borgomeo, *L'Eglise de ce temps dans la prédication de saint Augustin* (Paris, 1972); E. Lamirande, *L'Eglise céleste selon saint Augustin* (1963); Roy W. Battenhouse, ed., *A Companion to the Study of St. Augustine* (Oxford, 1955).

254 關於教會的神父們，參見 J. Quasten, *The Golden Age of Greek Patristic Literature from the Council of Nicaea to the Council of Chalcedon* (Utrecht, 1960); H. A. Wolfson, *The Philosophy of the Church Fathers,* vols. 1-2 (Cambridge, Mass., 1956); J. Plagnieux, *Saint Grégoire de Nazianze théologien* (Paris,

1952); J. Daniélou, *Platonisme et théologie mystique: Essai sur la doctrine spiri-tuelle de saint Grégoire de Nysse,* 2d ed. (Paris, 1954); O. Chadwick, *John Cassian: A Study in Primitive Monasticism* (Cambridge, 1950); J. R. Palanque, *Saint Ambroise et l'empire romain* (Paris, 1933); P. Antin, *Essai sur saint Jérôme* (Paris, 1951).

關於俄利根，參閱 Eugène de Faye, *Origène, sa vie, son oeuvre, sa pensée,* 1-3 (Paris, 1923-28), 特別是 Pierre Nautin, *Origène: Sa vie et son oeuvre* (Paris, 1977). 該作者對所有清晰重現俄利根思想的相關資料來源進行徹底的研究。關於優西比烏撰寫的生平，見他的著作 *Ecclesiastical History* (on which see Nautin, pp. 19-98), see Robert Grant, *Eusebius as Church Historian* (Oxford, 1980), pp. 77-83.

Nautin 正確地提到俄利根的死未能如願。假如他死在他的小室中，便可成為殉道者，他後世的名聲與榮耀可讓他免於受到數世紀之久的攻訐。殉道正是他一生的追求：他原先就希望追隨他的父親走上同樣的殉道之路，那時是嚴酷的塞丁姆（Septimius Severus）執政時期；在色雷斯的瑪克西敏（Maximin of Thrace）的統治下，他也有備無患，那時他正在寫《殉道者的告誡》（*Exhortation of Martyrs*）一書；而在德西烏斯的執政下他遭到不少折磨，但在後世眼裡，他並沒有得到「榮耀」。（p. 441）。

神學論文《論本原》全文只在 Rufinus 的拉丁文版本中可以找到，英文版本見 G. W. Butterworth, *On First Principles* (London, 1936), 法文版本見 Henri Crouzel and Manlio Simonetti, *Traité des Principes,* "Sources Chrétiennes," 4 vols. (1978-80). 《論本原》的第四卷與《殉道者的告誡》、《祈禱》（*The Prayer*）、對〈雅歌〉的評論導言，以及《關於殉道者的第二十七佈道詞》（*Homily XXVII on Martyrs*）四本書一起譯成了英文，見 Rowan A. Greer, *Origen* (New York, 1979). 也見 *Commentaire sur saint Jean,* "Sources Chrétiennes," 3 vols. (1966-75), 由 Cécile Blanc 翻譯與編輯；*Contre Celse,* 5 vols. (1967-76), 由 Marcel Borret 翻譯與編輯；*Commentaire sur L'Evangile selon Matthieu* (Paris, 1970), 由 Marcel Girot 翻譯與編輯；*Les*

Homélies sur les Nombres 由 . A. Méhat (Paris, 1951)翻譯；以及 *Homélies sur Jérémie* 由 P. Nautin (Paris, 1976-77)翻譯。

關於《六文本合參》的形成，參見 Nautin, *Origène,* pp. 333-61.

關於俄利根的神學，參見 H. de Lubac, *Histoire et esprit: L'Intelligence de l'Écriture d'après Origène* (Paris, 1950); H. Crouzel, *Théologie de l'image de Dieu chez Origène* (Paris, 1956); B. Drewery, *Origen on the Doctrine of Grace* (London, 1960); M. Harl, *Origène et la fonction révélatrice du Verbe Incarné* (Paris, 1958).

俄利根的敵人們經常指責他在《論本原》一書中支持靈魂轉世的觀念。參閱 Claude Tresmontant, *La métaphysique du christianisme et la naissance de la philosophie chrétienne* (Paris, 1961), pp. 395-518. 然而，正如 Pierre Nautin 指出的，俄利根本人「總是強烈反擊這一指控。他的假設只包括靈魂在每一個世界唯一一次的肉身呈現：並沒有靈魂轉世，只有簡單的靈魂入世。（Nautin, p. 126）

255 《懺悔錄》的最好的版本與譯本是 A. Solignac, E. Tréhorel, and G. Bouissou, *Oeuvres de saint Augustin,* vols. 13-14 (1961-62). See P. Courcelle, *Les "Confessions" de saint Augustin dans la tradition littéraire: Antécédents et postérité* (Paris, 1963).

關於摩尼教在羅馬統治下的非洲以及聖奧古斯丁，參見 F. Decret, *L'Afrique manichéenne (IV-Ve siècles): Étude historique et doctrinale,* 2 vols. (1978); idem, *Aspects du manichéisme dans l'Afrique romaine: Les controverses de Fortunatus, Faustus et Felix avec saint Augustin* (1970).

聖奧古斯丁反摩尼教論文的片斷（特別是 *Acta contra Fortunatum Manichaeum,* [392], *De Genesi contra Manichaeos* [388], and *De natura boni contra Manichaeos* [398-99]）其轉述與評論，見 Claude Tresmontant, *La métaphysique du Christianisme,* pp. 528-49.

關於多納圖斯與多納圖斯主義，參見 W. H. C. Frend, *The Donatist*

Church (Oxford, 1952); G. Willis, *Saint Augustine and the Donatist Controversy* (London, 1950).

關於皮拉吉烏斯與皮拉吉烏斯主義，參見 G. de Plinval, *Pélage: Ses écrits, sa vie et sa réforme* (Lausanne, 1943); J. Fergusson, *Pelagius* (Cambridge, 1956); S. Prete, Pelagio e il Pelagianesimo (1961). Cf. also Peter Brown, *Augustine of Hippo,* pp. 340-75.

奧古斯丁關於靈魂起源、原罪和得救預定論文章的引述與討論，見 Claude Tresmontant, *La métaphysique,* pp. 588-612.

關於大自然及神恩的神學，特別是聖奧古斯丁這方面的著述，參見A. Mandouze, *Saint Augustin: L'aventure de la raison et de la grâce* (Paris, 1968), and Jaroslav Pelikan, *The Emergence of the Catholic Tradition, 100-600* (Chicago, 1971), pp. 278-331.

256 關於聖奧古斯丁對尊崇殉道者崇觀點的發展，可參閱 Victor Saxer, *Morts, martyrs, reliques en Afrique chrétienne aux premiers siècles* (Paris, 1980), pp. 191-280.

關於對聖者的崇拜以及在西方教會對聖物的宗教狂熱，參見基本書籍 H. Delehaye, "*Sanctus,*" *essai sur le culte des saints dans l'antiquité* (Brussels, 1927); *Les origines du culte des martyrs,* 2d ed. (Brussels, 1933); *Les légendes hagiographiques,* 4th ed. (Brussels, 1955). Peter Brown, *The Cult of the Saints: Its Rise and Function in Latin Christianity* (Chicago, 1980), Peter Brown 這本小書對問題提出新觀點，取代了之前這方面的大部分著作。

關於殉道，參閱 André Grabar, *Martyrium, recherches sur le culte des reliques et l'art chrétien antique,* 1-2 (Paris, 1946), 這是最基本的一本書。也可參閱 E. Baldwin Smith, *The Dome: A Study in the History of Ideas* (Princeton, 1950).

關於在中世紀聖物的買賣，可以參閱 Patrick J. Geary, "The Ninth-Century Relic Trade: A Response to Popular Piety?" in James Obelkevich, ed., *Re-*

ligion and the People, 800-1700 (Chapel Hill, 1979), pp. 8-19.

關於朝聖，參閱 B. Kötting, *Peregrinatio religiosa: Wallfahrten in der Antiken und das Pilgerwesen in der alten Kirche* (Münster, 1950).

關於聖尼古拉斯（也許是最受歡迎的聖人）傳奇的形成與發展的專題研究中，值得參考的著作為 Charles W. Jones, *Saint Nicholas of Myra, Bari, and Manhattan: Biography of a Legend* (Chicago, 1978).

257 這方面的一般介紹，參見：J. Daniélou, *Message évangélique et culture hellénistique* (Paris, 1961); Jaroslav Pelikan, *The Spirit of Eastern Christendom* (Chicago, 1974); Hans-George Beck, *Kirche u. theologische Literatur im byzantinischen Reich* (Munich, 1959); D. Obolensky, *The Byzantine Commonwealth: Eastern Europe, 500-1454* (London, 1971); Francis Dvornik, *The Idea of Apostolicity in Byzantium and the Legend of the Apostle Andrew* (Cambridge, Mass., 1958); Olivier Clément, *L'essor du christianisme oriental* (Paris, 1967).

卡爾西登宗教會議的過程與結果已有詳盡介紹：R. V. Sellers, *The Council of Chalcedon* (London, 1953). 更多細節，參見 Aloys Grillmeier and Heinrich Bacht, *Das Konzil von Chalkedon: Geschichte und Gegenwart,* 3 vols. (Würzburg, 1951-52).

關於基督一性論，參見 W. H. C. Frend, *The Rise of the Monophysite Movement: Chapters in the History of the Church in the Fifth and Sixth Centuries* (Cambridge, 1972).

關於拜占庭聖事儀式，參見 N. M. D. R. Boulet, *Eucharistie ou la Messe dans ses variétés, son histoire et ses origines* (Paris, 1953); Jean Hani, *La divine liturgie: Aperçus sur la Messe* (Paris, 1981). 關於羅曼・梅洛德（Romanos Melodus），參閱 E. Wellecz, *A History of Byzantine Music and Hymnography* (Oxford, 1949).

關於拜占庭教會的象徵，參見 H. Sedlmayr, *Die Entstehung der Kathedrale* (Zurich, 1950); Jean Hani, *Le symbolisme du temple chrétien,* 2d ed. (Paris,

1978).

關於「神化」，Jules Cross, *La divinisation du chrétien d'après les Pères grecs: Contribution historique à la doctrine de la grâce* (Paris, 1938); Pelikan, *The Spirit of Eastern Christendom*, pp. 10-36.

關於精修聖人馬西莫，參見 Hans Urs von Balthasar, *Kosmische Liturgie* (Freiburg, 1941); Lars Thunberg, *Microcosm and Mediator: The Theological Anthropology of Maximus the Confessor* (Lund, 1965); Irénée Hausherr, *Phila-utie: De la tendresse pour soi à la charité, selon saint Maxime le Confesseur* (Rome, 1952).

有關託名戴奧尼索斯作品最好的法文譯本是由 Maurice de Gandillac 翻譯的（Paris, 1942）。關於精修聖人馬西莫如何通過戴奧尼索斯的拉丁譯文而在西方產生影響，參閱 Deno John Geanakoplos, *Interaction of the 'Sibling' Byzantine and Western Cultures in the Middle Ages and the Italian Renaissance, 330-1600* (Yale, 1976), pp. 133-45.

258 反聖像運動有兩個時期：第一時期為西元 726 到 787 年，第二時期為西元 813 到 843 年。西元 726 年，皇帝利奧三世頒布了一項命令，不許使用聖像。他的兒子，君士坦丁五世（745-775）繼續執行同樣的政策。君士坦丁五世還不准崇拜聖人，不准崇拜聖母；他甚至禁止使用「聖人」與「聖徒」這樣的字眼。這位反聖像的皇帝說：「誰要是畫了一幅耶穌的像，就證明他根本不了解基督兩性不可分離的合一教理的深刻性。」（引述自 Pelikan, *The Spirit of Eastern Christendom*, p. 116）

西元 754 年召開伊埃雷阿（Hierea）宗教會議，一致通過反對崇拜聖像。然而在西元 787 年，利奧四世的遺孀以及君士坦丁堡的大主教在尼西亞召開了第七次大公會議。聖像崇拜被認為是一種褻瀆，但是 815 年皇帝利奧五世重新將它列入。直到西元 843 年，才在由泰歐多拉（Theodora）皇后召集的教區會議上重新許可聖像崇拜。

需要補充一點的是，反聖像者毀掉了所有他們能夠找到的聖像，而尼

西亞的第二次大公會議（783）又命令沒收所有反聖像運動的文字，沒有任何資料流傳下來。

關於聖像崇拜的起源，參見 A. Grabar, *L'iconoclasme byzantin, dossier archéologique* (Paris, 1957), pp. 13-91; E. Kitzinger, "The Cult of Images in the Age before Iconoclasm," *Dumbarton Oaks Papers* 8 (1954): 83-159.

相關的比較研究，參閱 Edwin Bevan, *Holy Images: An Inquiry into Idolatry and Image-Worship in Ancient Paganism and Christianity* (London, 1940).

關於爭論的歷史，參見 N. Iorga, *Histoire de la vie byzantine: Empire et civilisation d'après les sources* (Bucharest, 1934), 2, pp. 30ff., 65ff.; E. I. Matin, *A History of the Iconoclastic Controversy* (New York, n. d.); Stephen Gero, *Byzantine Iconoclasm during the Reign of Constantine V* (Louvain, 1977); Paul J. Alexander, *The Patriarch Nicephorus of Constantinople: Ecclesiastical Policy and Image Worship in the Byzantine Empire* (Oxford, 1958); Norman Baynes, "The Icons before Iconoclasm," *Harvard Theological Review* 44 (1955): 93-106; idem, "Idolatry and the Early Church," *Byzantine Studies and Other Essays* (London, 1960), pp. 116-43; Gerhart B. Ladner, "The Concept of the Image in the Greek Fathers and the Byzantine Iconoclastic Controversy," *Dumbarton Oaks Papers* 7 (1953): 1-34; Milton Anastos, "The Argument for Iconoclasm as Presented by the Iconoclasts in 754 and 815," *Dumbarton Oaks Papers* 7 (1953): 35-54. See als o George Florovsky, "Origen, Eusebius and the Iconoclastic Controversy," *Church History* 19 (1956): 77-96; Peter Brown, "A Kark-Age Crisis: Aspects of the Iconoclastic Controversy," first published in *English Historical Review* 88 (1973): 1-34; now in Brown, *Society and the Holy in Late Antiquity* (Berkeley and Los Angeles, 1982), pp. 251-301.

關於聖像的美學以及它神學方面的含義，參見 Gervase Mathew, *Byzantine Aesthetics* (New York, 1963), esp. pp. 98-107; E. Kissinger, "Byzantine Art in the Period between Justinian and Iconoclasm," in *Berichte zum XI. Inter-*

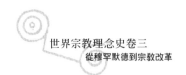

nationalen *Byzantinisten-Kongress* (Munich, 1958), pp. 1-56; Cyril Mango, *The Art of the Byzantine Empire, 312-1453* (Englewood Cliffs, 1972), pp. 21-148; Fernanda de Maffei, *Icona, pittore e arte al Concilio Niceno II* (Rome, 1974).

關於是否受到伊斯蘭教影響此一假設的考證，參見 G. E. von Grunebaum, "Byzantine Iconoclasm and the Influence of the Islamic Environment," *HR* 2 (1962): 1-10.

259 關於伊斯蘭之前阿拉伯的歷史與文化，簡潔的陳述可參見 Irfan Shahîd in *The Cambridge History of Islam,* 1 (1970), pp. 3-29. 也可參見 H. Lammens, *Le berceau de l'Islam* (Rome, 1914); idem, *L'Arabie occidentale avant l'Hégire* (Beirut, 1928); W. Coskel, *Die Bedeutung der Beduinen in der Geschichte der Araber* (Cologne, 1953); F. Gabrielli, ed., *L'antica società beduina* (Rome, 1959); F. Altheim and R. Stiehl, *Die Araber in der alten Welt,* 1-4 (Berlin, 1964-68); M. Guidi, *Storia e cultura degli Arabi fino alla morte di Maometto* (Florence, 1951); J. Ryckmans, *L'institution monarchique en Arabie méridionale avant l'Islam* (Louvain, 1951).

關於前伊斯蘭時期的阿拉伯宗教，參見 J. Wellhausen, *Reste arabischen Heidentums,* 3d ed. (Berlin, 1961); G. Ryckmans, *Les religions arabes préislamiques,* 2d ed. (Louvain, 1951); A. Jamme, "Le panthéon sudarabe préislamique d'après les sources épigaphiques," *Le Muséon* 60 (1947): 57-147; J. Henninger, "La religion bédouine préislamique," in *L'antica società beduina,* pp. 115-40; Maria Höfner, "Die vorislamischen Religionen Arabiens," in H. Gese, M Höfner, K. Rudolph, *Die Religionen Altsyriens, Altararabiens und der Mandäer* (Stuttgart, 1970), pp. 233-402. 中部阿拉伯地區的銘文和古蹟文本收集在 *Corpus des inscriptions et antiquités sud-arabes,* Académie des Inscriptions et des Belles Lettres（Louvain, 1977）.

關於對神靈的信仰，參見 J. Henninger, "Geisterglaube bei den vorislamischen Araben," *Festschrift für P. J. Schebesta* (Freiburg, 1963), pp. 279-316.

關於三位一體——拉特、麥那特和烏扎，參閱 M. Höfner, "Die vorislamischen Religionen," pp. 361ff., 370ff.; and J. Henninger, "Ueber Sternkunde u. Sternkult in Nord-und Zentralarabien," *Ziet. f. Ethnologie* 79 (1954): 82-117, esp. pp. 99ff.

關於阿拉在前伊斯蘭時期的結構和崇拜，參見 *Shorter Encyclopedia of Islam,* H. A. R. Gibb and J. H. Kramers, eds. (Leiden, 1961), p. 33; M. Höfner, "Die vorislamischen Religionen," pp. 357ff.; idem, in *WdM* 1 (1965): 420ff. 關於阿拉伯在伊斯蘭之前與之後的宗教性，J. Celhoud 有兩本重要著作， *Le sacrifice chez les Arabes* (Paris, 1955); *Les structures du sacré chez les Arabes* (1965).

關於頭生牲畜的祭獻，參見 Joseph Henninger, *Les fêtes de printemps chez les Sémites et la Pâque israélite* (Paris, 1975), pp. 37-50, 此書附有全部的參考書目。也可參見同作者的著作 "Zum Verbot des Knochenzerbrechens bei den Semiten," *Studi……Giorgio Levi della Vida* (Rome, 1956), pp. 448-59; idem. "Menschenopfer bei den Arabern," *Anthropos* 53 (1958): 721-805. Robertson Smith 提出關於古代閃族祭祀的一般性理論，並透過 Saint Nilus 涉及前伊斯蘭時期阿拉伯人的記載得到闡述。有關這一理論的討論，參見 Karl Heussi, *Das Nilusproblem* (Leipzig, 1921), and by J. Henninger, "Ist der sogenannte Nilus-Bericht eine brauchbare religionsgeschichtliche Quelle?" *Anthropos* 50 (1955): 81-148.

關於古代阿拉伯和伊斯蘭對月亮的崇拜，參閱 Maxime Rodinson in *La Lune: Mythes et Rites,* Sources Orientales 5 (Paris, 1962), pp. 153-214（豐富的參考書目）。

關於在前伊斯蘭時期和伊斯蘭時期前往麥加朝聖的情況，參閱 J. Gaudefroy-Demombynes, *Le Pèlerinage à la Mecque* (Paris, 1923); Muhammad Hamidullah, in *Les Pèlerinages,* Sources Orientales 3 (1960), pp. 87ff.; J. Henninger, "Pèlerinages dans l'ancien Orient," *Suppl. au Dictionnaire de la Bible,* vol. 7, fasc. 38, cols. 567-85 (Paris, 1963).

關於「黑色之石」，參閱 M. Höfner, "Die vorislamischen Religionen," pp. 360ff., 以及 "Ka'ba" in the *Shorter Encyclopedia of Islam*, pp. 192-98 中的解説。也可參閱本書第 263 節的參考書目。

對於崇拜、象徵物和古阿拉伯神話的興趣主要是透過後世的虔誠態度與民間神話的想像，獲得新的評價。

關於穆罕默德生平與行動的資料最主要的是《可蘭經》，此外還有伊伯納・伊斯哈克（卒於 768）根據口述傳統所撰寫最古老的傳記《生命》（*Shîrah*），由伊本・希薩姆（Ibn-Hisham 卒於西元 822 年）刪節後出版，以及爾瓦其迪（al-Waqidî，卒於西元 822 年）撰寫的《遠征》（*Maghâzi*）。前者是最重要的，已譯成英文，見 Alfred Guillaume, *The Life of Muhammad: A Translation of (Ibn) Ishāq's* "*Sīrat Rasūl Allāh*" (London, 1955). 然而必須確定一點，有許多段落好像是傳奇性質的；比方説穆罕默德隨商隊到敘利亞，還有他與基督教僧侶相遇的部分等。

在眾多較新且值得推薦的穆罕默德傳記中，特別值得一提的是：Tor Andrae, *Mohammad, the Man and His Faith* (London, 1936; repr., New York, 1960);它強調在預言家的佈道中末世論的元素；Régis Blachère, *Le problème de Mahomet: Essai de biographie critique du fondateur de l'Islam* (1952), 它能補足我們資料不足之處；W. Montgomery Watt, *Muhammad at Mecca* (Oxford, 1953); idem, *Muhammad at Medina* (Oxford, 1956), 該書詳盡考察了穆罕默德的佈道在社會與政治上的含義，並強調他的政治天才；相同作者的另一著作 *Muhammad: Prophet and Statesman* (Oxford, 1961)是上面提到兩部書的精華；Maurice Gaudefroy-Demombynes, *Mahomet* (Paris, 1957), 這是一部淵博的著作，表現出十九世紀末的實證歷史學；Maxime Rodinson, *Mahomet* (1965; 2d ed., revised and augmented, 1969); idem, "The Life of Muhammad and the Sociological Problem of the Beginnings of Islam," *Diogenes* no. 20 (1957), pp. 28-51.也可參見 Martin Lings, *Muhammad: His Life Based on the Earliest Sources* (New York, 1983). Muhammad Hamidullah, *Le Prophète de l'Islam*. 1: *Sa Vie*. 2: *Son Oeuvre* (Paris, 1959), 這兩卷著作儘管有豐富的資料，

但沒有多大用處。

《可蘭經》屢次被譯成歐洲重要的語言。我們參閱了以下著作：Arthur J. Arberry, *The Koran Interpreted,* 2 vols. (London, 1955), 這一譯本從文學的角度來看是最為成功的，儘管有不少古語；Richard Bell, *The Qur'an,* 2 vols. (Edinburgh, 1937-39), 此譯本更為準確，但不易讀；Régis Blachère, *Le Coran: Traduction selon un essai de reclassement des sourates,* 2 vols. (Paris, 1947-50), 前一卷以 *Introduction au Coran* (Paris, 1959)的書名再次印行。1957 年版的《可蘭經》校定了翻譯並減少一些注釋。整部譯作受到了（不管是法國還是其他國家）東方學家的熱情歡迎。我們的引言出自 D. Masson（Paris, 1967）的譯本，英文引言則出自 Arberry，但同時並參考 R. Blachere 與 Bell 的翻譯版本。

最初信徒默記的啟示在穆罕默德生前就通過文字記錄了下來。但是，把所有的篇章收集到一起，匯集成一部「聖書」，則是在第三代哈里發，即穆罕默德女婿奧特曼（西元 644-655 年任哈里發）的命令下進行的，各篇章的順序並不依據年代；最長的放在前面，最短的放在最後。

關於《可蘭經》的成書過程，參見 A. Jeffrey, *Materials for the History of the Text of the Qur'an* (Leiden, 1937); R. Blachère, *Introduction au Coran,* passim; John Burton, *The Collection of the Quran* (Cambridge, 1977); John Wansbrough, *Quranic Studies: Sources and Methods of Scriptural Interpretation* (Oxford, 1977).

關於穆罕默德最早的出神體驗，引文與分析參見 Tor Andrae, *Mohammed,* pp. 34ff.; Watts, *Muhammad at Mecca,* pp. 39ff.; Arthur Jeffrey, *Islam: Muhammad and His Religion* (New York, 1958), pp. 15-21.

《可蘭經》的篇章中在麥地那之前加百列天使並未出現，很可能穆罕默德一開始以為在幻覺中見到了上帝本人；參閱 Watts, p. 42. 穆罕默德的出神與一般卡欣的體驗不同。然而，和卡欣一樣，穆罕默德在等待啟示的時候，用大衣蓋住腦袋；參見《可蘭經》73：1 與 74：1。這是東方與地中海地區許多種占卜的典型儀式行為。

關於哈尼夫，參見 Tor Andrae, *Les Origines de l'Islam et le Christianisme* (trans. From German, Paris, 1955), pp. 39-65; N. A. Faris and H. W. Glidden, "The Development of the Meaning of the Koranic Hânif," *Journal of the Palestine Oriental Society* 19 (1930): 1-13; Watts, *Muhammad at Mecca,* pp. 28ff., 96, 162-64.

260 關於阿拉伯人的一神論傾向，參見 J. Wellhausen, *Reste arabischen Heidentums,* pp. 215ff.

關於穆罕默德一神論的幾個階段，參見 C. Brockelmann, "Allah und die Götzen, der Ursprung des islamischen Monotheismus," *ARW* 21 (1922): 99ff.; Watt, *Muhammad at Mecca,* pp. 63ff.

關於命令他將啟示公布於眾的部分，參見 Watt, *Muhammad at Mecca,* pp. 48ff.所引用並分析的《可蘭經》篇章。

關於阿拉伯國家的基督教信仰以及對穆罕默德可能產生的影響，Richard Bell, *The Origin of Islam in Its Christian Environment* (London, 1926); Tor Andrae, *Les Origines de l'Islam et le Christianisme,* pp. 15-38, 105-12, 201-11; Joseph Henninger, *Spuren christlicher Glaubenswahrheiten im Koran* (Schöneck, 1951); J. Ryckmans, "Le Christianisme en Arabie du Sud préislamique," in *Atti del Convegno Internazionale sul tema: L'Oriente cristiano nella storia della civiltà* (Rome, 1964).

關於穆罕默德佈道中的末世學因素，參見 Paul Casanova, *Mohammad et la Fin du Monde: Étude critique sur l'Islam primitif* (Paris, 1911-12), 其豐富的材料非常有用；但是作者的立論並未被人接受；Tor Andrae, *Mohammed, esp. pp. 53ff.* 他關於死亡、死後和復活的觀點，參閱 *Thomas O'Shaughnessy, Muhammad's Thoughts on Death: A Thematic Study of the Qur'anic Data* (Leiden, 1969); Ragnar Eklund, *Life between Death and Resurrection according to Islam,* diss. (Uppsala, 1941); M. Gaudefroy-Demombynes, *Mahomet,* pp. 443ff.; Alford T. Welch, "Death and Dying in the Qur'an," in Frank E. Reynolds and Earle H. Waugh, eds., *Religious Encounters with Death* (University Park and London, 1977), pp. 183-99.

關於《可蘭經》對三位女神篇章的刪節，參見 Watt, *Muhammad at Mecca*, pp. 103ff. Jeffrey, *Islam*, pp. 66-68.

261 關於一位「使者」（「使徒」），為了取回「聖書」而升天的神話儀式，參閱 G. Widengren, *The Ascension of the Apostle and the Heavenly Book* (Uppsala, 1950); idem, *Muhammad: The Apostle of God and His Ascension* (Uppsala, 1955).

關於「米拉吉」（這個詞原先指「梯子」，後來引申為「升天」，尤指穆罕默德的升天），參見 *Shorter Encyclopedia of Islam*, pp. 381-84; Widengren, *Muhammad:* The Apostle of God, pp. 76ff.; Alexander Altman, *Studies in Religious Philosophy and Mysticism* (Ithaca, 1969), pp. 41-72 （"The Ladder of Ascension"）.

關於伊斯蘭教的末世論以及它對但丁可能產生的影響，參見 Miguel Asin Palaciós, *La escatologia musulmana e la Divina Commedia,* 2d ed. (Madrid, 1941); E. Cerulli, *Il "Libro della Scala" e la questione delle fonte arabo-spagnole della Divina Commedia,* Studi e Testi 150 (Vatican City, 1949); idem, *Nuove ricerche sul "Libro della Scala" e la conoscenza dell'Islam in Occidente,* Studi e Testi 271 (Vatican City, 1972).

在 Geo Widengren 之後，Alessandro Bausani 指出了《可蘭經》中的伊朗的元素；見其 *Persia Religiosa* (Milan, 1959), pp. 136ff. 其中最重要的元素如下：《可蘭經》中兩個魔法天使，哈魯特（Harut）和馬魯特（Marut）（《可蘭經》2：102），是從瑪茲達教中的哈爾瓦特（Haurvatât）和阿莫雷特（Ameretât）衍生過來的。（這一由拉加爾德（Lagarde）提出的假設，在 G. Dumézil, *Naissances d'Archanges* [Paris, 1945], pp. 158ff. 中得到確認）；關於身體復活的論點（《可蘭經》29：19-20）可在波斯巴勒維文（Pahlavi）的文本中發現（比方説《扎次普拉》〔*Zâtspram*，34 章〕）；

對試圖強行登上天的魔鬼放射流星彈的想像（《可蘭經》15：17-18；37：79 等）可以在《梅諾克‧克拉特》（*Mênôkê Khrat*，44 章）中找到類似的意象；「上帝的膏澤」（《可蘭經》2：138）一詞讓人想起《登卡爾特》（*Dênkart*）書中的一段文字：「奧瑪茲創世時將色彩抹在時間上」等等。這些伊朗元素通過諾斯替教以及猶太教、晚期基督教與摩尼教的綜合神話而廣為散播。（Bausani, p. 144）

262-263 關於在麥加對信徒的迫害，參見 Watt, *Muhammad at Mecca*, pp. 177ff.; 關於一群穆斯林遷移到阿比西尼亞的原因，參見 ibid., pp. 115ff.

關於先知與麥地那猶太人的關係，參見 Gaudefroy-De-mombynes, *Mahomet*, pp. 119ff., 152ff.; Watt, *Muhammad at Medina*, pp. 192ff.（附參考書目）; idem, *Muhammad, Prophet and Statesman*, pp. 166ff. 關於猶太人的影響力，參見 A. J. Wensinck, *Mohammed en de Joden te Medina* (Leiden, 1928; 部分由 G. H. Bousquet and G. W. Bousquet-Mirandolle 翻譯，並以 "L'influence juive sur les origines du culte musulman" 為標題收入其中，*Revue Africaine* 98 [154]: 85-112); Tor Andrae, *Les origines de l'Islam*, pp. 100ff.; Abraham I. Katsh, *Judaism in Islam* (New York, 1954).

關於先知在麥地那的活動，參見 Gaudefroy-Demombynes, *Mahomet*, pp. 110-226; Watt, *Muhammad at Medina*, passim; *Shorter Encyclopedia of Islam*, s. v. "al-Madina," pp. 291-98.

關於「烏瑪」，參閱 *Shorter Encyclopedia of Islam*, s.v., pp. 603-4; Marshall Hodgson, *The Venture of Islam*, vol. 1, pp. 172-93; F. M. Denny, "The Meaning of *Ummah* in the Qur'ân," *HR* 15 (1975): 34-70. 應當再加上一點，烏瑪保存了一些部落的習俗，雖然它是宗教結構性的。

關於《可蘭經》中的亞伯拉罕，參見 *Shorter Encyclopedia*, s.v. "Ibrahim," pp. 254-55 (bibliography); Yonakim Moubarac, *Abraham dans le Coran: L'histoire d'Abraham dans le Coran et la naissance de l'Islam* (Paris, 1957).

　　「黑色之石」是非常古老儀式的場所；穆罕默德宣布說它是由亞伯拉罕以及他的兒子伊斯瑪埃爾建的；參見 *Shorter Encyclopedia,* s.v., pp. 181-89 (附豐富的參考書目)。「世界之中心」的象徵，可在所有古老儀式中看到，後來按照耶路撒冷猶太人的模式發展；參見 A. J. Wensinck, *The Ideas of the Western Semites concerning the Navel of the Earth* (Amsterdam, 1916; reissued, New York, 1978), pp. 11-20, 48ff., 52ff.「黑色之石」在創世的二千年前就已出現；亞當是在麥加附近塑造出來的；穆罕默德身體的物質被匯集到了「地球的肚臍」，它在麥加被發現等等。（pp. 18）關於「黑色之石」的象徵意義為穆斯林神祕主義者與神智學家廣泛詮釋。在眾多資料中，可以參見 Henry Corbin, "La configuration du Temple de la Ka'ba comme secret de la vie spirituelle," *Eranos-Jahrbuch* 34 (1965): 79-166.

264　　有很長一段時期，穆罕默德對基督教徒表現出一定的好感：「你必定發現，對於信道者最親近的是自稱基督教徒的人；因為他們當中有許多牧師和僧侶，還因為他們不自大。當他們聽見誦讀降示使者的經典的時候，你看他們為自己所認識的真理而眼淚汪汪，他們說：『我們的主啊！我們已信道了，求你把我們同作證真理的人記錄在一處……』。」（《可蘭經》5：82-83）在征服麥加之後，他遇到了敘利亞基督徒的抵抗，從此之後改變了他的態度；參閱《可蘭經》9：29-35。（「他們捨真主而把他們的博士、僧侶和麥爾彥之子麥西哈當做主宰。他們所奉的命令只是崇拜獨一的主宰，除他之外，絕無應受崇拜的。讚頌真主超乎他們所用來配他的！」等等，《可蘭經》9：31。）

　　關於基督教徒的信仰（特別是聶斯脫留教以及某些帶有猶太基督教色彩的諾斯替教派）與穆罕默德神學之間的關係，參閱 Tor Andrae, *Les Origines de l'Islam,* esp. pp. 105ff.; D. Masson, *Le Coran et la révélation judéo-chrétienne: Études comparées* (Paris, 1958);以及在本書第 260 節的參考書目。

　　有一點很有意義，某些諾斯替思想，尤其是耶穌並沒有被釘死在十字架上，並沒有死去的想法，在大教會的迫害下，經過幾次爭辯之後在七世

紀消失了，但由於穆罕默德以及伊斯蘭的興起，而又死灰復燃且具有現實意義。另一方面，很有可能某些反對三位一體觀念的基督教團體被穆罕默德所提出絕對的一神論所吸引並成為最早期伊斯蘭教的人。

關於《可蘭經》神學有大量著作。最好的導讀介紹是 D. B. Macdonald (*Shorter Encyclopedia of Islam*) and Louis Gardet (*Encyclopédie de l'Islam*, new ed., 1956)關於阿拉的文章。也可參閱 A. J. Wensinck, *The Muslim Creed* (Cambridge, 1932); A. S. Triton, *Muslim Theology* (London, 1947); L. Gardet and M. M. Anawati, *Introduction à la Théologie musulmane* (Paris, 1948); Gaudefroy-Demombynes, *Mahomet*, pp. 261-497; Fazlur Rahman, *Islam* (London and New York, 1966), pp. 30-66, 85-116; F. M. Pareja, *Islamologia*, pp. 374-91, 445-92 (附有豐富的參考書目)。

關於穆罕默德傳奇的發展變化以及預言家身為「超人」所受到的崇拜，參見 Pareja, pp. 553-54 (p. 554, 附參考書目)。

西方著名東方學家對伊斯蘭詮釋的分析，主要是 I. Goldziher, C. Snouck Hurgronje, C. H. Becker, D. B. Macdonald, and Louis Massignon，參見 Jean-Jacques Waardenburg, *L'Islam dans le miroir de l'Occident* (Paris and The Hague, 1963), 附重要的參考書目，pp. 331-51.

265 伊斯蘭教曆最初四十年歷史的詳盡介紹，見 Leone Caetani, *Annali dell'Islam,* 10 vols. (Milan and Rome, 1905-26);但作者的詮釋有待討論。

關於伊斯蘭教的一般歷史，可參見 Marshall G. S. Hodgson 的三卷遺作，*The Venture of Islam: Conscience and History of a World Civilization* (Chicago, 1974); vol. 1, *The Classical Age of Islam;* vol. 2, *The Expansion of Islam in the Middle Periods;* vol. 3, *The Gunpowder Empires and Modern Times.* 只有第一卷提到了與本章節有關的問題；特別參見 pp. 146-280.

百科全書式的作品 *Islamologia*，由 F. M. Pareja 與 A. Bausani 和 L. Hertling 合作撰寫（Rome, 1951），其中有許多關於宗教機構與哈里發制度的章節（pp. 37ff.- 329ff.）。

關於最早的哈里發的歷史以及伍麥葉王朝的歷史，參見 *Cambridge History of Islam,* vol. 1 (1970)，整體介紹，參見 Laura Veccia Vaglieri and D. Sourdel, pp. 57-139, 參考書目參見 pp. 739-40;也可參閱 F. Gabrielli, *Muhammad and the Conquests of Islam* (London, 1968); H. Hammens, *Etudes sur le siècle des Omayyades* (Beirut, 1930); A. A. Vasiliev, *Byzance et les Arabes,* vols. 1-3 (Brussels, 1935-68); B. Spuler, *The Muslim World: A Historical Survey,* vol. 1, *The Age of the Caliphs* (Leiden, 1960; 譯自德文)。

關於阿拔斯王朝，參見 M. A. Shaban, *The Abbasid Revolution* (Cambridge, 1978).

關於穆阿威葉與阿里的關係，參見 E. L. Petersen, *Alî and Mu'âwiya in Early Arabic Tradition* (Copenhagen, 1964).

關於什葉派與伊斯瑪儀派，參見第 35 章以及在第 273-74 節的參考書目。

關於紀念侯賽因遇害事件的宗教儀式，參見 Earle H. Waugh, "Muharram Rites: Community Death and Rebirth," in Frank Reynolds and Earle H. Waugh, eds., *Religious Encounters with Death* (University Park and London, 1977), pp. 200-213.

關於基督教宗教建築的影響，參見 E. Baldwin Smith, *The Dome: A Study in the History of Ideas* (Princeton, 1950), pp. 41ff. and passim.

關於伊斯蘭文化中東方與地中海藝術思想與技術，以及它的延續性，參見 Ugo Monneret de Villard, *Introduzione allo studio dell' archeologia islamic* (Venice, 1960), pp. 89ff. and passim.

關於哈里發曼殊爾建造巴格達城，以及宇宙與王朝的象徵意義（源於薩珊王朝），參閱 Charles Wendell, "Baghdād: *Imago mundi,* and Other Foundation-Lore," *International Journal of Middle East Studies* 2 (1971): 99-128.

266 中東與亞洲的中世紀通史，參見 Edouard Perroy, *Le Moyen Age: L'ex-*

pansion de l'Orient et la naissance de la civilisation occidentale (Paris, 1955; 5th ed., revised 1967). 關於中世紀西方歷史文化精采並具特殊見解的介紹，見 Friedrich Heer, *The Medieval World: Europe 1100-1350* (London, 1962; the German original appeared in 1961). See also R. Morghen, *Medioevo cristiano,* 2d ed. (Bari, 1958).

關於古代到中世紀的過渡，參閱 Hugh Trevor-Roper, *The Rise of Christian Europe* (London and New York, 1965); William Carroll Park, *Origins of the Medieval World* (Stanford, 1958); H. I. Marrou, *Décadence romaine ou antiquité tardive? III-VIe siècle* (Paris, 1977) and the collective anthology *Il passaggio dell'antichità al medioevo in Occidente* (Spoleto, 1962).

關於 Henri Pirenne's *Mahomet and Charlemagne* (1937) 一書的批評性參考書目，已收集入 Park, pp. 114-24.

關於加洛林王朝時期的基督教，參閱 K. F. Morrison, *The Two Kingdoms: Ecclesiology in Carolingian Political Thought* (Princeton, 1964); E. Patzelt, *Die Karolingische Renaissance* (Graz, 1965).

關於教宗額我略七世以及他對教會的改革，參見 A. Fliche, *La réforme grégorienne,* vols. 1-3 (Paris, 1924-37). 西元 1074 年，在他被選為教宗一年之後，對於販賣聖物、結婚或同居的教父，額我略七世剝奪了他們的職權。1075，他發表了二十七條意見文集《教宗訓令》（*Dictatus Papae*），宣布教宗制與教會徹底分離自世俗政權，目的是「建立教宗神權」(Jacques Le Goff, in *Histoire des Religions,* 1972, vol. 2, p. 813). 其中最為大膽的意見為：「第一條，羅馬教會是由我主一個人創立的；第二條，只有羅馬教宗才是名正言順具有世界性領導地位的；第十二條：教宗可以讓皇帝下台；第十九條：沒有任何人可以審判他。」（ibid., p. 814）教會中的高層人員、君主們，特別是皇帝亨利四世極力反對《教宗訓令》。但是，在西元 1096 年，額我略七世「將皇帝絕罰，罷免他，讓臣民對他效忠的誓言作廢。皇帝通過前往卡諾薩（Canossa）的懺悔之行（1077 年），使教宗回心轉意」（ibid.）。卡諾薩事件「既包含了受辱帝國的世俗化與削弱的源由，並證

明了教宗神權根本上是不可能實現的」。(J. Chelini, cited by Le Goff, p. 814)

也可參見 R. Folz, *L'idée d'Empire en Occident du Ve au XIVe siècle* (Paris, 1953); M. D. Chenu, *La théologie au douzième siècle* (Paris, 1957).

關於中世紀的末世論主題，參見 Norman Cohn, *The Pursuit of the Millennium* (new rev. and augmented ed., Oxford, 1970), pp. 29ff. and passim; Bernard McGinn, *Visions of the End: Apocalyptic Traditions in the Middle Ages* (New York, 1979). 關於世界末日的皇帝這一主題，Marjorie Reeves, *The Influence of the Prophecy in the Later Middle Ages* (Oxford, 1969), pp. 293ff.

在 *L'An Mil* (Paris, 1980)一書中，Georges Duby 介紹了許多有關千禧年恐懼與希望的文本，並作了出色的分析。

267 關於古日耳曼人的神聖王權，參見本書卷二第228節的參考書目。關於這一觀點在信基督教之後如何繼續存在，參見 Marc Bloch, *Les rois thaumaturges* (Strasbourg, 1922); William A. Chaney, *The Cult of Kingship in Anglo-Saxon England: The Transition from Paganism to Christianity* (Berkeley and Los Angeles, 1970). Cf. also Gale R. Owen, *Rites and Religions of the Anglo-Saxons* (London, 1981).

關於騎士制度與封建制，參見 S. Painter, *French Chivalry* (Baltimore, 1940); Carl Stephenson, *Mediaeval Feudalism* (Ithaca, N.Y., 1942; excellent introduction; see esp. pp. 40ff.); Gustave Cohen, *Histoire de la chevalerie en France au Moyen Age* (Paris, 1949). 授劍儀式的分析，見 Philippe du Puy de Clinchamps, *La chevalerie* (Paris, 1961), pp. 37ff.

268 關於十字軍東征新的參考書目，特別參見 René Grousset, *L'Epopée des Croisades* (Paris, 1939); Steven Runciman, *History of the Crusades,* vols. 1-3 (Cambridge, 1951-54); Adolf Waas, *Geschichte der Kreuzzüge,* vols. 1-2 (Freiburg i. B., 1956); Paul Alphandéry and Alphonse Dupront, *La chrétienté et l'idée*

de Croisade, vols. 1-2 (Paris, 1958-59); K. Setton, A. History of the Crusades, vols. 1-2 (Philadelphia, 1958, 1962); J. A. Brundage, The Crusades (Milwaukee, 1962). 匯集的研究可參見 L'idée de Croisade (= X Congresso Intern. di Scienze storiche, Rome, 1955, Relazzioni III, Florence, 1955), esp. P. Lemerle, "Byzance et la Croisade," and A. Cahen, "L'Islam et la Croisade."

經過挑選的阿拉伯資料已被譯為義大利文，Francesco Gabrielli, Storici Arabi delle Crociate (Turin, 1957); 英文譯本，見 Arab Historians of the Crusades (Berkeley and Los Angeles, 1969).

關於末世論與千禧年的資料，參見 A. Dupront, "Croisades et eschatologie," in E. Castelli, ed., Umanesimo e esoterismo (Padua, 1960). pp. 175-98; Norman Cohn, The Pursuit of the Millennium (rev. and augmented ed., Oxford, 1970), pp. 61ff., 98ff.

也可參閱 F. Cardini, La Crociate fra il mito e la storia (Rome, 1971).

269 關於在十一世紀末建立最早的修道院組織，參見 J. B. Mahn, L'ordre cistercien, 2d ed. (Paris, 1951); J. Leclercq, Saint Bernard et l'esprit cistercien (Paris, 1966).

關於中世紀西方社會的三大階層，參閱 J. Le Goff, Pour un autre Moyen Âge: Travail et culture en Occident: 18 essais (Paris, 1977), pp. 80-90; G. Duby, Les trios ordres ou l'imaginaire du féodalisme (Paris, 1978).

關於大教堂的象徵意義，參見 Hans Sedlmayr, Die Entstehung der Kathedrale (Zurich, 1950); Otto von Simpson, The Gothic Cathedral (New York, 1956); Marie-Madeleine Davy, Initiation à la symbolique romane (Paris, 1964); Aurelia Stappert, L'Ange roman, dans la pensée et dans l'art (Paris, 1975), esp. pp. 149ff., 440ff. (參考書目詳實；插圖精美）; Erwin Panofsky, Gothic Architecture and Scholasticism (New York, 1976).

關於阿基坦的埃莉諾以及她的影響，參見 F. Heer, The Medieval World, pp. 157ff.; cf. also A. Kelly, Eleanor of Aquitaine and the Four Kings (Cambridge, Mass., 1952).

關於宮廷文學，A. Jeanroy, *La poésie lyrique des troubadours* (Toulouse and Paris, 1934); R. R. Bezzola, *Les origines et la formation de la littérature courtoise en Occident, 500-1200* (Paris, 1944); P. Zumthor, *Histoire littéraire de la France médiévale, V-XIVᵉ siècle* (Paris, 1954); J. Lafitte-Houssat, *Troubadours et Cours d'Amour* (Paris, 1960), 是完整的全面性介紹；包括貴婦法庭所作「判決」的譯文，pp. 49-63; Moshé Lazar, *Amour courtois et "Fin Amors" dans la littérature du XIIᵉ siècle* (Paris, 1964).

270　關於陰性原則的宗教價值，參見 Elaine Pagels, *The Gnostic Gospels* (New York, 1979), pp. 57ff. *Le Tonnerre, Esprit Parfait* 的翻譯參見 George W. Mac-Rae, *The Nag Hammadi Library* (James M. Robinson, ed., New York and San Francisco, 1977), pp. 271-77. Cf. ibid., pp. 461-70, John Turner 翻譯的另一部重要著作為 *Trimorphic Protennoia*.

抒情詩與西班牙阿拉伯詩對西班牙與普羅旺斯詩歌的影響，關於此一問題有非常多的文學批評著作。見 Menéndez Pidal, *Poesía árabe y poesía europea* (Madrid, 1950); Emilio Garcia Gómez, *Poemas arábigo-andaluces* (new ed., Madrid, 1940); idem, "La lírica hispano-arabe y la aparición de la lírica romance," *Al Andalus 21* (1956): 310ff.; Claudio Sanchez Albornoz, "El Islam de España y el Occidente," in *L'Occidente e l'Islam, Atti della XIIa settimana di studio di Spoleto,* 2-8 April 1964 (Spoleto, 1965), vol. 1, pp. 149-308, esp. pp. 177ff.; S. M. Stern, "Esistono dei rapporti letterari tra il mondo islamico e l'Europa occidentale nell'alto medio evo?", ibid., 2:631-65.

關於「愛情之友」的祕密語言，見 R. Ricolfi, *Studi su i "Fedeli d'Amore,"* vol. 1 (Milan, 1933); cf. Mircea Eliade, *Naissances mystiques* (Paris, 1959), pp. 267ff.

關於亞瑟王系列大量的批評文學中，可以參考以下作品：Roger S. Loomis, ed., *Arthurian Literature in the Middle Ages* (Oxford, 1959); idem, *The De-*

velopment of Arthurian Romance (London, 1963); Jean Marx, *La légende arthu-rienne et le Graal* (Paris, 1952); idem, *Nouvelles recherches sur la légende arthu-rienne* (Paris, 1965); R. W. Barber, *Arthur of Albion: An Introduction to the Ar-thurian Literature and Legends in England* (London, 1961): T. B. Grant et al., eds., *The Legend of Arthur in the Middle Ages* (Cambridge, 1983). 也可參見匯編 *La Lumière du Graal* （"Cahiers du Sud," 1951), 特別是 J. Vendryès, "Le Graal dans le cycle breton," pp. 73ff., 以及國際學術會議中發表的論文集: *Les Romans du Graal aux XIIe et XIIIe siècles*（Paris, 1956; C.N.R.S.編輯）。

關於亞瑟王系列小說中的啟蒙因素，參見 Eliade, *Naissances mystiques,* pp. 264ff.; see also Antoinette Fiers-Monnier, *Initiation und Wandlung: Zur Ges-chichte des altfranzösischen Romans im XII. Jahrhundert,* Studiorum Roman-orum, vol. 5 (Berne, 1951).

關於《帕西法》一書中的東方元素，參見 Hermann Goetz, "Der Orient der Kreuzzüge in Wolframs *Parzival*," *Archiv für Kulturgeschichte,* vol. 2, pp. 1-42. 也可參閱 Helen Adolf, *Visio Pacis: Holy City and Grail* (Pennsylvania Sta-te University Press, 1960)，這是淵博而引人深思的著作，pp. 179-207 有相當詳實的資料。

關於煉金術學說對沃爾弗拉姆‧馮‧艾興巴哈的《帕西法》一書的影響，參見 Henry and Renée Kahane, *The Krater and the Grail: Hermetic Sources of the Parzival* (Urbana, 1965), H. Corbin, *En Islam iranien* (1971), vol. 2, pp. 143-54.三位謎樣人物名字的詞源深富含義：吉約特可能是文化素養極高的公爵圖代勒的紀堯姆（Guillaume de Tudele）；弗雷吉塔尼斯可能指一部十二世紀喀巴拉主義的著作《法拉卡特塔尼》（*Falakath Thani*，意為「第二層天」，這部書的名字被人誤認為是一位哲人的名字（H. Kolb, cited by Go-etz, pp. 2ff.）；根據 Henry and Renée Kahane, 特雷弗立珍特源自於「三智」（*Trible Escient*），也就是赫美斯‧特里美吉斯特斯本人（參見 *The Krater and the Grail,* pp. 59ff.）。也可參見 Paulette Duval, *La Pensée alchimique et le conte du Graal* (Paris, 1979).

關於騎士制與聖杯神話儀式之間的關係，參閱 J. Frappier, "Le Graal et la Chevalerie," *Romania* 75 (1954): 165-210.

關於聖杯跟伊朗的相似性，參見 Sir Jahangîr C. Coyajee, "The Legend of the Holy Grail: Its Iranian and Indian Analogues," *Journal of the K. R. Cama Oriental Institute,* Bombay (1939), pp. 37-126; "The Round Table of King Kai Khusraun," ibid., pp. 127-94; H. Corbin, *En Islam iranien,* vol. 2, pp. 155-88.

271   在注釋70中我們提到了約雅敬三部著作，這裡還可以加上 *Tractatus super Quattuor Evangelia,* Ernesto Buonaiuti, ed. (Rome, 1930), and the *Liber Figurarum,* L. Tondelli, ed. (*Il Libro delle Figure dell'Abate Gioacchino da Fiore,* 2d ed., Turin, 1954);關於這部著作，Marjorie Reeves and Beatrice Hirsch-Reich, *The Figurae of Joachim of Fiore* (Oxford, 1972).偽名約雅敬著作的引述，見 Marjorie Reeves, *The Influence of Prophecy in the Later Middle Ages: A Study in Joachimism* (Oxford, 1969), pp. 512-18, 541-42.約雅敬的一批文選，經過翻譯與評注，見 B. McGinn, *Apocalyptic Spirituality* (New York, 1979), pp. 97-148, 289-97.

關於約雅敬，可特別參閱 H. Grundmann, *Studien über Joachim von Floris* (Leipzig, 1927); idem, *Neue Forschungen über Joachim von Floris* (Freiburg i. B., 1950); idem, "Zur Biographie Joachims von Fiore und Rainers von Ponza," *Deutsches Archiv für Erforschung des Mittelalters* 16 (1960): 437-546; E. Buonaiuti, *Gioacchino da Fiore, i tempi, la vita, il messaggio* (Rome, 1931); A. Crocco, *Gioacchino da Foire* (Naples, 1960); Marjorie Reeves, *The Influence of Prophecy;* H. Mottu, *La manifestation de l'Esprit selon Joachim de Fiore* (Neuchâtel and Paris, 1977); Bernard McGinn, *Visions of the End: Apocalyptic Traditions in the Middle Ages* (New York, 1979), pp. 126-41, 313-18. McGinn 對關於約雅敬與約雅敬主義的最新研究做了傑出的總體評論，"Apocalypticism in the Middle Ages: An Historiographical Approach," *Mediaeval Studies* 37 (1975): 252-86. 也可見 Henri de Lubac, *La postérité spirituelle de Joac him de*

Flore, vols. 1-2 (Paris, 1979, 1981).

關於柯拉佐的居所，參見 F. Russo, *Gioacchino da Fiore e le fondazioni florensi in Calabria* (Naples, 1958).

關於約雅敬象徵主義的聖經源泉，參見 B. McGinn, "Symbolism in the Thought of Joachim of Fiore," in *Prophecy and Millenarianism: Essays in Honor of Marjorie Reeves* (London, 1980), pp. 143-64.

272　整體介紹的書籍：H. A. R. Gibb, *Mohammedanism: An Historical Survey* (Oxford, 1949; 2d ed., 1961); Fazlur Rahman, *Islam* (Chicago, 1966; 2d ed., 1979); Toufic Fahd, "L'Islam et les sectes islamiques," *Histoire des Religions,* under the direction of Henri Charles Puech (Paris, 1977), vol. 3, pp. 3-177; A. Bausani, *L'Islam* (Milan, 1980). 也請參閱本書第 264 與 265 節的參考書目。

Henri Laoust, *Les schismes dans l'Islam* (Paris, 1965)是對伊斯蘭文明的整體介紹，同時又是一部不可或缺的參考書，材料十分豐富。

Gustav E. von Grunebaum 介紹了中世紀時期的精神與文化，見 *Medieval Islam* (Chicago, 1946; 2d ed. revised and enlarged, 1953). 參見匯編 *Islam and Cultural Change in the Middle Ages* (Wiesbaden, 1975), 以及 A. H. Hourani, S. M. Stern, S. A. El-Ali, and N. Elisséeff, in A. H. Hourani and S. M. Stern, eds., *The Islamic City* (Oxford, 1970)撰寫的文章.

關於遜尼派的「卡拉姆」，參見 Henry Corbin, *Histoire de la philosophie islamique* (Paris, 1964), vol. 1, pp. 125-78; L. Gardet and M. M. Anawati, *Introduction à la théologie musulmane* (Paris, 1948); A. N. Nader, *Le système philosophique des Mo'tazilites* (Beirut, 1956); A. J. Arberry, *Revelation and Reason in Islam* (London, 1957); H. A. Wolfson, *The Philosophy of the Kalam* (Cambridge, Mass., 1976), 這是基礎性的著作。也可參見 F. Rahman, *Prophecy in Islam: Philosophy and Orthodoxy* (London, 1958); S. H. Nasi, *An Introduction to Muslim Cosmological Doctrines* (Cambridge, Mass., 1964); Daniel Gimaret,

Théories de l'acte humain en théologie musulmane (Louvain, 1980).

關於阿沙里（Ash'arî）和阿沙里主義，參見 W. C. Klein, *The Elucidation of Islam's Foundation* (New Haven, 1940; English trans. of the *Kitab al-Ibâna* of al-Ash'arî); W. W. Watt, *Free Will and Predestination in Early Islam* (London, 1948).

273 關於什葉派，參見 Henri Laoust, *Les schismes dans l'Islam,* pp. 25ff., 98ff., 181ff. 亨利·高爾彬第一次對什葉派的思想與精神技巧作出詳盡的解釋，其研究數量很多，分別發表於 *Eranos-Jahrbücher* 以及其他書籍中。一個非常有用的綜合介紹，可參見他的 *Histoire de la philosophie islamique*, vol. 1, pp. 41-150 (cf. p. 350 有他到 1964 為止寫的所有文章的參考書目). *Terre céleste et corps de résurrection: de l'Iran mazdéen à l'Iran shî'ite* (Paris, 1961), 其中有十一位作者的譯文，*En Islam iranien,* vols. 1-2 (Paris, 1971-72)，參看什葉派的部分。

274 關於伊斯瑪儀派，W. Ivanow, *Studies in Early Persian Ismaelism* (Bombay, 1955); Henry Corbin, "Épiphanie divine et naissance spirituelle dans la Gnose ismaélienne," *Eranos-Jahrbuch* 23 (1955); idem, *Trilogie ismaélienne*（其中有三篇論文的評論性翻譯；Paris, 1961）; idem, *Histoire de la philosophie islamique,* pp. 110-48, 351（參考書目）.

在現存最古老的伊斯瑪儀著作中，我們可以看到有偽聖書 *Infancy Gospel* 的影響，一些關於數字神祕科學的主題（其來源是諾斯替教派），以及在宇宙生成論中扮演重要角色的五天候，都可看出摩尼教的影響（比方說，薩爾曼〔Salman〕跟安塔高尼斯特〔Antagoniste〕之間的七次打鬥等），cf. Corbin, *Histoire,* p. 11.

關於瑪赫迪的神話，參見 *Shorter Encyclopedia of Islam,* pp. 310-13; Ibn Khaldûn, *The Muqaddimah, An Introduction to History,* vols. 1-3, trans. by Franz Rosenthal (New York, 1958), pp. 156-200（see also pp. 186ff.,其中有蘇非對瑪

世界宗教理念史卷三
從穆罕默德到宗教改革

赫迪觀點的簡述）．

關於阿拉穆特城改革後的伊斯瑪儀派，參見 Marshall G. S. Hodgson, *The Order of the Assassins: The Struggle of the Early Isma'îlîs against the Islamic World* (The Hague, 1955).

關於「山中老人」，參見 C. E. Nowell, "The Old Man of the Mountain," *Speculum* 22 (1947): 497ff.; idem, "The Sources of the History of the Syrian Assassins," *Speculum* 27 (1952): 875ff.; W. Fleischhauer, "The Old Man of the Mountain: The Growth of a Legend," *Symposium* 9 (1955): 76ff. 關於馬可波羅的敘述，參見 Leonardo Olschki, *Marco Polo's Asia* (Berkeley and Los Angeles, 1960), pp. 362-81.

275　關於蘇非主義，在歐洲所有的重要語言中都有極豐富的書籍。在此要提到幾個重要著作：Reynold A. Nicholson, *Studies in Islamic Mysticism* (Cambridge, 1921; new ed., 1967); A. J. Arberry, *Sufism: An Account of the Mystics of Islam* (London, 1950); Marijan Molé, *Les mystiques musulmans* (Paris, 1965; excellent introduction); G. C. Anawati and Louis Gardet, *Mystique musulmane: Aspects et tendances, expériences et techniques* (Paris, 1961;其中有大量附評注的翻譯）；Fritz Meier, *Vom Wesen der islamischen Mystik* (Basel 1943;尤其強調對信徒們的入會禮祕傳）；Seyyed Hossein Nasr, *Sufi Essais* (London, 1972); Anne-Marie Schimmel, *Mystical Dimensions of Islam* (Chapel Hill, 1975; 是關於蘇非主義最好的著作之一，附有參考書目）。

關於西方研究蘇非主義的歷史，參見 A. J. Arberry, *An Introduction to the History of Sufism* (London, 1942). 已翻譯的選集，參閱 Margaret Smith, *Readings from the Mystics of Islam* (London, 1950); idem, *The Sufi Path of Love* (London, 1954); Martino Mario Moreno, *Antologia della Mistica Arabo-Persiana* (Bari, 1951).

關於對蘇非語言的分析，參見 Louis Massignon, *Essai sur les origines du lexique technique de la mystique musulmane* (Paris, 1922; new ed., 1968); Paul

Nwyia, *Exégèse coranique et langage mystique* (Beirut, 1970).

關於最早的神祕主義者，參見 L. Massignon, "Salmân Pâk et les prémices spirituelles de l'Islam iranien," *Société des Études Iraniennes* 7 (1934); Margaret Smith, *Râbi' a the Mystic and Her Fellow Saints in Islam* (Cambridge, 1928).

關於什葉派與蘇非主義之間的關聯，參見 H. Corbin, *Histoire de la philosophie islamique,* pp. 262ff.; S. H. Nasr, *Sufî Essais,* pp. 97-103; John B. Taylor, "Ja'far al Sâdiq, Spiritual Forebear of the Sufis" *Islamic Culture,* vol. 40, no. 2, pp. 97ff.; Nasr, *Sufî Essais,* pp. 104ff.

讓我們引用屈賽里（al-Qushairî）關於法律與蘇非尋找的神聖真理之間的根本區別：「在『神聖的法則』中，重要的是尊重儀式的和虔誠的行為；而真理強調的則是神聖萬能的內在視覺。任何沒有真理精神支撐的儀式都是沒有價值的，任何沒有法律形塑的真理精神都是不完善的；法律的存在是為了制定人類的行為準則，而真理則讓我們知道真主的安排。法律的存在是為了服務真主，而真理的存在則是為了真主的凝視。法律是為了遵守真主的規定，而真理則讓我們了解真主的戒律；一個是外在的，一個是內在的。」（*Rîsâlat,* 法文翻譯參見 Eva de Vitray-Meyerovitch, *Rûmî et le soufisme,* Paris,1977, p. 80）。

276　　關於德胡爾努，參閱 Margaret Smith, Readings from the *Mystics of Islam,* no. 20; A.-M. Schimmel, *Mystical Dimensions,* pp. 42ff.

關於彼斯塔米，參見 M. Molé, *Les mystiques musulmans,* pp. 53ff.; A.-M. Schimmel, pp. 47ff.; 引用的參考書目參閱 nn. 32-34.

關於居耐德，參閱 A. H. Abdel Kader, *The Life, Personality and Writings of al-Junayd* (London, 1962); R. C. Zaehner, *Hindu and Muslim Mysticism,* pp. 135-161; M. Molé, pp. 61ff.; Schimmel, pp. 57ff.

關於提爾米德里，參閱 Schimmel, pp. 56-57 以及 nn. 35-36 中引用的參考書目; H. Corbin, *Histoire,* pp. 273-75.

關於蘇非中「極地」的教理，參見 M. Molé, pp. 79ff.

277 　　關於哈拉智，我們可以參閱 Louis Massignon 的著作，*La Passion d'al-Husayn-ibn-Mansûr al-Hallâj, martyr mystique de l'Islam, exécuté à Bagdad le 26 Mars 922*, 2 vols. (Paris, 1955；改正增補版，4 vols., Paris, 1975). Massignon 關於哈拉智的研究見參考書目，vol. 4, pp. 101-8.

　　瑪西格農在《苦難》第一卷中，對哈拉智的生平與殉道作了完備的介紹與闡釋。關於哈拉智的作品（他的作品目錄，在他去世後六十年出版，包括四十六本書），ibid., vol. 3, pp. 286ff. 瑪西格農強調哈拉智的作品有三百五十句引入了四至九世紀穆斯林神祕主義的經典著作中；cf. ibid., pp. 296ff. 也可參閱瑪西格農 *Diwân*, 的新譯本(見 "Documents Spirituels," vol. 10, Paris, 1955).

　　關於麥拉瑪提教團，參閱 Alessandro Bausani, "Note sul 'Pazzo sacro' nell'Islam," *SMSR* 29 (1958): 93-107; M. Molé, *Les mystiques musulmans*, pp. 72ff., 以及 Schimmel, *Mystical Dimensions*, p. 86, n. 59 中的參考書目。

　　關於與麥拉瑪提教團類似的「為基督瘋狂派」（fools for Christ），參見 V. Roshcau, "Saint Siméon Salos, ermite palestinien et prototype des "Fous-pour-le-Christ," *Proche-Orient Chrétien* 28 (1978): 209-19; idem, "Que savonsnous des Fous-pour-le-Christ?" *Irénikon* 53 (1980): 341-53, 501-12.

278 　　關於施伯力和尼發立，參見 Schimmel, *Mystical Dimensions*, pp. 77-82, and n. 46（參考書目）.

　　關於傳統蘇非主義的理論與實踐，參閱 G. C. Anawati and L. Gardet, *Mystique musalmane*, pp. 41ff., 77ff., 147ff.; Schimmel, pp. 89ff. (附參考書目)。

　　關於加扎力，參閱 Miguel Asiny Palacios, *Espiritualidad de Algazel y su* sentido cristiano, vols. 1-4 (Madrid and Granada, 1934-41); W. Montgomery Watt, *Muslim Intellectual: A Study of Al-Ghazzâlî* (Edinburgh, 1963) and the bibliography noted by Schimmel, p. 92, n. 66.

關於加扎力作品的翻譯,參見 Schimmel, pp. 92-95, nn. 67, 71, 72. 其中與本書有關者:W. H. Temple Gairdner, *Al-Ghazzâlî's The Niche for Lights* (London, 1915); W. M. Watt, *The Faith and Practice of Al-Ghazzâlî* (London, 1952;論文的翻譯" The Liberator of Errors"); G. H. Bousquet, *Ih' yâ oulum al-dîn' ou Vivification des Sciences de la Foi* (Paris, 1955, 包括四十章的摘要)。

279　有關整體問題的最好説明是 Henry Corbin, *Histoire de la philosophie islamique* (Paris, 1964). See ibid., pp. 348ff. (參考書目部分)。

關於金迪,參閱 ibid., pp. 217-22, 355 (參考書目)。

關於法拉比,參閱 ibid., pp. 222ff.; D. M. Dunlop, *The Fusul al-Madanî: Aphorisms of the Statesman al-Fârâbî* (文本與翻譯,Cambridge, 1961); Muhsin Mahdi, trans., *Alfarabi's Philosophy of Plato and Aristotle* (Glencoe, Ill., 1962). 關於法拉比的預言教理,參見 F. Rahman, *Prophecy in Islam: Philosophy and Orthodoxy* (London, 1958), pp. 11-29.

關於亞維森納,參見 A. M. Goichon, *La distinction de l'essence et de l'existence d'après Ibn Sina* (Paris, 1937); Louis Gardet, *La pensée religieuse d'Avicenne* (Paris, 1951); F. Rahman, *Avicenna's Psychology* (London, 1952); S. M. Afnan, *Avicenna, His Life and Works* (London, 1958); Henry Corbin, *Avicenne et le récit visionnaire: Étude sur le cycle des récits avicenniens* (Paris and Teheran, 1954; 2d ed. Paris, 1979); S. H. Nasr, *Three Muslim Sages* (Cambridge, Mass., 1963), pp. 9-51.

一些最新的譯本:A. M. Goichon, trans., *Livres des Directives et Remarques* (Paris, 1952); M. Anawati, trans., *La Métaphysique du Shifâ* (Quebec, 1952); M. Achena and H. Massé, trans., *Le Livre de Science*, 2 vols. (Paris, 1955); cf. the bibliography supplied by Corbin, pp. 357-58.

關於西班牙穆斯林的哲學與神學，整體說明參見 Corbin, *Histoire*, pp. 305-42, 361-63(參考書目)。

關於伊本‧瑪薩拉，參見 Miguel Asin Palacios, *Ibn Massara y su escuela: Origines de la filosofia hispana-musulmana,* 2d ed. (Madrid, 1946).

關於伊本‧哈茲姆，參見 A. R. Nykl, *A Book Containing the Risâla Known as "The Dove's Neck Ring about Love and Lovers"* (Paris, 1932); idem, *Hispano-Arabic Poetry and Its Relations with the Old Provençal Troubadors* (Baltimore, 1946).

關於阿文帕塞，參見 M. Asin Palacios, ed. and trans., *Avempace: El regimen del solitario* (Madrid and Granada, 1946).

關於伊本‧托番勒，參見 Léon Gauthier, *Ibn Thofail, sa vie, ses oeuvres* (Paris, 1909); idem, *Hayy ibn Yaqdhan, roman philosophique d'Ibn Thofail* (text and translation, 2d ed., Paris, 1936).

280　關於亞味羅的最新譯本參見：L. Gauthier, trans., *Traité décisif (Façî al-maqâl) sur l'accord de la religion et de la philosophie,* 3d ed. (Algiers, 1948); S. Van der Bergh, trans., *Averroes' Tahâfut al-Tahâfut (The Incoherence of the Incoherence),* 2 vols. (Oxford, 1954); G. F. Hourani, trans., *On the Harmony of Religion and Philosophy* (London, 1954).

關於亞味羅的評注性著作相當豐富，介紹如下：L. Gauthier, *Ibn Rochd (Averroës)* (Paris, 1948); M. Horten, *Die Metaphysik des Averroes* (Halle, 1912); 關於中世紀哲學史書中的綜合性介紹，可參閱 Etienne Gilson, H. Corbin, and Julius R. Weinberg, *Histoires.*

關於伊本‧阿拉比找得到的譯本，參閱 R. W. J. Austin, *Ibn al'Arabî: The Bezels of Wisdom* (New York, 1980), p. 12. 此外還有：Titus Burckardt, *La Sagesse des Prophètes* (Paris, 1956), 包括 *Pearl Necklace* 的部分譯本，以及 Austin, *The Bezels of Wisdom* 附豐富評注的譯本。有關伊本‧阿拉比的自傳性敘述參見 Austin 在其著作 *Sufîs of Andalusia* (London, 1971)中的翻譯。

批評性的參考書目主要見 Austin, *The Bezels,* p. 13. 特別需要提到的是 Izutsu, *Comparative Study of Key Philosophical Concepts in Sufism and Taoism,* part 1 (Tokyo, 1966); Henry Corbin, *L'imagination créatrice dans le soufisme d'Ibn Arabî* (Paris, 1958); and S. A. Q. Husaini, *The Pantheistic Monism of Ibn al-Arabî* (Lahore, 1970).

281　　亨利‧高爾彬編輯出版了 *Oeuvres philosophiques et mystiques de Sohrawardî* (Istanbul and Leipzig, 1945; Teheran and Paris, 1952)的第一與第二册。他也對索赫拉瓦爾迪的思想進行了深入的研究；特別是 *En Islam irani-en,* vol. 2: *Sohrawardî et des Platoniciens de Perse* (Paris, 1971); *Histoire de la philosophie islamique,* pp. 285-304; *L'Archange empourpré: Quinze traités et récits mystiques traduits du persan et de l'arabe* (Paris, 1976).

很難確切地知道索赫拉瓦爾迪究竟與在何種程度上了解瑪茲達傳統思想，不管是通過口語流傳還是書面文字的材料。（除了高爾彬以外的作品，還可以參閱 A. Bausani, *Persia Religiosa,* pp. 181ff., and J. Duchesne-Guillemin, *La Religion de l'Iran Ancien,* pp. 363ff.）. 不管怎樣，索赫拉瓦爾迪宣稱有波斯與新柏拉圖主義的神智學。我們要知道在薩珊王朝統治期（226-635），瑪茲達主義成為帝國的官方信仰，儘管祖文教派（第 213 節）並未失去它的信徒。大教士卡爾特爾（Karter）成功判決了摩尼（第 231 節），他本人是瑪茲達正統教理的創始者。在薩珊王朝的統治下，王權的神話與意識形態獲得新的意義(cf. G. Widengren, *Les religions de l'Iran,* pp. 343ff.).

在宗教與政治層面上，到穆斯林占領為止唯一重要的事件是瑪茲達克的革命，由國王卡瓦德（Kavad，488-591）支持。瑪茲達克（Mazdak）認為社會的不平等是罪惡與痛苦的源泉；因此，他提出要分財產與女人。但是世俗與宗教高層人物說服了國王卡瓦德在西元 528 與 529 年之間對瑪茲達克的信徒發起大屠殺。特別值得注意的是，正是由於瑪茲達克革命導致的社會混亂，「讓波斯古經得到最後修訂以及瑣羅亞斯德派國家教會的勝

利」。（Widengren, p. 343）不久以後（635），波斯為穆斯林所占領。僅侷限於國家南部地區的瑪茲達主義，在九世紀得到一次真正的復興（正是這一時期出現了巴勒維文的主要作品，*Bundahishn, Dênkart*, etc.; Duchesne-Guillemin, pp. 365ff.）.

然而，想從哈里發的統治下解放出來的希望，被伽尼色（Ghaznavid）與塞爾柱（Seljuk）王朝的土耳其人粉碎了，他們是伊朗人民的宗教傳統與政治主權最頑固的敵人。

關於索赫拉瓦爾迪與其他許多伊朗神祕主義者與詩人對古伊朗傳統的懷舊感，應該在這個不幸地不太為人所知的意識形態背景中，加以了解。

282 《瑪斯納維》的英文版本參見 Reynold A. Nicholson, 8 vols. (London, 1925-40);可以參閱 A. M. Schimmel, *Mystical Dimensions of Islam*, p. 310, n. 24 中其他片斷的譯文。*Dîvân-i Shams-i Tabriz* 的英文版本參見 R. A. Nicholson (1989; new ed., Cambridge, 1961)，法文版本參見 E. de Vitray-Meyerovitch（書名為 *Odes mystiques*, Paris, 1973）；欲知其他歐洲語言譯文，參見 Schimmel, p. 310, n. 25.

關於魯米，參見 A. M. Schimmel, *The Triumphal Sun: A Study of Mewlana Rûmî's Life and Work* (London and The Hague, 1978); idem, *Mystical Dimensions*, pp. 309-28; E. de Vitray-Meyerovitch, *Rûmî et le soufisme* (1970; idem, *Mystique et poésie en Islam: Djalâlud-Dîn Rûmî et les derviches tourneurrs, 2d ed. (Paris, 1973); R. A. Nicholson, Rûmî, Poet and Mystic* (London, 1950); William C. Chittick, *The Sufi Path of Love: The Spiritual Teachings of Rûmî* (Albany, 1983); cf. also the bibliographies provided by de Vitray-Meyerovitch, *Rûmî*, p. 188, and Schimmel, *Mystical Dimensions*, p. 311, nn. 25, 26; p. 316, nn. 28-31.

關於宗教音樂與舞蹈，參見 Marijan Molé, "La Danse extatique en Islam," in *Les Danses Sacrées*, "Sources Orientales," vol. 4 (Paris 1963), pp. 145-280.關於苦行僧的舞蹈，參見 Fritz Meier, "Der Derwischtanz: Versuch eines Ueberblicks," *Asiatische Studien* 8 (1954): 107-36. 關於「瑪夫拉維」舞蹈，參見 Hellmut Ritter, "Der Reigen der tanzenden Derwi-sche," *Zeits-chrift für vergleichende Musikwissenschaft* 1 (1933): 28-42.

283 關於不斷覆誦神名，參見 Louis Gardet, "La mention du nom divin (*dhikr*) en mystique musulmane," *Revue Thomiste* (1952): 642-79; (1953): 197-216; idem, *Mystique musulmane,* pp. 187-258; M. Eliade, *Le Yoga,* pp. 218-220; 396-97（參考書目）.

關於煉金術的起源，參見本書卷二的參考書目；也可參閱 M. Eliade, *Forgerons et alchimistes,* 2d ed., corrected and augmented (Paris, 1977), pp. 173ff. (English trans., *The Forge and the Crucible* [New York 1962], pp. 179ff.).

關於阿拉伯煉金術的歷史，參見 Eliade, *Forgerons,* pp. 175ff. (*The Forge and the Crucible,* pp. 195ff.). 也可參見 Paul Kraus, *Jabîr ibn Hayyân, contribu-tion à l'histoire des idées scientifiques dans l'Islam,* vols. 1-2 (Cairo, 1942-43); H. Corbin, "Le Livre du Glorieux de Jabîr ibn Hayyân, Alchimie et Archétypes," *Eranos-Jahrbuch* 18 (Zurich, 1950): 47-114. 也可參閱伊本・阿拉比一部小冊子的譯本，*L'alchimie du bonheur parfait* (Paris, 1981).

284 關於約翰嫩・本・撒該以及毀壞聖殿的後果，參見本書卷二第 224 節的參考書目。

猶太人從古代末期到中世紀期間歷史的權威性的介紹，參見 Salo W. Baron, *A Social and Religious History of the Jews,* vols. 3-4 (New York, new. ed., 1950-58).

關於古猶太公會，參見 Hugo Mantel, *Studies in the History of the San-hedrin* (Cambridge, Mass., 1961). George Foote Moore, *Judaism in the First Centuries of the Christian Era:* The Age of the Tannaim, vols. 1-2 (Cambridge, Mass., 1927; 多次再版)，這本書至今仍有極大價值。（然而，還必須考慮到波爾特〔Porter〕的看法，由雅克布・諾斯耐爾注釋評論，參見*Judaism,*

pp. 5-14.）

　　關於「密西拿」，參見諾斯耐爾清楚而嚴密的闡述，Jacob Neusner, *Judaism: The Evidence of the Mishnah* (Chicago, 1981)，這是諾斯耐爾之前許多作品的綜合。若想了解密西拿，可參考下列重要著作：*The Idea of Purity in Ancient Judaism* (Leiden, 1973); *A History of the Mishnaic Law of Purities,* vols. 1-22 (Leiden, 1974-77); *The Modern Study of the Mishnah* (Leiden, 1973); *A History of the Mishnaic Law of Holy Things,* vols. 1-6 (Leiden, 1978-79); *From-Analysis and Exegesis: A Fresh Approache to the Interpretation of Mishnah* (Minneapolis, 1980).

　　諾斯耐爾的 *Judaism,* pp. 381-403 有主要的參考書目。

285　　關於《巴比倫的塔木德》的譯本，我們可以參閱最新版本，I. M. Weiss (Boston, 1918)的修訂本，以 M. L. Rodkinson (New York, 1896-1910; 10vols)的譯本基礎。還有在 I. Epstein 與 J. H. Hertz 兩人的主持下，許多學者共同參與的翻譯 London (1935ff.)，有 35 卷。此處要提到的選集有：A. Cohen, *Everyman's Talmud* (London, 1932, repr. 1949); C. Montefiore and C. G. Loewe, *Rabbinic Anthology, Selected and Arranged with Comments and Introduction* (London, 1938; repr. New York, 1960); G. Goldin, *The Living Talmud* (Chicago and London, 1958).

　　評論書籍相當豐富，其中包括：Solomon Schechter, *Aspects of Rabbinic Theology*（New York, 1909; repr. 1961 附 Louis Finkelstein 的導論）; G. F. Moore, *Judaism in the First Centuries of the Christian Era,* vol. 1, pp. 173ff.; David Goodblatt, "The Babylonian Talmud," in *Aufstieg und Niedergang der römischen Welt* (Berlin, 1972), vol. 1, pp. 257-336; J. Neusner, ed., *Understanding Rabbinic Judaism: From Talmudic to Modern Times* (New York, 1974), and cf. David Goodblatt, "Bibliography on Rabbinic Judaism," ibid., pp. 383-402; Joseph Heinemann, *Prayer in Talmud: Forms and Patterns,* Richard Sarason, trans. (Berlin, 1977); Jacob Neusner, *The Formation of the Babylonian Talmud*

(Leiden, 1970); Gerd A. Wewers, *Geheimnis und Geheimhaltung im rabbinischen Judentum* (Berlin and New York, 1975); J. Neusner, "The History of Earlier Rabbinic Judaism: Some New Approaches," *HR* (1977): 216-36.

關於卡拉伊特派，參見 L. Nemoy, *Karaite Anthology* (New Haven, 1952); D. Sidersky, "Le Caraïsme et ses doctrines," *RHR* 114 (1936): 197-221; Z. Cahn, *The Rise of the Karaite Sect: A New Light on the Halakah and the Origin of the Karaites* (Philadelphia, 1937); A. Paul, *Recherches sur l'origine du Qaraïsme* (Paris, 1970).

286　關於中世紀猶太哲學，參見 G. Vajda, *Introduction à la pensée juive du Moyen Age* (Paris, 1947); Isaac Husik, *A History of Medieval Jewish Philosophy* (New York, 1916; repr. 1958); Julius Guttmann, *Die Philosophie des Judentums* (Munich, 1933; 英文譯本名為 *Philosophies of Judaism,* New York, 1964). 這方面精彩而獨到的整體介紹，見 André Neher, "Philosophie Juive médiévale," in *Histoire de la Philosophie,* Encyclopédie de la Pléiade, vol. 1 (Paris, 1969), pp. 1006-47.

斐羅文本的評論性選集，參見 Nahum Glatzer, *The Essential Philo* (1971), and David Winston, *Philo of Alexandria: The Contemplative Life, The Giants and Selections* (New York, 1981). 作品全集的法文版，見 R. Arnaldez, J. Pouilloux, and Mondésert (Paris, 1961 and ff.; 36 volumes have appeared by 1980). 關於斐羅的最好著作是 V. Nikiprowetzky, *Le commentaire de l'Ecriture chez Philon d'Alexandrie* (Leiden, 1977).

關於斐羅對中世紀基督教思想的直接或間接影響，參閱 H. A. Wolfson, *Philo,* vols. 1-2 (Cambridge, Mass., 1847);關於該問題的研究近況，cf. ibid., vol. 2, pp. 158ff.

猶太第一位哲學家是伊薩克，以色列（855-955），生卒於埃及。他的著作是對不同淵源思想的綜合。但是，譯成拉丁文之後，它們為十三世紀的基督教經院哲學所引用。有些片斷的翻譯與評注，參見 A. Altmann and

S. Stern, *Isaac Israeli* (London, 1959).

薩阿迪亞作品最完整的譯本，見 S. Rosenblatt, *The Book of Beliefs and Opinions* (New Haven, 1948). 也可參閱 M. Ventura, *La Philosophie de Saadia Gaon* (Paris, 1934); H. A. Wolfson, *Kalam Arguments for Creation in Saadia, Averroes, Maimonides and St. Thomas* (Saadia Anniversary volume, New York, 1943), pp. 197ff.

S. Munk, *Mélanges,* pp. 151-306; J. Guttmann, *Die Philosophie des Juden-tums,* pp. 102-19; Isaac Husik, *A History of Medieval Jewish Philosophy* (New York, 1916), pp. 59-80; Julius R. Weinburg, *A Short History of Medieval Philos-ophy* (Princeton, 1964), pp. 146-49.

Bahya ibn Paqûda, *Introduction aux devoirs des coeurs,* 已由 A. Chouraqui (Paris, 1950)譯為法文。英文譯本參見，Edwin Collins, *The Duties of the Heart* (Hondon, 1909).

猶大赫・哈列維著作的翻譯與注釋，見 Hartwig Hirschfeld, *Book of Kuzari* (New York, 1946). 也可參見 Isaac Husik, *Three Jewish Philosophers: Philo, Saadia Gaon, Jehuda Halevi,* 譯自希伯來文的翻譯，見 Hans Lewy, A. Altmann, and I. Heinemann (New York, 1965; 部分有注釋)。

287　邁蒙尼德著作選集由 Isadore Twersky 所編，*A Maimonides Reader: Edited with and Introduction and Notes* (New York, 1972). 它包括專著 *Mishneh Torah* (pp. 35-227),很長的一段摘錄，*Guide for the Perplexed* (pp. 231-358)一書的重要節選，以及許多很難見到的小冊子與書信的譯文（pp.361-482）。也可參閱 Arthur Cohen, *Teachings of Maimonides,* Prolegomena by Marvin Fox (New York, 1968). 關於 *Moreh Nevukhim* 一書的翻譯，我們使用了最新的版本：Shlomo Pines, trans., *The Guide for the Perplexed* (Chicago, 1963). *Mis-hneh Torah* 的許多譯本可以在 *Maimonides Reader,* p. 484, 以及 David Hartm-ann, *Maimonides: Torah and Philosophic Quest* (Philadelphia, 1976), pp. 269-72 之中看到。Shlomo Pines (pp. 484-90) and David Hartmann (pp. 272-88)的作

品中有豐富的參考書目。

完整的介紹包括以下作品：Salo W. Baron, *A Social and Religious History of the Jews,* vol. 8 (New York, 1958), pp. 55-138; Joseph Sarachek, *Faith and Reason: The Conflict over the Rationalism of Maimonides* (New York, 1970). 也可參閱，Daniel Y. Silver, *Maimonidean Criticism and the Maimonidean Controversy: 1180-1240* (Leiden, 1965); Harry A. Wolfson, "Maimonides on the Unity and Incorporeality of God," *Jewish Quarterly Review* 56 (1965): 112-36; Alexander Altmann, "Essence and Existence in Maimonides," in *Studies in Religious Philosophy and Mysticism* (Ithaca, 1969), pp. 108-27; "Free Will and Predestination in Saadia, Bahya, and Maimonides," in *Essays in Jewish Intellectual History* (Hannover and London, 1981), pp. 35-64; "Maimonides ' Four Perfections, ' " ibid., pp. 65-76; "Maimonides and Thomas Aquinas: Natural or Divine Prophecy?" ibid., pp. 77-96.

David Hartmann 的研究十分寶貴，尤其是研究 *Mishneh Torah* 與 *Moreh Nevukhim* 兩書之間連續性的文章；參見其 *Maimonides: Torah and Philosophic Quest,* pp. 102ff. 相反的意見，主要參見 Isaac Husik, *A History of Medieval Jewish Philosophy* (repr. New York, 1958), p. 5, and Leo Strauss, *Persecution and the Art of Writing* (Chicago, 1952), pp. 38-95: "The Literary Character of the *Guide for the Perplexed*"; idem, "Notes on Maimonides' Book of Knowledge," in *Studies……Presented to Gershom Scholem* (Jerusalem, 1967), pp. 269-85.

288 關於猶太教神祕主義歷史唯一且完整的作品是 Gershom Scholem, *Major Trends in Jewish Mysticism* (New York, 1946); 我們用的是 1960 年第四版的版本，經過修訂並增添了參考書目。也參可閱法文譯本 *Les grands courants de la mystique juive* (Paris, 1950). 也可參考相同作者的著作，*Les origines de la Kabbale* (Paris, 1966;德文版為 *Ursprung und Anfänge der Kabbala,* Berlin, 1962); *On the Kabbalah and Its Symbolism* (New York, 1965; German ed.,

Zurich, 1960); *The Messianic Idea in Judaism and Other Essays on Jewish Spirituality* (New York, 1971; 1937 到 1970 之間發表文章的匯集)。

一部整體介紹的入門書,包括一些重要文本的譯本,參見 Guy Casaril, *Rabbi Siméon bar Yochaï et la Kabbale* (Paris, 1961, collection "Maîtres Spirituels"). Paul Vuilliaud, *La Kabbale Juive: Histoire et Doctrine: Essai critique*, 2 vols. (Paris, 1923),受到了索倫的嚴厲批評。A. E. Waite, *The Holy Kabbalah: A Study of the Secret Traditions of Israel* (London, 1929)一書仍有價值,尤其有助於了解文藝復興以後的基督教喀巴拉主義者。關於猶太教的祕傳與喀巴拉,參見 G. Vajda, "Recherches récentes sur l'esotérisme juif (1947-53)," *RHR* 147 (1955): 62-92; idem, "Recherches récentes……(1954-62)," *RHR* 164 (1963): 39-86, 191-212; *RHR* 165 (1964): 49-78; idem, *L'amour de Dieu dans la théologie juive du Moyen Âge* (Paris, 1957); idem, *Recherches sur la philosophie et la Kabbale dans la pensée juive du Moyen Âge* (Leiden, 1969).

關於「默卡巴」,參閱 Scholem, *Major Trends,* pp. 40-79; idem, *Jewish Gnosticism, Merkabah Mysticism and Talmudic Tradition* (New York, 1960), passim; idem, *Les Origines de la Kabbale,* pp. 27-33, 118-122, 128-138, 153-160, etc. 也可參閱 Ithamar Gruenwald, *Apocalyptic and Merkawah Mysticism* (Leiden, 1979).

關於「什烏爾・喬瑪」(Shi'ur Qoma),也可參閱 Alexander Altmann, "Moses Narboni's 'Epistle on *Shi'ur Qoma,*'" in *Studies in Religious Philosophy and Mysticism* (Ithaca, 1969), pp. 180-209.

關於《創造之書》,參見 Scholem, *Major Trends,* pp. 84 ff., 126ff., 367ff.; idem, *Les Origines de la Kabbale,* pp. 31ff. 最新的譯本是 Guy Casaril, pp. 41-48. See also G. Vajda, "Le Commentaire de Saadia sur le *Sepher Yetsira,*" *Revue des Études Juives* 56 (1945): 64-86.

關於德意志地區的「哈西第」,參見 Scholem, *Major Trends,* pp. 80-118. 關於「高萊姆」小精靈的神話以及它的起源,參閱 cf. Scholem, "The Idea of the Golem," in *On the Kabbalah and Its Symbolism,* pp. 158-204.

289 關於在喀巴拉中如何重新運用一些古老的神話主題，參見 G. Scholem, "Kabbalah and Myth," in *On the Kabbalah and Its Symbolism,* pp. 87-117.

《巴希爾》的德文譯本與評注，見 Scholem, *Das Buch Bahir* (Leipzig, 1923); 也參見 *Major Trends,* pp. 74ff., 229ff.; *Origines de la Kabbale,* pp. 78-107, 164-94, 211ff.

關於「德威庫特」，參見 G. Scholem, "*Devekut,* or Communion with God," in *The Messianic Idea in Judaism,* pp. 203-26 (文章發表於 1950).

關於亞伯拉罕‧阿布拉斐亞，參見 Scholem, *Major Trends* pp. 119-55 (以及參考書目注釋，pp. 398ff.). Cf. Guy Casaril, pp. 66ff. 《光輝之書》相當完整的譯本，參見 Sperling and Maurice Simon, *The Zohar,* 5 vols. (London, 1931-34, re-edition 1955); see also David Chanan Matt, *Zohar: The Book of Enlightenment,* 翻譯與介紹(New York, 1983). G. Scholem, *Die Geheimnisse Sohar* (Berlin, 1935), and *Zohar: Book of the Splendor* (選集及注釋評論). 最好的介紹依然是 Scholem, *Major Trends,* pp. 156-243 (以及評注，pp. 385-407). 也見 Ariel Bension, *The Zohar in Moslem and Christian Spain* (London, 1932); F. Secret, *Le Zohar chez les kabbalistes chrétiens de la Renaissance* (Paris and The Hague, 1958).

關於「上帝的顯現」這一觀念的歷史，參見 G. Scholem, "Zur Entwicklungsgeschichte der kabbalistischen Konzeption der Schekinah," *Eranos-Jahrbuch* 21 (Zurich, 1952): 45-107. 關於靈魂的轉世，參見 Scholem, *Major Trends,* pp. 241ff.; idem, "The Messianic Idea in Kabbalism" (in *The Messianic Idea in Judaism,* pp. 37-48), pp. 46ff.; idem, "Seelenwanderung und Sympathie der Seelen in der jüdischen Mystik," *Eranos-Jahrbuch* 24 (1955): 55-118.

290 十六世紀薩番德城精神生活的介紹，參見 R. J. Zwi Werblowsky, *Joseph Karo, Lawyer and Mystic* (Oxford, 1962; repr. Philadelphia, 1977), pp. 38-83. See ibid., pp. 84-168 (R. Joseph Karo 的參考書目); pp. 169-286 (對約瑟

夫‧卡洛神祕主義體驗和神學的分析)。

關於伊薩克‧路力亞以及他的學派，參見 Scholem, *Major Trends,* pp. 244-86, 407-15.

當一個弟子問路力亞為什麼他不把他的思想用書的形式寫下來時，他回答他：「不可能。因為所有事物都是相關聯的。我剛張口說話，我就覺得大海決堤了。我怎麼可能表達我靈魂所感，怎麼又能將之形之於書？」Scholem, *Major Trends,* p. 254.

伊薩克‧路力亞很可能是在拿馬尼德斯（Nahmanides）之後唯一直接從預言家以利亞那裡學到神祕教理的喀巴拉主義者。

他思想的傳播主要靠的是以色列‧薩魯格（Israel Sarug）。他在西元 1952 到 1998 年期間，將路力亞思想傳遍了義大利喀巴拉主義者，然而，薩魯格也只是通過維塔爾的著作才了解路力亞的思想。在一些問題上，他重新注釋了大師的教理：他幾乎將路力亞引入了一個哲學基礎，因為他引入了某種柏拉圖主義；這也解釋他為什麼會成功；Scholem, *Major Trends,* pp. 257-5

291 關於薩巴坦伊‧茲維，以及薩巴坦伊主義，參見 Scholem, *Major Trends,* pp. 286-324; idem, "Redemption through Sin," in *The Messianic Idea in Judaism,* pp. 78-141（文章首先以希伯來文發表於 1937）；idem, "The Crypto-Jewish Sect of the Donmeh (Sabbatianism) in Turkey," in *The Messianic Idea,* pp. 142-66; 尤其是他最偉大作品的譯註，翻譯自希伯來文，見 R. J. Zwi Werblowsky, *Sabbatai Sevi, the Mystical Messiah* (Princeton, 1973; 這是 1957 在特拉維夫發表原文的修訂增補譯本)。也可參閱 Yosef Hayim Yerushalmi, *From Spanish Court to Italian Ghetto* (New York, 1971; repr. Seattle and London, 1981), pp. 313-49. 神學與歷史材料大部分被毀。但是薩巴坦伊主義的現代形式，即正統的虔誠與異教信仰共存的現象持續了很久；見 T

Scholem, *Major Trends,* pp. 299ff.

292   關於哈西第主義，參見 Scholem, *Major Trends,* pp. 325-50（參閱在第 436-38、445-46 記載的參考書目）；idem, "The Neutralization of the Messianic Element in Early Hassidism," in *The Messianic Idea in Judaism,* pp. 176-202; Martin Buber, *Die chassidischen Bücher* (Hellerau, 1928; 多次再版); idem, *Jewish Mysticism and the Legend of Baal Shem* (London, 1931); idem, *Deutung des Chassidismus* (Berlin, 1935); idem, *Hassidism* (New York, 1948); idem, *The Origin and Meaning of Hassidism,* Maurice Friedman, ed. (New York, 1960); Arnold Mandel, *La Voie du Hassidisme* (Paris, 1963); Elie Wiesel, *Célébration hassidique* (Paris, 1972); idem, *Les récits hassidiques,* trans. A. Guerne (Paris, 1961).

　　關於拉底的施納烏爾・扎爾曼拉比以及智慧派，參見 Scholem, *Major Trends,* pp. 340ff.; Guy Casaril, *Rabbi Simeon bar Yochai,* pp. 166ff.關於 *Habad,* 參見 Dov Baer of Lubavitch, *Lettre aux hassidim sur l'extase* (French version by Georges Levitte, Paris, 1975; English translation, with introduction and notes, by Louis Jacobs: Dobh Baer, *Tract on Ecstasy* [London, 1963; reprinted as *On Ecstasy: A Tract, Chappaqua,* N. Y., 1983]).

293   關於鮑格米勒派，參閱 Dimitri Obolensky, *The Bogomils: A Study in Balkan Neo-Manicheism* (Cambridge, 1948), pp. 290-304, 我們在 "The Devil and God" (*De Zalmoxis à Gengis Khan,* 1970, pp. 80-130), pp. 89-90, n. 26 中提及的作品可作為補充；也可參閱 Arno Borst, *Les Cathares* (French trans., Paris, 1974), pp. 55ff., 尤其是參考書目非常有用。在 Obolensky 的專題研究之後，該問題最好的整體介紹是 Steven Runciman, *The Medieval Manichee: A Study of the Christian Dualist Heresy* (Cambridge, 1947; French trans., Paris, 1949; *Le manichéisme médiéval*).

　　最重要的來源有 Cosmas the Priest, *Le Traité contre les Bogomiles,* 翻譯與評注見 H. Ch. Puech and A. Vaillant (Paris, 1945),及 Euthymius Zigabenus 的 *Dogmatic Panoply* (in Migne, *Patrologia Graeca,* vol. 130). 參閱 Runciman,

pp. 73ff. 中對這兩篇論著的分析。

Jordan Ivanov, *Bogomilski Knigi i legendy* (Sophia, 1925)一書的翻譯,見 Monette Ribeyrol, *Livres et légendes bogomiles* (Paris, 1976; pp. 381-90, D. Angelov 製作了參考書目)。

關於鮑格米勒派在巴爾幹半島和羅馬尼亞繼續存在的情況以及異教歷史的最新研究,可參見:Robert Browning, *Byzantium and Bulgaria: A Comparative Study across the Early Medieval Frontier* (London, Berkeley, and Los Angeles, 1975), pp. 163ff.; Răzvan Theodorescu, *Bizant, Balcani, Occident la începuturile culturii medievale românesti, secolele X-XIV* (Bucharest, 1974), pp. 341ff.; M. Lambert, *Medieval Heresy: Popular Movements from Bogomil to Hus* (1977); G. Cantacuzino, "Les tombes de Bogomiles découvertes en Roumanie et leurs rapports avec les communautés hérétiques byzantines et balkaniques" *Acts of the Fourteenth International Congress of Byzantine Studies* (Bucharest, 1975), vol. 2, pp. 515-28; Anton Balotăm, "Bogomilismul şi cultura maselor populare în Bulgarie şi în Tările Române," *Romanoslavica* 10 (Bucharest, 1964): 14-69.

關於偽經書和鮑格米勒派對它們的再詮釋,參見 E. Turdeanu, "Apocryphes bogomiles et apocryphes pseudo-bogomiles," *RHR* 138 (1950): 22-52, 176-218. 關於偽經書《十字架森林》的流傳歷史,參見 N. Cartojan, *Cărtile populare în literature românească*, 2d ed. (Bucharest, 1974), vol. 1, pp. 155ff.; Esther Casier Quinn, *The Quest of Seth for the Oil of Life* (Chicago, 1962), pp. 49ff. 關於《約翰的質問》參見 Edina Bozóky, ed., 翻譯與評論,見 *Le Livre Secret des Cathares: Interrogatio Iohannis, Apocryphe d'origine bogomile* (Paris, 1980).

294　關於清潔派的總體介紹,參閱 Steven Runciman, *The Medieval Manichee,* pp. 116-70, and of Arno Borst, *Les Cathares,* esp. pp. 79-196 (參考書目非常詳盡). 也可參閱 H. Ch. Puech, "Catharisme médiéval et bogomilisme," in *Oriente ed Occidente nel Medio Evo* (Rome, 1957), pp. 56-84; 再版選入 *Sur le manichéisme et autres essais* (Paris, 1979), pp. 395-427.

清潔派留下的文本很少，出版與翻譯的有 A. Dondaine, *Le "Liber de duobus principiis" suivi d'un fragment de rituel cathare* (Rome, 1932); C. Thouzellier, *Un traité cathare inédit du début du XIIIᵉ siècle* (Louvain, 1961); *Une somme anticathare* (Louvain, 1964); and René Nelli, *Écritures Cathares* (Paris, 1968). 也可參見 Edina Bozóky, *Le Livre Secret des Cathares: Interrogatio Iohannis, Apocryphe d'origine bogomile* (Paris, 1980).

關於對阿爾比吉人的東征，參閱 P. Belperron, *La Croisade contre les Albigeois et l'union du Languedoc à la France* (Paris, 1943; 2d ed. 1948).

關於宗教裁判所，參見 J. Guiraud, *Histoire de l'Inquisition au Moyen Âge*. Vol. 1, *Cathares et vaudois*. Vol. 2, *L'Inquisition au XIIIᵉ siècle en France, en Espagne et en Italie* (Paris, 1935, 1938). 最新的參考書目見 Grundmann in Jacques Le Goff, ed., *Hérésies et sociétés dans l'Europe pré-industrieele* (Paris and The Hague, 1968), pp. 425-31.

關於歷史背景，參閱 Friedrich Heer, *The Medieval World* (London and New York, 1962), pp. 197ff.

295　　關於宗教如何鼓勵貧窮，參見 Jeffrey B. Russell, *Religious Dissent in the Middle Ages* (New York, 1971), pp. 41ff.

聖方濟各最好的傳記 Omer Englebert, *Vie de Saint François* (Paris, 1947; 有豐富的書目, pp. 396-426). 基本的部分見 Ivan Gobry, *Saint François et l'esprit franciscain* (Paris, 1957; 其中包括了聖方濟各作品的選讀，pp. 119-52). 也可參閱 Lawrence Cunningham, ed., *Brother Francis: An Anthology of Writings by and about Saint Francis of Assisi* (New York, 1972), 特別是 *François d'Assise: Écrits* (拉丁文文本與翻譯，"Sources chrétiennes," 285, Paris, 1981).

關於方濟會，參見 John Moorman, *A History of the Franciscan Order* (Ox-

ford, 1968); Cagetan Esser, O.F.M., Origins of the Franciscan Order (Chicago, 1970); Malcolm D. Lambert, *Franciscan Poverty: The Doctrine of the Absolute Poverty of Christ and the Apostles in the Franciscan Order, 1210-1323* (London, 1961); *S. Francesco nella ricerca storica degli ultimi ottanta anni,* Convegni del Centro di Studi sulla spiritualità medioevale, 9 (Todi, 1971).

296 現存唯一的聖波拿文都拉作品全集由 Quaracchi 的方濟會教士所出版的九卷對開本全集。法文譯本的書目，見 J. G. Bougerol, *Saint Bonaventure et la sagesse chrétienne* (Paris, 1963), pp. 180-82. 英文譯本的挑選，見 Ewert H. Cousins 的翻譯與導論, *Bonaventure,* Classics of Western Spirituality (New York, 1978).

在最新關於聖波拿文都拉思想的專題研究中，引用以下作品：Etienne Gilson, *La philosophie de Saint Bonaventure,* 2d ed. (Paris, 1943); J. G. Bougerol, *Introduction to the Works of Bonaventure,* trans. Jose de Vinck (New York, 1964); idem, *Introduction à l'étude de saint Bonaventure* (Tournai, 1961); John Quinn, *The Historical Constitution of Saint Bonaventure's Philosophy* (Toronto, 1973); Ewert H. Cousins, *Bonaventure and the Coincidence of Opposites* (Chicago, 1978).

關於梯子與神祕主義升天的象徵意義，參見 Dom Anselme Stolz, *Théologie de la mystique,* 2d ed. (Chèvetogne, 1947), pp. 117-45; Alexander Altmann, *Studies in Religious Philosophy and Mysticism* (Ithaca, 1949); 參閱在 Eliade, *Le Chamanisme,* pp. 378-81 中的參考書目

297 大亞伯特、多瑪斯・阿奎那以及其他經院學派大師的著作集於 Etienne Gilson, *La philosophie au Moyen Âge* (Paris, 1947). 在同一部作品中有其他相關作者基本的評論性參考書目。也可參閱 E. Gilson, *Le thomisme,* 2d ed. (Paris, 1952); F. Copleston, *Aquinas* (Harmondsworth, 1955; p. 265 有聖多瑪斯作品所有英文譯本的書目); M. D. Chenu, *Introduction à l'étude de saint Tho-*

mas d'Aquin (Montreal, 1950); idem, *La théologie comme science au XIIIᵉ siècle* (Paris, 1957); idem, *Toward Understanding Saint Thomas* (Chicago, 1964).

對經院哲學的另一種詮釋，參閱 Steven Ozment, *The Age of Reform, 1250-1550: An Intellectual and Religious History of Late Medieval and Reformation Europe* (New Haven, 1980; on Thomas Aquinas, see pp. 9ff., 60ff.; 關於奧坎, see pp. 35ff., etc.). 奧茲門特還介紹了最新的批評性著作。

關於鄧斯・斯各特，參見 Effren Bettoni, *Duns Scotus: The Basic Principles of His Philosophy* (Washington, 1961).

關於奧坎，參見 Gordon Leff, *William of Ockham: The Metamorphosis of Scholastic Discourse* (Manchester, 1975); idem, *The Dissolution of the Medieval Outlook: An Essay on Intellectual and Spiritual Change in the Fourteenth Century* (New York, 1976).

關於經院哲學，也請參閱 F. van Steenberghen, *Aristotle in the West: The Origins of Latin Aristotelianism* (Louvain, 1955); idem, *The Philosophical Movement of the Thirteenth Century* (Edinburgh, 1955); Gordon, Leff, *Medieval Thought: St. Augustine to Ockham* (Baltimore, 1962).

綜合性觀點參見 H. A. Oberman, *The Harvest of Medieval Theology* (Cambridge, Mass., 1963).

298 艾克哈特大師作品批評版本的出版工作正在進行中：Meister Eckhart *Die deutsche Werke,* vols. 1-5 (Stuttgart, 1938ff.), and *Die lateinische Werke,* vols. 1-5 (1938ff.). 在德國研究組織（Deutsche Forschungsgemeinschaft）完成此一出版計畫之前，我們發現了各種版本的簡短歷史，見 A Note on Eckhart's Works" in Edmund Colledge and Bernard McGinn, *Meister Eckhart: The Essential Sermons, Commentaries, Treatises and Defense* (New York, 1981), pp. 62ff. 批評版本出現之前，所有歐洲主要語言的翻譯版本並不完全可靠；比方說 C. de B. Evans, *Meister Eckhart,* vols. 1-2 (London, 1924, 1931). 英文譯本中最有用的是，Armand Maurer, *Master Eckhart: Parisian Questions*

and Prologues (Toronto, 1974); Reiner Schurmann, *Meister Eckhart: Mystic and Philosopher* (Bloomington, 1978; 包括八個德語佈道的翻譯以及對艾克哈特大師思想的重要研究)；特別是 Edmund Colledge 與 Bernard McGinn 的譯本。最好的德文譯本收入 Josef Quint, *Deutsche Predigten und Traktate* (Munich, 1955, 同時也有中古德文撰寫的原文)。德語作品有兩個法文版本：Paul Petit, *Oeuvres de Maître Eckhart: Sermons-Traités* (Paris, 1942). 也可參見翻譯 Jeanne Ancelet-Hustache, *Maître Eckhart et la mystique rhénane* (Paris, 1956), pp. 77-119.

在豐富的批評著作中，值得一提的是：Vladimir Lossky, *Théologie négative et connaissance de Dieu chez Maître Eckhart* (Paris, 1960; 重要著作); C. F. Kelley, *Meister Eckhart on Divine Knowledge* (New Haven and London, 1977); Bernard Welte, *Meister Eckhart: Gedanken zu seinen Gedanken* (Freiburg, 1979; 新的詮釋); M. de Gandillac, "La 'dialectique' de Maître Eckhart," in *La mystique rhénane,* Colloque de Strassbourg, 1961 (Paris, 1961), pp. 59-94. 也可參見 Colledge and McGinn, pp. 349-53 中的參考書目。

關於中世紀的神祕主義的最好的整體介紹是 J. Leclercq, F. Vandenbroucke, and L. Bouyer, *La spiritualité du Moyen Âge* (Paris, 1961). 也可參閱 *L'Attesa dell'età nuova nella spiritualità della fine del Medio Evo,* Convegni del Centro di Studi sulla spiritualità medioevale, 3 (Todi, 1963).

299 關於中世紀宗教異端運動（或者被指控為異教的運動），參見 M. D. Lambert, *Medieval Heresy: Popular Movements from Bogomil to Hus* (London, 1977); Jacques Le Goff, ed., *Hérésies et sociétés dans l'Europe pré-industrielle, XIᵉ-XVIIᵉ siècles,* Colloque de Royaumont (Paris, 1968); *Movimenti religiosi populari ed eresie del medioevo,* in *X Congresso Internazionale di Scienze Storiche, Relazioni,* vol. 3 (Rome, 1955); Gordon Leff, *Heresy in the Later Middle Ages,* vols. 1-2 (Manchester and New York, 1967).

Robert Bultot, *La doctrine du mépris du monde: Le XIe siècle,* vols. 1-2 (Lo-uvain and Paris, 1963-64)一書對十一世紀徹底苦行的態度以豐富的材料為基礎作出分析,尤其以彼得・戴民(Peter Damien)和坎特伯利的安瑟倫的思想為研究對象。

關於不發願修女與不發願修士,參見 E. W. McDonnell, *The Beguines and Beghards in Medieval Culture* (New Brunswick, 1954; 材料豐富); Gordon Leff, *Heresy in the Later Middle Ages,* vol. 1, pp. 195ff.; Ozment, *The Age of Reform,* pp. 91ff.

關於馬格德堡的曼徹蒂爾德,參見 Lucy Menzies, *The Revelations of Mechthilde of Magdebourg* (London, 1953); 關於佛蘭芒的不發願修女哈德維齊,Mother Columbia Hart, O.S.B.的翻譯與導論, *The Complete Works* (New York, 1980).

關於自由之靈運動,參見 G. Leff, vol. 1, pp. 310-407; Robert E. Lerner, *The Heresy of the Free Spirit in the Later Middle Ages* (Berkeley, 1972); H. Grundmann, *Religiöse Bewegungen im Mittelalter,* 2d ed. (Darmstadt, 1961), pp. 355-436.

關於瑪格麗特・波列特的 *Le miroir der simples âmes* 以及關於偽名艾克哈特的資料,參見 Lerner, pp. 200ff.中的分析。

也可參見 Caroline Walker Bynum, *Jesus as Mother: Studies in the Spiri-tuality of the High Middle Ages* (Berkeley and Los Angeles, 1982).

300 關於十四世紀的僧侶制度危機,參見史蒂文・奧茲門特的最新分析與問題現狀介紹,見 Steven Ozment, *The Age of Reform,* pp. 135-81, and Francis Oakley, *The Western Church in the Late Middle Ages* (Ithaca and Lon-don, 1979), pp. 25-80, 131-74.

關於鞭笞派,參見 Gordon Leff, *Heresy in the Later Middle Ages,* vol. 2, pp. 485-93(資料豐富)。

關於中世紀對死亡的迷惑,參見 T. S. R. Boase, *Death in the Middle Ages*

(New York, 1972; 精彩的聖像研究); E. Dubruck, *The Theme of Death in French Poetry of the Middle Ages and the Renaissance* (The Hague, 1964); F. Oakley, pp. 116ff. Cf. *Il dolore e la morte nella spiritualità dei secoli XII-XIII,* Convegni del Centro di Studi della spiritualità medioevale, 5 (Todi, 1967).

關於死亡之舞，J. M. Clark, *The Dance of Death in the Middle Ages and the Renaissance* (1950); Jurgís Baltrušsitis, *Le Moyen Âge fantastique* (Paris, 1955), pp. 235ff. (參考書目豐富，pp. 258ff., esp. n. 15); Norman Cohn, *The Pursuit of the Millennium,* rev. ed. (London, 1970), pp. 130ff.

關於煉獄教理的歷史，現在可以參閱 Jacques Le Goff 的決定性著作，*La naissance du Purgatoire* (Paris, 1982), esp. pp. 177ff., 236ff., 357ff., 383ff.

陶勒和蘇索的法文譯本收入 Jeanne Ancelet-Hustache, *Maître Eckhart et la mystique rhénane,* pp. 190-91.

關於魯伊斯布魯克最重要的品的翻譯，我們選擇的譯本是 Eric Colledge, *The Spiritual Espousals* (London, 1952), and C. A. Wynschenk and Evelyn Underhill, *John of Ruysbroeck: The Adornment of the Spiritual Marriage; The Sparkling Stone; The Book of Supreme Truth* (London, 1951); 也可參見 Kay C. Petry, ed., *Late Medieval Mysticism* (Philadelphia, 1957), pp. 285ff.

很可能吉爾松抨擊魯伊斯布魯克，他以佛蘭芒語撰寫的文本是以有許多謬誤的拉丁文版為依據。參見 André Combes, *Essai sur la critique de Ruysbroeck par Gerson,* 3 vols. (Paris, 1945-59).

關於格魯特和現代虔誠派，參見 R. R. Post, *The Modern Devotion: Confrontation with Reformation and Humanism* (Leiden, 1968).

301　　　關於庫薩努斯的尼古拉斯作品的批評性版本在海德堡知識研究院的主持下出版，*Nicolai de Cusa Opera Omnia* (Leipzig, 1932ff.).

法文譯本有，M. de Gandillac, *Oeuvres choisies* (Paris, 1942); L. Moulinier, *De la Docte Ignorance* (Paris, 1930); E. Vansteenberghe, *Traité de la vision de Dieu* (Louvain, 1925). 有關整體介紹，參閱 Vansteenberghe, *Le cardinal de*

Cues (Paris, 1920); P. Rotta, *Il cardinale Nicola da Cusa* (Milan, 1928).

最好的專題研究依然是 M. de Gandillac, *La philosophie de Nicolas de Cues* (Paris, 1941). 也可參閱 Ernst Cassirer, *The Individual and the Cosmos in Renaissance Philosophy* (New York, 1963; 德文原文出版於 1927 in *Studien der Bibliothek Marburg,* 10, Leipzig and Berlin), chapters 1 and 2 (pp. 7-72); Paul E. Sigmund, *Nicholas of Cusa and Medieval Political Thought* (Cambridge, Mass., 1963); E. Hoffmann, *Universum des Nicolaus von Cues* (Heidelberg, 1930); idem, *Die Vorgeschichte der cusanischen Coincidentia oppositorum*（是 *De Beryllo* 譯文的導讀，Leipzig, 1938）；G. Saitta, *Nicola da Cusa e l'umanesimo italiano* (Bologna, 1957); Jaroslav Pelikan, "Negative Theology and Positive Religion: A Study of Nicholas Cusanus *De pace fidei*," in *Prudentia,* Supplementary Number, 1981: *The Via Negativa,* pp. 61-77.

關於約翰‧胡斯的神學，參見 M. Spinka, *John Hus at the Council of Constance* (New York, 1966).

關於在「聖事派」與「統治派」之間衝突的歷史，以及有王權起源與結構的政治神學的發展，參見 Ernst H. Kantorowitz, *The King's Two Bodies: A Study of Medieval Political Theology* (Princeton, 1957), pp. 193ff.

302 　簡明的介紹，參見 Olivier Clément, *L'essor du christianisme oriental* (Paris, 1964); idem, *Byzance et le christianisme* (Paris, 1964). 也可參考 Steven Runciman, *The Eastern Schism* (Oxford, 1955); P. Sherrard, *The Greek East and the Latin West* (New York, 1959); 以及特別是 D. Obolensky, *The Byzantine Commonwealth, Eastern Europe, 500-1453* (New York, 1971), and A. Toynbee, *Constantine Porphyrogenitus and His World* (London, 1973).

Jaroslav Pelikan, *The Spirit of Eastern Christendom, 600-1700* (Chicago, 1974), pp. 146-98 (pp. 308-10, 批評性參考書目)是一部清晰而深刻的介紹書。Francis Dvornik, *The Photian Schism: History and Legend* (Cambridge, 1948); idem, *Byzantium and the Roman Primacy* (New York, 1966); idem, *Byzantine*

Mission among the Slavs: SS. Constantine-Cyril and Methodius (New Brunswick, 1970).

對兩大教會──兩大文化──之間關係的分析，見 Deno John Geanakoplos, *Byzantine East and Latin West* (New York, 1966); idem, *Interaction of the "Sibling" Byzantine and Western Culture in the Middle Ages and the Renaissance* (New Haven and London, 1976), esp. pp. 3-94.

303　關於東方教會神學的最新研究有：V. Lossky, *Essai sur la théologie mystique de l'Église d'Orient,* 2d ed. (Paris, 1960); idem, *A l'image et à la ressemblance de Dieu* (Paris, 1967); M. Lot-Borodine, La déification de l'homme (Paris, 1970); J. Meyendorff, *Le Christ dans la théologie byzantine* (Paris, 1969); L. Ouspensky, *Essai sur la théologie de l'icône dans l'Eglise orthodoxe* (Paris, 1960).

關於西梅翁，參見 J. Darrouzès, trans., *Siméon le nouveau théologien, chapitres théologiques, gnostiques et pratiques,* Sources Chrétiennes, vol. 51 (Paris, 1951). Cf. also Hermegild Maria Biedermann, *Das Menschenbild bei Symeon dem Jüngerem dem Theologen* (Würzburg, 1949).

關於「心的祈禱」，參閱 Jean Gouillard, *Petite Philocalie de la Prière du Coeur* (Paris, 1953; new ed., 1968).

關於若望．克利瑪古，參見 Colm Luibheid and Norman Russell, trans., *John Climacus, The Ladder of Divine Ascent* (New York, 1982, 有 Kallistos Ware 的一篇很長的導論）。

關於靜修主義，參閱 Irénée Hausherr, *La Méthode d'oraison* hésychaste (Rome, 1927, Orientalia Christiana IX, 2); idem, "L'Hésychasme, étude de spiritualité," *Orientalia Christiana Periodica* 22 (1956): 5-40, 247-85.

Jean Meyendorff 為重新發現額我略・帕拉馬斯作出很大的貢獻。尤其要提到他的 *Triades pour la défense des saints Hésychastes* (Louvain, 1959);*Introduction à l'étude de Grégoire Palamas*（內容包括對帕拉馬斯經發表或未經

發表作品的整體介紹，pp. 331-400）；*Saint Grégoire Palamas et la mystique orthodoxe* (Paris, 1959). 也可參見 Leonidas C. Coutos, *The Concept of Theosis in Saint Gregory Palamas: With Critical Text of the "Contra Akindynum,"* 2 vols. (Los Angeles, 1963); Jaroslav Pelikan, *The Spirit of Eastern Christendom* (Chicago, 1974), pp. 261ff.; Vladimir Lossky, "La Théologie de la Lumière chez Grégoire Palamas de Thessalonique," *Dieu Vivant* 1 (1945): 93-118.

關於神祕主義光的體驗的比較性介紹，參閱 M. Eliade, *Méphistophélès et l'Androgyne* (Paris, 1962), pp. 17-49.

關於尼可拉斯‧卡巴西拉斯清晰簡明的介紹，見 Olivier Clément, *Byzance et le christianisme oriental* (Paris, 1962), pp. 17-94.

304　　在其著作中，*La religion populaire au Moyen Age: Problèmes de méthode et d'histoire* (Montreal and Paris, 1975), Raoul Manselli 強調了「一種滲透在兩個文明之間造成了相互對立的關係」（p.20），這裡的兩種文明即指「異教」與基督教。

地方神話與基督教「神聖歷史」的同質化並不意味存在著如 Paul Saintyves 在其著作中提的「繼承」問題，見 *Les Saints successeurs des dieux* (Paris, 1907). 參閱 E. Vacandart, *Études de critique et d'histoire religieuses*, 3d Series (Paris, 1912), pp. 59-212: "Origines du culte des saints. Les saints sont-ils successeurs des dieux?" 中的看法。

許多在世界上流傳很廣的神話象徵結構，以或多或少的基督化形式繼續存在下來；比方說，宇宙之樹、橋、梯子、地獄與天堂等。在此不多作覆述，我們只探討圍繞著末世之橋的古老情節(cf. Eliade, *Le Chamanisme,* pp. 375ff.). 它的存在從中世紀 (cf. Peter Dinzelbacher, *Die Jenseitsbrücke im Mittelalter,* Vienna, 1973)一直延續到現在 (cf. Luigi M. Lombardi Satriani and Mariano Meligrana, *Il Ponte di San Giacomo: L'ideologia della morte nella società contadina del Sud,* Milan, 1982, pp. 121ff.).

　　正文中沒有提到與城市裡的市場和議會公共廣場有關聯的儀式與習俗；比方說瘋人節，在新年的第一天慶祝。穿著民族服裝，戴著面具的信徒們在一個「瘋狂」主教的帶領下，進入大教堂，而且可以在裡面為所欲為。在諾曼地，執事在祭台上玩骰子、玩牌，同時一邊吃香腸。參見 Mikhail Bakhtine, *L'oeuvre de François Rabelais et la culture populaire au Moyen Age et sous la Renaissance* (法文譯本, Paris, 1970)中的分析。

　　關於在希臘異教習慣的延續，參見 J. C. Lawson, *Modern Greek Folklore and Ancient Greek Religion* (Cambridge, 1910; re-ed. New York, 1964); Georges Dumézil, *Le problème des Centaures* (Paris, 1929), pp. 155-93; C. A. Romaios, *Cultes populaires de Thrace: Les Anasténaria; la cérémonie du lundi pur* (Athens, 1949); Basil Makrakis, *Fire Dances in Greece* (Heraklion, 1982). 對保羅・弗烈德里希（Paul Friedrich）來說，對某些希臘農村團體的研究有助於了解荷馬時代社會的結構；對聖母馬利亞的崇拜則有助於了解德梅特（Demeter）；參閱 Friedrich, *The Meaning of Aphrodite* (Chicago, 1978), p. 55. Cf. also C. Poghirc, "Homère et la ballade populaire roumaine," *Actes du IIIᵉ Congrès international du Sud-Est européen* (Bucharest, 1974); Leopold Schmidt, *Gestaltheiligkeit im bäuerlichen Arbeitsmythos: Studien zu den Ernteschnitzgeräten und ihre Stellung im europäischen Volksglauben und Volksbrauch* (Vie nna, 1952); M. Eliade, "History of Religions and 'Popular' Cultures," *HR* 20 (1980): 1-26, esp. 5ff.

　　關於「歌聆」有許多書籍（參見我們的 "History of Religions and 'Popular' Cultures," p. 11, n. 29.）此處只提引用過的書：Al. Rosetti, *Colindele religioase la Români* (Bucharest, 1920); P. Caraman, "Substratul mitologic al sărbătorilor de iarnă la Români şi Slavi," *Arhiva* 38 (Iaşi, 1931): 358-447; Ovidiu Bîrlea, "Colindatul în Transilvania," *Anuarul Muzeului Etnografic al Transilvaniei pe anii 1965-67* (Cluj, 1969), pp. 247-304; Monica Bratulescu, *Colinda Românească* (Bucharest, 1981); idem, "Ceata feminină—încercare de reconstituire a unei instituţii tradi ţionale româneşti," *Revista de*

Etnografie şi Folclor 23 (Bucharest, 1978): 37-60; Petru Caraman, "Descoli-
ndatul în sud-estul Europei" (part 1), *Annarul de Folclor* 2 (Cluj-Napoca, 1981):
57-94.

關於聆歌團體的組織與教育中還能看到啟蒙結構，參見 Traian Herseni,
Forme străvechi de cultură populară românească (Cluj-Napoca, 1977), pp. 160ff.

305 參閱 M. Eliade, "Notes on the *Căluşari,*" in *The Gaster Festschrift:
Journal of the Ancient Near Eastern Society of Columbia University* 5 (1973):
109ff.; idem, "History of Religions and 'Popular' Cultures," pp. 17ff.

關於「馬舞者」組織最重要的原始材料有：Tudor Pamfile, (斜)
Sărbătorile de vară la Români (Bucharest, 1910), pp. 54-75; Theodor T. Burada,
Istoria teatrului în Moldova, 2 vols. (Jassy, 1905), vol. 1, pp. 62-70. 許多的相關
資料，見 Mihai Pop, "Consideratii etnografice şi medicale asupra *căluşului*
oltenesc," *Despre medicina populară românească* (Bucharest, 1970), pp.
213-22; Gheorghe Vrabie, *Folclorul* (Bucharest, 1970), pp. 511-31; Horia Barbu
Oprişan, *Căluşari* (Bucharest, 1960), 特別是 Gayle Kligman, *Călus* (Chicago,
1981). Cf. also R. Vuia, "Originea jocului de căluşari," *Dacoromania* 2 (Cluj,
1922): 215-54; Eliade, "Notes," pp. 120ff.

關於「兄弟會」的入會禮，參見 Eliade, *Initiation, rites, sociétés secrètes
(= Naissances mystiques),* pp. 185ff., 以及同一本書中所收錄的參考書目 ibid.,
nn. 6-66.。

306 關於歐洲女巫的書籍卷帙浩繁，此處只提以下重要書籍：H. R.
Trevor-Roper, *The European Witch-Craze of the Sixteenth and Seventeenth Cen-
turies* (New York, 1969; see also chaps. 1-4 of his *The Crisis of the Seventeenth
Century: Religion, the Reformation and Social Change,* 1968); Alan Macfarlane,
Witchcraft in Tudor and Stuart England (New York, 1970); Jeffrey Burton Rus-
sell, *Witchcraft in the Middle Ages* (Ithaca, 1972; 有豐富的參考書目，pp.

350-77); Keith Thomas, *Religion and the Decline of Magic* (New York, 1971); Norman Cohn, *Europe's Inner Demons* (New York, 1975; French trans., *Démonolâtrie et sorcellerie au Moyen Age,* Paris, 1982); F. E. Lorint and J. Bernabé, *La sorcellerie paysanne* (Brussels, 1977); Robert Mandrou, *Possession et Sorcellerie au XVIIIᵉ siècle: Textes inédits* (Paris, 1979); E. William Monter, *Witchcraft in France and Switzerland: The Borderlands during the Renais sance* (Ithaca, 1976).

節選的資料有：E. William Monter, *European Witchcraft* (New York, 1969); Barbara Rosen, *Witchcraft* (London, 1970); Max Marwick, ed., *Witchcraft and Society* (Baltimore, 1970); 特別重要的是 Alan C. Kors and Edward Peters, *Witchcraft in Europe, 1100-1700: A Documentary History* (Philadelphia, 1972). Cf. H. C. Erik Midelfort, *Witch Hunting in Southwestern Germany, 1562-1684: The Social and Intellectual Foundations* (Stanford, 1972), esp. pp. 30ff., 193ff. 這部作品對天主教徒與新教徒的「驅逐女巫師」作了明顯的區分。

也可參閱兩部有關醫學史方面的著作：Gregory Zilboorg, *The Medieval Man and the Witch during the Renaissance* (Baltimore, 1935); Thomas R. Forbes, *The Midwife and the Witch* (New York, 1966).

參閱 E. W. Monter, "The Historiography of European Witchcraft: Progress and Prospects," *Journal of Interdisciplinary History* 2 (1972): 435-51; M. Eliade, "Some Observations on European Witchcraft," *HR* 14 (1975): 149-72 (＝ *Occultisme, sorcellerie et modes culturelles,* trans. by Jean Malaquais, Paris, 1978, pp. 93-124); Richard A. Horsley, "Further Reflections on Witchcraft and European Folk Religion," *HR* (1979): 71-95.

關於「流浪派」，最好的材料還是 Carlo Ginzburg, *I Benandanti: Ricerche sulla stregoneria e sui culti agrari tra cinquecento e seicento* (Turin, 1966).

關於「幸運帽」的信仰與儀式，有一個豐富的參考書目，見 Thomas R. Forbes, "The Social History of the Caul," *Yale Journal of Biology and*

Medicine 25 (1953): 495-508.

關於野獸隊伍，參見 Victor Waschnitius, *Perht, Holda und verwandte Gestalten: Ein Beitrag zur deutschen Religionsgeschichte* (Vienna, 1914), esp. pp. 173ff.; Otto Höffler, *Kultische Geheimbünde der Germanen,* vol. 1, pp. 68ff.; idem, *Verwandlungskulte,* pp. 78ff.; Waldemar Liungmann, *Traditionswanderungen: Euphrat-Rhein,* Folklore Fellows Communication, 118 (Helsinki, 1937), pp. 596 ff.: R. Bernheimer, *Wild Men in the Middle Ages* (Cambridge, Mass., 1952), pp. 79ff., 132; C. Ginzburg, *I Benandanti,* pp. 48ff.

關於辛娜（即狄安娜）和辛娜特克（即拉丁語之狄安娜），參見 Alejandro Cioranescu, *Diccionario etimologico Rumano* (Universidad de la Laguna, 1961), p. 915; Al. Rosetti, *Istoria limbii române* (Bucharest, 1968), pp. 367-95 中的參考書目。

關於辛娜和依蕾（iele），在眾多著作中，可以參閱 Aurel Candrea, *Folclorul românesc comparat* (Bucharest, 1944), pp. 156ff.; I. Muşlea and O. Bîrlea, *Tipologia folclorului,* pp. 206ff.

307　關於馬丁·路德與他的時代的許多專題研究，我們只列出最新的一些材料：R. H. Bainton, *Here I Stand* (New York and Nashville, 1950); Erik Erikson, *Young Man Luther* (1958; 出色但具爭議的詮釋；評論參見 Ozment, *The Age of Reform,* pp. 223-31); E. G. Schwiebert, *Luther and His Times; The Reformation from a New Perspective* (St. Louis, 1950); R. H. Fife, *The Revolt of Martin Luther* (New York, 1957); Richard Stauffer, *La Réforme, 1517-1564* (Paris, 1970); J. Pelikan, *Luther the Expositor* (St. Louis, 1959); H. G. Haile, *Luther: An Experiment in Biography* (New York, 1980;對了解馬丁·路德的晚年尤為重要)。

關於寬恕的歷史，參見 J. E. Campbell, *Indulgences* (Ottawa, 1953); P. F. Palmer, ed., *Sacraments and Forgiveness* (Westminster, 1960).

也可參閱 Arthur Rühl, *Der Einfluss der Mystik auf Denken und Entwick-*

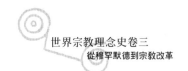

lung des jungen Luthers (Oberhessen, 1960); J. Pelikan, ed., *Interpreters of Lu-ther: Essays in Honor of Wilhelm Pauck* (Philadelphia, 1968); Steven Ozment, *Homo Spiritualis: A Comparative Study of the Anthropology of Johannes Tauler, Jean Gerson and Martin Luther in the Context of Their Theological Thought* (Leiden, 1968); F. E. Cranz, *An Essay on the Development of Luther's Thought on Justice, Law and Society* (Cambridge, Mass., 1959); S. Ozment, ed., *The Ref-ormation in Medieval Perspective* (Chicago, 1971). 也可參閱第 308 節 的 參 考書目。

308　　我們使用馬丁‧路德作品的最新譯本，參見由 J. Pelikan and H. T. Lehman 指導與出版的 *Works,* 58 vols. (St. Louis, 1955ff.);尤其參閱 vol. 25（關於〈羅馬書〉），vol. 38（關於話語與聖事）；vol.42-43（關於靈修著作）。我們也參閱了 Bertram Lee Woolf 的翻譯與導論, *Reformation Writ-ings* (London, 1959). 也可見 Bengt Hoffman 的翻譯與評論, *The Theologia Ger-manica of Martin Luther* (New York, 1980).

　　對馬丁‧路德的神學的最新介紹，要特別提到的是：John Dillenberger, *God Hidden and Revealed: The Interpretation of Luther's deus absconditus and Its Significance for Religious Thought* (Philadelphia, 1953); R. Prentor, Spiritus *Creator* (Philadelphia, 1953); Bengt Hägglund, *Theologie und Philosophie bei Luther und in der occamistischen Tradition* (Lund, 1955); B. A. Gerrish, *Grace and Reason: A Study in the Theology of Luther* (Oxford, 1952; 重要); H. A. Ob-erman, ed., *Luther and the Dawn of the Modern Era* (Leiden, 1974).

　　關於伊拉斯謨斯，J. Huizinga, *Erasmus of Rotterdam* (English trans. 1924)的參考書目至今仍相當重要。Roland H. Bainton, *Erasmus of Christen-dom* (New York, 1969)非常珍貴，尤其有伊拉斯謨斯不太為人熟知的作品以及許多書信片斷（pp. 285-99 有詳實的參考書目）。也可參見 John C. Olin, ed., *Erasmus: Christian Humanism and the Reformation, Selected Writings* (New York, 1965).

關於伊拉斯謨斯的作品與思想，參見 Louis Bouyer, *Autour d'Erasme* (Paris, 1955); Peter G. Bietenholz, *History and Biography in the Work of Erasmus* (Geneva, 1966); Ernst Wilhelm Kohls, *Die Theologie des Erasmus,* vols. 1-2 (Basle, 1966); Jean-Claude Margolin, *Erasme par lui-même* (Paris, 1965); Margaret M. Phillips, *Erasmus and the Northern Renaissance* (London, 1949); A. Renaudet, *Erasme et l'Italie* (Geneva, 1954). 也可參閱 Richard L. De Molens, ed., *Essays on the Works of Erasmus* (New Haven and London, 1978), 特別是 De Molen's "Opera Omnia Desiderii Erasmi" (pp. 1-50), and B. A. Gerrish, "Erasmus on Piety, Theology and the Lutheran Dogma" (pp. 187-209).

《論自由意志》與《意志奴役論》有許多譯本與版本。我們使用最完整也是最新的：E. Gordon Rupp and Philip S. Watson 的翻譯與評論, *Luther and Erasmus: Free Will and Salvation* (Philadelphia, 1969).

309 關於茨溫利的生平與思想，參閱 Fritz Büsser, *Huldrych Zwingli: Reformation als prophetischen Auftrag* (Zurich, 1973); G. H. Potter, *Zwingli* (Cambridge, 1976); W. H. Neuser, *Die reformatorische Wende bei Zwingli* (Neukirchen-Vluyn, 1976). G・W・布洛米雷（G.W. Bromiley）對茨溫利和布林格作品的精采挑選，見 G. W. Bromiley, *Zwingli and Bullinger: Selected Translations with Introduction and Notes* (Philadelphia, 1953).

關於「再洗禮派」與其他「激烈的改革」運動，特別參閱 G. H. Williams, *The Radical Reformation* (Philadelphia, 1962; cf. ibid., pp. 118-20, 關於瑞士、德國和奧地利最早的再洗禮派)；也可參閱 G. H. Williams and A. Mergal, eds., *Spiritual and Anabaptist Writers* (Philadelphia, 1957); G. Hershberger, ed., *The Recovery of the Anabaptist Vision* (Scottsdale, Pa., 1957).

對喀爾文思想與作品的最好入門書之一是 A. M. Schmidt, *Jean Calvin et la tradition calvinienne* (Paris, 1956). 第一部傳記是與他同時代的 Theodore Beza, *La Vie de Calvin* (English trans., Philadelphia, 1836), 這本書成了後來所有傳記的主要資料來源。特別參閱 Alexandre Ganoczi, *Le jeune Calvin:*

Genèse et évolution de sa vocation réformatrice (Wiesbaden, 1966).

我們使用了 *Institutions de la religion chrétienne* 一書的第一部法文版本，由 A. Lefranc, J. Pannier, and H. Chatelain 所編(Paris, 1911 ff., repr. 1978)，以及最後的拉丁文版本（1559）的英文譯本及評注，見 John T. McNeill and F. L. Battles, *Institutes of the Christian Religion,* 2 vols. (Philadelphia, 1960); 這部譯本的價值在於它有 *Institutions* 一書所有拉丁文與法文譯本。

關於喀爾文的神學，參閱 John T. McNeill, *The History and Character of Calvinism* (New York, 1957); Quirinus Breen, *John Calvin: A Study in French Humanism,* 2d ed. (Grand Rapids, 1968); E. W. Monter, *Calvin's Geneva* (New York, 1967); Rudolf Pfister, *Kirchengeschichte der Schweiz,* vol. 2 (Zurich, 1974); Emile G. Léonard, *Histoire générale du protestantisme,* 1-2 (Paris, 1961); Dewey D. Wallace, Jr., *Puritans and Predestination: Grace in English Protestant Theology, 1525-1695* (Chapel Hill, 1982).

關於米歇爾·塞爾維特，參見 Roland H. Bainton, *Hunted Heretic: The Life and Death of Michael Servetus, 1511-1553* (Boston, 1960).

關於與再洗禮派的衝突，參見 Willem Balke, *Calvin and the Anabaptist Radicals,* trans. William J. Heynen (Grand Rapids, 1981).

關於天主教改革，參閱 Léon Cristiani, *L'Eglise à l'époque du concile de Trente* (Paris, 1948); Hubert Jedin, *Geschichte des Konzils von Trient,* 1-2 (Freiburg i. B., 1949-57; English trans., St. Louis, 1957-62); Hermann Tüchler, C. A. Bouman, and Jacques Le Brun, *Réforme et Contre-Réforme* (Paris, 1968); Marvin R. O'Connell, *The Counter Reformation, 1599-1610* (New York, 1974).

關於羅耀拉的聖依納爵，參見 Alain Guillermou, *Saint Ignace de Loyola et la Compagnie de Jésus* (Paris, 1960; 有清楚而生動的導論，並附精采的聖圖說明；參閱 ibid., p.187). 也可參閱 Henry Dwight Sedgwick, *Ignatius Loyola: An Attempt at an Impartial Biography* (New York, 1923; 雖非專家撰寫，但資料詳實)；Alexandre Brou, S.J., *Ignatius' Methods of Prayer* (Milwaukee, 1947;該書的價值在於引用並評論了多處原文，並將《神操》一書放入基督

教精神史中)；James Broderick, S.J., *The Origins of the Jesuits* (London and New York, 1940; 強調聖依納爵的生平與耶穌會歷史的關聯)。

310 　　關於義大利人文主義者的基督教，參閱 Charles Trinkaus, "*In Our Image and Likeness*": Humanity and Divinity in Italian Humanist Thought, 2 vols. (Chicago, 1970; 這是不可缺少的參考書，其中的引文也很珍貴，pp. 325-457, 778-885).也可參閱 Gioacchino Paparelli, *Feritas, Humanitas, Divinit-as: Le componenti dell'Umanesimo* (Messina and Florence, 1960); Paul Oskar Kristeller, *Renaissance Thought: The Classic, Scholastic and Humanistic Strains* (New York, 1961); Wallace K. Ferguson, ed., *Renaissance Studies* (New York, 1963); John W. O'Malley, *Giles of Viterbo on Church and Reform: A Study in Renaissance Thought* (Leiden, 1968); Franco Gaeta, *Lorenzo Valla: Filologia e storia nell' umanesimo italiano* (Naples, 1955).

　　文藝復興時期對宗教的詮釋，參閱 Carlo Angeleri, *Il problema religioso del Rinascimento: Storia della critica e bibliografia* (Florence, 1952). 也可參考 Giovanni di Napoli, *Studi sul Rinascimento* (Naples, 1973), pp. 1-84.

　　關於馬西利歐・費奇諾，特別參見 P. O. Kristeller, *Il pensiero filosofico di Marsilio Ficino*（Florence, 1953；譯文加上 1943 年的英文原文版）；Giuseppe Saitta, *Marsilio Ficino e la filosofia dell'Umanesimo,* 3d ed., enlarged (Bologna, 1954); E. Garin, *L'umanesimo italiano,* 2d ed. (Bari, 1958); Raymond Marcel, *Marsile Ficin* (Paris, 1958).

　　關於比科・德拉・米蘭多拉，參見 Eugenio Garin, *Giovanni Pico della Mirandola* (Florence, 1937); Engelbert Monnerjahn, *Giovanni Pico della Miran-dola: Ein Beitrag zur philosophichen Theologie des italienischen Humanismus* (Wiesbaden, 1960); Giovanni di Napoli, *G. Pico della Mirandola e la problemat-ica dottrinale del suo tempo* (Rome, 1963).

　　關於文藝復興時期的煉金術學説，主要參閱 Frances Yates, *Giordano Bruno and the Hermetic Tradition* (London and Chicago, 1964). 關於「古老神

學」，參見 D. P. Walker, *The Ancient Theology* (London, 1972). 有關文藝復興時期的魔法，參見 D. P. Walker, *Spiritual and Demonic Magic, from Ficino to Campanella* (London, 1958; new ed. Notre Dame and London, 1975); Edgar Wind, *Pagan Mysteries in the Renaissance* (enlarged ed., London, 1967; esp. pp. 1-16, 218-35); Ioan P. Culiano, *Eros et Magie* (in press).

關於祕傳，參見 E. Garin, "Note sull'ermetismo del Rinascimento," in E. Castelli, ed., *Testi umanistici dell' Ermetismo* (Rome, 1955), pp. 8-19; E. Castelli, ed., *Umanesimo e esoterismo* (Padua, 1969; 特別是 Maurice de Gandillac, Cesare Vasoli, and François Secret 的研究). 也可參閱 J. Dagens, "Hermétisme et cabale en France de Lefèvre d'Étaples à Bossuet," *Revue de Littérature Comparée* (January-March, 1961), pp. 3ff.

關於基督教中的喀巴拉主義者，參見 F. Secret, *Les Kabbalistes chrétiens de la Renaissance* (Paris, 1964), 以及匯集在 *Kabbalistes chrétiens,* Cahiers de l'Hermétisme, 5 (Paris, 1979) 中的研究.

關於微觀世界與宏觀世界的同質性，參見 Leonard Barkan, *Nature's Work of Art: The Human Body as the Image of the World* (New Haven, 1977); Alex Wayman, "The Human Body as Microcosm in India, Greek Cosmology, and Sixteenth-Century Europe," *HR* 32 (1982): 172-90; Allen G. Debus, *Man and Nature in the Renaissance* (Cambridge, 1978), pp. 26ff.

311　　關於煉金術的簡短介紹以及它與冶金神話的關係，參見拙作 *Forgerons et alchimistes* (Paris, 1977)，英文翻譯 *The Forge and Crucible* (1962)。Cf. also R. P. Multhauf, *The Origins of Chemistry* (London, 1966); Allan G. Debus, "The Significance of the History of Early Chemistry," *Cahiers d'histoire mondiale* 9, no. 2 (1965): 37-58; John Read, *Through Alchemy to Chemistry* (New York, 1956).

關於中世紀煉金術，引文參閱 *Forgerons et alchimistes,* pp. 175-76. *The Forge and the Crucible,* pp. 97-93;關於文藝復興與宗教改革時期的煉金術，

參閱本書卷一與卷二中的參考書目，pp. 176-77 and 198-99. 尤其參閱 Walter Pagel, *Paracelsus: An Introduction to Philosophical Medicine in the Era of the Renaissance* (Basel and New York, 1958; French trans., 1963); Allan G. Debus, *The English Paracelsians* (London, 1965); idem, *The Chemical Dream of the Renaissance* (Cambridge, 1968); idem, "The Chemical Philosophers: Chemical Medicine from Paracelsus to van Helmond," *History of Science* 2 (1974): 235-59; idem, *Man and Nature in the Renaissance* (Cambridge, 1978); Peter French, *John Dee: The World of an Elizabethan Magus* (London, 1972); R. J. W. Evans, *Rudolf II and His World* (Oxford, 1973).

關於牛頓時代對煉金術的重新評價，參見 Betty Jo Teeter Dobbs, *The Foundations of Newton's Alchemy* (Cambridge, 1975); Frances Yates, *The Rosicrucian Enlightenment* (London, 1972); Richard S. Westfall, *Force in Newton's Physics* (London and New York, 1971); idem, "Newton and the Hermetic Tradition," in *Science, Medicine and Society in the Renaissance: Essays to Honor Walter Pagel* (New York, 1972), vol. 2, pp. 183-98.

關於約翰・瓦朗寧・安德烈亞，參見 J. W. Montgomery, *Cross and Crucible: Johann Valentin Andreae (1586-1654), Phoenix of the Theologians*, 1-2 (The Hague, 1973).

《兄弟會傳說》被收入 Frances Yates, *The Rosicrucian Enlightenment*, pp. 238-51. 在 *Bible des Rose-Croix* 中 Bernard Gorceix 將《兄弟會傳說》、*Confessioo Fraternitatis R. C.* （1615），以及克里斯蒂安・羅森克洛茲的 *Noces Chimiques* 譯成了法文。

在 *Alchimie, Cahiers de l'Hermétisme* (Paris, 1978), pp. 191-212 中，Jean-Jacques Mathé 收入了 1954 到 1977 年間出版法文著作的批評性參考書目。參見同一本匯編中 Antoine Faivre and Bernard Husson 的研究文章。

312　關於西藏文明史，參見 R. A. Stein, *Tibetan Civilization* (Stanford, 1972; translation of *La civilisation tibétaine,* Paris, 1962); G. Tucci, *Tibet, Land*

of Snow (London, 1967); D. Snellgrove and H. Richardson, *A Cultural History of Tibet* (New York, 1968).

關於西藏宗教的整體性書籍中，可以參閱：Charles Bell, *The Religion of Tibet* (Oxford, 1931; 有些老舊，但作者的第一手資料依然有用)；R. B. Ekvall, *Religious Observances in Tibet: Patterns and Functions* (Chicago, 1964; 介紹了作者在西藏西部的考察)；H. Hoffmann, *Die Religionen Tibets* (Freiburg i. Breisgau, 1956; English trans., *The Religions of Tibet,* London, 1961); Marcelle Lalou, *Les religions du Tibet* (Paris, 1957); G. Tucci and W. Heissig, *Die Religionen Tibets und der Mongolie* (Stuttgart, 1970; French trans., *Les Religions du Tibet et de Mongolie,* Paris, 1973), pp. 13-336（這是對西藏所有宗教最為詳盡的介紹）。傑出的整體介紹，有 R. A. Stein, *Tibetan Civilization,* pp. 164-247; Anne-Marie Blondeau, "Religions du Tibet," in *Histoire des Religions* (由 Henri-Charles Puech 指導), vol. 3 (1976), pp. 233-329.

西藏的史前史還鮮為人知；參閱 Paul Aufschneiter, "Prehistoric Regions Discovered in Inhabited Tibet," *East and West* 7 (1956): 74-88. 有研究者發現了幾個史前巨石文化的遺址，並試著解讀巨石文化建築和習俗的遺跡，參見 A. W. Macdonald, "Une note sur les mégalithes tibétains," *JA* (1963): 63-76; S. Hummel, "Die Steinreihen des tibetischen Megalithikums und die Ge-sar-sage," *Anthropos* 60 (1965): 933-88（參考了作者之前著作中相關問題的研究）。

關於傳統宗教，參見 A. Macdonald, "Une lecture des Pelliot tibétains 1286, 1287, 1038, 1047 and 1290: Essai sur la formation et l'emploi des mythes politiques dans la religion royale de Sron-bcan rgam-po," in *Études tibétaines dédiées à la mémoire de Marcelle Lalou* (Paris, 1971), pp. 190-391,（對敦煌手稿進行了深入的分析，並改變了西藏佛教之前傳統的意義，相關結論參見 A. M. Blondeau, pp. 236-45 中簡潔的介紹）；R. A. Stein, "Du récit au rituel dans les manuscrits tibétains de Touen-houang," in *Études tibétaines……Marcelle Lalou,* pp. 479-547; idem, *Tibetan Civilization,* pp. 191-229; F. W. Thomas,

Ancient Folk-literature from North-Eastern Tibet (Berlin, 1957; 包括在敦煌發現的幾本占卜簡册以及有關起源神話書籍的翻譯)。到現在還不清楚為什麼在七到十世紀間會有一部分手稿被藏在甘肅省敦煌石窟的牆壁裡。

關於斐瓦神，參見 A. Macdonald, "Une lecture des Pelliot tibétains," pp. 291ff.; on the "good religion of Gcug," see ibid., pp. 341ff.; 於時間的周期，參見 pp. 364ff.

關於宇宙生成論的一些神話片斷的翻譯，見 Macdonald in *L'Origine du Monde,* Sources Orientales, 1 (Paris, 1959), pp. 422ff.; 起源神話的翻譯與出版，參見 E. Haarh, *The Yar-lun Dynasty* (Copenhagen, 1969), pp. 134ff. 從一顆蛋解釋世界起源的神話很可能反映了受到印度影響的苯教傳統；參見 Stein, *Tibetan Civilization,* pp. 194-95.

關於第一位國王起源神話的介紹與討論，見 Haarh, *The Yar-lun Dynasty,* pp. 126ff. and passim; A. Macdonald, "Une lecture," pp. 202ff.; J. Russell Kirkland, "The Spirit of the Mountain: Myth and State in pre-Buddhist Tibet," *HR* 21 (1982): 257-71; Manabu Waida, "Symbolism of 'Descent' in Tibetan Sacred Kingship and Some East Asian Parallels," *Numen* 20 (1973): 60-78.

關於第一位國王是從天上下來的，在死去的時候重新回到天上的神話在蘇美人（Sumerians）那裡就出現了；參見本書卷一第 17 節以及它的參考書目，p. 404。關於巴比倫能發光的神，參見本書卷一第 17 節的參考書目。西藏國王的墳墓已由 Giuseppe Tucci, *The Tombs of the Tibetan Kings* (Rome, 1950)確認，君王制廢除之後就被人破壞了。由於最新的研究，我們才開始對他們的葬禮觀念以及國王的祭祀有所了解。當時實行土葬，因為他們相信人身會復活：死者的靈魂在兩個不同的區域，一個是「天堂」，另一個是「地獄」，等待這事的到來。參見 A. Macdonald, pp. 365ff.; R. A. Stein, *Tibetan Civilization,* pp. 200-202; A. M. Blondeau, pp. 243-45.

關於最初神話中國王的牧繩，參見 G. Tucci, *Les religions du Tibet,* pp. 286ff., 301ff. (國王的神聖性)；E. Haarh, pp. 28ff., 177ff.; Eliade, *Mephistopheles et l'Androgyne,* (1962) pp. 207-210.

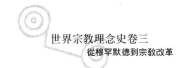

關於君王在傳統宗教中的重要地位，參閱 A. Macdonald, pp. 376ff. and passim.

313　　關於宇宙──房屋──人體的相符，參見 M. Eliade, "Centre du Monde, Temple, Maison," in *Le Symbolisme cosmique des monuments religieux* (Rome, 1957), pp. 57-82; idem, "Briser le toit de la maison: Symbolisme architectonique et physiologie subtile," in *Studies in Mysticism and Religion, Presented to Gershom G. Scholem* (Jerusalem, 1967), pp. 131-39; R. A. Stein, "Architecture et pensée religieuse en Extrême-Orient," *Arts Asiatiques* 4 (1957), pp. 163-86; idem, "L'habitat, le monde et le corps humain en Extr me-Orient et en Haute-Asie," *JA* (1957): 37-74.

聖山作為戰士的特徵可以從獻祭的節目中看出：各種競賽、由兩組戰士組成的舞蹈，對唱；參見 Stein, *Tibetan Civilization,* p. 210.

「戰神」與「人神」都住在肩膀上，他們「從時間與空間上，將一個人與一個系族有聯結；在空間上，他們與主管居住地、房屋和國家的神是同一類神；在時間上，他們掌握整個系族的命運，從祖先一直到後代。對人來說，這兩條關係在他身上交錯，如果一切順利的話，這些神可以保佑他身強體壯，長壽而成功；(Stein, *Tibetan Civilization,* p. 222, J. E. Stapleton Driver, trans.).

關於靈魂的多樣性，參見 Stein, *Tibetan Civilization,* pp. 226ff.;關於儀式性的競賽，參見 Stein, *Recherches sur l'épopée et le barde au Tibet* (Paris, 1959), pp. 437ff.; idem, *Tibetan Civilization,* pp. 212ff. 關於伊朗的影響，參見 idem, *Recherches,* p. 296.

我們分析了互相打鬥與競賽的神話宗教情結，見 Eliade, "Remarques sur le dualisme religieux" (1967), 發表於 *La Nostalgie des Origines* (1971); cf. above all pp. 284ff.; 見 Eliade, *La Nostalgie des Origines* (1971), pp. 231-311, 英文譯本 *The Quest: History and Meaning in Religion* (Chicago, 1969), pp. 126-75 ("Prolegomenon to Religious Dualism: Dyads and Polarities," esp. pp. 159ff.

關於印度尼西亞、西藏與印度的神話與儀式)。

314　關於苯教，參見 G. Tucci, *Les religions du Tibet,* pp. 271ff.; Helmut Hoffmann, *Quellen zur Geschichte der tibetischen Bon-Religion* (Wiesbaden, 1950; 使用的主要是佛教資料)；Marcelle Lalou, "Tibétain ancien Bod/Bon," *JA* 246 (1958): 157-268; D. L. Snellgrove, *The Nine Ways of Bon* (London, 1967); S. G. Karmay, *The Treasury of Good Sayings: A Tibetan History of Bon* (London, 1972); P. Kvaerne, "Bonpo Studies: The A-Khrid System of Meditation," *Kailash* 1 (1973): 19-50, 248-322; idem, "The Canon of the Tibetan Bonpos," *IIJ* 16 (1974): 18-56, 96-144.

關於某些苯教修持與薩滿相似之處，參見 M. Eliade, *Le chamanisme et les techniques archaiques de l'extase,*（2d ed., 1968）pp. 337ff.; 也可見 H. Hoffmann, *Symbolik der tibetischen Religionen und des Schamanismus* (Stuttgart, 1967), pp. 67-141.

關於苯教葬禮，參見 M. Lalou, "Rituel Bon-Po des funérailles royales," *JA* 249 (1952): 339-62; idem, "Le chemin des morts dans les croyances de Haute Asie," *RHR* 135 (1949): 42-48; R. A. Stein, "Du récit au rituel," *Études tibétaines……Marcelle Lalou,* pp. 479-547（在葬禮儀式中敘述起源神話的作用）。

關於靈、光與生命種子之間的關係，參閱 Eliade, *Occultisme, sorcellerie et modes culturelles,*（1978）pp. 125-166.

315　關於西藏佛教的歷史，參見：H. Hoffmann, *The Religions of Tibet,* pp. 28-83, 111-80; G. Tucci, *Les religions du Tibet,* pp. 29-54; P. Demiéville, *Le Concile de Lhasa* (Paris, 1952; 即在印度佛教與中國佛教代表之間的爭論)；D. S. Ruegg, "Sur les rapports entre le Bouddhisme et le 'substrat religieux' indien et tibétain," *JA* (1964): 77-95.

關於阿底峽，參見 A Chattopadhyaya, *Atiśa and Tibet* (Calcutta, 1967);關

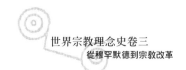
於蓮花生，參閱 C. C. Toussaint, *Le dict de Padma* (1933); A. M. Blondeau, "le Lha-'dre bka'-than," in *Études tibétaines……Marcelle Lalou*, pp. 29-126（對一部隱藏很久之後重現天日文本的翻譯，內容關於蓮花生如何降服當地的神與魔鬼）；關於那繞巴，參見 H. Guenther, *The Life and Teachings of Naropa* (Oxford, 1963);關於瑪爾巴，見 J. Bacot, *La vie de Marpa le "traducteur" (1937)*; 關於密勒日巴，參見以下與第 317 節。

關於宗喀巴，參見 E. Obermiller, "Con-kha-pa le Pandit," *Mélanges chinois et bouddhiques* 3 (1934-35): 319-338; R. Kaschewsky, *Das Leben des lamaistischen Heiligen Tsongkhapa* (Wiesbaden, 1971). 也可參閱 C. Schulemann, *Die Geschichte der Dalai-Lamas* (Heidelberg, 1911).

316 關於喇嘛教的教理與修持，參見 R. Stein, *Tibetan Civilization,* pp. 164-91; Tucci, *Les religions du Tibet,* pp. 55-210; R. Bleichsteiner, *Die Gelbe Kirche* (1936; French trans., *L'Église jaune,* 1937); H. V. Guenther, *sGam-po-pa, The Jewel Ornament of Liberation* (London, 1959); idem, *Buddhist Philosophy in Theory and Practice* (London, 1972); F. Lessing and A. Wayman, *Mkhas grub rje's Fundamentals of Buddhist Tantras* (The Hague, 1968; 藏文原文附譯文的注解)；Eva M. Dargyay, *The Rise of Esoteric Buddhism in Tibet* (Delhi, 1977).

同樣可以參閱 G. Tucci, *Indo-Tibetica,* 7 vols. (Rome 1932-41); *Tibetan Painted Scrolls,* 2 vols. (Rome, 1949); *The Theory and Practice of the Mandala* (London, 1961). 關於喇嘛教的一些「大眾化」觀點，參見 R. Nebesky-Wojkovitz, *Oracles and Demons of Tibet* (The Hague, 1956); Stephen Beyer, *The Cult of Tārā: Magic and Ritual in Tibet* (Berkeley and Los Angeles, 1973).

關於佛教圖像，參見 W. E. Clark, *Two Lamaistic Pantheons* (New York, 1937); A. K. Gordon, *The Iconography of Tibetan Lamaism* (Tokyo, 1959). 關於「魔法師」的圖像，參見 T. Schmid, *The Eighty-Five Siddhas* (Stockholm, 1958).

關於「斷」的修持，參見 R. Bleichsteiner, *L'Église jaune,* pp. 194ff.;

Alexandra David-Neel, *With Mystics and Magicians in Tibet* (London, 1931; originally *Mystiques et Magiciens du Thibet,* Paris, 1929), pp. 126ff.; Eliade, *Le Chamanisme,* pp. 384ff.

關於薩滿教在西藏，參見 Eliade, *Le Chamanisme,* pp. 384ff., 390ff.

317　關於光的形態與含義，參見 Eliade,"Expérience de la lumière mystique"(1957), 發表於 *Mephistopheles et l'Androgyne,* pp. 17-94; idem,"Esprit, lumiere, semence"(1971),重新整理後發表於 *Occultisme, sorcellerie et modes culturelles,* pp. 125-166.

關於靈魂光以箭或者光線的形式穿透或離開人體此一象徵，參見 Eliade,"Briser le toit de la maison",另外的兩項研究 R. A. Stein,"Architecture et pensée religieuse"; idem,"L'habitat, le monde et le corps humain"（見以下以及第 313 節的參考書目）。

月稱與宗喀巴相關文章的英譯，見 G. Tucci,"Some Glosses upon Guhyasamāja," *Mélanges chinois et bouddhiques* 3 (1934-35): 339-53.　Alex Wayman, *Yoga of the Guhyasamājatantra* (Delhi and Benares, 1977).

《中陰聞教得度》各種語言的譯本，參見 Lama Kazi Dawa-Samdup and W. Y. Evans-Wentz, *The Tibetan Book of the Dead* (Oxford, 1927; numerous re-editions; French version, 1958); by Francesca Fremantle and Chögyam Trungpa, *The Tibetan Book of the Dead* (Berkeley and London, 1975); and by Giuseppe Tucci, *Il Libro Tibetano dei morti* (Milan, 1949). See also D. M. Back, *Eine buddhistische Jenseitsreise: Das sogenannte "Totenbuch der Tibeter" aus philologischer Sicht* (Wiesbaden, 1979); Dawa-Samdup and Evans-Wentz, *Tibetan Yoga and Secret Doctrines* (Oxford, 1935), pp. 223ff.

318　坦特羅派「時輪」派在十一世紀的前二十五年間進入西藏。在它眾多的創新觀念中，包括一種對時間周期的占星學注釋。西藏日曆從西元 1026 年開始算起，正是這一年，「時輪」被正式納入。這是大乘佛教最後

一次發展的教理與歷史，對此尚未有足夠的研究。參見 George Roerich,
"Studies in the Kālacakra," *Journal of Urusvati Himalayan Research Institute
of the Roerich Museum* 2 (1931): 11-22; H. Hoffmann, "Kālacakra Studies, I:
Manichaeism, Christianity and Islam in Kālacakra Tantra," *Central Asiatic
Journal* 13 (1969): 52-75; idem, *The Religions of Tibet,* pp. 126ff.

根據西藏傳統說法，在一個叫作香巴拉的神祕國度，也就是西藏的北
方，「時輪」教理得到發展與保存，有些學者（Laufer、Pelliot）認為香巴
拉在和闐；有的認為是在大夏（即巴克特里亞[Bactria]）地區（如印度學
者 Sarat Chandra Das），有人則認為是在中亞。對這些地理上的爭議，以
及對香巴拉不同的象徵詮釋，見 Edwin Bernbaum, *The Way to Shambhala: A
Search for the Mythical Kingdom beyond the Himalayas* (New York, 1980; 參見
引述的參考書目，pp. 269-87).

對密勒日巴的部分翻譯，其中最合適的有：Berthold Laufer, *Milaraspa:
Tibetische Texte in Auswahl übertragen* (Hagen i. W. and Darmstadt, 1922); H.
Hoffmann, *Mi-la ras-pa: Sieben Legenden* (Munich and Planegg, 1950); Sir
Humphrey Clarke, *The Message of Milarepa* (London, 1958). 參見 Lobsang P.
Lhalungpa, *The Life of Milarepa* (New York, 1977)此最新譯本。

最早的完整翻譯，見 Garma C. C. Chang, *The Hundred Thousand Songs
of Milarepa,* 2 vols. (New York, 1962). D. Snellgrove, *Asia Major* 10 (1963):
302-10 為嚴謹的覆述；也可參見 de Jong, *IIJ* 10 (1967): 204-12, 因為他「儘
量凸顯此譯本好的一面」，(p. 205); ibid., 211-12, 其中有所有譯本的書目。

關於密勒日巴的圖像，參見 T. Schmid, *The Cotton-clad Mila: The Tibetan
Poet-Saint's Life in Pictures* (Stockholm, 1958).

關於格薩爾王的史詩，參見 Alexandra David-Neel and Lama Yongden,
The Superhuman Life of Gesar of Ling (London, 1933; = *La vie surhumaine de
Guésar de Ling,* Paris, 1931；對史詩的整體介紹以及部分譯文）；R. A. Stein,
L'épopée tibétaine de Gesar dans sa version lamaïque de Ling (1956); idem,
"Peintures tibétaines de la Vie de Gesar," *Arts Asiatiques* 5 (1958): 243-71;

idem, *Recherches sur l'épopée et le barde au Tibet* (1959; the definitive work); idem, "Une source ancienne pour l'histoire de l'épopée tibétaine," *JA* (1963): 77-105; M. Hermanns, *Der National-Epos der Tibeter: Gling König Ge sar* (Regensburg, 1965); 這是一部淵博、詳實的專題研究，約有上千頁；須仔細參閱。）

索　引

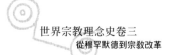

世界宗教理念史卷三
從穆罕默德到宗教改革

（所附頁碼爲法文版頁碼，列於本書頁邊。）

國家圖書館出版品預行編目資料

世界宗教理念史 卷三
默西亞・埃里亞德（Mircea Eliade）著 董強 譯
三版 .-- 臺北市：商周出版：家庭傳媒城邦分公司發行

2023.5 面； 公分
譯自：Histoire des croyances et des idées religieuses III

ISBN 978-626-318-692-7（平裝）

1.CST: 宗教史

209   112006591

世界宗教理念史 卷三

原 著 書 名／Histoire des croyances et des idées religieuses III
作　　　者／默西亞・埃里亞德（Mircea Eliade）
譯　　　者／董強
編 輯 顧 問／林宏濤
責 任 編 輯／陳玳妮
版　　　權／林易萱

行 銷 業 務／周丹蘋、賴正祐
總 編 輯／楊如玉
總 經 理／彭之琬
事業群總經理／黃淑貞
發 行 人／何飛鵬
法 律 顧 問／元禾法律事務所 王子文律師
出　　　版／商周出版
　　　　　　城邦文化事業股份有限公司
　　　　　　台北市中山區民生東路二段 141 號 4 樓
　　　　　　電話：(02) 25007008 傳真：(02)25007759
　　　　　　E-mail：bwp.service@cite.com.tw
發　　　行／英屬蓋曼群島商家庭傳媒股份有限公司城邦分公司
　　　　　　台北市中山區民生東路二段 141 號 2 樓
　　　　　　書虫客服服務專線：(02)25007718；(02)25007719
　　　　　　服務時間：週一至週五上午 09:30-12:00；下午 13:30-17:00
　　　　　　24 小時傳真專線：(02)25001990；(02)25001991
　　　　　　劃撥帳號：19863813；戶名：書虫股份有限公司
　　　　　　讀者服務信箱：service@readingclub.com.tw
　　　　　　歡迎光臨城邦讀書花園 網址：www.cite.com.tw
香港發行所／城邦（香港）出版集團有限公司
　　　　　　香港灣仔駱克道 193 號東超商業中心 1 樓
　　　　　　E-mail：hkcite@biznetvigator.com
　　　　　　電話：(852) 25086231　傳真：(852) 25789337
馬新發行所／城邦（馬新）出版集團【Cite (M) Sdn. Bhd. 】
　　　　　　41, Jalan Radin Anum, Bandar Baru Sri Petaling,
　　　　　　57000 Kuala Lumpur, Malaysia.
　　　　　　Tel: (603) 90563833 Fax: (603) 90576622
　　　　　　Email: cite@cite.com.my

封 面 設 計／李東記
排　　　版／辰皓企業有限公司
印　　　刷／韋懋實業有限公司
經 銷 商／聯合發行股份有限公司
　　　　　　電話：(02)2917-8022　傳真：(02)2911-0053
　　　　　　地址：新北市 231 新店區寶橋路 235 巷 6 弄 6 號 2F

2001 年 11 月 15 日初版   Printed in Taiwan
2015 年 6 月 2 日二版
2023 年 5 月 30 日三版

定價 580 元

HISTOIRE DES CROYANCES ET DES IDÉES RELIGIEUSES :
Tome 1 : © 1975, Editions Payot ; © 2016, Editions Payot & Rivages
Tome 2 : © 1978, Editions Payot ; © 2016, Editions Payot & Rivages
Tome 3 : © 1983, Editions Payot ; © 2016, Editions Payot & Rivages
Complex Chinese translation copyright © 2001, 2023
by Business Weekly Publications, a division of Cité Publishing Ltd.
ALL RIGHTS RESERVED. 著作權所有，翻印必究

ISBN 978-626-318-692-7

城邦讀書花園
www.cite.com.tw